SHOW-HEY シネマルーム

シネマルーム

53

2023年
下半期
お薦め70作

弁護士
映画評論家

坂和章平

はじめに

1）『シネマ53』は、2023年4／1から2023年9／30までの6ヶ月間に見た洋画54本、邦画16本、計70本を「2023年下半期お薦め70作」としてまとめたものです。

　『シネマ52』では巻頭特集と第1章で第95回アカデミー賞を特集しましたが、その時点では、日本でまだ公開していなかった『ザ・ホエール』、『aftersun　アフターサン』、『TARター』、『To Leslie　トゥ・レスリー』、『ウーマン・トーキング　私たちの選択』については、『シネマ53』の「第1章　第95回アカデミー賞補足」として収録しました。さあ、主演男優賞と主演女優賞は誰の手に？そして、脚色賞は？

2）続く第2章は「アメリカ ―ハリウッド―」映画ですが、『シネマ53』での注目点は、ハリウッドの人気シリーズが次々と公開されたことです。しかも、その多くは最終章ですから見逃すことはできません。

　まず、『シネマ53』の「巻頭特集」にしても良いほどのヒット作になった『ミッション：インポッシブル　デッドレコニング　PART ONE』は、トム・クルーズが『トップガン』の教官として復帰するばかりでなく、北朝鮮の某施設を攻撃する“現場指揮官”としても大暴れ！「ええっ、ウソだろう！」と思いながら、「デッドレコニング」の意味と「PART ONE」と題された意味をしっかり考えたいものです。

　『インディー・ジョーンズと運命のダイヤル』と『ジョン・ウィック：コンセクエンス』が最終章であることに間違いはないはずですが、『クリード』シリーズは装いを新たにした別シリーズが始まる予感がするうえ、『名探偵ポアロ』シリーズはファンの支持さえあれば今後5作でも10作でも・・・？なお、『ホーンテッドマンション』と『search』の今後は、本作の興行成績次第・・・？

3）2022年2月24日に始まったロシアによるウクライナ侵攻は、ヨーロッパの広さと複雑さを私たち日本人に再認識させるきっかけになりました。トルストイの名作『戦争と平和』では（フランスの）ナポレオンによるロシア遠征が描かれていますが、第2次世界大戦における独ソ戦の激しさを思い返しても、東西ヨーロッパを巡る政治・軍事・経済情勢は複雑です。そんな時代状況下、『シネマ53』では、フランスをはじめとするヨーロッパ映画の数が増えました。ちなみに『シネマ51』では「第2章　ヨーロッパは広い（1）―イギリス・ドイツ・イタリア―」、「第3章　ヨーロッパは広い（2）―フランス―」、「第4章　ヨーロッパは広い（3）」と章立てしましたが、それを参考に『シネマ53』では「第3章　ヨーロッパは広い（1）―フランス―」、「第4章　ヨーロッパは広い（2）―各国でさまざまな問題が―」と章立てしました。

　フランス革命の国、フランスでは“女性の自立”が顕著ですが、それは『ダンサー　イン　Paris』、『午前4時にパリの夜は明ける』、『それでも私は生きていく』、『シモーヌ　フランスに最も愛された政治家』を見れば明らかだし、『サントメール　ある被告』、『青いカフタンの仕立て屋』を見れば、フランスもかつて帝国主義国であったことが思い出されます。

なお、フランス男の生き方は『ふたりのマエストロ』と『幻滅』で確認し、2つのドキュメンタリー作品にも注目！

4）収録した作品を見れば、第4章を「ヨーロッパは広い（2）―各国でさまざまな問題が―」と題した意味がよくわかるはずです。『独裁者たちのとき』と『プーチンより愛を込めて』は、まさに、2023年という時代状況を反映した驚くべき作品です。また、『ヒンターラント』と『キャロル・オブ・ザ・ベル　家族の絆を奏でる詩』は、特定の国の特定の時代状況下で起きた悲劇を描いた作品ですが、今の時代状況と対比することによってその問題意識がより鮮明になってくるはずです。名作中の名作である『ひまわり』のリバイバル上映とその大ヒットは一体なぜ？それについてもしっかり考えたいものです。

　日本では「戦争モノ」の新作は少なくなりましたが、ドイツでは「ナチスもの、ヒトラーもの」の新作はなお健在！さまざまな視点から次々と新作が作られています。そのことの意味を、『アウシュヴィッツの生還者』、『6月0日　アイヒマンが処刑された日』、『未来は裏切りの彼方に』、『コロニアの子供たち』で確認してください。

　ヨーロッパでは移民問題が顕著ですから、『トリとロキタ』の問題提起は重要。また、『聖地には蜘蛛が巣を張る』に見る“切り裂きジャック事件”にも注目です。他方、“ルネサンス”を経験し、“ドイツ哲学”を生んだヨーロッパでは、日本とも中国とも異なる西欧流の“人生観”が昔から注目されています。それをじっくり味わうことができる作品が、『EO　イーオー』と『帰れない山』であり、その悲劇バージョン（？）が『私、オルガ・ヘプナロヴァー』ですので、その内容をしっかり味わってください。なお、『ウェルカム　トゥ　ダリ』と『マッド・ハイジ』の2つはショートコメントのとおりです。

5）邦画は相変わらずアニメ、漫画、原作モノ、そして、若者目当ての純愛モノが氾濫していますが、意外な名作もチラリ、ホラリと。『最後まで行く』、『リボルバー・リリー』、『こんにちは、母さん』の3本や、『キングダム　運命の炎』、『BAD LANDS　バッド・ランズ』、『銀河鉄道の父』の3本がそれです。かわぐちかいじの人気漫画を遂に実写化した『沈黙の艦隊』（23年）は『シネマ55』の巻頭作として紹介する予定ですが、『シネマ53』に収録した、これらの“大作”は必見！なお、『キングダム』のシリーズ化は既定路線ですが、私は『リボルバー・リリー』のシリーズ化にも期待しています。

　『せかいのおきく』、『仕掛人・藤枝梅安2』に見る時代劇の企画や良し！その制作の背景に迫りながら、両者を対比したいものです。さらに、≪この監督の問題提起に注目！是枝裕和、宮崎駿、二ノ宮隆太郎、森達也、熊切和嘉≫に収録した5作品は、人によって好みが分かれるものです。私は『怪物』はもとより、『逃げ切れた夢』、『福田村事件』は大好きですが、『君たちはどう生きるか』と『658km、陽子の旅』はイマイチ。『福田村事件』が連日満席という状況にはビックリさせられましたが、それは一体なぜ？また、あなたのご意見は？最後に、「問題提起作3作」として収録した3作のうち、『遠いところ』はイマイチですが、『波紋』と『渇水』は必見！

6）中国映画は何といっても、日米開戦直前の1週間に焦点を当てた、婁燁（ロウ・イエ）監督の『サタデー・フィクション』に注目！中国映画の「スパイもの」がハリウッドや西欧諸国のそれ以上に面白いことは、婁燁監督の『パープル・バタフライ』（07年）（『シネマ17』220頁）、李安（アン・リー）監督の『ラスト、コーション』（07年）（『シネマ17』226頁）、近時の張芸謀（チャン・イーモウ）監督作品である『崖上のスパイ』（21年）（『シネマ52』226頁）等を見ても明らかです。

　中国に「第8世代」をはじめとする新進監督が次々と登場していることを、私はこれまでずっと紹介してきましたが、『シネマ53』では、申瑜（シェン・ユー）と喬思雪（チャオ・スーシュエ）、2人の女性監督とその長編デビュー作である『兎たちの暴走』、『草原に抱かれて』に注目！その才能に拍手を送りつつ、次作にも期待しましょう。他方、"銃乱射事件はアメリカの専売特許"とばかり思っていたら、台湾の夜市でも！3つの物語に綴られた6人の男女の絡みの中から、18歳の少年の心の中の闇を覗いてみれば・・・。そんな興味で『ガッデム　阿修羅』を観てください。

　近時の4Kレストア版等の普及は嬉しい限り。それは、『エドワード・ヤンの恋愛時代』と『若き仕立屋の恋 Long version』を見れば明らかです。これらの名作を見れば、"私の青春"も"あなたの青春"もすぐそこに蘇ってくること必至です。

7）2022年3月の大統領選挙で"親北"の文在寅（ムン・ジェイン）（共に民主党）から、"親日・親米"の尹錫悦（ユン・ソンニョル）（国民の力）に政権交代した韓国は、着々と180度の路線転換を進めています。他方、ウクライナ侵攻によって国際的な孤立化を深めるロシアは近時、急速に北朝鮮と接近！そのため、朝鮮半島を巡る、韓米日 VS 北中露の対立が激化しています。そうすると、これまでもずっと問題だった「南北分断と二重スパイ問題」はますます深刻に・・・？

　韓国特有のそれをテーマにした『ハント』と『コンフィデンシャル　国際共助捜査』は"平和ボケニッポン"に警鐘を鳴らす意味でも必見です。さらに、ホン・サンス監督の最新第27作たる『小説家の映画』と韓国の法廷劇を羅生門方式で描いた『告白、あるいは完璧な弁護』も必見です。

8）『シネマ本』の出版は2023年10月で53冊に及びましたが、弁護士50周年となる2024年初春に『シネマ54』として『中国電影大觀5』を出版した後、2023年10月1日から20年3月31日までに見た映画をまとめた恒例の『シネマ55』を、2024年7月に出版する予定です。さらに、2024年夏から秋にかけては、『頑張ったで！50年』も出版する予定です。もちろん、これらは「元気に弁護士活動と映画評論家活動を続けていれば・・・」という前提付きですが、毎日のサウナ通いと水泳を続けていることを頼りに、その目標に向けて頑張りたいと思っています。引き続き『シネマ本』のご愛顧をよろしくお願いします。

2023年10月6日

弁護士・映画評論家　坂　和　章　平

目　次

第3章　ヨーロッパは広い（1）－フランス－　　　　　　　　93

9

第1章
第95回アカデミー賞補足

Data 2023-46

監督：ダーレン・アロノフスキー
原案・脚本：サミュエル・D・ハンター
出演：ブレンダン・フレイザー／セイディー・シンク／ホン・チャウ／タイ・シンプキンス／サマンサ・モートン

SHOW-HEY シネマルーム

★★★★★

ザ・ホエール

2022年／アメリカ映画
配給：キノフィルムズ／117分

2023（令和5）年4月15日鑑賞　　TOHO シネマズ西宮 OS

👀 みどころ

　あなたは昔のプロ野球球団 "大洋ホエールズ" を知ってる？それを持ち出すまでもなく、"ホエール" とは鯨のことだ。

　アカデミー主演男優賞を受賞したブレンダン・フレイザー演じる体重272kgの中年男の姿を見れば、そのタイトルにも納得！他方、あなたはメルヴィルの小説『白鯨』を知ってる？

　この男は、なぜ過食症になったの？その心の傷は、なぜ癒えなかったの？舞台劇を映画化した本作は5人の男女の会話劇だが、韓国のホン・サンス監督による数々の軽妙かつおしゃれな会話劇とは大違いだ。『白鯨』絡みの会話はもとより、宗教（聖書）絡みの会話もチョー難解！

　その上、パンフレットにあるコラムもレビューもクソ難しいから、本作の理解にはよほどの覚悟と勉強で臨まなければ！

———＊———＊———＊———＊———＊———＊———＊———＊———＊———

■□■ヴェネチアでも、アカデミーでも、主演男優賞を！■□■

　本作の主人公は、体重272kgの中年男チャーリー（ブレンダン・フレイザー）。彼は今、大学のオンライン文章講座で生計を立てているらしい。巨体に劣等感を抱いている彼はウェブカメラをオフにして学生たちと対話していたが、すべての観客は冒頭のシーンで目にするその巨体にビックリ！（巨大な）歩行器に頼らなければ歩くことすらできないのだから、身体をかがめて物を拾うこともできない。したがって、不注意で携帯やリモコンを落としたりすると大変だ。これでは常に "要介護状態" であることは明らかだが、どうやらチャーリーは大きな家で一人住まいをしているらしい。

　そんなチャーリー役を演じた俳優ブレンダン・フレイザーは『ハムナプトラ／失われた砂漠の都』（98年）で主演を務め、続く『ハムナプトラ2／黄金のピラミッド』（01年）、

『ハムナプトラ3／呪われた皇帝の秘宝』（０８年）（『シネマ２１』４８頁）にも出演したが、その後、心身のバランスを崩して長らく表舞台から遠ざかっていたらしい。そんな彼のカムバック作になったのが本作だが、２０１２年１１月に本作の原案となる舞台を見て感動したダーレン・アロノフスキー監督がその戯曲の映画化を目指す中、主役として手繰り寄せたのが彼だ。ダーレン・アロノフスキー監督は『レスラー』（０８年）（『シネマ２２』８３頁）で第６５回ヴェネチア国際映画祭金獅子賞を受賞し、『ブラック・スワン』（１０年）（『シネマ２６』２２頁）でナタリー・ポートマンにアカデミー賞主演女優賞をもたらした名監督だが、なぜ彼はブレンダン・フレイザーを本作の主役に？それは、本作をラストまで観ればハッキリ分かるはずだ。

　普通の体形の俳優ブレンダン・フレイザーが毎日４時間もかけて特殊メイクを施し撮影に臨むのは大変だったはずだが、そんな苦労の甲斐あって、ブレンダン・フレイザーは第７９回ヴェネチア国際映画祭で見事主演男優賞をゲット！さらに、第９５回アカデミー賞では、ノミネートされていた主演男優賞を受賞した。主演男優賞は、『エルヴィス』（２２年）（『シネマ５１』２６頁）のオースティン・バトラー、『イニシェリン島の精霊』（２２年）（『シネマ５２』３１頁）のコリン・ファレル、『aftersun／アフターサン』（２２年）のポール・メスカル、『生きる LIVING』（２２年）（『シネマ５２』３６頁）のビル・ナイを押しのけての受賞だからすごい。本作では、とにかくこのブレンダン・フレイザーが演じる体重２７２キロ男、チャーリーに注目！

■□■なぜこのタイトルに？有名小説『白鯨』との関連は？■□■

　世界文学全集のほとんどを小学生の時に読破した私は、メルヴィルの小説『白鯨』（１８５１年）を読み終えた時の感動をよく覚えている。グレゴリー・ペック主演の映画『白鯨』（５６年）を観た時の感動も同じだ。本作のタイトル『ザ・ホエール』とはクジラのこと。ちなみに、現在のプロ野球球団、横浜 DeNA ベイスターズのかつての球団名は大洋ホエールズだった。私が小学校４・５年生の時の１９６０年、三原脩監督の下、下手投げのエース秋山登が大奮闘して前年の最下位から一転してリーグ優勝し、さらに日本一になったのは「三原マジック」として今でも語り草になっている。しかして、本作のタイトルはなぜ『ザ・ホエール』に？

　それは、冒頭に見る、まるでホエール＝クジラのようなチャーリーの巨体にちなんだもの！たしかにそれは間違っていないが、このタイトルには、もっともっと深い意味があるらしい。それは、メルヴィルが１８５１年に発表した有名な小説『白鯨』との関連だ。あなたは、この小説の主人公であるエイハブや語り手のイシュメイル、そしてモービィ・ディックと名付けられた白鯨とエイハブとの深い深い因縁、さらに、ラストに訪れるエイハブの悲劇と捕鯨船ピークォド号を襲う悲劇を知っている？もし、それを知らなければ、残念ながら本作の面白さと理解度は半減してしまうはずだ。

　本作はチャーリーの月曜日から金曜日までの５日間を描く密室劇（舞台劇）だが、冒頭、

発作による激痛に苦しむチャーリーの姿が描かれる。こんなひどい症状なら入院が必要だが、頑なにそれを拒むチャーリーがそこで求めるのは、"あるエッセイ"を朗読してもらうこと。下手な薬を飲むことよりも、それを朗読してもらうことの方が効き目があるらしい。現に、その朗読を聞いているうちにチャーリーの発作は治まったから、アレレ・・・。こりゃ一体なぜ？さらに、本作ではチャーリーの娘である、第8学年（日本なら中2）のエリーが授業の課題として書いた、メルヴィルの『白鯨』に関するエッセイ（作文）が大きなポイントになるので、それにも注目！

　そんなストーリー（密室劇）を見ていると、『ザ・ホエール』というタイトルの本作が提示する、極めて難解なテーマは、メルヴィルの『白鯨』と深い関連があることがよくわかる。そうすると、あらためて本作の鑑賞には同小説の読破が不可欠だ！

■□■チャーリーを訪れる4人の男女と濃密な会話劇に注目！■□■

　「日曜日は市場へ出かけ　糸と麻を買ってきた」から始まるロシア民謡の「一週間」は、陽気で楽しい日曜日から土曜日までの1週間を歌っていたが、チャーリーの"最期の5日間"となる月曜日から金曜日までは、チャーリーと彼の家を訪れる4人の男女との濃密な会話劇となる。韓国のホン・サンス監督の作品は会話劇で有名だが、そこでは"軽妙さ"が特徴だ。それに対して、本作の会話劇は徹頭徹尾"濃密"だから、しんどいと言えばしんどいが、見応え十分。

　チャーリーの家を訪れてくるのは、①チャーリーの唯一の友人である看護師のリズ（ホン・チャウ）、②ニューライフ協会の宣教師トーマス（タイ・シンプキンス）、③長らく疎遠だった17歳の娘エリー（セイディー・シンク）、④チャーリーの元妻メアリー（サマンサ・モートン）の4人。日本人の多くはキリスト教や聖書に疎いから、本作に見る"ニューライフ教会"という新興宗教が一体何を説いているのか知らないはずだ。本作のモデルとなったサミュエル・D・ハンターの舞台劇では、これはモルモン教だったそうだが、ニューライフ教会であろうとモルモン教であろうと、日本人には、その教えが如何なるものかわからないのは同じだ。したがって、ニューライフ教会の布教のためにはじめてチャーリーの家にやってきたトーマスを、チャーリーの看護をしているリズが、なぜあんな風にピシャリと拒絶するのかもよくわからないだろう。

　しかし、①本作では名前だけしか登場しないリズの兄であったアランとチャーリーがかつて"同性愛"の関係にあったこと、②アランもリズもかつてニューライフ協会の信者だったが、今は離れていること、③ある事情でアランが死んでしまったこと、④そのショックでチャーリーは"過食症"になり、現在に至っていること、がわかってくると、ニューライフ教会の教えがチャーリーやリズの人間形成に及ぼした影響の良い面と悪い面がいろいろと見えてくる。その影響をもろに受けたのは妻のメアリーであり、一人娘のエリーだったが、リズから今の血圧は238／134、うっ血性心不全でいつ命を落としてもおかしくない数値だと告げられた月曜日以降、チャーリーはいかなる行動を？

■□■セリフも難解！コラムも難解！あなたならどう挑戦？■□■

　私はメルヴィルの小説『白鯨』を面白く読み、映画『白鯨』を興味深く鑑賞した。しかし、ハイティーンの女の子エリーには、この小説はイマイチで、少し退屈だったらしい。そんな思い（感想）を綴ったエッセイ（作文）を授業の課題として提出するのはいかがなもの、と私は思うのだが、案の定、それに対する先生の評価は厳しく「不可」とされたらしい。その結果、久しぶりに実現した父娘の"ご対面"の中、そのエッセイの修正を巡って、チャーリーは真剣かつ有意義な時間を過ごしたが、エリーの方は・・・？

　他方、トーマスの布教活動は通り一遍のものだった（？）から、彼の言葉はチャーリーに対してまるで響かなかったし、リズからは反発を買うだけのものだった。しかし意外にも、トーマスがエリーに出会った木曜日には、エリーから勧められた大麻を通じて思いがけない身の上話をするなど、トーマスが意外な本性をさらけ出していく中、奇妙な信頼関係が生まれていくことに・・・。

　もっとも、チャーリーを含めて総勢5人による代わる代わるの会話劇で構成される本作の会話は、白鯨に関するものも、聖書に関するものも、とにかく難解。とりわけ、日本人の私たちには難しい。そんな時に、頼りになるのが、パンフレットだ。本作のパンフレットには、ブレンダン・フレイザーのインタビューや、ダーレン・アロノフスキー監督のインタビューの他、①高橋諭治氏のレビュー「妥協なき描写で人間の本質に迫るダーレン・アロノフスキーの真骨頂」、②春日武彦氏のコラム「溺れている鯨を見つめる」、③堀内正規氏のレビュー「『ザ・ホエール』と「白鯨」の間　──または神なき体のひとときのかがやき」の3本がある。しかし、これらのレビューもコラムもすべて難解。私は一生懸命これらを読んだが、多分半分も理解できていないだろう。本作はセリフも難解なら、コラムもレビューも難解！さあ、あなたならどう挑戦？

■□■"肉体論3部作"で3打数2本塁打！■□■

　キネマ旬報4月下旬特別号は、50～57頁で『ザ・ホエール』を特集している。そこにある、誰にでもわかる興味深いレビューが、秋本鉄次氏の「アロノフスキー"肉体論3部作"の掉尾を飾ったのは、"超肥満体"演技でオスカー奪取の"再生"フレイザー！」だ。①『レスラー』（08年）、②『ブラック・スワン』（10年）、そして③本作を"肉体論3部作"と表現するのは、まさに秋本氏ならではの才能。同レビューの冒頭には、"俳優の生身の肉体とその履歴こそ映画の醍醐味"を掲げてン十年の私のストライクど真ん中、我が意を得たり、の新作がコレ！強引に纏めれば、ご贔屓監督ダーレン・アロノフスキーによる『レスラー』（08）、『ブラック・スワン』（10）に続く"肉体論3部作"の掉尾を飾る一本と断じたい。」と書かれている。

　なるほど、なるほど。続いて、「3つ目のトドメに、アロやん（勝手に監督への愛称）、こう来たか、さすがだね！と感服してしまった。」と彼特有の褒め方をしているが、さてアロやんはこれをどう受け止める？

15

さらに、彼はブレンダン・フレイザーがアカデミー主演男優賞を受賞したことについて、「『ブラック・スワン』のナタリー・ポートマンに続いて、肉体論3部作で2人のオスカー俳優を送り出すとは“3打数2本塁打”のようなアロノフスキー。」と表現しているが、これも、なるほど、なるほど。

『ザ・ホエール』DVD
発売元：キノフィルムズ／木下グループ
販売元：ハピネット・メディアマーケティング
価格：4,290円（税込）　発売中

　　　　　　　　　　　　　　2023（令和5）年4月20日記

Data 2023-69

監督・脚本：シャーロット・ウェル
ズ

出演：ポール・メスカル／フランキ
ー・コリオ／セリア・ロール
ソン・ホール

aftersun アフターサン

2022 年／イギリス・アメリカ映画
配給：ハピネットファントム・スタジオ／101 分

| 2023（令和 5）年 6 月 7 日鑑賞 | シネ・リーブル梅田 |

👀 みどころ

　３１歳の父親と１１歳の娘がトルコのリゾート地でひと夏のバカンスを！それが実現した背景は？手持ちのビデオカメラで撮影した、そんな映画への主演でなぜアカデミー主演男優賞の候補に？

　近時の邦画は "何でも説明調" だが、本作ほど何も説明してくれない映画は珍しい。ブルース・ウィリス主演の『シックス・センス』（９９年）では観客の感性が試されたが、本作もそう。私には十分読み解けなかったから星３つだが、"ネタバレ" 評論の評価は軒並み高い。しかして、あなたの鑑賞眼は？あなたの評価は？

―――＊―――＊―――＊―――＊―――＊―――＊―――＊―――＊―――＊―――

■□■主演男優賞候補作品だが、私にはイマイチ！■□■

　第９５回アカデミー賞の主演男優賞は『ザ・ホエール』（２２年）のブレンダン・フレイザーが受賞した。『エルヴィス』（２２年）（『シネマ51』２６頁）のオースティン・バトラー、『イニシェリン島の精霊』（２２年）（『シネマ52』３１頁）のコリン・ファレル、『生きる　LIVING』（２２年）（『シネマ52』３６頁）のビル・ナイもそれぞれ熱演だったが、私の評価では、やっぱり『ザ・ホエール』のブレンダン・フレイザー。そして今日、5作のノミネート作のラストとして『aftersun アフターサン』を鑑賞し、主演のポール・メスカルが主演男優賞にふさわしいかどうかを考えたが、私の評価では到底無理だ。

　私は本作を作品としても評価できないし、ポール・メスカルの演技も主演男優賞には、とてもとても・・・。もっとも、ネット上の "ネタバレ" を含むさまざまな評論では本作を高く評価する声もあるので、評価はいろいろだが・・・。

■□■ビデオカメラに映る父親は？娘は？■□■

　高度経済成長が始まり、不動産、株、ゴルフ会員権を "三種の神器" とするバブル経済

が頂点に達した昭和後半の日本は、すべての面で豊かさの追求にまっしぐらだった。そんな中で、家庭用ビデオカメラも普及したが、スマホ全盛時代の今、それを使っている人はHow many？

　そんな時代状況にもかかわらず、シャーロット・ウェルズの監督初作品たる本作は、３１歳の父親カラム（ポール・メスカル）と１１歳の娘ソフィ（フランキー・コリオ）の２人が、トルコのリゾート地でひと夏のバカンスを過ごす風景が、２人のたわいのないビデオカメラの撮影風景から始まる。そこでは、ソフィがカラムに対して「１１歳の時に想像した３１歳ってどんなだった？」とインタビューしていたが、なぜそんな質問を？また、その答えはそこではされないまま突然撮影が打ち切られたが、別のシークエンスで、カラムはダイビングのインストラクターに「３０歳まで生きられたことに驚いている」「４０歳まで生きられるとは思えない」と打ち明けていたから、カラムの本心は？

■□■父娘のひと夏のバカンスは？そこに見る不安は？■□■

　近時の邦画は"何でも説明調"が主流だが、本作ほど何も説明してくれない映画は珍しい。本作についての貧しい情報をかき集めたところによると、円満に離婚が成立し、今はロンドンで暮らしている父親カラムと、エジンバラで母親と暮らしている娘ソフィの２人は今、ひと夏のバカンスを楽しむためにトルコのリゾート地にやって来ているらしい。

　そこでは、ゆったりと流れる時間の中でスキューバダイビングやプール、そしてパーティー、カラオケ、ゲーム等々を楽しむことができるはずだが、冒頭から「ベッドが１つしかない」等のトラブルが・・・。さらに、部屋の中でカラムがけったいな動きをしているのは、どうやら太極拳らしいことが後にわかるが、骨折しているらしい右手は痛々しいし、会話の中でもしばしばカラムが仕事や経済面で困難に直面していることやうつ病に悩んでいることが読み取れるから、２人のひと夏のバカンスは不安でいっぱい・・・？

　平山みきの１９７２年のヒット曲、「真夏の出来事」では、「悲しい出来事が起こらないように」と歌われていたが、そこで言う「悲しい出来事」とは一体ナニ？また、山口百恵の１９７４年の大ヒット曲、「ひと夏の経験」では、「女の子の一番大切なものをあげるわ」と歌われていたが、「女の子の一番大切なもの」とは一体ナニ？さらに、「誰でも一度だけ経験する誘惑の甘い罠」とは一体ナニ？それが大きな論争を呼んだ（？）が、さて本作に見るひと夏のバカンスでは、一体何が・・・？

■□■物語の理解は困難！音楽の理解も困難！■□■

　３１歳の父親と１１歳の娘との"ひと夏のバカンス"を、ビデオカメラをふんだんに使いながら描く本作は、どうやら、それから２０年後、３１歳になったソフィ（セリア・ロールソン・ホール）の視点から、若き日の父親と過ごした２０年前のひと夏の思い出を振り返っているものらしい。ブルース・ウィリス主演の『シックス・センス』（９９年）では、観客が同作のポイントとされている"ある事実にいつ気づくか"が大きなテーマとされたが、本作もそれと同じように、観客が本作の"そんな基本構造にいつ気づくか"が１つの

ポイントになる。

　私もある時点でそれらしいことには気づいたが、カラムが１人で海の中に入っていくシーンは「こりゃ、てっきり自殺！」と思っていたのに、実はそうではなかった。また、ソフィが１人でティーンエイジャーの男の子たちの"遊び"に引きずられていく時は、「こりゃヤバイ！」と思ったが、これも大事には至らなかった。３１歳の父親と１１歳の娘が過ごすひと夏のバカンスの展開は不安いっぱいだが、どうやらその展開は７４歳の私には読み切れないらしい。しかも、本作では、ホテル主催のカラオケ大会に堂々と１人で舞台に上がっていくソフィの積極性が目立つし、そこで歌った曲にはそれなりの意味があるらしいが、私にはそれが全く理解できない。さらに、本作は全編を通じてさまざまな楽曲で彩られているが、これらの楽曲は私の知らないものばかりだから、その意味もさっぱりわからない。したがって、本作は第９５回アカデミー主演男優賞ノミネート作品だが、私にはイマイチで星３つ。

２０２３（令和５）年６月９日記

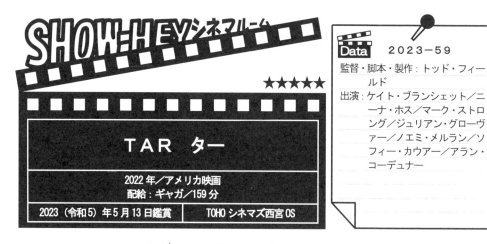

SHOW-HEY シネマルーム

Data 2023-59

監督・脚本・製作：トッド・フィールド
出演：ケイト・ブランシェット／ニーナ・ホス／マーク・ストロング／ジュリアン・グローヴァー／ノエミ・メルラン／ソフィー・カウアー／アラン・コーデュナー

★★★★★

TAR ター

2022年／アメリカ映画
配給：ギャガ／159分

2023（令和5）年5月13日鑑賞　　TOHO シネマズ西宮OS

👀 みどころ

　弁護士登録直後の１９７４年頃に、稼ぎにまかせてクラシックレコードを買い漁っていた私は、カラヤンもフルトヴェングラーも、そしてレナード・バーンスタインもよく知っているが、寡聞にしてベルリン・フィルを率いた天才女性指揮者リディア・ターは知らなかった。

　しかし、それは当然。なぜならターは実在の人物ではなく、トッド・フィールド監督が名女優ケイト・ブランシェットに"あて書き"をした脚本上の人物なのだから。もっとも、冒頭のインタビューで語られる輝かしき経歴を聞き、目下大活躍を続けているターの姿を見ていると"ホンモノ感"が顕著だから、騙される人も多いはずだ。

　英語ではなくドイツ語での、ベルリン・フィルに対するマーラーの交響曲第５番のリハーサル風景はすごい。レズビアンを公言した私生活も築き上げた"ター王国"の一部だが、①某若手女性指揮者の自殺、②ベルリン・フィルの副指揮者の更迭、③ジュリアード音楽院の授業でのパワハラ（？）行為、④交響曲第５番のカップリング曲への新人チェロ奏者の抜擢、等々の"独断専行"が突出しすぎると、オーケストラ内の不協和音が広がったのは当然。そこにＳＮＳ上での炎上事件が加わるとターの苦境は？

　本作ラストの注目は、失脚してしまったターによる"これは寓話？"と思うようなコンサート風景。この会場はどこ？演奏しているオーケストラは誰？

　"アジアの風が吹いた"と言われる第９５回アカデミー賞は、『エブエブ』こと『エブリシング・エブリウェア・オール・アット・ワンス』（22年）が７部門を受賞し、本作はことごとく敗北したが、せめて主演女優賞だけはケイト・ブランシェットに獲らせたかった。そんな思いは私だけ・・・？

───*─*─*─*─*─*─*─*─*─*─*─*─

■□■第95回アカデミー賞の6部門候補作がやっと日本公開■□■

　『シネマ52』では、巻頭特集として『エブリシング・エブリウェア・オール・アット・ワンス』（22年）（『シネマ52』12頁）を、第1章に「第95回アカデミー賞特集」を収録した。しかし、アカデミー主演男優賞に選ばれた『ザ・ホエール』（22年）の日本公開は4月7日、また、アカデミー作品賞、監督賞、脚本賞、主演女優賞等6部門にノミネートされた本作の日本公開は5月12日だ。

　キネマ旬報は毎年3月号で事前予想を、5月号で結果座談会を特集しているが、日本公開がこんなに遅いと、自著『シネマルーム』の日次構成に支障が出る上、キネ旬の特集の読み方自体が不完全になってしまう。なぜ本作のような大ヒット作の日本公開が遅いの？そこら辺りは、ハッキリ苦言を呈しておきたい。

■□■『TAR　ター』って一体ナニ？それは女性指揮者の名前■□■

　私が弁護士登録したのは1974年4月だが、その2年後の1976年6月に実現したのが、プロレスのアントニオ猪木 VS ボクシング世界ヘビー級チャンピオン カシアス・クレイとの異種格闘技戦。これは〝凡戦〟に終わったが、アントニオ猪木の「1・2・3、ダー！」の掛け声はいつ頃から始まったの？ここになぜそんなことを書くのかというと、「ター」という本作のタイトルを見て、何の映画かサッパリわからなかったものの、「ター」と聞いて、なんとなくアントニオ猪木のあの掛け声を思い出したためだ。

　それはともかく、本作のタイトルとされている「TAR ター」は天才女性指揮者の名前だ。本作冒頭、インタビューに応じるリディア・ター（ケイト・ブランシェット）の前で長々と語られる彼女の経歴は次のようなものだから、そりゃすごい。

> 　アメリカの5大オーケストラで指揮者を務めた後、ベルリン・フィルの首席指揮者に就任。7年を経た今も変わらず活躍する一方、作曲者としての才能も発揮し、エミー賞、グラミー賞、アカデミー賞、トニー賞のすべてを制した。師バーンスタインと同じくマーラーを愛し、ベルリン・フィルで唯一録音を果たせていない交響曲第5番を、ついに来月ライブ録音し発売する予定だ。加えて、自伝の出版も控えている。
>
> 　また、投資銀行家でアマチュアオーケストラの指揮者としても活動するエリオット・カプラン（マーク・ストロング）の支援を得て、若手女性指揮者に教育と公演のチャンスを与える団体「アコーディオン財団」も設立し、ジュリアード音楽院でも講義を持つことになった。

　そんな輝かしい経歴と現在の華々しい活動の様子を聞きながら私がビックリしたのは、ターがレズビアンであることを堂々と公言していることだ。そんな導入部では、ターの公的評価がよくわかったが、彼女の私生活は如何に？

■□■ターは実在の人物？寡聞にして私は知らなかったが・・■□■

　私は1974年に弁護士登録した後は、稼ぎにまかせて（？）高級ステレオを買い、LP

レコードを買い漁っていたが、残念ながら、いくらレコードの数が増えても、それを聴く時間がとれなくなったため、独立した１９７９年頃にはLPレコードの購入を中止した。しかし、LPレコード購入については、それなりの情報収集が大切だから、クラシック大好き人間の友人と一緒によく聴き、よくレコード店に行き、よく議論を闘わせていた。したがって、本作冒頭のターの経歴紹介で語られている、マーラーの交響曲を全曲録音した指揮者、レナード・バーンスタインの輝かしい業績等については、私にも十分理解できた。しかし、天才指揮者リディア・ターという名前は寡聞にして知らなかった。

それは当然。なぜなら、ターは実在する人物ではなく、トッド・フィールド監督が１６年ぶりに監督・脚本・製作した本作は、唯一無二のアーティスト、ケイト・ブランシェットに向けて"当て書き"した脚本に基づくものだからだ。彼は「ずっと＜何が何でも叶えたい夢＞が叶った途端、悪夢に転じるというキャラクターを描きたかった。もし、彼女が断っていたらこの映画は日の目を見ることはなかった。あらゆる意味でこれはケイトの映画だ。」とまで語っている。

■□■同居中の女性は？アシスタントの女性は？自殺事件は？■□■

大阪弁護士会でも"ゲイ"であることを公言し、男２人で同居している若手弁護士がいるが、ターが同居しレズビアンの関係にあると公言しているのは、オーケストラのコンサートマスターでヴァイオリン奏者の女性シャロン（ニーナ・ホス）。それだけでも「へぇー」と思うのだが、ターとシャロンの２人は養女のペトラを共同で育てているからビックリ。冒頭に紹介されたように、あれほど多忙なターが自分で車を運転してペトラを小学校へ送っている姿を見ていると、私はこんなことホントにできるの？と思ってしまったが・・・。

他方、公的な仕事で忙しいターにはスケジュール調整をはじめとする有能な秘書が不可欠だが、本作ではそれをフランチェスカ（ノエミ・メルラン）が務めている。フランチェスカを全面的に信頼しているターは、財団のプログラムで指導した若手女性指揮者クリスタが自殺した事件に巻き込まれることを恐れて、彼女に関するすべてのメールを削除するようフランチェスカに指示したから一安心。他方、現在、オーケストラの副指揮者は古参のセバスチャン（アラン・コーデュナー）が務めていたが、フランチェスカは副指揮者を目指していたから、そこでひょっとしてターが公私混同の誤りを犯してしまうと・・・。

■□■指導熱心？それともパワハラ？それは紙一重！■□■

２０２３年５月１９日付け新聞各紙は「太っしゃん。まさに怪童」、「怪童、受け継がれる遺伝子」等の見出しで、旧西鉄ライオンズの４番バッター、中西太氏が９０歳で亡くなったことを報じた。現役引退後にいくつかのチームで就任した監督としては成功しなかったが、その原因は、風貌から豪快な性格に見えるものの、意外に繊細で肝っ玉は名前のようには太くなかったためらしい。しかし、打撃コーチとしては天才的な能力を発揮し、人並み外れた熱心さと相まって、阪神タイガースの掛布雅之や岡田彰布、そして、ロッテの田口壮等を一流打者に育て上げた。彼の場合は、打撃コーチとしてのそんな熱心さが今で

も語り草になっているが、今や、教える側の熱心さは、教えられる側の受け止め方によってはパワハラやセクハラになってしまうから怖い。『セッション』（１４年）（『シネマ３５』４０頁）で観た、シェイファー音楽院における、偉大なドラマーを夢見る１９歳の主人公に対する鬼教師の指導ぶりがまさにそれだった。

　しかして、本作前半、ジュリアード音楽院で講師を務めるターが、生涯に複数の妻と２０人の子供を設けたバッハについて「性的にも人種においてもマイノリティーである自分には受け入れ難い」と主張する男子生徒に対して、「クラシックの作曲家はほとんどがドイツ系の白人男性よ」と容赦なく罵倒し、圧倒的な迫力で論破する姿は、指導（教育）熱心？それともパワハラないしセクハラ？この２人のやりとりは長時間に及んだが、本作後半、彼の携帯から拡散されたＳＮＳの動画は、彼が有利になるような部分だけ繋ぎ合わせたものだったから、ターのパワハラぶりは歴然！これではターがいくらどのような弁解をしても、所詮アウト・・・？

■□■ある日から身体に異変が！周辺でも不穏な動きが！■□■

　"楽聖"と呼ばれたベートーヴェンはある日から耳に異変が生じ、晩年にはほとんど聞こえなくなってしまったが、ターの目の回るような忙しさを見ていると、そのストレスは如何ばかり！ベルリン・フィルの指揮者としてすべてを牛耳っているターの目下最大のテーマは、一方でマーラーの交響曲全曲録音に向けて第５番のリハーサルを続けながら、他方で新曲の作曲を完成させること。ところが、副指揮者のセバスチャンのクビを切ろうとした時あたりから、どことなく不協和音が・・・。ペトラを車で小学校に送り迎えする時間はいくら忙しくてもストレス発散の貴重な時間だが、作曲における"産みの苦しみ"は想像を絶するもの。その上、交響曲第５番のリハーサルにおけるターの要求はこれまでより遥かに高かったから、自分の思う演奏になかなか辿り着けないストレスもすごかったらしい。

　そんな状況下、ターの身体に生じた異変は耳。この変な音は、どこの部屋から？いや、ひょっとして、これはターの幻聴？そんな悩みが続く中、規則正しいリズムの音で目覚めたターが音の出どころを探ると、書斎のメトロノームがつけっ放しになっていたから、アレレ。この犯人がペトラの遊び心によるものなら許せるが、ペトラは誰も入れない書斎には入っていないそうだから、これは一体誰が？

　他方、クビにしようとしたセバスチャンからは、「関係のあるフランチェスカをひいきにしているためだ」と公然と非難されたからアレレ。さらに、そのフランチェスカもターの命令に背いてクリスタからの抗議のメールを削除していなかったから、さらにアレレ。これらは一体なぜ？このように公私共に不協和音が続き、不穏な動きが強まっていったが、さあ、ターはどうするの？

■□■オルガの抜擢がさらなる不協和音を！苦境の深まりは？■□■

　マーラーの交響曲第５番の録音は公開演奏をそのまま録音するものだから、カップリングの曲が必要。そこでターが選んだのが、エルガーのチェロ協奏曲だ。私は「新世界」で

有名なドヴォルザークのチェロ協奏曲が大好きだが、エルガーのそれは知らない。それはともかく、カップリングにどの曲を選ぶかはターの専権だが、その奏者は当然、オーケストラ内のチェロの第一奏者というのが暗黙のルールだ。ところが、ターはその奏者を「オーディションで選ぶ」、「団員は誰でも参加できる」と宣言したから、アレレ。そんなことをすれば、副指揮者セバスチャンの解任で不協和音が強まっているオーケストラがさらに分裂していくのでは・・・？

そんな心配をしていると、案の定、ターはオーディションで発掘したチェロ奏者オルガ（ソフィー・カウアー）をエルガーのチェロ協奏曲のソロ奏者に選んだから、ヤバい。若い彼女は輝くばかりの才能にあふれていたうえ、何事にも物怖じしない奔放な性格はまさにターにピッタリだったらしい。しかし、そこでの問題はセバスチャンを副指揮者の地位から排斥してフランチェスカを抜擢したのと同じように、オルガの発掘が先だったの？それともオーディションのアイデアが先だったの？ということだが、その真相は・・・？

オーケストラの中に不協和音が広がる中でも、ターはマーラーの交響曲第5番とエルガーのチェロ協奏曲のリハーサルに全力を傾注していたが、ターの苦境の深まりは・・・？

■□■クリスタ問題が告発へ！SNS上でも大炎上！■□■

ようやくリハーサルが完成に近づいた頃、ターは財団からクリスタの自殺に関して弁護士に連絡するよう指示されたからビックリ！クリスタの自殺に関しては、巻き込まれるのを防止するべく、関係するメールをすべて削除していたのではなかったの？ターはフランチェスカにそれを指示・厳命していたのでは？もし、それをフランチェスカがしていなかったとすれば、それは一体なぜ？フランチェスカに何らかの思惑があるの？

他方、冒頭に見たジュリアード音楽院の講義で、ターがある男子学生に示したパワハラまがいの授業風景がSNSで拡散され、それが大炎上したから、さあ大変。近時、日本ではジャニーズ事務所の元社長ジャニー喜多川氏による元所属（男性）タレントへの性加害問題が大きな社会問題になったが、こんな事態になれば、ターもアウトだ。ジャニー喜多川氏の場合は本人が死亡した後の"醜聞発覚"だったが、ターの場合は指揮者として、音楽家として絶頂の地位にあった時の"醜聞発覚"だから、そんなターの転落は早いはずだ。ある意味で"人の不幸話"は楽しいものだが、本作ラストでターが指揮棒を振っているのが、あっと驚く舞台、演奏しているオーケストラもあっと驚くオーケストラだから、これにはビックリ！トッド・フィールド監督は本作をなぜ、あえてこんな寓話的（？）なエンディングにしたの？本作の鑑賞については、それをじっくり考えたい。

■□■『エブエブ』に敗北！私なら主演女優賞は『ター』に！■□■

第95回アカデミー賞は10部門11ノミネートの『エブエブ』こと、『エブリシング・エブリウェア・オール・アット・ワンス』（22年）が作品賞、監督賞、脚本賞、編集賞の他、主演女優賞、助演男優賞、助演女優賞の計7部門を受賞した。

そのため、作品賞、監督賞、脚本賞、撮影賞、編集賞、主演女優賞の6部門にノミネー

トされていた本作は、無冠に終わってしまった。アカデミー賞は近時、"白いオスカー"とか"黒いオスカー"と呼ばれ、人種問題を中心にさまざまな議論を呼んできたが、第９５回は"アジアの風"が吹いた（吹きまくった）らしい。私は『宋家の三姉妹』（９７年）（『シネマ１』５９頁、『シネマ５』１７０頁）、『グリーン・デスティニー』（００年）、『SAYURI』（０５年）（『シネマ９』５９頁）のミシェル・ヨーが大好き。そんなミシェル・ヨーがアジサイの七変化、大和撫子七変化ならぬ、"８４変化"を演じた『エブエブ』は面白かったけれど、ハッキリ言って私にはチンプンカンプンの映画。したがって、同作と本作のどちらが作品賞、監督賞、脚本賞に相応しいかというと、私は本作だ。

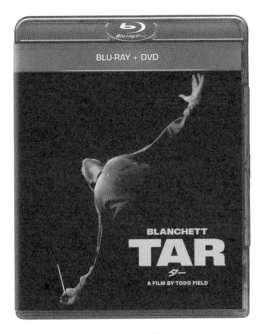

『TAR　ター』ブルーレイ＋DVD
発売元：NBC ユニバーサル・エンターテイメント
価格：5,280 円（税込）　発売中
(C) 2022 FOCUS FEATURES LLC.

さらに、本作における①後に SNS が炎上して大問題になったジュリアード音楽院でのある授業風景、②英語ではなくドイツ語をフルに使っての、ベルリン・フィルを率いたターのマーラーの交響曲第５番のリハーサル風景、③エルガーのチェロ協奏曲のソロ奏者を選ぶためのオーディション風景、等々の"公の姿"はもちろん、④シャロンとの同性愛を公言しているターの私生活の風景、⑤シャロンと共同で育てている養女ペトラを学校に送り迎えする風景、等々の"私の姿"を見ていると、本作でター役を演じたケイト・ブランシェットも八面六臂の大活躍だ。音楽映画において指揮者やピアノ奏者、ヴァイオリン奏者等を演じて人気を博した俳優はたくさんいるが、本作でター役を演じたケイト・ブランシェットに勝る俳優はそうそういないはず。そう考えると、私が考える第９５回アカデミー主演女優賞は『エブエブ』のミシェル・ヨーではなく、本作でター役を演じたケイト・ブランシェットだ。

２０２３（令和５）年５月２３日記

Data 2023-78

監督：マイケル・モリス
出演：アンドレア・ライズボロー／
マーク・マロン／オーウェ
ン・ティーグ／アリソン・ジ
ャネイ

★★★★

To Leslie トゥ・レスリー

2022年／アメリカ映画
配給：KADOKAWA／119分

2023（令和5）年6月29日鑑賞　｜　シネ・リーブル梅田

👀 みどころ

　レスリーはアル中のダメ女。宝くじに当たったばかりに酒に溺れ、一人息子を捨てて、ハチャメチャな人生に。私にはそんなバカ女は願い下げだが、主演女優賞を狙うにはそりゃ絶好のキャラ！？本作では、レスリー役でオスカー候補になった女優に大注目だが、肝心のストーリーは・・・？

　悪態をつき、わめきまくるレスリーの姿にはウンザリだが、後半から"捨てる神あれば拾う神あり"の物語になっていくのがミソ。しかし、こんなバカ女を雇うモーテルの管理人は一体どんな男？そこらの説得性はイマイチだが、はぐれ者同士心が通じ合い、寄り添うことができるらしい。しかし、それだけのメッセージなら安易すぎるのでは？それ以上に安易なラストのハッピーエンドも如何なもの・・・？

—— * —— * —— * —— * —— * —— * —— * —— * —— * ——

■□■レスリー役の女優もオスカーにノミネート！■□■

　２０２３年２月に発表された第９５回アカデミー賞では、１０部門で１１ノミネートされた『エブエブ』こと『エブリシング・エブリウェア・オール・アット・ワンス』（２２年）（『シネマ５２』１２頁）の強さが際立ち、結局、ミシェル・ヨーの主演女優賞をはじめ、７部門を受賞した。"白いオスカー"VS"黒いオスカー"論争に続いて生まれたそんな"アジア旋風"に驚きながら私は同作を見たが、"トンデモ脚本"に基づく、そのぶっ飛んだ内容は基本的にチンプンカンプン。"メタバース"や"マルチバース"の学習にはなったが、私はその評論で「楽しさにワクワク？それともバカバカしさにうんざり？」と書いた。

　他方、アカデミー賞の発表後に日本でやっと公開されたのが、ケイト・ブランシェットが主演女優賞にノミネートされた『TAR ター』（２２年）。同作を見て、私は主演女優賞はやはり『エブエブ』のミシェル・ヨーではなく、『TAR ター』のケイト・ブランシェット

だと確信し、その評論で「せめて主演女優賞だけはケイト・ブランシェットに獲らせたかった。そんな思いは私だけ・・・？」と書いた。

　しかして、今頃になってやっと日本公開された本作も、レスリー役の主演女優アンドレア・ライズボローが、第９５回アカデミー賞の主演女優賞にノミネートされていたらしい。しかし、アンドレア・ライズボローって一体どんな女優？どんな映画に出ているの？聞くところによると、『To Leslie　トゥ・レスリー』と題された本作の主人公レスリーは"アル中"のダメ女らしいが・・・。

■□■賞選びあれこれ！なぜ本作の主演女優がオスカー候補？■□■

　第９５回アカデミー主演女優賞にアンドレア・ライズボローがノミネートされた本作については新聞紙評も多い。渡辺祥子氏（映画評論家）のそれは、その経緯について次の通り詳しく書いている。すなわち、「レスリー役で多くの女優たちの共感を得た結果、アンドレア・ライズボローは、今年第９５回アカデミー賞主演女優賞候補になった。テレビ出身マイケル・モリスの長編映画監督デビュー作。米国では単館系の小規模な公開、興行成績も不調だったが、作品を見たグウィネス・パルトロー、ジェーン・フォンダ、ケイト・ブランシェットらハリウッドの実力派女優が体当たり演技を絶賛。そこにはSNS（交流サイト）時代、好評はすぐに拡散し、単館系小品からまさかの主演女優賞候補が誕生した。」ちなみに、そこではグウィネス・パルトロー、ジェーン・フォンダと並んでケイト・ブランシェットの名前が書かれているが、パンフレットにある「アカデミー賞主演女優賞ノミネートに至るまで」を読めば、きっとケイト・ウィンスレットの間違い。ケイト・ブランシェットは全米批評家協会賞を受賞した際に「恣意的な演技賞で最も見過ごされている演技のひとつ」とスピーチしているだけ、というのが真相だ。

また、本作についてはネット上のネタバレ情報がたくさんある。その中の1つ、シネマンドレイクの『To Leslie　トゥ・レスリー』感想には、「セレブがノミネートを左右する？」と題して、アンドレア・ライズボローが主演女優賞にノミネートされた経緯を詳しく解説している。私はそれに同感だ。

　そもそも"賞選び"にはいろいろなやり方がある。世界最高権威のノーベル賞だって、なぜ文学賞に村上春樹が選ばれないのかが不思議がられている。身近なところでは、長い間続いているNHK「のど自慢」の審査は、かなりいい加減。私が修習生時代によく見ていた「スター誕生」だって、当時13歳の森昌子が初代グランドチャンピオンになった頃から人気が高まったが、審査の基準は全然明確ではなかった。その点、堺正章が司会を務める、私の大好きな「THE カラオケ★バトル」は審査員がカラオケ採点機だから公明正大。他のどんな歌番組より、これは信用できる。野球界で考えても、大リーグで大活躍中の大谷翔平がオールスター戦にファン投票1位で選出されたのは当然だが、阪神タイガースの１０選手がトップ選出というのはどう見てもヘン！人気と実力が一致しているとは到底思えない。アカデミー賞は映画界最大の賞であることは認めつつ、"賞選びあれこれ"とは、しょせんその程度のものとして考えることが必要だ。

■□■テーマは、宝くじの賞金はアルコールに消えた！だが■□■

　アカデミー主演女優賞にノミネートされた女優アンドレア・ライズボローは１９８１年生まれだから、４０歳を少し超えたところの、いわゆる"熟女"（？）。本作の冒頭は、テキサス州西部に住むシングルマザーのレスリー（アンドレア・ライズボロー）が地元の宝くじで１９万ドル（約２５００万円）に当選したことではしゃぎ回り、取材に応えている風景が登場する。彼女の発言は強気、そして、今夜の飲み代は「全部私のおごり！」と気前いいが、家を買い、○○を買い、△△を買えば、１９万ドルなんてすぐに消えてしまうのでは？そう思っていると、案の定、数秒後には「それから6年後」のレスリーが1人シ

ケた面で安物のモーテルの中で座り込んでいる姿が登場する。現在のレスリーは無一文で宿代も払えず、周囲の人に無心してもダメ。結局、大声で悪態をつきながらスーツケース1つで部屋から追い出されてしまう体たらくだ。

　その後、1人でバーに入ったレスリーは、ヤケ酒を飲みながらカウンターに座る男に色目を向けたが、その成果

は？高額の宝くじに当選した当時のレスリーは、シングルマザーながら魅力的だったから、息子のジェームズ（オーウェン・ティーグ）が１９歳になった６年後の今でも見方によってはそれなりに魅力的。しかし、あの悪態のつき方、あの酒の飲み方、あの色目の使い方を見ると、大概の男は身を引いていくだろう。スーツケースを抱え、雨が降る中、建物の陰で雨宿りをするしかなくなったレスリーの最後の頼みの綱は、今は疎遠になっているジェームズだが、そんなことが今更できるの？彼女が電話をかけた相手はホントにジェームズなの？そう思っていると、ジェームズが車で迎えに来てくれたから、ひとまず彼の車でジェームズの家の中へ。レスリーは「アルコールはやめた」としおらしく息子に謝っているし、「明日から仕事をする」と前向きの言葉を連ねていたが、それって本当？

　本作のテーマは、冒頭の短いシークエンスで示される通り、「宝くじの賞金はアルコールに消えた」だが、それだけでホントに１本の映画になるの？

■□■ダメ女はやっぱりダメ？捨てる神あれば拾う神あり？■□■

　女優としての演技力を見せつけるためには"フツーの女"役より、"キャラの強い女"役の方が有利。そんな視点で言うと、本作のレスリーのような"ダメ女"役は主演女優賞を狙うには絶好のキャラだ。

　せっかく息子の最後の好意で同居させてもらったのに、隠れて酒を飲むだけでなく、息子の親友の財布から小金を盗んで酒代に使っているレスリーの姿を見ると唖然！更に、息子から追い出されたレスリーは、かつて仲の良かった地元の友人ナンシー（アリソン・ジャネイ）とダッチ（スティーヴン・ルート）を頼ったが、この２人はレスリーの身柄を受け入れてくれたものの、酒に溺れ、幼いジェームズを置いて家を出ていったレスリーを許していなかったから厳しい態度を示し、そのため３者の関係は常に緊張状態になった。そんな中でもレスリーはバー通いをやめなかったから、ここでも結局彼らの家から閉め出されてしまうことに。

　「男はつらいよ」シリーズでは、フーテンの寅さんが毎回吐く定番のセリフがあり、それが心地良かったが、本作で何度も見るレスリーの悪態とわめき声にはいい加減うんざり。宝くじに当たったばかりに酒に溺れ、周りのみんなから見放されてしまった、中年のアル中女・レスリーの人生は、これにてジ・エンド。ダメ女はやっぱりダメ！５０年近く弁護

29

士業を続け、多くの人の人生を観察し続けてきた私はそう思ったが、それでもなお、捨てる神あれば、拾う神あり？

■□■この男をどう評価？私には納得できないが・・・？■□■

万策（？）尽き果てて、今や野垂れ死にするしかなくなったレスリーを、なぜかモーテルの従業員として雇う、という判断をするのが、本作後半から登場してくるモーテル管理人のスウィーニー（マーク・マロン）。彼はこのモーテルの経営者ではなく、管理権を任されているだけだということが彼の口から語られるが、そこらの"経営委託"の実態は弁護士の私には極めて曖昧だ。それはともかく、本作後半のポイントは、そんなスウィーニーがモーテルの部屋の外でへたり込んでいるレスリーを、なぜか時給を決めて雇ってやること。

スウィーニーには時々奇声を挙げて裸で走り回るという奇妙な友人・ロイヤル（アンドレ・ロヨ）がいるだけで、街の住人とは大きな距離を置いているようだし、レスリーを雇うまでは他に従業員がいなかったから、如何にしてこのモーテルの経営を成り立たせていたのかも疑問だ。それも横において、以後のストーリー展開を見ていると、レスリーが時には真面目に働くものの、やっぱり本性を現してしまうという状況の繰り返しの中、スウィーニーとレスリーの間に少しずつ"男と女の感情"が生まれてくることに注目！こんな"ダメ女"の一体どこがいいのか私には全然わからないが、ロイヤル以外に人付き合いがない孤独な男スウィーニーには、レスリーの孤独な気持ちが理解でき、共有できるらしい。日本で最近大流行りの、いわゆる"寄り添う"ことができる男と女のパートナーというわけだ。もちろんスウィーニーだって男だから、それなりの性的欲求は持っているから、スクリーン上にはそれらしきシーンも登場するが、本作のスウィーニーとレスリーに見る中年の男女関係のあり方は、私には理解不能で納得できないものだ。

したがって、本作後半のストーリー展開は私にはイマイチだが、レスリー役を演ずるアンドレア・ライズボローの演技力発揮にはそれなりによくできたストーリー展開なのだろう。さあ、レスリーは酒を絶ち、日々のモーテルの仕事をこなしつつ、スウィーニーやロイヤルとのいい人間関係と形成することができるのだろうか？

■□■このハッピーエンドは如何なもの？■□■

映画のエンディングは難しい。問題提起だけで終わるものもあれば、悲劇的な結末を受

け入れざるを得ないものもある。しかし、ハッピーエンドで終わる映画が圧倒的に多いことを考えれば、やはり観客は映画に希望を見出し、明日への活力を養ってくれることを求めるのだろう。しかし、レスリーのような"アル中のダメ女"を主人公にした本作は、どちらかというと悲劇的な結末の方が落ち着きどころが良いのでは・・・？

そんな私の思惑とは裏腹に、本作ではレスリーがある日モーテルの敷地内に放置されていたアイスクリーム店に目をつけ、自分の将来の夢は「ダイナーを経営することだった」と思い出すところから、一気にハッピーエンドの方向に向かっていく。アイスクリームの店と言っても、それは廃墟同然の建物だから、私に言わせればそれを補修するよりプレハブを建てた方がよほど安上がり。しかし、それではアンドレア・ライズボローが主演女優賞並みの演技力を見せつけることができないため、本作ラストに向けては「レスリーの店」を開店するためにスウィーニーとレスリーが奮闘する姿が描かれる。

そして、今日はついに"開店の日"だが、モーテルの経営実態は一体どうなっている

の？建物補修費以外の、什器備品一式や材料費等の開店資金は一体どこから捻出したの？そして、何よりも町の中で孤立していたあのモーテルにある敷地内にある「レスリーの店」に客がやってくるの？そう思っていると、案の定、来客はゼロ。そして閉店間際にやってきたのがナンシーだ。これは嫌味を言うため？それとも・・・？そこからスクリーン上に見る感動のハッピーエンドは、悪くはないが、さて如何なもの・・・？

２０２３（令和5）年７月６日記

Data 2023-67

監督・脚本：サラ・ポーリー

原作：ミリアム・トウズ『Women Talking』

出演：ルーニー・マーラ／クレア・フォイ／ジェシー・バックリー／ベン・ウィショー／フランシス・マクドーマンド／ジュディス・アイヴィ

★★★★

ウーマン・トーキング
私たちの選択

2022年／アメリカ映画

配給：パルコ　ユニバーサル映画／104分

| 2023（令和5）年6月3日鑑賞 | TOHOシネマズ西宮OS |

👀みどころ

　"大阪のおばちゃん"のおしゃべりは有名だから、『ウーマン・トーキング』とはそれ？いやいや、「私たちの選択」というサブタイトルを見れば、本作はもっと"重い"はずだ。現実に起きた"ある事件"を題材に、女流監督がものすごい問題提起作を！

　時代は？舞台は？あるキリスト教一派の村の統制は？そんな前提を理解した上で、赦す派、闘う派、去る派、の三派に分かれた十数名の女たちの白熱した議論の展開は如何に？

　舞台劇のような本作の迫力は十分だが、論者が多すぎることと、議論が難解すぎるのが難点。さらに、闘う派の闘い方、去る派の去り方、という具体論が見えないのも私にはつらい。

　それはともかく、モーゼの"出エジプト記"を彷彿させる本作ラストをあなたはどう考える？

――＊――＊――＊――＊――＊――＊――＊――＊――＊――＊――

■□■アカデミー脚色賞をゲット！作品賞も候補に！■□■

　日本では必ずしもアカデミー賞のノミネート作や受賞作を結果発表前に見ることができず、発表後にやっと見ることができるケースも多い。第95回アカデミー賞でブレンダン・フレイザーが主演男優賞を受賞した『ザ・ホエール』（22年）がそうだったし、アカデミー6部門にノミネートされながら、7部門を受賞した『エブエブ』こと『エブリシング・エブリウェア・オール・アット・ワンス』（22年）（『シネマ52』12頁）に、主演女優賞をはじめ、その多くをさらわれてしまった（？）『TAR ター』（22年）もそうだった。

　それと同じように、第95回アカデミー賞の作品賞と脚色賞にノミネートされ、脚色賞を見事ゲットした本作も、日本では6月に入ってやっと鑑賞することができた。『生きる

LIVING』（２２年）（『シネマ５２』３６頁）や、『トップガン　マーヴェリック』（２０年）（『シネマ５１』１２頁）等の他の候補作４作を抑えての受賞だから立派なものだが、原題を『Women Talking』、邦題を『ウーマン・トーキング　私たちの選択』とする本作は一体何の映画？原題だけだと、単なる「女たちのおしゃべり」と誤解されるかもしれないが、邦題のように「私たちの選択」というサブタイトルがつくと、やけに重そうに・・・。

■□■時代は？舞台は？原作は？監督は？■□■

　本作の時代は２０１０年。舞台は、あるキリスト教一派の村。そこでは見渡す限りの畑と響き渡る子どもたちの遊び声、そして祈りと信仰が支える穏やかな日常が特徴だった。キリスト教に疎い私たち日本人には、２１世紀の今、そんな"キリスト教一派の村"があることは想定しづらい。しかし、ミリアム・トウズの原作『Women Talking』に基づいて、『アウェイ・フロム・ハー　君を想う』（０６年）（『シネマ２０』８２頁）で鮮烈なデビューを飾った女性監督サラ・ポーリーが自ら脚本を書き、監督した本作は、実際にあった事件に影響を受けているらしい。その事件とは、２００５〜２００９年にボリビアで発生した、キリスト教の教派メノナイトの女性１００人以上が数年にわたりレイプされていたという事件だ。２０１１年に詳細が明らかにされた同事件では、被害女性たちは動物用精神安定剤などを調合したスプレーをまかれ、被害は悪魔や幽霊のせいにされていたらしい。また、女性たちが被害を訴え始めた時、他のメノナイトたちは「女性たちの馬鹿げた想像」だと批判していたらしい。メノナイトは電気や自動車などを使わず、一般的な社会から隔離されたコミュニティを築いていたため、女性や子どもたちの性暴力が問題にされることもなかったし、女性が加害から逃れようとする機会も少なかったそうだ。したがって、この事件は宗教コミュニティにおける性暴力の深刻さに光を当てたものになった。

　そんな実際の出来事に発想を得てカナダの作家ミリアム・トウズが書いた原作を、自分自身が１０代の時に受けた性被害を当時は告発できず、大人になってからエッセイで告発した体験を持つサラ・ポーリー監督が映画化したわけだ。パンフレットにあるイントロダクションによれば、サラ・ポーリーは「壊れた世界をいかに立て直すかという話し合いが持つ、終わりのない潜在的な力と可能性を、全てのフレームで感じたかった」と語っているが、さて本作でその意図の実現は・・・？

■□■『どうする家康』は二択、司法試験は四択。本作は三択■□■

　現在放映中のNHK大河ドラマ『どうする家康』では、タイトル通り、若き日の軟弱な徳川家康の選択肢が毎回提示されるが、それは常に二択。つまり、基本的には戦うか、それとも逃げるかの二択だ。他方、司法試験の短答式試験は昔から四択だから、当然その選択は難しくなる。それに対して、本作で女たちが迫られる選択は三択だ。それは、①赦す、②闘う、③去る、の３つだが、今なぜそんな選択が必要なの？

　本作の舞台は"あるキリスト教一派の村"としか示されないが、原作やその題材とされた歴史上の事実を知れば、女たちが大きな納屋に集まって協議していることの意味がわか

ってくる。ある晩、寝室に忍び込んできた青年に気づき、少女が声を上げたことで事態が動き、男たちが逮捕されたのはラッキー。しかして、彼らが保釈されるまでの2日間、女たちは上記3つの選択肢から1つを選ばなければならないわけだ。最初に女性全員による投票が行われた結果、①が少なく、②と③が同数となったため、議論はさらに白熱していくことに・・・。

■□■論者が多すぎ！議論が難解！ついていくのは大変！■□■

　近時、対話劇を中心とした舞台劇のような名作映画がたくさん誕生している。銃乱射事件の被害者と加害者の両親4人の対話劇を描いた『対峙（MASS）』（21年）（『シネマ52』77頁）もその1つだが、そこでの計4人の議論は見応え（聞き応え）十分だった。

　それに対して、本作の対話（議論）は、①赦す派、最年長のスカーフェイス・ヤンツ（フランシス・マクドーマンド）、②闘う派、最年長のアガタ（ジュディス・アイヴィ）、③去る派、最年長のグレタ（シーラ・マッカーシー）の3派が、それぞれ自己の主張を展開する上、それぞれの派に属する娘や孫や姪たち合計10名以上が、次々と自分の意見を表明していくから、あまりにも論者が多すぎ！さらに、その議論はあまりにも難解！これでは、出演者たちの顔と名前そしてキャラが容易に一致しない日本人の観客が、この議論についていくのは到底無理だ。男性ながら唯一人だけ記録係として出席している、一度コミュニティから出て、大学で学んで帰郷した教師のオーガスト（ベン・ウィショー）は、これらの議論をすべて理解し、記録できているようだが、日本人観客には到底無理だ。

　本作はアカデミー脚色賞を受賞した名作だが、そんな根本的な欠陥があることを指摘しておきたい。

■□■議論の期限は？闘う派の論拠は？■□■

　本作は１０人以上の女たちが三派に分かれた議論を展開する“対話劇”だから“舞台劇”の魅力を持っている。他の有力候補作を押しのけてアカデミー脚色賞を受賞した理由はそこにあるはずだが、残念ながら、日本人の私たちには、第１に、議論が難解なため分かりにくい、第２に、前述のように論者が多すぎるためその議論についていけないのが難点だ。しかし、本作についての疑問はそれだけではなく、次の２点にもある。

　その第１は、議論の期限が、保釈金を払うため街に出かけていた男たちが村に帰ってくるまでの２日間と限定されていること。近代刑法や近代刑訴法に慣れている弁護士の私には、どうしてもそんな２日間の設定が理解できない。第２に闘う派として強硬な主張を展開する女たちの迫力と執念は十分買うものの、彼女たちの意見をいくら聞いても、闘うための具体論が私には全然見えないことだ。銃で闘うの？それとも、包丁や鎌で戦うの？それとも毒殺・・・？あくまで闘うと主張する以上、その具体論（戦術論）がなければ無意味なはずだが、さて・・・？

　私のそんな疑問が解消されないまま、女たちの長く続いた議論はそれなりに集約され、“ある結論”に達したようだが、さてそれは？

■□■この結論に納得？これはまるで「出エジプト記」！■□■

　旧約聖書の「出エジプト記」を映画化した名作中の名作が、セシル・Ｂ・デミル監督の『十戒』（５６年）。そこでは、イエス・キリストに導かれて数々の奇跡を起こす預言者モーゼに率いられたユダヤの民が大挙してエジプトを離れる（去る？脱出する？）ストーリーが描かれていた。そんなモーゼの行動を許さないエジプト王が、延々と隊列が続く“モーゼ御一行”を戦車で追いかけてきたのは当然だが、同作ラストで見る、海が割れるシーンは当時としては想像を絶する大スペクタクルシーンだった。

　キリスト教の根本思想は愛。愛がすべてに優先するから、悪人でも愛で対応するのが原則だ。聖書では「右の頬を打たれたら左の頬を出せ」と教えているから、私は最初から三派に分かれた女たちの議論は“赦す派”が多数になるのかと思っていた。ところが、赦す派は最初に少数となり、闘う派 VS 去る派に二分されて激論が続き、結局最後に勝利したのは去る派だったから、私には少し意外。しかし、「出エジプト記」と同じように、すべての女たちが男たちに知られないまま村から去っていくのは容易なことではない。女たちはそれをどうやって実行するの？

　私には、闘う派の戦い方が分からないのと同じように、“去る派”についても、去る方法についての具体論が見えなかったが、本作ラストに見るその実行策は「出エジプト記」を彷彿させる大規模なものになるので、それに注目！しかして、それを可能にした女たちの戦略、戦術は如何に？それは、あなた自身の目でしっかりと。

２０２３（令和５）年６月７日記

表紙撮影の舞台裏（４２）

1）JR大阪駅北側では、大規模再開発"うめきた2期"の工事が急ピッチで進んできたが、遂にその一部エリアが先行して来年9月に"まちびらき"をすることが、2023年9月に発表された。開業するのは「うめきた公園」の大部分とホテルや商業施設が入る「北街区賃貸棟」。「南街区賃貸棟」の開業は2025年春になる予定だ。

　私が毎週のように通っている映画館「シネ・リーブル梅田」は、高さ173メートルの空中庭園展望台を誇る超高層梅田スカイビルの3〜4Fにあるが、梅田方面とは長い間、暗い地下通路1本で結ばれていた。しかし、"うめきた2期"の一部開業が実現すれば、映画館へのアクセスはもとより、周辺の環境が一変し、素晴らしい街並みになるから、大いに楽しみだ。

2）空中庭園は海外からの観光客で賑わっているが、日本人を含めて意外に知られていないのが「滝見小路」と名付けられた地下1Fのレストラン街。毎週、自転車で映画館に通っている私は、このレストラン街を通り、エレベーターで3Fに昇っているが、「滝見小路」は滝を見る楽しみの他、昭和時代の懐かしい街並みを再現した「昭和レトロ商店街」があるから、昔懐かしい石畳の上を歩きながら、さまざまな瓦屋根のレストランで昭和の味を楽しむことができる。しかして、『シネマ51』の表紙撮影は、この滝見小路の名物の1つであるビクターの蓄音機のコマーシャルで有名なニッパー君と並んで立った私の勇姿だった（「表紙撮影の舞台裏（40）」『シネマ51』96頁）が、今回は滝見小路で毎年開催される七夕まつりに合わせて、6月20日に表紙撮影を敢行。

3）まずは、表表紙に注目！ここは地下1Fの昭和レトロ商店街の入り口だ。入口の自動ドアは現代的だが、一歩商店街の中に足を踏み入れれば、そこは昭和レトロの世界になる。そして、私の隣に飾られている立派な笹飾りは「梅田七夕」のために、東北三大祭りのひとつである「仙台七夕」から届けられたものだ。「第十七回 梅田七夕」は、2023年6月2日〜8月8日に開催されたから、表紙撮影をした6月20日の昭和レトロ商店街の中は笹飾りでいっぱいだった。

4）私は知らなかったが、「第十七回梅田七夕」の期間中に滝見小路内の飲食店を利用した人には七夕短冊がプレゼントされ、願い事を書いた短冊は滝見小路内に飾ってもらえたそうだ。また、7月1日、2日、7日の夕方には、昔懐かしい縁日で、昭和レトロな雰囲気をたっぷり楽しむことができたそうだ。さらに、7月1日、2日、7日には、3日間限定でジャズライブを開催したそうだ。来年の「第十八回梅田七夕」はうめきた2期の一部開業人気もあって、きっと賑わうだろうから私も是非、参加したい。

5）裏表紙は、滝見小路のもう一方の入口やニッパー君が迎えてくれる人気の小径等だが、これら以外にも昭和レトロ商店街の見どころはたくさんあるので、是非1度はあなた自身の目で見学を！

2023年10月4日記

第2章
アメリカ ーハリウッドー

Data 2023-89

監督：クリストファー・マッカリー
出演：トム・クルーズ／ヘイリー・
　　　アトウェル／ヴィング・レイ
　　　ムス／サイモン・ペッグ／レ
　　　ベッカ・ファーガソン／ヴァ
　　　ネッサ・カービー／イーサ
　　　イ・モラレス／ポム・クレメ
　　　ンティエフ／ヘンリー・ツェ
　　　ニー

★★★★

ミッション：インポッシブル デッドレコニング　PART ONE

2023年／アメリカ映画
配給：東和ピクチャーズ／156分

2023（令和5）年7月22日鑑賞　TOHO シネマズ西宮 OS

👀 みどころ

　1954年生まれのジャッキー・チェンは還暦後も身体を張ったアクションを続けていたが、それは1962年生まれのトム・クルーズも同じ。『ミッション：インポッシブル』シリーズでは、トムが魅せる華麗で強烈な"バイクアクション"が最大の売り。したがって、『デッドレコニング　PART ONE』と題された、AI（人工知能）理論とその"暴走"のキーを握る"2つの鍵"をめぐるストーリー展開はクソ難しいものの、その解決は結局、肉弾戦、カーアクション、そしてバイクアクションになるので、それに注目！

　しかし、『デッドレコニング』という、誰にもわからないタイトルは如何なもの？また、"2部作構想"も如何なもの？美女たちが次々と登場してくるのは楽しいが、登場人物が多すぎると、ストーリーがわからなくなってくる危険もある。しかも『PART ONE』と『PART TWO』の"完結性"と"連続性"を両立させるのは至難の技だ。

　固定ファンの根強い支持があるのは心強いが、同時に公開されたハリソン・フォード主演の『インディ・ジョーンズ』シリーズが第5作で完結した今、本作は『トップガン　マーヴェリック』（20年）と同じような大ヒットとなるの？それに注目しつつ、『PART TWO』にも期待したい。

―――＊―――＊―――＊―――＊―――＊―――＊―――＊―――＊―――

■□■『トップガン』も最新作！本シリーズも最新第7弾が！■□■

　トム・クルーズといえば、若き日は『7月4日に生まれて』（89年）、『遥かなる大地へ』（92年）等のハンサムを絵に描いたような名作があり、アクションスターとしては『トップガン』（86年）とその後のシリーズ、『ミッション：インポッシブル』（96年）とその後のシリーズが双璧だ。そして、異彩を放っている出演作が、ナチス将校役に扮した『ワ

ルキューレ』（０８年）（『シネマ２２』１１５頁）だった。

　『トップガン』シリーズの最新作『トップガン　マーヴェリック』（２０年）（『シネマ５１』１２頁）では、戦闘機パイロットを養成する最高機関「トップガン」の教官として戻ってきた、還暦間近のマーヴェリック（トム・クルーズ）があっと驚く見事な大活躍を見せてくれた。彼は１９６２年生まれだから既に還暦を過ぎたが、中国の１９５４年生まれのジャッキー・チェンが、還暦前後に『１９１１』（１１年）（『シネマ２７』８１頁）、『ライジング・ドラゴン』（１２年）（『シネマ３０』２４３頁）、『ポリス・ストーリー／レジェンド』（１３年）（『シネマ３４』４２９頁）、『ドラゴン・ブレイド』（１４年）（『シネマ３７』２５１頁）、『スキップ・トレース』（１６年）（『シネマ４０』未掲載）、『レイルロード・タイガー』（１６年）（『シネマ４０』１７２頁）、『カンフー・ヨガ』（１７年）（『シネマ４１』１５１頁）、『ポリス・ストーリー／ＲＥＢＯＲＮ』（１７年）（『シネマ４３』未掲載）、『ナイト・オブ・シャドー　魔法拳』（１９年）（『シネマ４６』未掲載）等で、若き日に勝るとも劣らないアクションスターとして大活躍しているのと同じく、本作でも大活躍！『ミッション：インポッシブル』の大元になったアメリカで大人気のＴＶドラマ『スパイ大作戦』でおなじみのシーンは、ＡＩ（人工知能）が活躍する今でも、本作冒頭のシーンに登場するカセットテープだが、これは必要な言葉をしゃべった後５秒以内に自動消却されてしまうところがミソ。さあ、国際通貨基金（ＩＭＦ）ならぬ、極秘任務を遂行するスパイ組織（ＩＭＦ）の一員として、今なお尽力しているイーサン・ハント（トム・クルーズ）に今回与えられた任務とは？

■□■阪神Ｔの目標は"アレ"！　本作のテーマは"それ"！■□■

　本作冒頭は、厚い氷の下を潜航中の、ロシアが誇る最新鋭原子力潜水艦セヴァストポリの中。セヴァストポリは実験用ＡＩによる独自の推測航法（デッドレコニング）の試験潜航中だが、このＡＩは２つの特殊な鍵で厳重に潜水艦内にロックされているらしい。ソナーに反応しない潜水艦は文字通り"神出鬼没"状態になるから、世界中のどの海の中からでも原爆付きのミサイルを発射できる。そのため、アメリカをはじめ西洋民主主義諸国がセヴァストポリに恐れ戦いていたのは当然だ。こりゃ面白そう！『レッド・オクトーバーを追え！』（９０年）も、『Ｕ－５７１』（００年）も面白かったが、"潜水艦モノ"が面白いのは常識だ。しかし、本作は"潜水艦モノ"ではなく、トム・クルーズ主演の『ミッション：インポッシブル』シリーズではなかったの？

　そう思いながら観ていると、セヴァストポリから発射された魚雷が"暴走"し、標的だったはずの敵（アメリカ）潜水艦を外してしまったばかりでなく、逆に自艦を襲ってきたから、アレレ・・・。セヴァストポリは爆沈し、乗務員たちは厚く張った氷の下にプカプカと。あの２つの鍵を首にかけた乗組員の死体も分厚い氷の下に・・・。この２つの鍵に託されていた役割は一体何だったの？

　２０２３年、阪神タイガースの監督に就任した岡田彰布監督は「優勝できる戦力が揃っ

ている」と力強く述べた上、守備力を強化するため守備位置の定着化を訴えて、ショート
の中野を2塁にコンバートした。さらに、1塁大山、3塁佐藤を固定させ、打順も4番と
5番に固定させた。それらが功を奏して（？）ペナントレース前半戦は快進撃を続けたが、
そこで老獪（？）な岡田監督は、優勝のことを"アレ"と言い換えたから面白い。そりゃ
一体なぜ？何のためにそんな小細工を？

　近時、AI（人工知能）の発展はものすごく、囲碁や将棋の世界では既に人間の能力越
え・・・？近時は対話型AIである"チャットGPT"の役割（使い方）が大問題になって
いる。その論点の1つが"AIの暴走"だが、本作では謎のAI"エンティティ"が次々と政
府機関や銀行、大企業などに不正アクセスしていく姿が正面から問題提起されるから、そ
れに注目！このAIの"暴走"をくい止め、コントロールするためには、あの2つの鍵が不
可欠らしい。そのため、元IMFで現CIAのユージーン・キトリッジ長官（ヘンリー・ツ
ェニー）は、2つの鍵のありかを探り、それを手に入れるためにイーサンを送り込んだわ
けだ。イーサンは昔からの信頼できる仲間であるベンジー（サイモン・ペッグ）とルーサ
ー（ヴィング・レイムス）を集め、2つの鍵探しに向かったが、字幕に"それ"と表示さ
れるものの正体は一体ナニ？今年の阪神Tの目標は"アレ"だが、本作のテーマは"それ"
（探し）だから、"それ"に注目！

■□■デッドレコニングとは？なぜ2部作構想に？■□■

　第95回アカデミー賞で10部門11ノミネート、作品賞、監督賞、脚本賞、主演女優
賞、助演男優賞、助演女優賞、編集賞の計7部門を受賞したのが『エブリシング・エブリ
ウェア・オール・アット・ワンス』（22年）（シネマ52）12頁）。バカ長いタイトル
の同作は、"トンデモ脚本"に基づく"ほとんど理解不能"な映画だった。同作は『エブ
エブ』とか『EEAAO』と略されていたが、本作も『ミッション：インポッシブル　デッド
レコニング　PART ONE』とバカ長いタイトルになっている。

　「PART ONE」とされているのは、これまで2作の『ミッション：インポッシブル』シ
リーズを監督しているクリストファー・マッカリーが、最初から「次の作品を2本立てに
しよう」と考えたためだ。パンフレットには、本作の監督、脚本、製作を務めたクリスト
ファー・マッカリーのインタビューがあり、そこでは"2部作"にすることの意義と、「PART
TWO」への展望を語っているが、そりゃちょっと無謀では・・・？

　他方、そもそも「デッドレコニング」って一体ナニ？それが「推測航法」を意味する英
語だとわかる日本人は誰一人いないのでは？weblioによれば「デッドレコニング＝推測航
法」は、次の通り解説されている。すなわち、

　ナビゲーションシステムにおいては、常に自車の位置（地図上の地点＝緯度・経度）を
認知しておくことが基本となる。現在では通常、衛星測位システム（GPS）によって測定
が可能であるが、トンネル内や山の陰で測位できないことが起こる。この場合、最後に測

位した地点を基点とし、自車の進行方向と走行距離を蓄積（積分）して現在位置を算出、走行していくことを推測航法と呼ぶ。方位は地磁気センサーやレートジャイロ、あるいは左右輪速度差から、また距離は車輪速センサーや車速センサーから得るが、これらのセンサーはいずれも誤差が避けられず、一般に測位誤差は累積して走行距離の２〜３％といわれている。これを地図上のネット情報と比較しながらソフト的に修正するマップマッチングという方法も併用されている。

　この推測航法のためにはコンピューターが不可欠だから、その分野で近時、目覚ましい発展を遂げているAI（人工知能）を使わない手はない。そのため、ロシアの最新鋭原潜セヴァストポリには最新のAIによるデッドレコニング（推測航法）が備え付けられていたわけだが、同艦から発射された魚雷が暴走し、自艦を撃沈してしまったのが本作冒頭のシーンだ。なるほど、なるほど。ここまで勉強すればやっと「デッドレコニング」の意味や、本作冒頭のシーンが理解できるが、いくら何でもこりゃ難しすぎるのでは・・・？

■□■悪役は？仲間は？謎の男たちは？美女たちは？■□■

　全５０作も続いた山田洋次監督の『男はつらいよ』シリーズでは、主人公のフーテンの寅さんこと車寅次郎と、妹のさくらを中心とする、葛飾柴又に住むファミリーや隣人たちの人間関係は、日本人なら誰でも完璧に頭に入っていた。したがって、「おばちゃん！」といえば○○、「タコ！」といえば△△だとすぐに思い浮かぶはずだ。

　それに対して本作では、敵役として登場するガブリエル（イーサイ・モラレス）と美女のパリス（ポム・クレメンティエフ）はすぐにわかるし、仲間として登場する前述したベンジーとルーサーはすぐにわかるが、スパイ映画特有の"謎の男たち"は、誰が味方で誰が敵か、また、それぞれどんな役割を果たしているのかが正直言ってよくわからない。

　他方、任務を開始したイーサンが最初に出会う、眼帯姿の美女イルサ・ファウスト（レベッカ・ファーガソン）や前作『ミッション：インポッシブル／フォールアウト』（１８年）（『シネマ４２』未掲載）で重要な役所を果たした武器商人の美女ホワイト・ウィドウ（ヴァネッサ・カービー）の２人は本作でどんな役割を？さらに、女スリ（？）として本シリーズに初登場し、抜群の能力を見せる美女グレース（ヘイリー・アトウェル）やマリー（マリエラ・ガリガ）はどんな役割を？本作では、これら４者の美女たちが４者４様の美しさと際立ったキャラを見せつけながら、それぞれ複雑な役割を演じるのでそれに注目だが、ハッキリ言って、そのストーリーもわかりづらい。

■□■テーマはAIでも、見どころはカーチェイスと肉弾戦！■□■

　「スパイもの」はもともと複雑に入り組んだストーリーが多い上、『デッドレコニングPART ONE』と題された本作では、AIに絡むクソ難しい概念や会話が展開されるので、とにかく難しい。囲碁や将棋ならいくら難しくてもAIと人間との勝負は面白いが、最新鋭原潜の"デッドレコニング"のコントロールを失わせた２本のキーの役割について、私はサッパリわからない。

　他方、もともと『００７』シリーズの人気が、初代ジェームズ・ボンド役を演じたショーン・コネリーの魅力を中心に形作られていたのと同じように、『ミッション：インポッシブル』シリーズの魅力も、トム・クルーズの魅力、とりわけ彼が演じるド派手なアクションの魅力で成り立っていたから、本作でもそれを踏襲する必要がある。そのため、思わず「これは潜水艦モノ！」と思わせた冒頭のシーンから、複雑に入り組んだ登場人物たちによる、ワケのわからない（？）複雑な２つの鍵の争奪戦というストーリー展開の中でも、結局本作の見どころはカーチェイスと肉弾戦ということになる。すなわち、本作の見どころの第１は、ローマの街並みで展開される小型の黄色い"フィアット５００"によるカーチェイス、第２は、ジャッキー・チェンの『レイルロード・タイガー』を彷彿させるオリエント急行での列車アクション、そして第３は、トム・クルーズの"お家芸"ともいえるバイクアクションだ。

　たしかに、トム・クルーズ演じるこれらのド派手なアクションは手に汗握る、ハラハラドキドキの展開を見せてくれるが、私にはそれほどの感激はなかった。パンフレットでは、本作で見せるトム・クルーズのバイクアクションが最長になったことを褒めそやしているが、それってそんなにすごい事なの・・・？

　映画におけるアクションの面白さや重要性を否定するつもりはないが、本来はストーリーの面白さで勝負すべきではないの？私はそんな思いが強かったから、PART ONE だけで１５６分という長さも、いささかうんざり・・・？

■□■任務は達成しても女たちは？第2部への展望は？■□■

　『００７』シリーズでは、"ボンドガール"と呼ばれる美女たちが、敵味方を問わず多数登場していたから、私はストーリー展開以上にそれが楽しみだった。それが最高潮に達し

たのは、『００７は二度死ぬ』（６６年）。当時、日本が世界的に通用する女優として『００７』シリーズに初登場させた女優が浜美枝だった。『００７』シリーズでは、ボンドガールたちの何人かは"使い捨て"のようにジェームズ・ボンドに代わって犠牲者になっていたが、さて『ミッション：インポッシブル』シリーズにおける、イーサンの前に現れるたくさんの美女たちは？『デッドレコニング PART ONE』と題された本作では、そんな美女たちの悲劇的な結末が再三語られるので、そんな点にも注目しながら、イーサンが任務達成のために懸命に頑張る姿に注目したい。

　他方、『００７』シリーズのジェームズ・ボンド役は全２５作の間に次々と俳優が代わったが、『ミッション：インポッシブル』シリーズは、トム・クルーズの一人舞台。しかして、前述のとおり、『デッドレコニング PART ONE』と題された本作と、『デッドレコニングPART TWO』が２部作になることについて、クリストファー・マッカリー監督はインタビューの中で次の通り語っている。すなわち、

　私たちは『ミッション〜』シリーズ全体で自分たちが定めたルールを守るだけでした。それは、どの映画も独立した作品でなければならない、というもの。観客に、一つの映画から精神的に離れて、別の映画を思い出してもらうなんてできません。それは魔法を解いてしまうことになると思うのです。だから、『デッドレコニング PART ONE』は、それだけで完結し、満足のいく結末を迎える映画でなければなりませんでした。もし『PARTTWO』がなかったとしても、大丈夫なように終わらせる必要がありましたし、同時に、その冒険の続きが欲しくなるような終わり方にもしなければならなかったのです。そして、『PART TWO』は、『PART ONE』を観たかどうかにかかわらず、単独で成立するものでなければなりません。

　しかし、それをどうやって実現するの？「PART ONE」だけでも登場人物が膨れ上がり、「デッドレコニング」とAIを巡る最初の問題提起と、それをストーリー上で展開させる２つの鍵の争奪戦は複雑でわかりにくいものになっていた。さらに、それにもかかわらず、結局「PART ONE」の見どころはカーチェイスと肉弾戦ということになれば、『デッドレコニング PART ONE』のレベルは少し落ちるのでは？もしそうだとすると、『デッドレコニング PART　TWO』への展望はかなり難しくなるのでは？

　私にはそんな不安がいっぱいだが、『インディ・ジョーンズ』シリーズのハリソン・フォードと違い（？）、トム・クルーズはまだまだ若く元気いっぱい。したがって、『デッドレコニング PART TWO』でも見せてくれるであろう、彼ならではのアクションに期待しつつ、その脚本にも期待したい。

２０２３（令和５）年７月２６日記

Data 2023-88

監督・脚本：ジェームズ・マンゴールド

製作総指揮：スティーヴン・スピルバーグ／ジョージ・ルーカス

出演：ハリソン・フォード／フィービー・ウォーラー＝ブリッジ／アントニオ・バンデラス／マッツ・ミケルセン／ジョン・リス＝デイヴィス

SHOW-HEYシネマルーム

★★★★

**インディ・ジョーンズ
と運命のダイヤル**

2023年／アメリカ映画

配給：ウォルト・ディズニー・ジャパン／154分

2023（令和5）年7月22日鑑賞　TOHOシネマズ西宮OS

みどころ

　1981年の第1作から40年余、今や"後期高齢者"を通り越し、バイデン大統領以上の高齢になったハリソン・フォードが、シリーズ第5作目で"最後にして最大の冒険"に挑戦！

　同シリーズではサブタイトルとされている"小道具"（？）がストーリー形成上、重要な意味を持つが、"運命のダイヤル"とは？それは別名"アルキメデスのダイヤル"とも呼ばれていたが、ナチスドイツの科学者も探し求めていたそれは一体ナニ？それを入手すれば一体何ができるというの・・・？

　おっと、もう1人、インディが名付け親になっている、旧友の娘もそれを探し求めていたから、本作はいわば"おじいちゃんと孫娘"が協力し、いかにして敵よりも早くそれを入手するかを巡る冒険とロマンの旅になる。

　他方、あなたは紀元前に起きたシラクサの戦い（包囲戦）を知ってる？また、そこでアルキメデスが科学者としてどんな役割を果たしたかを知ってる？インディと共にする冒険の旅の中で、あなたも一緒に紀元前のシラクサの戦いの時代にタイムスリップしてみるのも一興だ。しかし、そこでの滞在（争い）が下手に長引くと、いかに"アルキメデスのダイヤル"を使っても現代に戻れなくなるので、ご注意を！

―― * ―― * ―― * ―― * ―― * ―― * ―― * ―― * ―― * ――

■□■インディ・ジョーンズ最後にして最大の冒険が公開！■□■

　"伝説の男"ハリソン・フォードが定年退職を迎える70歳にして、"運命のダイヤル"とも言うべき"アルキメデスのダイヤル"のありかを探すべく、旧友の娘ヘレナ・ショウ（フィービー・ウォーラー＝ブリッジ）と共に、最後にして最大の冒険の旅へ！

　『インディ・ジョーンズ』シリーズは、第1作『レイダース／失われたアーク＜聖櫃＞』

（81年）、第2作『インディ・ジョーンズ／魔宮の伝説』（84年）、第3作『インディ・ジョーンズ／最後の聖戦』（89年）、第4作『インディ・ジョーンズ／クリスタル・スカルの王国』（08年）（『シネマ20』14頁）を経て、２０２３年７月公開の本作で、遂に完結！トム・クルーズは、２０２２年５月に公開されて大ヒットした『トップガン　マーヴェリック』（20年）（『シネマ51』12頁）に続いて、現在『ミッション：インポッシブル　デッドレコニング　PART ONE』（23年）が公開されたが、それと同時に本作も公開！ハリウッドの５０年、６０年を代表する両作を同時に鑑賞できたことに感謝しつつ、さあ、『インディ・ジョーンズ』シリーズ第5作をいかに楽しめば・・・？

■□■数学者アルキメデスはいつ、どんな役割を？■□■

　『永遠の０』（13年）（『シネマ31』１３２頁）で「ゼロ戦もの」に挑戦した山崎貴監督が、念願の「大和もの」に挑戦したのが『アルキメデスの大戦』（19年）（『シネマ45』７８頁）だった。"アルキメデスの原理"で有名な古代ギリシャの数学者アルキメデスが、なぜ、数学で戦争を止めようとした男の物語のタイトルに？それについては私の評論をしっかり読んでもらいたいが、本作のテーマとなる"アルキメデスのダイヤル"とは一体ナニ？それは、本作後半からクライマックスにかけて展開する、時空を越えて、現代からギリシャ・ローマ時代にタイムスリップしていく物語の中で、あなた自身の目でしっかり確認してもらいたい。

　他方、ナチスドイツ時代にヒトラーが英国本土を空襲するためのロケット弾の開発に精を出し、実戦寸前まで進んでいたことはよく知られているが、それが成功しなかったのは一体なぜ？それは、本作でインディの"敵役"として登場する、ドイツの科学者ユルゲン・フォラー（マッツ・ミケルセン）に言わせると、「ヒトラーが無能だったため」らしい。ナチスドイツ時代にロケット弾の開発に従事し、終戦後にアメリカに移住してアメリカのために開発を行ってきたユルゲン・フォラーは、実在の人物ヴェルナー・フォン・ブラウンをヒントに作られたキャラクターだが、彼もヘレナやインディと同じように"アルキメデスのダイヤル"を探し求めていたらしい。しかし、それは一体なぜ？

■□■バイデン大統領も高齢だが、インディも既に８０歳！■□■

　本作と同時に公開されたのが、トム・クルーズ主演の人気シリーズ第7作目となる『ミッション：インポッシブル　デッドレコニング　PART ONE』（23年）。トムは若き日の大ヒット作を３６年ぶりに復活させた『トップガン　マーヴェリック』（20年）（『シネマ51』12頁）を大ヒットさせたが、彼の"売りモノ"のアクションはまだまだ健在だ。１９５４年生まれのジャッキー・チェンが還暦を越えてなおアクション俳優としての矜持を保っていたのと同じように、１９６２年生まれのトム・クルーズも還暦後、売りモノの"バイクアクション"をはじめ、その身体能力に磨きをかけており、衰えるところがない。他方、２０２０年１１月に７８歳で大統領に就任したバイデンが、２０２４年の大統領選挙にも立候補し当選すれば、アメリカには８２歳の大統領が誕生することになる。しかし、

それって大丈夫なの？

　『インディ・ジョーンズ』シリーズが本作でやっと５作目と少ないのは、同シリーズの "生みの親"であるスティーブン・スピルバークとジョージ・ルーカスらの企画が容易に進まなかったという事情があるが、そこで最大の問題はハリソン・フォードの年齢だ。つまり、前作『インディ・ジョーンズ／クリスタル・スカルの王国』で６６歳だった彼は、本作公開の２０２３年には８０歳を迎えているわけだ。バイデン大統領は、時々見せる "不規則発言"が心配されている上、歩行時に転びそうになる姿が時々報道されているが、米国の大統領がこれでいいの？そんな心配は "西側民主主義国"すべての国民が持っているものだ。

　しかして、８０歳のおじいちゃんになったハリソン・フォードが『インディ・ジョーンズ』シリーズ最後の本作で見せる "最大の冒険"とは一体ナニ？

■□■舞台はナチス時代から１９６９年へ！注目の小道具は？■□■

　本作冒頭の時代は第２次世界大戦中、ナチスドイツの時代だ。その当時はまだまだ若い

インディがナチスの手からロンギヌスの槍を取り戻すべく奮闘するシークエンスから始まる。しかし、こりゃ一体ナニ？そんな問題意識を観客に植えつけた後、スクリーン上の時代は一気に進み１９６９年になるが、そこでは７０歳になり定年退職を迎えるインディが寂しげに教壇に立つ姿が映される。学生に何を訴えても反応は全くなく、かつてさまざまな冒険の旅を繰り広げてきたインディも今や "老兵は去り行くのみ"状態になっているらしい。

　そんな人生の黄昏時のインディの運命を一気に変えたのは、インディが名付け親となっている旧友の娘ヘレナ（フィービー・ウォーラー＝ブリッジ）の登場だ。"アルキメデスのダイヤル"のありかを探っているというヘレナの言葉を聞いたインディは、ヘレナと共にそれを探し求める旅に出ることに。しかして、"アルキメデスのダイヤル"とは一体ナニ？それが手に入れば一体何ができるというの？

■□■NASA で働くナチス残党の野望は？■□■

　１９６９年といえば、私が大学２回生の時で、日本の学生運動が最高潮に達していた時代。アメリカでは１９６０年代後半から続いていたベトナム戦争反対と黒人の公民権運動が盛り上がっていたが、他方で、熾烈を極めていたソ連との宇宙開発競争を勝ち抜くために、アポロ計画に全力を注いでいた。

　そんな時代状況下、ナチスの残党でありながら、今は NASA の研究者として働いているのがフォラーだ。前述の通り、このフォラーは、一方では、第２次世界大戦中、英国へのロケット弾攻撃が成功しなかったのは「ヒトラーが無能だったため」と批判しながら、他方では、懸命に“アルキメデスのダイヤル”を探し求めていた。そのため本作中盤は、インディ×ヘレナ連合軍 VS フォラーの間で、“アルキメデスのダイヤル”を巡る争奪戦が始まることになるので、そこに見るインディ・ジョーンズとヘレナの冒険の姿をタップリと楽しみたい。

■□■ナチス時代にタイムスリップ！ところが実は紀元前に！■□■

　タイムスリップものは面白い。それが私の持論だが、その根拠は、ずっと昔に観た『戦国自衛隊』（７９年）がメチャ面白かったことと、最近観た中国映画、『こんにちは、私のお母さん』（２１年）（『シネマ５０』１９２頁）がメチャ良かったためだ。去る７月２１日に観た『こんにちは、母さん』（２３年）は、山田洋次の監督９０作目、女優・吉永小百合の出演１２３作目の映画、そしてまた、山田洋次監督が９０歳を超えて、女優・吉永小百合が８０歳近くになっての映画だった。同作は、母親（吉永小百合）、一人息子（大泉洋）、孫（永野芽郁）の３世代構成のバランスが素晴らしかった上、『卒業』（６７年）の名シーンを彷彿させる（？）、吉永小百合扮する“母さん”の“老いらくの恋”の行方が興味深かった。また、隅田川沿いの下町、向島を舞台とした人情物語も感動的だった。

　このように、同作は松竹映画の“大船調”の伝統を正しく受け継ぐ山田洋次監督作品だったが、中国の『こんにちは、私のお母さん』は、異例の“お笑い芸人”出身ながら「世界最高の興行収入を獲得した女性監督」の称号を手にした賈玲（ジア・リン）の手による“タイムスリップもの”だった。『戦国自衛隊』のタイムスリップは、何とも奇想天外かつ骨太なストーリー展開の中、タイトル通り、現行憲法下で“鬼子”扱いされている自衛隊が戦国時代にタイムスリップする中で大活躍を見せたが、『こんにちは、私のお母さん』では、２００１年の交通事故で死んでしまったはずの主人公がタイムスリップしたのは、若き日の母親の元、そして中国が女子バレーに熱中していた１９８１年だった。

　他方、本作では、そのありかを巡って争奪戦が繰り広げられた小道具“アルキメデスのダイヤル”が、ヒトラーが犯した失敗を克服し、ナチスドイツが連合国に勝利を収めるために、フォラーがナチスの時代にタイムスリップするためのダイヤルだったことが徐々に判明していくから、それに注目！しかして、このアルキメデスのダイヤルが“カチッ！”とセットされると、インディとヘレナ、そしてフォラーらを乗せた飛行機の下の海には、

ナチスドイツの大艦隊が！？インディもフォラーもそう思ったが、それらの軍艦はナチスドイツのものではなく、何とアルキメデスが生きた紀元前２１４年のギリシャ・ローマ時代に起きた「シラクサの戦い」に集結した軍艦だったから、アレレ、アレレ・・・。

■□■シラクサの戦いを知ってる？アルキメデスの役割は？■□■

　私はギリシャ・ローマ時代の"戦争モノ"が大好き。とりわけ、元老院時代のローマの実力者となったシーザーとエジプトの女王クレオパトラとの恋を基調とし、シーザー暗殺後にローマの正当な後継者になったオクタビアヌスと、ローマ人ながらクレオパトラの愛人としてエジプト軍を率いたアントニウスとの戦いを、壮大なスケールで描いた映画、『クレオパトラ』（６３年）は何度見ても面白い映画だった。さらに、ローマ史においては、ローマとカルタゴが死闘を繰り広げた第一次ポエニ戦争（紀元前２６４－紀元前２４１年）と、第二次ポエニ戦争（紀元前２１９－紀元前２０１年）の物語が面白いし、第二次ポエニ戦争における、シラクサを舞台としたシラクサの戦い（包囲戦）での天才アルキメデスの大活躍もメチャ面白い。

　シラクサの戦いの舞台になったのは、現在の南イタリアとシチリア。シラクサはギリシャの植民都市として栄えていたが、第一次ポエニ戦争においてローマはシチリア島全土を支配したため、シチリアはローマ紀元前２４１年にはローマ最初の海外領土（シチリア属州）とされてしまった。しかし、シラクサ（のみ）はローマの同盟国として独立を保ち、繁栄を続けていた。ところが、次第にローマの威嚇的姿勢のためにシラクサとの対立が深まり、紀元前２１４年に第二次ポエニ戦争が始まることになった。シチリア東岸にあるシラクサは堅牢な城塞都市として知られているが、さあ、第二次ポエニ戦争におけるシラクサの防衛戦（包囲戦）の展開とその結末は？

　アルキメデスは数学者としてだけではなく、後のルネサンス期に大活躍する天才レオナルド・ダ・ヴィンチと同じような科学者としても有名だ。そしてまた、シラクサの防衛担当者の中にいた彼はシラクサの戦いにおいて、①アルキメデスの鉤爪、②アルキメデスの投石機、③アルキメデスの熱光線、を発明し、実戦で使用した科学者としても有名だ。これらの、当時としては画期的な"大量破壊兵器"は映画の大スクリーンに見栄えがするため、数々の映画の中で（その修正型が）使われてきたが、さて本作では？本作は『インディ・ジョーンズ』シリーズの最終作だから、シラクサの戦いを描くことが目的ではないし、インディもフォラーも間違ってタイムスリップしてきただけだから、早くここから脱出しなければ１９６９年の現代に戻れなくなってしまう。したがって、インディとフォラーとの宿命の対決は忙しく、駆け足にならざるを得ない。しかして、インディ最後にして最大の冒険の結末は如何に？それは、あなた自身の目でしっかりと！

２０２３（令和５）年７月２８日記

Data 2023-64

監督：マイケル・B・ジョーダン
出演：マイケル・B・ジョーダン／
テッサ・トンプソン／ジョナ
サン・メジャース／ウッド・
ハリス／フロリアン・ムンテ
アヌ／ミラ・デイヴィス＝ケ
ント／フィリシア・ラシャド
／ホセ・ベナビデス・Jr／セ
レニス・レイバ／アンソニ
ー・ベリュー／タデウス・
J・ミクソン／スペンス・ム
ーア二世

★★★★

クリード　過去の逆襲

2023 年／アメリカ映画
配給：ワーナー・ブラザース映画／116 分

2023（令和 5）年 5 月 27 日鑑賞 ｜ TOHO シネマズ西宮 OS

👀 みどころ

　誰しも悲しい過去や触れられたくない過去があるものだが、世界ヘビー一級チャンピオンとして一世を風靡したクリードのそれは？『あしたのジョー』（11 年）を持ち出すまでもなく、ボクシングに夢中になる男は少年院上がりの不良？必ずしもそうではないはずだが、"アポロ 2 世" として華やかなボクシング人生を歩んできたクリードのそれは？

　幼き日の兄貴分だった男デイミアンの 18 年ぶりの出所・再会と共に、クリードの "過去" が少しずつ明かされ、それが "逆襲" してくると・・・？しかして、『ロッキー』シリーズと同じような本作のハイライトは如何に？

　次作に続く場合の主人公が誰になるかを含めて、シリーズの今後に注目！

—— ＊ —— ＊ —— ＊ —— ＊ —— ＊ —— ＊ —— ＊ —— ＊ —— ＊ ——

■□■ "ロッキー不在" でも『クリード』シリーズ第 3 作が！■□■

　シルベスタ・スタローン主演の『ロッキー』シリーズは全 6 作も続いた。また、それに続いてロッキーの宿敵だったアポロの息子クリードを主人公にした『クリード』シリーズは、『クリード　チャンプを継ぐ男』（15 年）（『シネマ 37』27 頁）、『クリード　炎の宿敵』（18 年）（『シネマ 43』81 頁）と 2 作続いた。本作はそれに続く『クリード』シリーズ第 3 作だが、そこでは、クリードも既に世界ヘビー一級チャンピオンとして引退の時期を迎えていた。

　そんな本作の最大の注目点は、第 1 作でも第 2 作でも "キーマン" として登場していたシルベスタ・スタローン演じるロッキーが影も形も見せないこと。つまり、本作は "ロッキー不在" の『ロッキー』シリーズ作品ということだ。そんな本作の物語は如何に？

■□■サブタイトルに注目！功成り名を遂げた男の過去は？■□■

　"功成り名を遂げた" 人が幸せなことは明白だが、それが死ぬ瞬間まで続くかどうかは

別問題。現在、世界ヘビー級チャンピオンとして君臨しているアドニス（マイケル・B・ジョーダン）が住んでいる豪邸を見れば、彼が"功成り名を遂げた"人物であることがよくわかる。

その上、本作冒頭のファイトシーンとして描かれる引退試合でも勝利したアドニスは今、トレーナーだった"リトル・デューク"ことトニー・バートン（ウッド・ハリス）と共に"デルファイ・アカデミー"なるボクシングジムを経営し、スター・ボクサーとして現役世界チャンピオンのフェリックス・チャベス（ホセ・ベナビデス・Jr）を擁していた。私生活でも、彼の妻ビアンカ（テッサ・トンプソン）は歌手からプロデューサーに転身して大成功を収めていたから、一人娘のアマーラ（ミラ・デイビス・ケント）はろう者で、ビアンカは進行性の聴覚障害を抱え、母親のメアリー・アン（フィリシア・ラシャド）は健康面に心配

はあったものの、家族愛に満たされたアドニスはまさに「功成り名を遂げた」人物だった。しかし、そんな人物を延々とスクリーン上で描いても観客は何も満足するはずはない。なぜなら、映画で観客が求めているのは"ドラマ"だからだ。

しかして、本作のサブタイトルになっている「過去の逆襲」とは一体ナニ？誰しも触れられたくない過去はあるものだが、アドニスにとってのそれは一体ナニ？そして、アドニスの過去と現在、未来を繋ぐ宿命とは？

■□■少年時代のアドニスは？兄同然のデイミアンとの絆は？■□■

アドニスは世界ヘビー級チャンピオンだったアポロの息子だから、黒人ながらも良家の息子。したがって、『ロッキー』シリーズで見たロッキーのような"貧乏人"とはそもそも生まれからして違うもの。今のアマーラのように、両親に愛されて順調に育ったのでは？そう思ったが、意外にも本作に描かれる少年時代のアドニスは、グループホームに収容されていたから、アレレ。しかも、そこで兄同然の親友デイミアン（ジョナサン・メジャース）からボクシングの手ほどきを受けていたから、さらにアレレ。父親のアポロは世界へ

ビー級チャンピオンなのに、自分の息子に対して一体何をしていたの？グループホーム出所後もアドニスとデイミアンの仲は変わらなかったが、グループホームにいた頃にひどい虐待をしていた職員のレオンを偶然見かけたアドニスは、衝動的にレオンを襲ったから、さあ大変だ。

若き日の北島三郎が歌った大ヒット曲に『兄弟仁義』がある。そこでは「俺の目を見ろ、何にも言うな　固い契りの義兄弟」

と歌われていたが、まさにアドニスとデイミアンはそんな"義兄弟"だった。したがって、レオンの仲間に囲まれたアドニスを助けるべく、デイミアンが銃を構えたのは仕方ない。それによってアドニスは無事逃げ出すことができたが、デイミアンは駆けつけてきた警官に逮捕されてしまったから、アレレ・・・。まだ幼いアドニスが逮捕されるデイミアンを見捨てて自分だけ逃げ出したのは仕方ないとしても、刑務所送りとなったデイミアンを、世界チャンピオンになった期間を含めて１８年間、一度も訪れなかったというのは如何なもの！それは、『兄弟仁義』の歌詞に反する行動なのでは？公私共に幸せいっぱいに見える現在のアドニスに、そんな暗い過去があったとは！

しかして、そんなアドニスの暗い過去はそのまま封印されるの？それとも、１８年後の今、突然デイミアンがアドニスの前に現れたことによって、アドニスの過去が現在、未来に何らかの形で結びついていくの？

■□■デイミアンと再会！彼の頼みは？アドニスの決断は？■□■

５月１４日～２８日に国技館で開催された大相撲五月場所では、横綱・照ノ富士が復活優勝を果たし、関脇・霧馬山の大関昇進が実現したが、他方で前半から白星を重ねていた元大関・朝乃山がどこまで終盤の優勝争いに絡むかが注目された。しかし、いかにずば抜けた実力を持ち、「次期横綱間違いなし」と言われていた朝乃山でも、自らの不祥事（外出禁止期間中に接待を伴う飲食店に複数回出入り）によって６場所の出場停止処分を受け、大関から三段目まで番付を下げたことのブランクは大きく、後半以降の三役力士との対戦では力不足を露呈してしまった。

そんな朝乃山に比べて、デイミアンは１８年間も刑務所に入っていたのだから、刑務所内でもトレーニングを欠かさなかったとはいえ、ボクサーへの復帰など到底無理。デイミアンから「俺はボクシングに復帰したい」との頼みを聞いたアドニスが、ハナからそれを

却下したのは当然だが、ジム内のリングに上がり、スパーリングをしてみると・・・？１８年のブランクを経た今、プロボクサーとしてデビューするだけでも不可能に近いのに、デイミアンはさらに、「世界ヘビー級チャンピオン戦に出場したい。俺には時間がない。」とアドニスに対して無茶な要求を！「そんなことは不可能！」とアドニスは言下に否定したが、ならば『ロッキー』シリーズ第１作のロッキーは？現在、世界ヘビー級チャンピオンとして君臨しているフェリックスは次の防衛戦に向けて着々と準備を進めていたが、万一何らかの事故でその試合ができなくなれば・・・？

本作中盤は、そんなあり得ない話が連続する中で、結局新人ボクサーとして登録されたデイミアンとフェリックスとの間で"世界ヘビー級タイトルマッチ"が実現することになるので、それに注目！もちろん、その"かけ率"は圧倒的にデイミアンに不利だったが、試合の結果は意外にも・・・？

■□■ならば俺が！だが事態は既に逆転！奇跡の再現は？■□■

ボクシングのチャンピオンには、例外的に井岡一翔のようなサラブレッドもいるが、そのほとんどは貧困や逆境の中で這いずり回りながら頭角を現してきたハングリーな男だ。全日本プロレスのジャイアント馬場と新日本プロレスのアントニオ猪木が"両雄並び立たず"のことわざ通り分裂した根本原因は、"エリート VS 叩き上げ"の違いだと私は考えている。私

の大学時代に大ヒットした、ちばてつやのボクシング漫画『あしたのジョー』でも、主人公たちはほとんどが少年院あがりの不良ばかりだった。もちろん『ロッキー』シリーズにおけるロッキーはその一方の代表だ。

　ところが、『クリード』シリーズにおけるクリードは、少年時代に本作に見るようなグループホームを体験したとはいうものの、世界ヘビー級チャンピオンアポロの息子だから、アポロが急死してしまったとはいえ、ロッキーと巡り合った後は順調に"アポロ2世"としてボクシングの王道を歩んできた男だ。さらに、アドニスは世界ヘビー級チャンピオンの栄光だけでなく、家族にも恵まれ、幸せの絶頂の中で引退し、トレーナーのトニーと共に順調な第2の人生を歩んでいた。ところが、そんなアドニスがトニーの反対を押し切って強行したデイミアンVSフェリックスの世界タイトルマッチでは何と、フェリックスが敗れ、デイミアンが新チャンピオンになってしまったからアレレ。しかも、新チャンピオンになった後のデイミアンは手の平を返したように、アドニスに対しても傍若無人の態度を示していた。

　そんな状況下でのアドニスの決断は、ボクシング界への復帰とデイミアンが持つ世界ヘビー級チャンピオンへの挑戦だ。「フェリックスがダメなら俺が！」そんな心意気は買いたいが、既にアドニスはボクサーとして引退している身。片やデイミアンは遅咲きとはいえ、一発の挑戦で獲得した世界ヘビー級タイトルの保持者としての栄光を目下独占中だ。そんな2人の対決の実現自体が、アントニオ猪木VSモハメド・アリの異種格闘技戦の実現と

同じくらいの奇跡だが、さて、『ロッキー』シリーズで再三見たような奇跡は再現できるの？

■□■スポーツ映画初のIMAXカメラ撮影は？第4作は？■□■

　私はボクシングの試合をテレビで見るのが大好きだが、１２ラウンドでも１５ラウンドでも、終始駆け引きばかりで殴り合いがほとんどなく、判定も微妙。そんな試合が面白くないのは当然で、時間の無駄だったと思ってしまう。その最たるものが、１９７６年のアントニオ猪木 VS モハメド・アリの異種格闘技戦だった。しかし、ボクシング映画は絶対にそうではなく、ハイライトとなる試合のシーンの殴り合いは現実離れした激しいものが多い。最初に『ロッキー』（７６年）を見た時の興奮は忘れられないし、『ロッキー』シリーズ全作のハイライトシーンは何度見ても飽きることがない。それは、『あしたのジョー』（１１年）（『シネマ２６』２０８頁）等でも同じだ。しかして、本作ラストのアドニス VS デイミアンの対決はスポーツ映画初の IMAX カメラで撮影されたそうだが、その迫力は如何に？

　他方、本作ラストで涙の勝利を収めたアドニスは、今度こそ正真正銘の引退！すると、次の世界ヘビー級チャンピオンは誰が承継するの？そんな興味の中で注目されるのが、ろう者ながらボクシング大好き少女のアマーラ。本作でも折に触れて、父親の指導よろしきを得て、ボクシングに精を出している姿（？）が登場

『クリード　過去の逆襲』ブルーレイ&DVD セット(2枚組)
発売元：ワーナー　ブラザース　ジャパン(同)
価格：5,280円（税込）　発売中

するので、それにも注目。今後、『クリード』シリーズの新たな3部作が生まれるとすれば、ひょっとしてその主人公は成人した女ボクサー、アマーラ・・・？そんな想像も膨らんでくるが、さて？

　　　　　　　　　　　　２０２３（令和５）年６月５日記

Data 2023−109

監督：チャド・スタエルスキ
出演：キアヌ・リーブス／ドニー・
イェン／ビル・スカルスガル
ド／ローレンス・フィッシュ
バーン／真田広之／リナ・サ
ワヤマ／イアン・マクシェー
ン

★★★★★

ジョン・ウィック：コンセクエンス

2023 年／アメリカ映画
配給：ポニーキャニオン／169 分

2023（令和5）年9月23日鑑賞 ／ TOHO シネマズ西宮 OS

👀 みどころ

　ハリウッドはシリーズ化が巧い。第 1 作をヒットさせ、“伝説の殺し屋”ジョン・ウィックのキャラクターを定着させると、第 2 作、第 3 作、とその世界観を拡大させてきたが、『ジョン・ウィック：コンセクエンス』と名付けた「CHAPTER4」では、舞台も共演者もスケールが超拡大！“コンセクエンス”とは“結果”“結末”だが、本作にはなぜそんなサブタイトルが・・・？

　主席連合（ハイテーブル）、コンチネンタル・ホテル、指輪、誓印等、本シリーズ特有のバックグラウンドの理解と共に、ルールに生きる男たちの厳しさと切なさをしっかり感じ取りたい。

　大阪を舞台にした映画は『ブラック・レイン』（89 年）と『マンハント』（17 年）が代表だが、本作では真田広之がジョン・ウィックの旧友である、大阪コンチネンタル・ホテルの支配人役で登場！ジョン・ウィックを抹消しようとする主席連合から全権を与えられた侯爵が殺し屋として差し向けた、盲目の武術の達人ケイン（ドニー・イェン）も旧友だ。この 3 人を中心とする“大阪バトル”は、かつての豊臣家を巡る“大阪冬の陣”“夏の陣”以上の迫力だから、それに注目！また、トコトン旧友との恩義にこだわる真田の日本人的な武士道精神の美学にも注目！

　“復讐物語”は古式に則った 1 対 1 の決闘になるが、その前に抹殺してしまえば、決闘は無用！侯爵のそんな企みを克服し、ジョンは決闘の場に臨むことができるの？歴史に残るであろう「カー・フーアクション」と「222 段の階段落ちアクション」を経た後、本作ラストで実現する決闘シーンには、あっと驚く、ネタばれ厳禁の“ヒネリ”があるので、それに注目！これは、「巌流島の決闘」や「OK 牧場の決斗」と並んで歴史に残る決闘シーンになるはずだ。

なお、本作にはエンドロール終了後に第5作の予告（？）も登場するので、お見逃しなく！

———＊———＊———＊———＊———＊———＊———＊———＊———＊———

■□■「CHAPTER4」は舞台も共演者もスケールが超拡大！■□■

キアヌ・リーブスは、『マトリックス』シリーズで大人気だったが、近時は『ジョン・ウィック』シリーズの人気が急拡大！『ジョン・ウィック』(14年)(『シネマ37』77頁)ではじめて登場した"伝説の殺し屋"ジョン・ウィック（キアヌ・リーブス）は、ロシアンマフィアと対決する中で、そのキャラクターを全開させた。続く『ジョン・ウィック：チャプター2』(17年)(『シネマ40』未掲載)ではイタリアンマフィアと対決し、シリーズ第3作『ジョン・ウィック：パラベラム』(19年)(『シネマ46』394頁)では、遂に"主席連合"と対決することになった。それから4年。シリーズ第4作が『ジョン・ウィック：コンセクエンス』と題されて公開されたが、「コンセクエンス」とは一体ナニ？それは因果・結果を意味する英語だが、「CHAPTER4」はなぜそんなタイトルに？

シリーズ第1作は、裏社会から引退し、死んでしまった妻から送られてきた子犬と共に、1人静かに暮らしていたジョン・ウィックが、その子犬と愛車を奪ったロシアンマフィアの"バカ息子"に対して復讐を遂げるという、かなりプライベートな物語（？）だった。しかし、第2作からは"主席連合（ハイテーブル）""コンチネンタル・ホテル""指輪""誓印"等の『ジョン・ウィック』シリーズ特有のさまざまなバックグラウンドや、約束ゴトが提示され、『ジョン・ウィック』シリーズ特有の壮大な"世界観"が提示される中、組織のルールと個人の生き方の矛盾に苦悩する、ジョン・ウィックの生きザマ（戦い方＝死にザマ）がテーマにされてきた。シリーズ第2作、第3作で、彼は幸いにも壮絶な復讐劇に勝利し生き延びることができたが、今や"伝説の殺し屋"ジョン・ウィックは主席連合から追放されていたから、「CHAPTER4」はどんなストーリーに？そう思っていると、本作の共演者は香港映画界を代表するアクション俳優、ドニー・イェンと、日本を代表するアクション俳優、真田広之だからビックリ！「CHAPTER4」は舞台も共演者もスケールが超拡大！

■□■最初の舞台はヨルダンとニューヨーク！その展開は？■□■

デヴィット・リーン監督の名作『アラビアのロレンス』(62年)では、そのタイトルどおり、"アラビア色"を堪能することができたが、ハリウッド映画たる本作の冒頭の舞台も、同作と同じように、ヨルダンの砂漠。私の大好きな映画『サウンド・オブ・ミュージック』(65年)の冒頭は、アルプスの山の上で歌うジュリー・アンドリュースの姿が次第に大きくなっていく空中撮影から始まったが、本作はヨルダンの砂漠をジョン・ウィックが馬に乗って疾走する姿を空撮で追っていくシークエンスから始まる。

ニューヨークの地下犯罪組織の王、バワリー・キング（ローレンス・フィッシュバーン）

のもとで傷を癒し、準備を整えた"伝説の殺し屋"ジョン・ウィックは、今、ヨルダンの砂漠を馬で疾走し、裏社会の最高権威である主席連合の上にいる首長に会い、彼を撃ってしまったからすごい。これは、前首長に大切な指輪と自由を奪われたためだが、そんなことをすれば、彼は主席連合そのものを敵に回してしまうことになってしまうので

は・・・?そんな心配をしていると、案の定、その"とばっちり"は、ニューヨークのコンチネンタル・ホテルに及んでいくことに・・・。

　早速、ニューヨークのコンチネンタル・ホテルに現れた告知人（クランシー・ブラウン）は、ジョンと長い付き合いの支配人ウィンストン（イアン・マクシェーン）に対してホテルの廃棄を告げたから、こりゃ大変。この命令は、主席連合から全権を与えられたフランス人の侯爵（ビル・スカルスガルド）の命令に基づくものだったが、侯爵に呼び出されたウィンストンはジョンが生き延びて反旗を翻したことの責任を取らされて追放処分となり、

同行したコンシェルジュのシャロン（ランス・レディック）は処刑されてしまうことに。そして、何とあのコンチネンタル・ホテルは爆破されてしまうことに・・・。

　さらに、本作で初登場する侯爵は、裏社会を統べる主席連合から全権を与えられたフランス人だが、ジョンと彼の協力者たちを抹殺するため、盲目の武術の達人ケイン（ドニー・イェン）を召集。ケインはジョンの旧友だが、任務を遂行しなければ娘の命が危うくなると脅されると、止む無くジョン・ウィック殺しの刺客になることに・・・。

■□■次の舞台は大阪へ！この撮影はきっと△△ホテル！？■□■

　日本を舞台にした映画はたくさんあるが、そのほとんどが東京だ。ちなみに『君よ憤怒の河を渉れ』（76 年）（『シネマ 18』100 頁）の舞台は北海道と東京、『キル・ビル Vol.1』

（03年）（『シネマ3』131頁）の舞台は沖縄と東京だった。大阪を舞台にした最も有名なハリウッド映画は『ブラック・レイン』（89年）だったが、近時はジョン・ウー監督が『君よ憤怒の河を渉れ』をリメイクした『マンハント』（17年）（『シネマ41』117頁）の舞台も、あべのハルカスや中之島等の大阪だった。

しかして、ヨルダン、ニューヨークに続く、本作の次の舞台は大阪になるのでそれに注目！そこで登場するのは、高級ホテルのコンシェルジュとして働くアキラ（リナ・サワヤマ）の姿だが、アレレ、このホテルは私が昨日の某パーティーで行った、あの高級ホテル！？そう思っていると、アキラの父親で、大阪コンチネンタル・ホテルの支配人であるシマヅ（真田広之）が登場し、父娘の間で何やら深刻そうな話し合いを・・・。

アキラが心配しているのは、主席連合から追放され、その首に多額の懸賞金がかけられたジョン・ウィックの旧友である父親が、ジョンと関わり合いを持つのではないか？ということだ。シマヅは娘のそんな心配を一蹴したが、実は・・・。

後述のとおり、本作のスケールは大きく、手に汗握るアクションシーンの迫力と多様さにもビックリさせられる。したがって、本作はシリーズ最高の出来になっていることは間違いないが、主席連合から追放され、命をつけ狙われているジョンが、いくら旧友とはい

え、バレたら迷惑がかかることが決まっているシマヅの下に隠れようとするのは如何なもの？西洋人の感覚では、それは当然なのかもしれないが、"武士道"を重んじ、義理人情を尊ぶ日本人の感覚では、「万が一にもそんな迷惑がかかるかもしれない行動は取らない」というの

が常識だ。

　そんな心配をしていると、果たして大阪コンチネンタル・ホテルには、侯爵の右腕チディ（マルコ・サロール）が戦闘部隊を率いてやってくることに。さらに、そこにはケインも現れ、シマヅに対して主席連合への服従を迫ることに。ジョンとシマヅとケインは、かつてともに殺しの腕を磨いた仲間だったが、"兄弟の絆"を尊ぶシマヅがジョンの引き渡しを拒むと、ホテルは聖域指定が解除され、血みどろの戦いが始まることに。

■□■大阪バトルには賞金稼ぎも参戦！旧友同士の対決は？■□■

　私が知っている△△ホテルは大阪城の近くにあるが、大阪城は外国人観光客にとって必見の観光名所。そこは日本特有の鎧兜を中心とした博物館としての価値も高いから、ハリウッド映画のアクションの舞台としては絶好だ。したがって、ジョンとチディ率いるその部下たち、そして、ジョンとケインとの銃と刀、マシンガンと生身の肉体を駆使した戦いは、次々と貴重な"宝物"をぶっ壊しながら、見せ場が続いていく。ジョン・ウィックの得意技は"ガンフー"だが、盲目のケインは剣の達人である上、銃も使いこなすから、その殺しの実力は"座頭市"以上！？さすがのジョンもそんなケインとの戦いで苦境に陥ったが、それを助けたのは、愛犬を連れた名無しの追跡者トラッカー（シャミア・アンダーソン）だ。彼もジョン・ウィックを追う賞金稼ぎの1人だが、どうやら彼は「もっと賞金が増額されてから殺した方が得」と計算した上で、「ここはまだ殺すのは早い」と判断したらしい。

　他方、混沌とした戦いの中、シマヅはジョンを逃がすためケインと対峙したが、それは一体何のため？いくらジョンが旧友とはいえ、主席連合のすべてを敵に回し、今は逃げ回っているだけのジョンのために、なぜシマヅが命を懸けなければならないの？娘の命に危険が迫る中、やむなく侯爵の命令に従ったケインには、そんなシマヅの気持ち（武士道？）は理解できなかったらしい。そして、シマヅとケインの対決は結局、ケインの勝ちに。ジョン・ウィックのためにあっけなく（？）命を落としてし

まった父の姿を見て、娘のアキラもケインに向かおうとしたが、もし本当に斬りかかって

いったらアキラの命もなくなってしまうことは明らかだ。そこでケインから、「お前は生きろ！」との言葉を聞いたアキラは、万感の思いの中でその場を立ち去ったが、これは「シリーズ第5作」の中にアキラによるケインへの復讐物語が挿入されることを予告したもの・・・。

　それはともかく、これにてド派手なアクションをたっぷり折り込んだ大阪を舞台にした物語は悲しい結末で終わることに。もっとも、シマヅは死んでしまったが、ジョン・ウィックはなお1人で梅田駅から電車に乗って侯爵の手を逃れることができたから、さあ次に彼が現れる舞台は？

■□■1対1の決闘の道が！そこで、舞台はベルリンに！■□■

　ニューヨークに戻ったジョン・ウィックに対して、ウィンストンが「主席連合から自由になるための唯一の方法は、侯爵との1対1の決闘だ」と勧めたところから、本作の次の舞台はベルリンになる。

　もっとも、古来のルールを逆手に取った秘策にジョンが名乗りを挙げるためには、ジョンが主席連合のメンバーである絶縁した"家族"ルスカ・ロマに復帰し、その

代理となる必要があった。そこで、ジョンがベルリンのルスカ・ロマを訪れると、そのトップはピョートル叔父から彼の娘カティア（ナタリア・テナ）に代替わりしていた。ジョンの反逆のせいで、侯爵がピョートルを討たせたのだった。

　そのためカティアはジョンを絞首台に吊るしたが、ジョンが父の殺害を実行したキーラ（スコット・アドキンス）を殺せば組織に復帰させると約束したところから、ストーリーは巨大なナイトクラブ"天国と地獄"におけるキーラとジョン・ウィックとの対決になっていく。そこには、「ベルリンの"天国と地獄"にジョン・ウィック現れる！」との情報を入手したケインとトラッカーも現れたから、同じテーブルについた4人がカードを操るキーラの提案によって、誰が誰を殺すかもしれない4人のバトルが始まることに。

　その勝者はもちろん、互いに牽制し合う2人とも共闘してキーラを倒したジョン・ウィックだが、この"天国と地獄"における4人の殺し屋による殺し合いは、アクション映画の歴史に残る名場面になるだろう。

■□■決闘のルールが決定！その前に待ち受けるハードルは？■□■

　『ジョン・ウィック』シリーズは、血も涙もないマフィアや殺し屋たちによる、ド派手な殺し合いアクションという、今風の見どころ（？）と、主席連合を中心としたさまざ

な"規律"、コンチネンタル・ホテルという高級ホテルにおける"秩序"を両立させているところがミソだ。

　しかして、侯爵との1対1の決闘の資格を得たジョンは、侯爵のいるパリに現れることに。エッフェル塔を望むトロカデロ広場での協議の結果、決闘は翌日夜明けの6時3分、サクレ・クール寺院にて拳銃で行うことに決定。さらに、細かいルールもすべて決定した。

ところが、そこで狡猾な侯爵は代理にケインを指名したから、アレレ？もとよりケインはそれを拒否したいところだが、ここでも娘の命を人質とされたケインはそれができなかったから、結局、旧友同士、生き残れるのは一方のみ、という何とも

厳しい現実に直面することに。なお、ジョンの介添人を務めるウィンストンは、ジョンが勝てば、再建されたニューヨーク・コンチネンタル・ホテルの支配人に復帰する、という約束を告知人との間で取り付けることができたから万々歳だ。

　もっとも、指定の時刻に来ない場合は処刑されるとのルールも決定していたから、侯爵が決闘までにジョンを殺してしまうチャンスはいくらでもある。ジョンはバワリー・キングから特注の防弾スーツと入手困難な拳銃を受け取り、決闘の場を目指したが、他方、敗北を恐れた侯爵は、賞金を倍増してパリ中の殺し屋にジョンを狙わせたから、さあ、ジョンは指定の時刻に、指定の場所に現れ、1対1の決闘に臨むことができるの？

■□■凱旋門カー・フーと階段落ちアクションに注目！■□■

　近時の映画に見るアクションの進化は著しいが、カーアクションのそれは、とりわけすごい。しかし、私たちは『ジョン・ウィック』シリーズを観るまでは、誰も「ガンフー」アクションを知らなかったし、本作を観るまでは、誰も「カー・フー」アクションを知らなかったはずだ。しかして、かつての常勝将軍ナポレオンが創ったパリの凱旋門で行われる「カー・フー」アクションとは？本作は全編169分もある長尺だが、ラストの1対1の決闘に至る直前の2大アクションの1つがそのカー・フーアクションだから、それをしっかり楽しみたい。

　1対1の決闘前のもう1つのアクションは、決闘の場となるサクレ・クール寺院の目前に見る、222段の"階段落ちアクション"だ。「階段落ち」と聞けば、映画ファンなら誰で

も、すぐに『蒲田行進曲』（82年）の「階段落ち」を思い出すはず。そこでは主役の銀ちゃん（風間杜夫）に代わって、決死の覚悟で39段の階段落ちに臨む大部屋俳優・ヤス（平田満）の役者根性が見モノだった。それに対して、本作のサクレ・クール寺院に至る階段は222段だから、『蒲田行進曲』のそれとはスケールが全然違うものだ。決闘の時刻は6時3分と決まっているし、時刻までにたどり着けなかったら処刑されてしまうから、何が何でも222段の階段を上まで登り切らなければ！しかし、上からはそれを阻止するべく、

チディとその部下たちが次々とジョンを襲ってきたからジョンは大変だ。もっとも、途中からは「義を見てせざるは勇なきなり」と考えた（？）ケインが、ジョンを決闘に臨ませるべくジョンの加勢に入ったから、何とか時間切れ寸前にジョンとケインは222段の階段を上まで登りきることに成功！

これは侯爵にとって何とも意外な結果だったはずだが、1対1の決闘をするのは自分ではなく代理のケインだから、きっと何とかなるだろう。侯爵はきっとそんな風に考えていたはずだが・・・。

■□■1対1の決闘の決着は？拳銃の命中距離は？■□■

古来のルールに則った貴族同士の決闘と聞けば、私はオードリー・ヘップバーンが主演した『戦争と平和』（56年）を思い出す。そこでは、"あるきっかけ"から、妻へレーネの浮気相手だったばかりか、純真無垢なナターシャを弄んだ、ロシアの貴族ドロコフとピエールとの1対1の決闘が実現！その決闘では、はじめて拳銃を手にするピエールに対して、軍人として素晴らしい実績を誇るドロコフの圧倒的優位が予想されたが、結果はご承知のとおり（？）、ピエールが互いの距離を詰めていく中で偶然躓いたことによって、意外にもピエールの勝ちに終わった。それに対して、厳格なルールに基づく、実力伯仲のジョンとケインの1対1の決闘の決着は？

両者30歩ずつ離れた地点で発砲する決闘といえば、『戦争と平和』以外にも、『OK牧場の決斗』（57年）をはじめとして、たくさんの西部劇の名作がある。それらを知っている私たちには、ジョンとケインが30歩ずつ離れた地点で互いに拳銃を発射しても当たらない

というのは意外だった。そもそも、拳銃の命中距離はどれくらいなの？互いの拳銃から発射された弾が当たらないのは、距離が20歩に縮まった第2ラウンドでも同じだったから、アレレ。しかし、第3ラウンドで10歩に縮まれば必ず命中するはず。下手すると2人とも命中して2人とも死亡！そんな決着も十分予想されるところだが、その決着は・・・？

■□■意外な "ヒネリ" に感服！これはすごい！■□■

張芸謀監督の『HERO（英雄）』（02年）（『シネマ5』134頁）は、秦の始皇帝を暗殺するために、秦王が懸賞をかけていた某人物の首と地図を献上することによって、始皇帝に近づいた趙の国の刺客・無名の「十歩必殺の剣」が見モノだった。無名の話では、十歩以内に近づけば必殺の剣になるのだから、武器が拳銃なら、互いに十歩以内に近づけば必ず命中するはずだ。そう考えながら、ハラハラドキドキ感いっぱいでスクリーン上を見つめていると、発射音の後、倒れたのはジョン・ウィック、生き残ったのはケインだったからアレレ・・・。こりゃどうなってるの？

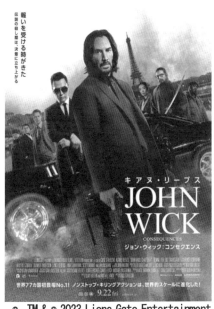

誰もがそう思うはずだが、私は本作のこの意外なヒネリに感服！ここでそのネタばらしをするわけにはいかないが、宮本武蔵と佐々木小次郎が1対1の決闘をした「巌流島の決闘」では、わざと試合時間に遅れて会場に到着した武蔵のさまざまな作戦が結果的に勝ちを呼び込んだが、一方ではそんな不当な（？）やり方は如何なもの？という反発も生んだ。しかし、本作のスクリーン上に登場する、ケインの弾に撃たれたジョン・ウィックの姿も、ジョンの拳銃に撃たれなかったケインの姿も、両者とも完璧に決闘のルールを守った中でのことだから、この結果は受け入れざるを得ない。そこで、とどめを刺すべく侯爵が、倒れ込んだジョンに向かい、自らの手で銃を発射しようとすると、アレレ、アレレ、意外にも・・・。「巌流島の決闘」も「OK牧場の決斗」も今日まで語り継がれている名場面だが、本作も間違いなくそれに並ぶような "決闘の名シーン" になるはずだから、しっかりその展開と結末を目に焼き付けたい。

なお、本作はエンドロール終了後、予想通り "シリーズ第5作" の予告となる "あるシーン" が "ある人物" と共に登場するので、最後まで席を立たないように！

2023（令和5）年9月25日記

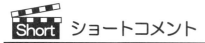

Short ショートコメント ★★★

Data	2023-107
監督：	ケネス・ブラナー
原作：	アガサ・クリスティ『ハロウィーン・パーティ』
出演：	ケネス・ブラナー／ミシェル・ヨー／ティナ・フェイ／ジュード・ヒル／ジェイミー・ドーナン

名探偵ポアロ
ベネチアの亡霊

2023 年／アメリカ映画
配給：ウォルト・ディズニー・ジャパン／103 分

| 2023（令和5）年9月16日鑑賞 | TOHO シネマズ西宮 OS |

 みどころ

　本作は"世界一売れた作家"アガサ・クリスティの原作を映画化した名探偵ポアロシリーズの『オリエント急行殺人事件』(17 年)、『ナイル殺人事件』(22 年)に続く第 3 弾。本作では、事実上"引退"しているポアロを、現在スランプ中の女流ベストセラー作家が口説き落とし、"世界最高の霊能者"が行う降霊会に出席させるところがミソだが、その狙いは？

　本作の登場人物（＝降霊会への出席者）は実に多い。そのそれぞれが、何らかの"曰く因縁"を抱えているのは当然だが、最初の犠牲者は誰？そして、その死因は？犯人は？

　名探偵の推理力は、関係者各人の事情聴取から！本作もその"定石"通りの展開だが、さて、ポアロの考察力と推理力は如何に？そして、犯人発見への道筋は？水の都ベネチアを舞台とし、"降霊会"というおどろおどろしい雰囲気の中で進むミステリー展開をしっかり楽しみたい。

――＊――＊――＊――＊――＊――＊――＊――＊――＊――＊――＊――

◆「世界一売れた作家」として認定された"ミステリーの女王"アガサ・クリスティが生涯を通して描き続けたのが"名探偵ポアロ"シリーズだ。ケネス・ブラナー監督はそんな原作を『オリエント急行殺人事件』(17 年)（『シネマ 41』未掲載）、『ナイル殺人事件』(22 年)（『シネマ 50』115 頁）とシリーズ化して映画化してきたが、本作はその第 3 弾だ。

◆サブタイトルに『ベネチアの亡霊』とつけられているとおり、本作の舞台は"水の都"ベネチア。また、原作はアガサ・クリスティが 1969 年に発表した『ハロウィーン・パーティ』だから、本作ではハロウィンの日に子供の霊が現れるという、大きなお屋敷の降霊会の場面から本格的なストーリーが始まる。そこで、「私は"世界最高の霊能者"。私は死者の声を話せます。」と大言壮語する女性霊能者が、『エブエブ』こと『エブリシング・エブリウェア・オール・アット・ワンス』(22 年)（『シネマ 52』12 頁）で大奮闘し、アカデミ

64

一賞主演女優賞をゲットしたミシェル・ヨー扮するレイノルズ夫人だから、それにも注目！

◆もっとも、自他共に"世界一の名探偵"と認めるエルキュール・ポアロ（ケネス・ブラナー）も、今はすでに第一線を退き、ベネチアで流浪の日々を送っていた。そんなポアロを降霊会に（無理やり？）引っ張り出したのは、「世界で最も売れている」と自称している女性推理作家のアリアドニ・オリヴァ（ティナ・フェイ）だ。

　オリヴァはミステリーのベストセラー本を多数出版しているのだから、レイノルズの降霊術を信じるなどもっての他だが、如何に自分の知識を総動員しても、オリヴァにはレイノルズの降霊術がホンモノとしか思えなかったらしい。そこで、世界一の名探偵ポアロがそのインチキ性を見抜ければ、それも良し。もし、ポアロもレイノルズの降霊術に屈するようなら、それも良し。なぜなら、その両者とも、自分が新たに執筆するミステリー本のネタとして使えると考えたわけだ。

　そんなオリヴァの思惑を見抜きつつ、ポアロは老骨に鞭打って、オペラ歌手のロウィーナ・ドレイク（ケリー・ライリー）が、死亡した最愛の娘アリシアの声を聞くために開催した降霊会に出席することに。

◆降霊会に出席する本作の登場人物は多い。その１人１人は、すべてポアロにとってはじめて出会う人だから、顔と名前を一致させるだけでも大変だが、降霊会が始まると、たちまち最初の犠牲者が出てしまったから、さあ大変。そして、そうなるとポアロが名探偵としてその"捜査"に乗り出さざるを得なくなったのも当然だ。

　そこで、ポアロはまず降霊会の会場となったお屋敷を封鎖した上、１人１人から事情聴取を始めることに。これがポアロ特有の捜査方法だが、そんな昔流の（？）作業の集積で本当に犯人にたどり着けるの・・・？

◆本作では、ポアロによる関係者からの事情聴取が続く中、ポアロ自身にも危険が迫り、あわや"ポアロ死す！"という事態に至るのが１つの見どころだ。しかして、そこまでの危険を犯しながらポアロがたどり着いた結論とは・・・？

　本作の後半、約30分は、何とも鮮やかなポアロによる謎解きと真相解明の全面展開となるので、それに注目！私は、水上都市ベネチアは有名な観光都市だから、明るい太陽の下でキラキラと輝く水面が魅力だとばかり思っていた。しかし、本作はそうではなく、一貫して暗いトーンの中で始まる降霊会の雰囲気に合わせるかのように、ベネチアの街も暗いトーンばかりだ。その点に若干の不満が残るし、せっかくミシェル・ヨーを霊能者役として起用しながら、彼女が早々に死んでしまう脚本にも不満が残るが、名探偵ポアロによる謎解きの鮮やかさは本作でも健在だ。それ以上の特別な魅力はないにせよ、ほどよくまとまった作品だと評価。

2023（令和5）年9月20日記

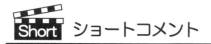

ホーンテッドマンション

2023年／アメリカ映画
配給：ウォルト・ディズニー・ジャパン／122分

2023（令和5）年9月2日鑑賞　　TOHOシネマズ西宮OS

みどころ

都市問題をライフワークにしている弁護士歴49年になる私には、住宅問題も大切だから、ある面では民法の瑕疵担保責任の勉強に通じる本作は必見！もっとも、前作（03年）（『シネマ6』177頁）では何ら住宅問題の学習に結びつかなかったが、それは本作でも同じだったからアレレ・・・。

ニューオーリンズにある豪邸の購入額はHow much？少なくとも、それぐらいの契約条件は教えてくれてもいいと思うのだが、スクリーン上にさまざまな"ゴーストたち"を次々と登場させるだけでは、74歳の私が楽しむのは到底ムリ。やっぱり、このシリーズは、アメリカのディズニーランドの「ホーンテッドマンション」に行けない人たちが、お子様連れで映画館に来て楽しむだけの映画かも・・・。

——＊——＊——＊——＊——＊——＊——＊——＊——＊——＊——

◆1974年に弁護士登録し、1984年の大阪駅前第2ビル再開発問題研究会に参加した以降、都市問題をライフワークにしてきた私は、必然的に住宅問題にも関心を持っている。そんな私にとっては、シングルマザーで女医のギャビー（ロザリオ・ドーソン）が破格の値段でニューオーリンズの豪邸を手に入れ、息子のトラヴィス（チェイス・ディロン）と共に引っ越してくるという本作の基本ストーリーを読むと、こりゃ必見！

『ホーンテッドマンション』の第1作（03年）（『シネマ6』177頁）は、不動産屋の夫婦とその可愛い2人の子供たちを主人公にして、お屋敷を巡る、昔の悲しい恋物語が展開されていたが、さて本作では？

◆都市問題をライフワークにしている私にとって、本作最大の注目点は、ニューオーリンズにある豪邸をギャビーはいくらで購入したのか？ということだが、本作は一切そういう問題には触れず、引っ越し屋よりも一足先にギャビーが息子と2人で豪邸の中に入っていくシークエンスから始まる。この豪邸に入るについては、①鍵の開け方は？②水道の出し

66

方は？③電気のつけ方は？④水道の出し方は？⑤トイレの使い方は？等々を確認しなけれ
ばならないはずだが、本作では、鍵の開け方、電気のつけ方がさっぱりわからないまま、
広いお屋敷の中に入った2人がゴーストたちに驚かされるシークエンスが続くので、アレ
アレ・・・。

　日本では、土地建物を購入するについては、売買契約に際して"重要事項説明"が不可
欠。例えば殺人事件があった物件なら、それは重要事項として説明すべき事項とされてい
るが、このホーテッドマンションにたくさんの幽霊が住んでいることは当然重要事項だろ
う。しかし、本作冒頭の2人の姿を見ていると、ギャビーがこの豪邸を購入するに際して
それを聞かされていたとは到底考えられない。従って、私の感覚では、そこからギャビー
が契約解除の請求をしたり、業者に損害賠償の請求をすることが期待されたが、本作の物
語はそれとは全く違う方向に進んでいくことに・・・。

◆ギャビーが自力でゴーストたちを取り除くについて、最初に豪邸にやってくる協力者は
①神父のケント（オーウェン・ウィルソン）。ケントは誰がどう見ても聖職者のようには見
えない男だが、彼に一体どんな超能力があるの？さらに、ケントと共にギャビーに協力す
るのは、②歴史学者のブルース（ダニー・デヴィート）、③霊媒師のハリエット（ティファ
ニー・ハディッシュ）、④超常現象専門家のベン・マティアス（ラキース・スタンフィール
ド）という4人の男たちだ。

　私の興味は、ギャビーが一癖も二癖もあるこれら4人の男たちと、どんな契約を結んで
働いてもらうのかということだが、本作では残念ながらそれも全く描かれず、4人の男た
ちのキャラが強調されるだけ。彼らは一見詐欺師のようだが、本当にそれぞれが吹聴する
ような超能力を持っているの？

◆導入部でのそんなストーリーが展開した後、いよいよホーンテッドマンションの中に入
った4人の男たちの活躍が本作のメインストーリーになっていくが、そこら辺りから私は
さすがにストーリーのバカバカしさが目につき、ウトウトと・・・。

　小学生の子供なら日本語に吹き替えられたセリフとともに999人のゴーストたちのキャ
ラ（恐さ？）を楽しむことができるのかもしれないが、さすがに74歳のじいさんとしては、
これ以上はノーサンキュー。したがって、将来『ホーンテッドマンション3』が公開され
ても、私はノーサンキュー・・・。

2023（令和5）年9月4日記

Short ショートコメント ★★★	**Data** 2023-45

search／#サーチ2
2023年／アメリカ映画 配給：ソニー・ピクチャーズエンタテインメント／111分
2023（令和5）年4月15日鑑賞／TOHO シネマズ西宮 OS

監督・脚本：ウィル・メリック／ニック・ジョンソン

原案：セヴ・オハニアン＆アニーシュ・チャガンティ

出演：ストーム・リード／ヨアキム・デ・アルメイダ／ニア・ロング

👀 みどころ

"100%すべてPC画面の映像で展開するサスペンス・スリラー"たる『search サーチ』（18年）は、全く新しい映画体験。PCが苦手な私でも二転、三転、四転、五転する物語のスリルとサスペンスを楽しむことができた。しかし、それがどんどん進化していくと・・・？

PC好きの若者たちの本作についてのレビューは称賛の嵐。その解説は詳しいが、残念ながら私にはチンプンカンプン・・・。現在の映倫の審査基準はG、PG12、R15＋、R18＋の4区分だが、新たに「70（75）歳以上不向き」の基準を設けてくれないと・・・。

疲れた！疲れた！近い将来公開されるであろう『サーチ3』は、私にはもうノーサンキュー！

――＊――＊――＊――＊――＊――＊――＊――＊――＊

◆「全く新しい映画体験＝100%すべて PC 画面の映像で展開するサスペンス・スリラー」として、2018年のサンダンス映画祭観客賞を受賞した『search サーチ』（18年）は、パソコンや IT が苦手な私でも、二転、三転、四転、五転する物語のスリルとサスペンスを楽しむことができた（『シネマ43』99頁）。

『search／#サーチ2』と題した本作は、その続編ではないが、似たようなもの・・・？失踪した一人娘を父親がパソコンで追った第1作と同じように、本作も、失踪した母親の行方を娘のジューン（ストーム・リード）がデジタルデバイスを駆使して追うものだし、大スクリーン上に映るパソコンの処理によってストーリーが進んでいくのも同じだ。

◆もっとも、私は第1作でもパソコン上の処理がほとんどわからなかったから、本作はノーサンキューと思っていた。しかし、新聞紙評の一つに、「画面は最新鋭のデジタルツールで埋め尽くされる一方、楽しませ方としてはスリラー映画としてのクラシカルな手法を踏襲しているので、パソコンが苦手な方もご安心を。さまざまに張り巡らした伏線と、その

回収のもたらす快感。叙述トリック的などんでん返しの驚き。コロンビアの仕事代行サービスの中年男性との間で醸成される、疑似父子のような関係性の感動。そして、ラストの痛快な逆転劇——。」とあったので、「それならば！」と決意した。しかし、パソコン上の処理が複雑になり、ストーリーが複雑になってくると、半分お手上げ状態に。

◆本作については「カラクリシネマ」という「映画レビューブログ」があったので、それを一生懸命読んだが、すごい人はいるものだ。あの映画から、ここまでのパソコン上の処理が理解できるなんて！

　このレビューでは「セキュリティ意識についても加味しながらストーリーを解説する」とした上で、Ｑ１．コロンビアの失踪事件をどうやって探し出したのか、Ｑ２．グレイスがコロンビアにいないことをどうやって突き止めたのか、Ｑ３．ラストの結末：どうやってジューンは助かったのか？に分けてストーリーを解説してくれている。ところが、その解説内容自体のレベルが高すぎて私にはほとんどチンプンカンプン。映倫の審査基準は目下、Ｇ、ＰＧ１２、Ｒ１５＋、Ｒ１８＋の４区分だが、こんな映画が次々と登場している現状に照らせば、「７０歳（７５歳）以上は不向き」という新基準を設けてもらいたいものだ。

◆本作の原題は『Missing』（行方不明）だから、邦題もその方が良かったはず。だって、その方が、本作のストーリー展開にぴったりだから。本作については、前述したレビューの他さまざまな（若手？からの）レビューがある。その一つが、「シネマンドレイク」の記事「タイトルは『Missing』じゃダメなの？」で、「全編デジタルプラットフォーム画面」によるストーリー展開の面白さを伝えている。その冒頭には「その動画ファイルをトリミングして「最後の家族」とファイル名を変えて移動させ、アカウント削除。そのうえで「For June」と書かれたフォルダにしまうパソコンのカーソル・・・。」と書かれているが、私には何のことかサッパリ！しかし、「スリルの中にもしっかりユーモアも」「こういう人間臭い仕草の積み重ねがこの『全編デジタルプラットフォーム画面』という、下手するととても機械的な映画製作になりかねないものに、感情的なドラマ性を与えているのだと思います。」と書いているから、さすがに今ドキの若者の、本作についての理解度はすごい。

　第１作は、父親が子供を探す物語だったが、本作は１０代の娘が母親を探す物語だから、必然的にデジタルプラットフォームを使い慣れている世代によるパソコン操作になる。そのため、その操作テクニックがメチャ速いうえ、情報が流れまくることになるから、字幕を読むのがとにかく大変になる。近時のハリウッドや香港、韓国のド派手なアクションも、動体視力が衰えた７０歳代の老人には見づらいが、本作に見るＰＣ処理のスピードもそれは同じだ。頻繁に変わっていく字幕を追うだけでも、疲れること、疲れること・・・。きっと近い将来『サーチ３』が公開されるだろうが、私にはそれはもうノーサンキュー。

２０２３（令和５）年４月１６日記

Data 2023-70

監督：ロブ・マーシャル
原作：アンデルセン『人魚姫』
出演：ハリー・ベイリー／ハビエル・バルデム／メリッサ・マッカーシー／ジョナ・ハウアー・キング／ジェイコブ・トレンブレイ／オークワフィナ／ダヴィード・ディグス

★★★★★

リトル・マーメイド

2023 年／アメリカ映画
配給：ウォルト・ディズニー・ジャパン／135 分

2023（令和5）年6月10日鑑賞　　TOHO シネマズ西宮 OS

👀 みどころ

　ロシアによるウクライナ侵攻を契機として、西欧民主主義国 VS 専制共産主義国との対立が激化。地球上は新たな冷戦構造が強まっているが、それは本作に見る、七つの海を支配する海の王と人間との対立ほどではないはずだ。

　人間への興味が尽きない人魚姫のアリエルがある日、難破した船からエリックを救助したところから、ロミオとジュリエットばりの恋模様が・・・。しかし、人間 VS 人魚姫の恋が成就するはずはない。いくら LGBT の新法案が成立しようとも、この2人の結婚は無理！

　そう思うのは、既成概念にとらわれた老人や弁護士の感覚。ディズニー映画なら何でもあり！『シカゴ』（02年）のロブ・マーシャル監督が導く本作ラストの感動とは？さあ、ロシアのプーチン大統領はこの結末をどう考える？

—— * —— * —— * —— * —— * —— * —— * —— * ——

■□■童心に戻り、ディズニー映画を心いくまで！■□■

　中学時代の私は、日曜日ごとに1人で3本立55円の映画館（二流館）へ行き、日活映画や古い洋画を観ていた。そのため、時々一流館（封切り館）で上映されるディズニー映画は憧れの的だったが、料金が高いため観ることができなかった。もっとも、ウォルト・ディズニー・カンパニーは1923年の設立から100周年を迎えているから、TV 放映されたものを含めて、白雪姫をはじめとする、数々のディズニー映画はアニメ、実写を問わずたくさん観ている。

　しかして、あなたはアンデルセンの童話『人魚姫』の物語をちゃんと知ってる？また、1989年に公開された最後の劇場版セル・アニメーション映画『リトル・マーメイド』をちゃんと知ってる？残念ながら私は両者とも中途半端にしか知らなかったが、今般それが、『シカゴ』（02年）（『シネマ2』59頁）のロブ・マーシャル監督の手で実写化され

たから、こりゃ必見！久しぶりに童心に戻り、ディズニー映画を心ゆくまでタップリと！

■□■美しい海底の世界にビックリ！七つの海の支配者は？■□■

　愛媛県松山市生まれの私は、母親の故郷が電車で約３０分の所にある海沿いの町、郡中だったから、海の美しさと厳しさはよく知っている。また、１９８９年に南海サウスタワーホテルのフィットネスクラブに入会し、プールで泳ぎ始めた頃に、はじめてシュノーケルを覚え、１度だけ日本海の海でそれを楽しんだことがある。また、２０２３年の今は、帝国ホテルのフィットネスクラブのプールでほぼ毎日ゴーグルをつけて水の中を見ている。そんな私だが、本作を観てはじめて美しい海底の世界にビックリ！スクリーン上で表現される映像の美しさがここまで進化していることにビックリ！

　他方、“大航海時代”最初の世界の“海の支配者”はスペインとポルトガルだったが、１５８８年にスペインの無敵艦隊がイギリスに敗れた後、それはイギリス（大英帝国）に代わった。しかし、『リトル・マーメイド』が描く“七つの海”の（底の）支配者は、海の王トリトン（ハビエル・バルデム）だ。本作導入部では、トリトンの末娘である、人魚姫のアリエル（ハリー・ベイリー）が見せる人間世界に対する憧れを中心とした、“ロイヤルファミリー”たるトリトンの“家族会議”風景や七つの海の支配ぶりを、美しい映像の中でしっかり楽しみたい。

■□■英国王の息子の冒険心は？海への憧れは？■□■

　高度経済成長時代をひた走った１９５０〜６０年代の日本では、石原裕次郎が“海の男”の代表だが、１９７０年代以降の“海の男”には加山雄三が加わった。２人とも水着（海パン）姿がよく似合う上、とにかくヨットがよく似合う男だ。それと同じように、本作に登場する英国王子エリック（ジョナ・ハウアー・キング）は、英国内だけでなく広く海外に目を向け、海を通じて新しい英国を作りたいと考えていたらしい。これは、幕末時代の坂本龍馬と同じだ。龍馬は自ら海援隊を組織し世界貿易に乗り出したが、エリックは今、船に乗って大海原の冒険に乗り出しているらしい。

　もっとも、当時の船では大嵐に遭えばひとたまりもない。アリエルが愛用している海の底の某所は、そんな沈没船や沈没品でいっぱいだったが、ある日、大嵐に遭遇したエリックの船もエリックの志とは裏腹に、残念ながら、それと同じ運命に・・・。そんな状況下、船はともかく、瀕死のエリックを海中から救い出したのがアリエルだ。近くの島の浜辺にたどり着いたアリエルはエリックの身体を横たえたが、さて彼の生死は？アリエルの介抱風景を見ていると命に別状はなさそうだが、エリックの救助隊が近づいてくると、アリエルは海の中へ逃げざるを得ないことに。すると、これにてロミオとジュリエットの出会いにも似た、アリエルとエリックの出会いはおしまいに・・・？

■□■人魚姫の人間への憧れは？魔女の企みは？■□■

　人間世界では最高権力のあり方をめぐる争いが昔から続いているが、海の世界にもそれに近いものがあるらしい。『白雪姫』に白雪姫の美しさに嫉妬する継母の王妃（魔女）が登

場するのと同じように、本作には虎視眈々とトリトンの最高権力を狙っている魔女のアースラ（メリッサ・マッカーシー）が登場し、アリエルの人間への憧れを利用して、ある企みを持ちかけるのでそれに注目！それは、アリエルが美しい声を失うのと引き換えに、アリエルを人間の姿でエリックのもとに行かせ、ある期間内に熱いキスを交わせなければ、永遠に声を失ってしまうというもの。表面上はそれだけの条件だったから、アリエルはこれを受け入れたが、実はそれ以外にも、圧倒的にアースラに有利、アリエルに不利な内容が隠されていたから、さあ本作中盤、人間の姿になったアリエルとエリックとの恋模様の展開は？

　２本足で歩き始めたアリエルを密かに応援するのは、カニの執事のセバスチャン（ダヴィード・ディグス）とカモメのスカットル（オークワフィナ）。エリックは、あの日以降ずっと命を救ってくれた"あの女性"を探し求めていたが、残念なのは突然目の前に現れた口のきけない少女があの時の女性だと気づかないこと。ロミオとジュリエットの物語は２人の出会いを契機にして、一気に絶頂から"ある悲劇"に向かって進んでいったが、本作中盤は少しイライラする（？）２人の恋模様の展開になるので、少し気を長くもってそれを見守りたい。

■□■人魚姫は白い肌に赤い髪？否！本作のそれは？■□■

　１９８９年のアニメ版『リトル・マーメイド』における人魚姫アリエルは、「声と歌を担当したジョディ・ベンソンの澄んだソプラノで、「箱入り娘」といった風情だった」らしい。そのため、ロブ・マーシャル監督が本作のアリエル役に、黒人系女優であるハリー・ベイリーを起用したことについては賛否両論が巻き起こったらしい。反対派の主張は、「白い肌に青い瞳、赤い髪というアニメ版のアリエルと黒人のベイリーの外見的な特徴が大きく違う」というもので、本作がアニメ版のイメージと大きく違うことに異を唱えるものだ。しかし、私は本作の冒険心に富んだ、オンナ版坂本龍馬（？）とも言うべき、ベイリーによるアリエルが持つ世界観と行動力に納得！

　若いだけに何事にも前向きなところが素晴らしいわけだが、それが同時に弱点になることは、坂本龍馬が３１歳の若さで暗殺されてしまったことを見ても明らかだ。しかして、カニの執事とカモメの応援を得たアリエルのエリックへの思いは後半にかけてどのように通じていくのだろうか？そして、この口のきけない女の子が、あの時に自分を救ってくれた女性だと気づいた時のエリックの対応は？

　たかが童話！そう思いつつ、７４歳の私も思わずディズニーの世界へ誘われていくことに。

■□■所詮は別世界の男と女！そう思ったが・・・■□■

　シェイクスピアの『ロミオとジュリエット』は同じ人間同士の恋だったが身分違いのために、また、それを現代のニューヨークに置き換えたミュージカル『ウエストサイド物語』は２人が対立するグループに属していたために、両者とも悲劇的な結末になってしまった。

そう考えると、エリックが属する人間の世界と、アリエルが属する海底の世界は、『ウエストサイド物語』のジェット団とシャーク団以上に相容れないものだ。現に、海の王トリトンは娘たちに「絶対に人間に近づいてはいけない」と厳命していたし、エリックの両親は「海は魔物」と考えていた。

その上、エリックは人間、アリエルは人魚だから、そもそも結婚できるはずがない。国籍が異なる者同士の結婚や同性同士の結婚はあり得ても、人間の男と人魚姫との結婚は無理。だって、そんなことをすれば、生まれてくる子供は・・・？

しかし、そんな要らざる心配は、人間世界、もしくは弁護士特有のものらしい。つまり、ディズニー映画ではそんな心配は、トリトンが持つ万能の杖（黄金の杖）を一振りすれば解決するらしい。なるほど、なるほど。

しかして、魔女の策謀が成功し、いったんはその権力をすべて魔女に奪われてしまったかに見えた海の王も、無事復権できたから万々歳。しかして、本作ラストに見るトリトン王の決断とは？そして、あっと驚く２つの世界の融合とは？

■□■冷戦構造は？米中対立は？ディズニー映画なればこそ！■□■

ロブ・マーシャル監督の『シカゴ』は、１９２０年代のシカゴのショービジネスの世界を舞台とし、２人の歌姫（ダンサー）と凄腕弁護士が登場し、不倫殺人事件を巡る陪審員たちとの攻防がスリリングに展開する面白いミュージカル映画だった。しかし同時に、不倫殺人を犯しながら、凄腕弁護士のゲーム感覚による活躍により陪審員がコロリと騙された挙句、無罪となっていくというストーリー展開には、弁護士として抵抗感があった。それに対して、本作ラストの何とも前向きな結末は、「これぞディズニー映画！」と思える素晴らしいものだ。

他方、既に１年４ヶ月も続いているウクライナ戦争の深刻化はもとより、"台湾有事"も近い将来の現実ではないかと心配されているのが、昨今の世界情勢。第２次世界大戦終了後の"東西冷戦"は何とか"雪どけ"を迎えたが、戦後７０数年間ずっと平和を享受できている国は日本だけで、世界中では戦争の惨禍が続いている。しかして、本作に見る、人間のエリックと人魚姫のアリエルは東西冷戦、ウクライナ戦争、台湾有事以上の異質な世界のはずだが、本作ラストに見る２つの世界の融合とは？本作の感動的結末をロシアのプーチン大統領はどう考える？

２０２３（令和５）年６月１４日記

Data 2023-101

監督・脚本・原案・製作：ウェス・
アンダーソン
出演：ジェイソン・シュワルツマン
／スカーレット・ヨハンソン
／トム・ハンクス／ジェフリ
ー・ライト／ティルダ・スウ
ィントン／ブライアン・クラ
ンストン／エドワード・ノー
トン／エイドリアン・ブロデ
ィ／リーヴ・シュレイバー／
ホープ・デイヴィス／スティ
ーヴン・パーク

みどころ

　アステロイド＝小惑星だから、アステロイド・シティは小惑星の街。アメリ
カ南西部にある人口 87 人のこの街は隕石で有名だが、ネバダの核実験場がす
ぐ近くにあるから、時折、核爆発のドカーンというものすごい音が。こりゃた
まらん！ウェス・アンダーソン監督が紡ぐ、「砂漠の街アステロイド・シティ
とその舞台裏で繰り広げられる、不可思議でちょっと切ない物語。」とは一体
ナニ？

　本作の主役は、一方では劇作家と舞台演出家だが、他方では、アステロイド・
シティで開催される「ジュニア宇宙科学賞」の受賞式に出席する 5 人の天才児
とその家族たちだ。それだけでも結構面白いのに、受賞式の真っ最中に宇宙人
が登場し、隕石を盗んでいくから（？）、アレレ、アレレ・・・。

　2020 年 1 月から 3 年余続いたコロナ禍によって、全世界は“都市封鎖”と
いう壮絶な体験を余儀なくされたが、宇宙人出現の事実を隠蔽しようとするア
メリカ政府と軍は、アステロイド・シティの“都市封鎖”を決行したから、さ
あ大変だ。そこから始まる、“不可思議でちょっと切ない物語”をしっかり楽
しもう。

———＊———＊———＊———＊———＊———＊———＊———＊———＊———

■□■この監督作品は必見！毎回驚きと発見が！■□■

　1969 年生まれだから、未だ巨匠とは言えないが、ウェス・アンダーソン監督は『グラン
ド・ブタペスト・ホテル』（14 年）（『シネマ 33』17 頁）でアカデミー賞 4 部門、ゴールデ
ングローブ賞を受賞した。もっとも、タランティーノ監督は 1963 年生まれだが、既に巨匠
と言われている。タランティーノも個性的で面白いが、ウェス・アンダーソン監督もそれ
は同じだ。しかして、『アステロイド・シティ』って一体何？

タイトルだけでは何のことかさっぱりわからないが、本作のチラシやパンフによると、「ようこそ、夢と愛と驚きが詰まった1950年代のアメリカへ！」「砂漠の街アステロイド・シティとその舞台裏で繰り広げられる、不可思議でちょっと切ない物語。」らしい。なるほど、なるほど。そう聞けば、こりゃ必見！

■□■時代は1955年。舞台はアステロイド・シティ！■□■

本作の時代は1955年。その時代の日本は、1945年の敗戦で焼け野原となった国土の中で懸命に戦後復興を進め、朝鮮特需（1950～52年）のおかげと、吉田茂をはじめとする"政治の力"で実現させた、1951年のサンフランシスコ講和条約締結（単独講和）によって"独立"を果たし、日米安保条約の下で本格的復興と経済成長に向かおうとしていた時期だ。

それに対して、戦勝国アメリカの1950年代は、まさにアメリカンドリームの時代＝古き良き時代だ。国際的には、同じ戦勝国であるソ連との間で「東西冷戦」状態となり、軍事拡張競争、核拡散競争、宇宙開発競争になっていたが、その状況下でも"アメリカ優位"はハッキリしていたから、アメリカ人は余裕しゃくしゃくだった。そんなアメリカだから、娯楽としての映画は"映画の都ハリウッド"を中心に発展し、マリリン・モンローが大人気となった。ちなみに、マリリン・モンローが1960年代に大統領に就任したジョン・F・ケネディ大統領と浮名を流したことは有名。誕生日パーティーの席で「ハッピーバースデー・ミスタープレジデント」と色気たっぷりに歌うマリリン・モンローの姿は今でも私の記憶にハッキリ残っている。

他方、本作のタイトルとされているアステロイド・シティは、アメリカ南西部に位置する砂漠の街。ちなみに、アステロイド＝小惑星だから、アステロイド・シティは小惑星の街だが、その人口は何と87人というからビックリ！この街は紀元前3007年に隕石が落下してできた巨大なクレーターが最大の観光名所だが、それにしても人口87人とは、いやはや・・・。スクリーン上に映し出されるアステロイド・シティの姿はウェス・アンダーソン監督作品らしく、パステル色に満ち溢れた、魅力的な街だから、本作ではそれをしっかり味わいたい。

■□■ネバダの核実験やUFO騒動は50年代の負の遺産？■□■

森の中に浮かび上がる"Hollywood"の文字は、1950年代アメリカの豊かさの象徴。『バビロン』（22年）（『シネマ52』50頁）は、その時代のハリウッドの姿をトコトン表現した面白い映画だった。しかし、1950年代の東西冷戦をはじめとして、キューバ危機やベトナム侵攻はケネディ大統領時代の負の遺産だ。それと同じように、50年代のアメリカの負の遺産が、ネバダの核実験とUFO騒動・・・？

本作のパンフレットには山崎まどか氏（コラムニスト）のcolumn「ウェス・アンダーソンが隠し持つ反骨精神」がある。そこではネバダの核実験、UFO騒動について解説されているので、これは必読。ちなみに、アステロイド・シティにはガソリンスタンドやレストランがあるから、車でこの街を訪れた人は、1台しか入らないそのガソリンスタンドで給

油しつつ、レストランで休憩するのが通常だ。しかし、休憩のために入ったレストランで、いきなり“ドーン”という大爆発音を聞かされると、誰だってビックリするはずだ。この“ドーン”という音こそ、ネバダ名物（？）である核実験の音だが、爆発音の後、その方向を見ると、そこには巨大なきのこ雲が！こりゃ嘘だろう！誰でもそう思うはずだが、1950年代のネバダでは、こんな核実験が頻繁に繰り返されていたらしい。そう考えると、1950年代がアメリカンドリームの時代だった、ってホント？

■□■この演劇とこの劇作家を知ってる？しっかりお勉強を！■□■

私は1967年4月の大学入学後すぐに学生運動に飛び込み、大学構内でのアジ演説とビラ書きを始めたが、下宿では“ある人々”の影響を受けて、突然“文学青年”となり、さまざまな小説を読みふけった。その1つがアメリカのテネシー・ウィリアムズの演劇で、彼の代表作が戯曲『欲望という名の電車』（47年）だ。

本作は冒頭、司会者（ブライアン・クランストン）がTV番組で、劇作家のコンラッド・アープ（エドワード・ノートン）による新作劇『アステロイド・シティ』の創作過程を紹介するところから始まる。小説でも脚本でも舞台劇でも、書く（タイプを打つ）という作業は孤独なものだから、スクリーン上では舞台劇『アステロイド・シティ』を生み出していく上でのアープの悪戦苦闘ぶりが描かれる。もっとも、劇作家だけでは舞台劇は成功せず、そこでは舞台演出家が必要だ。そこで、アープが見出した若き才能の舞台演出家がシューベルト・グリーン（エイドリアン・ブロディ）だが、スクリーン上ではアープがグリーンの才能をはっきり認識した後、グリーンがズボンを脱いで抱き合う姿が！こりゃ一体ナニ？

私はその意味がサッパリわからなかったが、パンフを購入し、前述の「ウェス・アンダーソンが隠し持つ反骨精神」の他、町山智浩氏（映画評論家）のReview「パステル色の絆創膏」を熟読したことによって、ハッキリ理解することができた。それはつまり、アープのモデルであるテネシー・ウィリアムズとグリーンのモデルであるエリア・カザンはゲイの関係だったということだ。

パンフを読んでさらに詳しく（正確に）確認できた（わかった）ことは、第1に、コンラッド・アープはウィリアム・インジ、アーサー・ミラー、テネシー・ウィリアムズ、エリア・カザンを融合させた人物であることだ。そして、第2に、アープとグリーンがトリオを結成した男がソルツバーグ・カイテル（ウィレム・デフォー）だが、彼のモデルはニューヨークの俳優養成所アクターズ・スタジオでキャラクターを内面化する演技法「メソッド」を教えたリー・ストラスバーグであり、リー・ストラスバーグの生徒が、マーロン・ブランド、ポール・ニューマン、そしてマリリン・モンローだったということだ。そこでは、「マリリン・モンローは自分の内面を見つめすぎて精神を壊したと言われる。」と解説されている。本作を正確に理解するためには、これらをしっかりお勉強することが不可欠だ。

■□■この街の姿と、そこに集まる天才たちに注目！■□■

　本作の面白さを理解するためには、何よりもまず、砂漠の中にポツンとできた、人口87人というアステロイド・シティの姿を味わう必要がある。本作のストーリーは、落下してきた隕石によってできたという巨大なクレーターが唯一最大の観光名所であるアステロイド・シティに、ジュニア宇宙科学賞の栄誉に輝いた5人の天才的な子供たちとその家族が招待され、集まってくるところから始まる。その1人は14歳のウッドロウ（ジェイク・ライアン）。彼は戦場カメラマンの父オーギー（ジェイソン・シュワルツマン）とまだ幼い3人の妹と共にレッカー車に牽引された車で街に到着したが、車が故障したオーギーがウッドロウたちの母の父、スタンリー（トム・ハンクス）に送迎を頼むべく電話している姿を見ると、いろいろと深刻な“家庭の事情”があるらしい。

　天才は男の子だけに限らず、マリリン・モンローを彷彿させるグラマラスな映画スター、ミッジ（スカーレット・ヨハンソン）が、シングルマザーの役割を果たすべく付き添ってきた娘のダイナ（グレイス・エドワーズ）もその1人だ。もっとも、娘に対するミッジの面倒見は悪く、空いた時間は演技の練習に没頭していたからアレレ・・・。

　本作導入部は、アステロイド・シティに到着した5人の天才的な子供たちとその家族たちのキャラをウェス・アンダーソン監督流のやり方で紹介していくので、それをしっかり楽しみたい。

　なお、本作はトム・ハンクス、スカーレット・ヨハンソン、ジェイソン・シュワルツマン他、豪華俳優陣が“売り”の1つ。そして、①トム・ハンクスがオーギーの義父、スタンリー・ザック役で、②マリリン・モンロー役でスカーレット・ヨハンソンが登場するので、その演技に注目！なお、③オーギーの妻／女優役でマーゴット・ロビーが登場するが、これは1シーンだけなのでお見逃しなきよう。

■□■受賞式では、あっと驚くハプニングが！■□■

　本作に登場するウッドロウの妹である3人の幼い“お姫サマ”はメチャ可愛いが、ウッドロウをはじめとする5人の天才児たちは“少年らしさ”、“少女らしさ”が全くないのが特徴。それぞれの天才ぶりは、自分の得意分野、研究分野を語る姿を見れば明らかだが、その内容は私にはチンプンカンプンだ。したがって、彼らの研究内容や研究成果には全く興味を持てないが、本作でビックリするのは、栄えある受賞式の真っ最中に、あっと驚く円盤（宇宙船）が近づいたかと思うと、その中からスルスルと1人の宇宙人（ジェフ・ゴールドブラム）が地上に降り立ち、アステロイド・シティ名物の隕石を円盤の中に持ち去り、すぐに消えてしまったことだ。

　受賞式には多くの参加者が参列していたから、その全員がこの一部始終を目撃していたが、それをカメラに収めたのは戦場カメラマンで、常に肩からカメラをぶら下げているオーギーだけ。しかし、受賞式の出席者全員が宇宙人と宇宙船の目撃者だし、オーギーのカメラにはハッキリその姿が写っているのだから、このハプニング（歴史的快挙？）を伝え

るニュースは、いち早く世界中に広がっていくはず！私はそう思ったが、何とここで米国政府と軍は宇宙人出現の事実を隠蔽するべく街を封鎖してしまったからアレレ・・・。

ちなみに、2020年1月から3年余も続いたコロナ禍では、“都市封鎖”が現実のものになった。中国では大規模に実施された都市封鎖を巡ってあっと驚く大騒動が発生したが、宇宙人出現の噂を封じ込めるための“都市封鎖”など可能なの？人口87名だけのアステロイド・シティの都市封鎖なら可能かもしれないが、折悪しく（？）、今回はジュニア宇宙科学賞の受賞式への出席者全員が目撃者だから、この全員の口を封じ込めることなど到底ムリなのでは・・・？

■□■劇中劇は面白い！俳優たちＶＳ演出家の葛藤は？■□■

『恋に落ちたシェイクスピア』（98年）は「劇中劇は面白い！」ことを実証する最高傑作だったが、TV司会者による、新作舞台『アステロイド・シティ』の紹介から始まる本作も、「劇中劇は面白い！」を実証することができる映画だ。したがって、本作後半では、突然の宇宙人の出現によってアステロイド・シティ内に“都市封鎖”されてしまったオーギーたち家族や、5人の天才少年少女たちとその家族たちの“苦悩ぶり”を中心に、しっかりストーリー展開を楽しみたい。

それにしても、本作のスクリーン上に大写しされた、両目玉だけを異様に光らせた、異様に長身・細身の宇宙人の姿にはビックリさせられたが、ある日、その宇宙人があの円盤（宇宙船）に乗って再びアステロイド・シティに飛来し、今度は、あの隕石を地上に返していくから、それに注目！これは一体どういう意味なの？

劇作家のアープと舞台演出家のグリーンはこんな演出にどのような意味を持たせているの？それは本作を見ている私の疑問であるのみならず、舞台劇『アステロイド・シティ』に出演する多くの俳優たちの疑問でもあったようだ。そのため芝居の意味がわからなくなった俳優たちは演出家のグリーンに詰め寄っていったが、さて・・・。

2023（令和5）年9月7日記

Data 2023-58

監督・脚本・製作：ジェームズ・グレイ

出演：アン・ハサウェイ／アンソニー・ホプキンス／ジェレミー・ストロング／バンクス・レペタ／ジェイリン・ウェッブ／ライアン・セル／デイン・ウェスト／アンドリュー・ポーク／トヴァ・フェルドシャー／ドメニク・ランバルドッツィ／ジョン・ディール／ジェシカ・チャスティン

アルマゲドン・タイム ある日々の肖像

2022年／アメリカ・ブラジル映画
配給：パルコ／115分

2023（令和5）年5月13日鑑賞　　TOHO シネマズ西宮 OS

★★★★

👀 みどころ

　本題の意味は日本人にはわかりづらいが、サブタイトルを見れば、本作はきっと監督の自叙伝！？

　中学入学直後に反抗期を迎えた私は悶々とした日々を送ったが、１９８０年、ニューヨークにおけるユダヤ系家族の次男で、１２歳のポールは如何に？

　授業放棄やマリファナ程度は許されても、私学への転校後も悪友の黒人（？）とつるんで窃盗行為に及ぶとは！こりゃヤリ過ぎ！彼は自分のヤリ過ぎをどう反省？そして、"世界の不条理"をどう確認？

————＊—＊—＊—＊—＊—＊—＊—＊—＊—

■□■ 「アルマゲドン・タイム」ってナニ？副題で納得！■□■

　マイケル・ベイが監督し、ブルース・ウィリスが主演した映画『アルマゲドン』（９８年）は、テキサス州の大きさに匹敵する小惑星が、まっすぐ地球に向かうコースをとっており、約１８日後には地球を直撃、地球環境に致命的打撃を与えバクテリアすら生き残らない死の惑星へ変えてしまうことが判明する中、NASA（アメリカ航空宇宙局）の専門家らと、ブルース・ウィリス扮する「穴掘りのプロ」、すなわち石油採掘のスペシャリストたちが大奮闘する物語だった。小惑星の中に埋め込んだ核爆弾を爆発させることによって、小惑星は大気圏突入前に２つに割れて軌道を変えたため、地球は滅亡の危機を免れることができたが、「地球滅亡の日」が１８日後に迫っていたのは間違いない現実だった。すると、『アルマゲドン・タイム』と題された本作は、それと同じような"世紀末もの"？一瞬そう思ったが、「ある日々の肖像」という邦題のサブタイトルとパンフレットを見れば、本作が「俊英ジェームズ・グレイの実体験に基づく自伝的作品」であることに納得。本作は、「１９８０年ニューヨーク、１２歳の少年のある日々が豪華キャストの共演で蘇る」ものだ。

　他方、「アルマゲドン・タイム」とは英国のパンクバンド、ザ・クラッシュが１９７９年

にカバーしたレゲエの歌「ARMAGIDEON TIME」から取られたそうで、同曲は劇中でも歌われるので、それに注目！「世界最終戦争の時」という意味の「アルマゲドン・タイム」とは何とも物騒だが、１２歳の少年ポールが転校を強いられる冒頭のストーリーがまるで「この世の終わり」だと感じたジェームズ・グレイ監督は、迷うことなく本作のタイトルを「アルマゲドン・タイム」にしたそうだ。日本では、蒙古が襲来した鎌倉時代（１２７４年と１２８１年）に、日蓮上人が“末法思想”を唱えて幕府から弾圧されたが、小学校の転校（ごとき）がなぜ「この世の終わり」になるの？私にはそれがよくわからないから、本作のタイトルにはあまり納得できなかったが、「ある日々の肖像」という邦題のサブタイトルで納得！

■□■舞台は１９８０年。１２歳の少年の失われた時とは？■□■

　本作のパンフレットの「プロダクション・ノート」には、①無限は自分の中にある、②公立学校の友人、③私立学校の子供たち、④歴史における１９８０年、⑤経験に基づいた物語、⑥この世の終わり・・・？、⑦“失われた時”を映像化、等のテーマに分けて、ジェームズ・グレイ監督が本作に込めた思いを詳しく伝えている。

　ここで、特に注目すべきは⑥と⑦。前述の通り１９８０年代のニューヨークを舞台にした本作で、１２歳の少年ポールにとっての「この世の終わり」とは、友達がいる公立校から私学への転校を強いられたこと。それがなぜ「この世の終わり」なのかはわかりにくいが、そこでジェームズ・グレイ監督が語る“ある思い”を読むと少し納得できる。ジェームズ・グレイ監督が言うアメリカの歴史における１９８０年や「アルマゲドン・タイム」のヒット曲を私は全然分からないが、彼が言う「失われた時」を映像化しようと考えたとか、マルセル・プルーストの長編小説『失われた時を求めて』のテーマは私にもわかる。

　また、上記①の「無限は自分の中にある」によれば、ジェームズ・グレイ監督は本作で、自分の受けた教育を振り返り、成長期に周囲にいた人々を忠実に再現したそうだ。したがって、本作の主人公となるポールはまさにジェームズ・グレイ監督自身だし、両親や祖父をはじめとする家族たちも可能な限り本当の姿を伝えているらしい。なるほど、なるほど。しかして、ジェームズ・グレイ監督の自伝的作品たる本作に見る１２歳の少年の「失われた時」とは？

■□■ユダヤ系中流家庭の教育は？弟は兄とは大違い！■□■

　戦後すぐの１９４９年生まれの私は２人兄弟だが、教育熱心な両親のおかげで、兄も私も中学校は授業料の高い私立の中高一貫の進学校たる愛光学園に入学した。真面目な兄はそんな学校にすぐに馴染み、成績もトップクラスだったが、小学校時代のガキ大将気分が抜けない弟の方は、厳しいカソリックの規律の下での、クソ難しい授業についていけず、成績はずっと下位だった。もちろん、両親は「勉強しろ！勉強しろ！」とうるさいから、次第に家では口を利かなくなり、映画や囲碁そして卓球等の“趣味”に熱中した。

　本作冒頭、小学校６年生になったばかりのポール（バンクス・レペタ）が、留年してい

る黒人のジョニー（ジェイリン・ウェッブ）とつるんで"悪さ"を繰り返す姿が描かれる。ポールは得意の絵を描いてクラスメイトたちを笑わせたいだけだが、それでも一定の限度を過ぎると厳格な教師が許してくれないのは当然だ。中学校に入ったばかりの私の不平不満は、そんなポールとは異質のものだったが、教師や学校に対する反発、反抗は同じようなものだ。

　他方、ポールの家庭はユダヤ系で、母親のエスター（アン・ハサウェイ）は教師をしながらPTAの会長をしているからすごい。一家揃っての夕食風景を見ると、いかにも厳格なユダヤ人一家だから、ポールが食事についてのわがままが許されるはずはない。そこで見せる、父親アーヴィング（ジェレミー・ストロング）の厳格さは格別だ。それらの姿は私の子供時代（の家族）と重なるが、大きく違うのは、ポールには何でも話せる優しい祖父アーロン・ラビノウィッツ（アンソニー・ホプキンス）がいたことだ。両親に反抗して手がつけられなくなった時に、なだめて優しく悟すのが、このアーロンだが、彼が語る昔の苦労話には説得力がある。彼の故国はウクライナ、そしてユダヤ人であるため、目の前で両親を殺されたそうだが、そんな彼がなぜ１９８０年の今、ニューヨークにいるの？そしてまた、なぜこんなに立派な"家族"を形成しているの？２０２２年２月２４日のロシアによるウクライナ侵攻から１年３ヶ月がたった今、アーロンにとっての「失われた時」とは何だったの？本作を鑑賞するについては、それらについて、しっかり考えたい。

■□■男の子の反抗期はこんなもの？その姿をじっくりと！■□■

　「朱に交われば赤くなる」とはよく言ったもの。本作では、ポールがジョニーと親しくなる（交わる）中で、それまで知らなかった黒人の世界や貧乏の世界を知り、少しずつ変貌していく姿が瑞々しく描かれていくので、それに注目！

　貧乏人の子とお金持ちの子はソリが合わないのが普通だが、金持ちの子の対応次第では、そんな２人が仲良くなれる可能性はある。そこで大切なことは、金持ちの子が金を出すことについて、恵みや施しだとお互いが感じないこと。本作のポールとジョニーを見ていると、それが実にうまくいっていることがわかる。ポールは、病気の祖母と暮らしており、社会科見学に参加するお金がないジョニーのために、母の宝石箱からお金を盗み出したうえ、見学先のグッゲンハイム美術館でクラスの一行から抜け出し、街で自由を謳歌したが、この行動は如何なもの・・・。さらに、厳格な自分の家庭と比べて、ジョニーの自由な生活に憧れるポールは、ジョニーから勧められるままにマリファナを吸い大騒動になったから、これも如何なもの・・・。いくら「違法なドラッグとは知らなかった」と弁解しても、それは無理というものだ。

　そんなこんなの騒動によって、ポールの母はポールを問題児扱いする校長に対して毅然と対応したものの、念願の教育委員会への立候補は断念せざるを得ないことに。その挙句、両親はポールにジョニーと付き合うことを禁じ、兄と同じ私立校への転校を命じたから、ポールはいつも味方してくれる祖父に望みを託したが、実は転校を勧めたのは祖父だった

と聞いて、アレレ。アーロンは「この世は不公平だから、お前たちをしっかり守るためだ」と諭したが、さて、ポールはそれを聞いている耳を持っているの？男の子の反抗期はこんなもの？その姿をじっくりと！

■□■2人は別の世界へ！これで完全にリセット？■□■

　公立の小学校6年生の時に、ユダヤ人ながら裕福な家庭の次男ポールと、病気の祖母と暮らしている黒人で、しかも留年しているジョニーが友達になったのは珍しいケースだが、前述のような問題を起こした2人が切り離されたのは当然。ポールの私学への転校が両親の厳格な教育方針によるものではなく、ポールが愛してやまない祖父アーロンの勧めだったのは意外だったが、結果的に12歳のポールがそれに従わざるを得なかったのは当然。

　他方、ジョニーは病気の祖母がいなくなると守ってくれる家族がいなかったから、当局の手によって里親に引き渡されそうになったのは仕方ない。これによって、2人は別の世界へ！これで完全にリセット？そうなれば"問題なし"だが、現実にはそこから逃れようとするジョニーは、自宅の離れに住んでいるポールの元に身を寄せて隠れようとしたから、さあ、ポールはどうするの？既にポールがジョニーと接触している姿を、転校先の黒人を悪く言う生徒たちに目撃されていたから、ジョニーの危機はすぐそこまで・・・。

　そんな中、ポールが思いついた"奇策"が、教室にあるパソコンを盗み出して資金を作り、2人で新天地フロリダを目指すこと。教室の中に容易に入れることを説明するポールの"戦略"をジョニーが理解すれば、盗んだパソコンを質屋に入れて現金にするという具体的な"戦術"はジョニーにとってお手のもの。そんな夢の実現（？）に向けて、2人はワクワクドキドキしながら教室からパソコンを盗み出し、質屋に入るジョニーをポールは身を隠して見守ったが、さて現実は・・・？

■□■自分のヤリ過ぎをどう反省？世界の不条理をどう確認？■□■

　中学1・2年生当時の私は、何の自由もない世界への反発とそれを強要している両親への反抗、さらには、成績がずっと下位にある学校の授業への苛立ちに常に悶々としていた。その憂さ晴らしが、私にとっては映画であり、ラジオであり、そして将棋、卓球等々だったが、そんなレベルにとどまらず、"不良"と呼ばれるレベルの友人も数名出現した。その最悪のケースは退学だが、そこまで行くと彼らの人生はお先真っ暗・・・？

　そんな理性的な判断で、私は劣等生レベルを維持し、不良レベルには至らなかったが、本作に見る12歳のポールは授業放棄やマリファナで私学への転校を余儀なくされたにもかかわらず、そこで悪友のジョニーとつるんで窃盗罪を犯したのだから、こりゃヤリ過ぎ！これでは、不良レベルを超えて犯罪者だから、下手すると少年院送りに・・・？さあ、ポールは自分のヤリ過ぎをどう反省するの？世界の不条理をどう確認するの？

２０２３（令和５）年５月１７日記

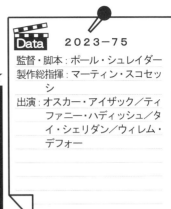

Data 2023−75
監督・脚本：ポール・シュレイダー
製作総指揮：マーティン・スコセッシ
出演：オスカー・アイザック／ティファニー・ハディッシュ／タイ・シェリダン／ウィレム・デフォー

SHOW-HEY シネマルーム

★★★

カード・カウンター

2021年／アメリカ・イギリス・中国・スウェーデン映画
配給：トランスフォーマー／112分

2023（令和5）年6月20日鑑賞　｜　シネ・リーブル梅田

◉◉ みどころ

　私はマージャンは大好きだが、丁半バクチや競輪、競馬は嫌い。トランプでもセブンブリッジは大好きだが、ポーカーは嫌いだ。しかして、本作の主人公が刑務所生活１０年の中で会得した「カード・カウンター」とは？そして、彼がスタートさせたギャンブラー人生とは？

　本作はポーカーをテーマにしたギャンブルもの？そう思っていると、意外や意外、捕虜収容所の残忍な風景が登場し、『キル・ビル　Vol．1』（０３年）『キル・ビル　Vol．2』（０４年）並みの復讐劇になるからビックリ！しかし、私の目には、本作はポール・シュレイダーとマーティン・スコセッシのコンビによる大ヒット作、『タクシードライバー』（７６年）のような魅力にはとても、とても・・・。

―― ＊―＊―＊―＊―＊―＊―＊―＊―＊―＊―＊ ――

■□■賭け事あれこれ！ポーカーの面白さは？■□■

　私は賭け事が大好きだが、他人（？）に運を委ねる丁半バクチや競輪、競馬、競艇等は嫌いで、ゲーム性の強いマージャンやトランプが大好き。トランプでも、運任せの賭博ゲームであるポーカーやブラックジャックは嫌いで、セブンブリッジやナポレオン等の知的ゲームが好きだ。ちなみに、本作中のセリフにも登場する、ポール・ニューマンが主演した『ハスラー』（６１年）はトランプのポーカーではなく、ビリヤードの勝負がテーマだったが、ビリヤードも賭け事であると同時に技術を競うものだ。他方、囲碁、将棋、チェスは運の要素も少しはあるが、９９．９％実力のゲームだから私は大好きだ。

　ちなみに、私の診断（見立て）では、麻雀は実力8割、運2割？『カード・カウンター』と題する本作は、「カード・カウンター」方式（？）によるブラックジャックを得意とする主人公ウィリアム・テル（オスカー・アイザック）が、なぜかポーカーの勝負にはまって

いく物語。しかし、私の診断（見立て）では、ポーカーは実力２割、運８割だから運に左右され過ぎでは・・・？もちろん、ウィリアムの意見はその正反対だろうが・・・。

■□■さすらいのギャンブラーの本性は？■□■

"さすらいのギャンブラー"と聞けば、何ともカッコいい日本語の響きだが、本作のウィリアムはまさにそれ。もっとも、１０年間の刑務所生活の中で完全にマスターしたという「カード・カウンター」に自信を持っているものの、ウィリアムのギャンブル哲学は"小さく賭けて、小さく稼ぐ"というものだから、アレレ。それは一体なぜ？それは、本作導入部で見るカジノ会場を去った後、安物のモーテルの部屋で１人静かに眠るウィリアム独特の習慣を見ればよくわかる。しかし、なぜ彼はそんなスタイルに固執しているの？

そこで"あっと驚く展開"を見せるのは、スクリーン上に映るウィリアムの夢の中に登場してくるアブグレイブ捕虜収容所での捕虜への尋問（拷問？）風景。ウィリアムはこれに関与していたとして有罪判決を受け、１０年間米国軍刑務所に服役したそうだが、それって一体なぜ？なぜウィリアムだけが刑務所に？上官たちはどうなったの？このように本作は、なぜ？なぜ？なぜ？の連発の中でストーリーが進んでいく、ミステリー的展開に・・・。

■□■主人公に絡む２人の男女に注目！■□■

本作の製作総指揮にマーティン・スコセッシの名前があるのは、本作の脚本を書き監督したポール・シュレイダーが、かつてマーティン・スコセッシと組んで『タクシードライバー』（76年）を大ヒットさせたため。同作では、ロバート・デ・ニーロ扮する元海兵隊員でタクシー運転手志望の男と、当時１３歳だったジョディ・フォスター扮するコールガールとの奇妙な友情と意外なストーリー展開が魅力だった。

それに対して、本作では第１に、ウィリアムの腕を見込んで「大金を稼げるポーカーの世界大会」への参加を持ちかけてくるギャンブル・ブローカーの黒人女性ラ・リンダ（ティファニー・ハディッシュ）、第２に何やら曰く因縁ありげな雰囲気でウィリアムに接触してくる若者カーク（タイ・シェリダン）が登場するので、彼らのキャラとストーリー展開に注目。

他方、ウィリアムがカークとはじめて出会ったのは、ウィリアムがジョン・ゴード（ウィレム・デフォー）の講演会に参加したためだが、このゴードこそウィリアムの軍隊時代の上司で、ウィリアムに生涯消えない罪を背負わせた上、自らは優雅な生活を送っている男らしい。すると、本作は『カード・カウンター』というタイトル通りのトランプゲームをネタにした博打映画ではなく、クエンティン・タランティーノ監督の『キル・ビル　Ｖｏｌ．１』（03年）（『シネマ3』１３１頁）、『キル・ビル　Ｖｏｌ．２』（04年）（『シネマ4』１６４頁）のような復讐モノ・・・？

■□■同時並行する２つのストーリーの出来は？■□■

真田広之が主演した『麻雀放浪記』（84年）やTV放送されている『むこうぶち』シリーズは、マージャンのゲーム（試合）風景を観ているだけでスリルいっぱいだが、本作に

みるポーカーの試合は全然面白くない。"小さく賭けて、小さく稼ぐ"主義のウィリアムと対比されるのが、勝つたびに「USA！USA！」と騒ぎ立てる"ミスターUSA"なるギャンブラーだが、こんな男を登場させても、私には本作のポーカーゲームに何の面白みも感じられない。したがって、リンダのアレンジの下でウィリアムが決勝戦まで駆け上がっていくシークエンスは全然ダメ。

　他方、カークはなぜウィリアムに接触してきたの？それを巡るストーリーは、ジョン・ゴードをキーマンとして、かなりシリアスなものになっていくから興味深い。もっとも、そんなカークに対して、ウィリアムは大金をはたいて「復讐を断念し、母親の元へ帰れ」と諭したのだが、さてカークは・・・？

■□■ハイライトの復讐シーンはアレレ・・・■□■

　『キル・ビル』は個性派監督タランティーノらしい魅力的な作品だったが、そこでは当然ド派手なアクションも見モノだった。それに対して、本作はウィリアムがせっかく勝ち上がったポーカーの決勝戦を放り出してしまうストーリー展開がイマイチなら、ウィリアムがゴードに復讐を遂げるシークエンスもイマイチだ。ゴードの家の中に先回りして入り込んだウィリアムが１人椅子に座り、戻ってきたゴードを驚かせるという演出は「さすが！」と思わせたが、その後、拷問道具一式を詰め込んだバッグを手にゴードを別室に連れて行った後は・・・？そこでの"復讐シーン"が本作のハイライト！私はそう思ったのだが、アレレ、アレレ、アレレ。そんな私の不満は、あなた自身の目でしっかり見てもらいたい。

■□■冒頭も刑務所！ラストも刑務所！■□■

　ちなみに、あなたは『大脱走』（63年）のメチャ面白いストーリーと、成功したかに見えた"大脱走"に失敗した後のスティーブ・マックィーン扮するヒルツの姿を覚えてる？野球大好き人間の彼は、捕虜収容所に入っている時から１人でグローブとボールで遊んでいたが、なぜか同作のラストも同じシーンになっていたはずだ。

　しかして、本作は10年の刑期を終えて刑務所から出てきたウィリアムが「カード・カウンター」を会得した優秀なギャンブラーとして、「小さく賭けて、小さく稼ぐ」ところからスタートしたが、なぜかラストで彼は再び刑務所内に！そして、そこに面会にやってきたラ・リンダとのガラス越しのシーンで終了するが、そんな本作の結末にあなたは納得できる・・・？

２０２３（令和５）年６月２３日記

Short ショートコメント ★★★	Data 2023-80

アシスタント

2019年／アメリカ映画
配給：サンリスフィルム／87分

| 2023（令和5）年7月6日鑑賞 | シネ・リーブル梅田 |

監督・脚本・製作・共同編集：
キティ・グリーン
出演：ジュリア・ガーナー／
マシュー・マクファデ
ィン／マッケンジ
ー・リー

👀 みどころ

　『スキャンダル』（19年）の大ヒットで、「FOXニュース」の絶対的権力者だったハーヴェイ・ワインスタイン氏のセクハラぶりが世界中に露呈し、続いて日本でも、ジャニーズ事務所の絶対的権力者であったジャニー喜多川氏の醜聞が明るみに！

　そんな流れに沿って（？）、オーストラリア生まれの若手女性監督が自らの体験を踏まえて（？）、巨大映画制作会社で夢いっぱいに働くプロデューサー志望の若き女性アシスタントに、不平不満、問題提起を託することに・・・。

　全編にわたって出ずっぱりのヒロインに、笑顔は一切なし！徹頭徹尾"不満顔""不安顔"だが、その原因は一体どこに？弁護士歴49年の私に言わせれば、ワインスタイン氏もジャニー喜多川氏も犯罪を犯したのだから社会的非難は当然だが、本作の"会長"は何か犯罪を犯したの？

　そうでないのなら、なぜここまで社会的非難を浴びなければならないの？ヘソまがりの私には、そこがイマイチ。『スキャンダル』とは問題の本質が異なるのでは・・・？

――＊――＊――＊――＊――＊――＊――＊――＊――＊――＊――

◆ニューヨークタイムズが、視聴率トップを誇るメディア「FOXニュース」におけるハーヴェイ・ワインスタイン氏のセクハラ問題を告発したのは2017年10月。それをシャーリーズ・セロン、ニコール・キッドマン、マーゴット・ロビーという、ハリウッドの3大美人女優の共演で映画化した『スキャンダル』（19年）（『シネマ46』50頁）はメチャ面白い映画だった。シャーリーズ・セロンが主演した『スタンドアップ』（05年）（『シネマ9』186頁）も面白かったが、ニュースより女性キャスターの脚の見せ方の方がもっと大事というご時世（？）では、同作はまさに必見！

　しかして、1984年にオーストラリアで生まれた女性監督、キティ・グリーンが監督・脚本・製作・共同編集した本作は2019年に公開されたが、幼い頃からアートのある環

境で育った彼女自身の体験を踏まえて脚本を書いているだけに、本作の主人公ジェーン（ジュリア・ガーナー）はキティ・グリーン監督とまるで瓜二つ・・・？そうなるとドキュメンタリー映画になってしまうので、彼女の長編フィクション初となる本作では、監督の持つすべての不平不満（？）を、ジェーンの不満そうな表情に全て委ねることに・・・？

◆私はワインスタイン氏を擁護するつもりはないし、近時日本で大きな話題を呼んだ、ジャニーズ事務所のジャニー喜多川氏を擁護するつもりもない。しかし、男は所詮若い女が好きな動物。したがって、地位と権力と金が手に入れば「俺は何でもできる！」という錯覚が生まれ、若い女に手を出したくなる気持ちは私も十分理解できる。中国の皇帝や日本のお殿様ならそれも許されていたが、近代民主主義国家は平等の精神の下に成り立っているから、そこではそれは無理。その上、マスコミやSNSが高度に発達しているから、ちょっとヤバイことがあればすぐに・・・。

　他方、『スキャンダル』ではメディア王国の独裁者の横暴ぶりが際立っていたが、本作ではアシスタントとして就職し、2人の同僚の男性アシスタントと共に希望に胸を膨らませて朝早くから夜遅くまで働いているジェーンに対して、“会長”から『スキャンダル』で見た新人ニュースキャスター（マーゴット・ロビー）のような圧力がかけられるわけではない。それは、後日ジェーンが相談に行くことになる人事部の幹部社員、ウィルコック（マシュー・マクファディン）が言うように、「心配いらないよ。君は会長に気に入られるタイプじゃないから」だが、それって若い女性にとっては褒め言葉？それとも屈辱？

　ジェーンは入社して2ヶ月の新米アシスタントだから、私に言わせれば、先輩たちのために“雑用”をすべてこなして当たり前。政治家（の卵）だって、いわゆる“雑巾がけ”をこなす中で少しずつ認められていくのだから。私だって、弁護士になりたての頃は、○○、△△、等々の雑用は何でもこなしていたものだ。本作でも、別段ジェーンがそれを嫌がっているわけではないが、どうもキティ・グリーン監督の演出では、そのこと自体が“搾取構造”になっていると主張したいらしい。しかし、私に言わせればそんな演出、そんな脚本は少し無理筋では・・・？

◆本作のパンフレットはA4版で70ページもあり、定価も990円と高い。それはイントロダクション、ストーリー紹介等々の他、エッセイが5本、レビューが3本も掲載されているから。そして当然ながら、そのどれを読んでも、本作とジェーンに好意的だ。そして、本作のスクリーン上には全く姿を見せない巨大（？）映画制作会社の“会長”はもとより、人事部の幹部社員で、相談にやってきたジェーンに丁寧に対応するウィルコックも“加害者”だと断じている。さらに、ジェーンの同僚である2人の男性アシスタント（ノア・ロビンズ／ジョン・オルシーニ）すら、社内の問題点を見て見ぬふりをしている存在だから、『ハンナ・アーレント』（12年）（『シネマ32』215頁）にみた「悪の凡庸さ」

と同じ存在の"加害者"だと評価している。

　しかし、弁護士歴５０年近くになる私には、本作の"会長"がお仕事の合間に見せる"若い女性に対するチョッカイ（？）"は、どこの世界でもあるものとしか言いようがない。したがって、そのことを妻が責めるのは別として、社会が一斉に非難すべきこととは到底思えない。会長室に若い女を連れ込むことは良いことではないし、推奨できることではないが、そうかと言ってこっそりそれをすることが、そんなに社会的に非難されるべきことなの？もちろん、それが犯罪行為になれば別だが、合意の上であれば、そこに大金の授受があったとしても、ほとんどは止むを得ないのでは？

　本作を鑑賞した７４歳の老弁護士たる私の見解はそうだから、多くの非難を浴びることを覚悟の上で、あえてここに書いておきたい。

◆本作では全編にわたって、将来映画プロデューサーになる夢を持って、今は新人アシスタントとして懸命に働いている、真面目で優秀な女性ジェーンの姿が描かれる。しかし、その中で彼女が腹の底から笑った顔を見せることは一度もなく、８７分間ずっと不満顔、心配顔のままだ。

　本作中盤に彼女を苛つかせるのは、仕事上の問題点だけではなく、第１にアイダホからやってきた新人アシスタント、シエナ（クリスティン・フロセス）の扱い方、第２に自ら製作した DVD を売り込みに来た監督志望の若い女性、ルビー（マッケンジー・リー）の扱い方だ。彼女たちの来訪はすべて会長からの直接指示だから、言われた通り処理するしかないが、ホテルの手配は一体何のため？さらに、ひょっとしてこんな"バカ女"に私のアシスタントの地位が奪われることがあるの？

　ジェーンのそんな心配はごもっともだが、そんな心配は映画業界だけでなく、どこの業界にもあるはずだ。また、本作に見る"会長"は、会長室に残していたイヤリングや毎日飲んでいる怪しげなアンプル等々によれば、特別女好きな"性豪"なのかもしれないが、それは会長個人のキャラの問題だ。したがって、深夜会長室に電気が灯り、女の影がちらついたとしても、ジェーンがそれをダイナーの座席から観察する必要は全くないはずだ。

　ジェーンの丸１日の働き方を描いた本作のラストを見ると、さてジェーンは明日も出社して働くの？それとも、静かに辞表を提出するの？そのどちらかは知らないが、本作がヘソ曲がりの私が期待したほどの作品でなかったことは実に残念！

２０２３（令和５）年７月７日記

Data 2023-98
監督：タラ・ウッド
出演：ゾーイ・ベル／ブルース・ダ
　　　ーン／ロバート・フォスター
　　　／ジェイミー・フォックス／
　　　サミュエル・L・ジャクソン
　　　／ジェニファー・ジェイソ
　　　ン・リー／ダイアン・クルー
　　　ガー／ルーシー・リュー／マ
　　　イケル・マドセン／イーラ
　　　イ・ロス／ティム・ロス／カ
　　　ート・ラッセル／クリスト
　　　フ・ヴァルツ

👀👀 みどころ

　私はクエンティン・タランティーノ監督が大好き！『キル・ビル vol.1』(03年) は日本びいきの彼なればこそその作品だが、その斬新性と独創性に大拍手！これぞエンタメ！と感激していると、その後、あっという間に"鬼才"から"巨匠"に成長したからビックリ！

　もっとも、28年間の監督生活ながら、作品数はわずか8本だし、「10本撮れば引退する」と公言しているから、近時、91歳で90作目の『こんにちは、母さん』(23年) を監督した日本の巨匠・山田洋次等とは大違いだ。

　そんな現役監督（巨匠）のドキュメンタリー映画を作るのは難しい。なぜなら、下手すると"提灯持ち映画"になりかねないからだ。そこで、タラ・ウッド監督は本作にタランティーノ本人を一切登場させず、これまでの出演者やスタッフたちの身近かつ本音の"証言"で構成！さあ、そこから浮かびあがってくる鬼才・タランティーノの本質（本性？）とは？

　おっと、本作はタランティーノの2つの"恥部"にも少しだけ触れているので、それに注目！その第1は、彼の映画制作の長年の盟友で"実力者"だったワインスタイン氏のセクハラ疑惑の発覚！第2は、ユマ・サーマンが撮影中の事故のために女優生命を断ったことだ。この2点につき、彼はいかなる弁明を？「俺は知らなかった」では通用しないこと明らかだが、さて・・・？

――――＊―――＊―――＊―――＊―――＊―――＊―――＊―――＊―――＊――

■□■誰が撮るの？それが大問題！人によって如何ようにも！■□■

　私はアニメより実写映画が好き、またドキュメンタリーよりもフィクション映画の方が好きだ。しかし、稀にドキュメンタリー映画の中には、絶対に見逃してはならないと思わせる貴重なものがあるので、それは例外だ。最新の『シネマ53』に、私は、①『独裁者た

ちのとき』(22 年) と、②『プーチンより愛を込めて』(18 年) を収録する予定だが、前者はアレクサンドル・ソクーロフ監督がヒトラー、スターリン、チャーチル、ムッソリーニを「独裁者」と断じた上、すべてアーカイブ映像のみで構成した異色の作品だった。また、後者はタイトルとは裏腹に、監督、脚本、撮影、出演したヴィタリー・マンスキーが、1999年 12 月 31 日の、ロシア連邦初代大統領ボリス・エリツィンの引退宣言によって実現した、第 2 代大統領選挙を巡るドラマを撮影したドキュメンタリー映画で、まさに "こりゃ必見" のドキュメンタリー映画だった。

他方、『モリコーネ 映画が恋した音楽家』(21 年)(『シネマ 52』155 頁) は、「荒野の用心棒」等の映画音楽を生み出した作曲家、エンニオ・モリコーネをして、「ジュゼッペが撮るならやってもいいが、彼以外ならダメだ」と言わしめた結果、ジュゼッペ・トルナトーレ監督の手で実現したドキュメンタリー映画だ。そして、『ニュー・シネマ・パラダイス』(88 年) 以降、全作品でタッグを組んだ盟友ジュゼッペ・トルナトーレ監督なればこその演出はさすがだった。また、『カンフースタントマン 龍虎武師』(21 年)(『シネマ 52』255 頁) は、特定の映画スターではなく、ジャッキー・チェン主演の『酔拳』(78 年) をはじめ、80 年代の『少林寺』シリーズや 90 年代の『ワンス・アポン・ア・タイム・イン・チャイナ』シリーズ等々を支えた香港スタントマンに焦点を当てて、ウェイ・ジェンツー監督が完成させた、メチャ面白いドキュメンタリー映画だった。

私は『キル・ビル vol.1』(03 年)(『シネマ 3』131 頁) でクエンティン・タランティーノ監督を知ってから大ファンになり、その後のすべての作品を観ているが、デビュー作を含め、それ以前の作品は 1 本も観ていない。タランティーノ監督には必ず "鬼才" という冠 (形容詞) がつくが、それは一体なぜ?そんな巨匠にして鬼才、タランティーノのドキュメンタリー映画を作るのは難しい。なぜなら、下手すると、タランティーノを褒め上げるだけの "提灯持ち映画" になりかねないからだ。もし、本作がそんな映画なら、誰も見ないはず。つまり、ドキュメンタリー映画は誰が撮るか?それが大問題なのだ。ドキュメンタリー映画は誰が撮るかによって、如何ようにも・・・!

■□■本人抜きで!関係者だけの身近かつ本音の証言で構成!■□■

本作の監督を務めた女性はタラ・ウッド。と聞いても、私は彼女の名前を全然知らなかったが、チラシには『6 才のボクが、大人になるまで。』のリチャード・リンクレイター監督のドキュメンタリー映画でも高く評価された」と書かれている。そこで、ネット情報を調べてみると、彼女は本作の制作経緯を振り返り、「リチャード・リンクレイターのドキュメンタリーを撮っていた際、タランティーノについて話題が多く挙がり、それが自然な流れになったという感じです」と述懐。また、タランティーノ本人が登場しない手法について、「ほかのドキュメンタリーと違うのは、ほかの人たちを通してその人物を知るということです。私はそのほうが面白いと思っています。映画遍歴にフォーカスしているということ、そして、暴露話を取り上げないということ。タランティーノはそれが気に入ったよ

うです。以前にもドキュメンタリーを撮りたいと彼にアプローチした人たちはいますが、タランティーノは決して OK しませんでした」と述べているから、なるほど、なるほど。

『6才のボクが、大人になるまで。』(14年)(『シネマ35』46頁)は、"6才のボクが18才になるまで"の12年間をずっと同じ俳優で撮影するという、リチャード・リンクレイター監督の異例のドキュメンタリー映画だったが、前述の通りタラ・ウッド監督は、本作ではタランティーノ監督を一切撮影の対象とせず、第1作から第8作目の『ヘイトフル・エイト』(15年)(『シネマ37』40頁)までに出演した俳優たち、プロデューサーやスタッフたちだけによる、身近で本音の証言を集めることによって構成した。そのため、本作には約10名のごく親しい関係者たちによるタランティーノのさまざまな逸話と、秘話がタブーなしで満載されている。なるほど、なるほど、こりゃ面白そう！こりゃ必見！

■□■これまでわずか8本で巨匠に！しかも10本で引退！？■□■

山田洋次監督は『男はつらいよ』シリーズだけで計50作。91歳で撮った最新作、『こんにちは、母さん』(23年)で90作目の日本の巨匠。しかし、タランティーノ監督はこれまでわずか8作しか撮っていないにもかかわらず、既に"巨匠"。しかも「10作作ったら引退」と公言しているからすごい。もっとも、これまでに撮った映画は8作だが、その期間は1992年から2019年まで、28年間に及んでいるからその実績は十分だ。

彼の映画人としての軌跡をドキュメンタリー映画にするについてタラ・ウッド監督は、第1章「革命」、第2章「強い女性＆ジャンル映画」、第3章「正義」に分けて構成している。その第3章は『イングロリアス・バスターズ』(09年)(『シネマ23』17頁)、『ジャンゴ　繋がれざる者』(13年)(『シネマ30』41頁)、『ヘイトフル・エイト』の3本であること、第2章のメインが『キル・ビル vol.1』、『キル・ビル vol.2』(04年)((『シネマ4』164頁))であることは明確だが、残念ながらこの4本(『キル・ビル』は1本として計算)以外を私は観ていない。しかし、第2章では『キル・ビル vol.1』、『キル・ビル vol.2』以外の『ジャッキー・ブラウン』(98年)と『デス・プルーフ in グラインドハウス』(07年)の2作を、第1章では、低予算で制作したデビュー作、『レザボア・ドッグス』(92年)と、第2作『パルプ・フィクション』の2本を取り上げている。

私は本作を非常に興味深く鑑賞したが、やはり、自分が素晴らしい作品だと思った『キル・ビル』、『イングロリアス・バスターズ』、『ジャンゴ　繋がれざる者』、『ヘイトフル・エイト』についての本作に見る関係者の証言は興味深かった。逆に言うと、私が観ていない1章の2本、2章の『キル・ビル』以外の2本については、本作だけを見てもあまり興味は湧かなかった。

ちなみに、本作については、ネタバレを含むネット上の記事は多い。その中の一つ「＃映画感想文 270『クエンティン・タランティーノ　映画に愛された男』(2019)」は「正直に告白すると、私はタランティーノの作品を一作もきちんと見たことがない。・・・。一時期はカルト的に人気があり、崇拝もされていた人なので、勉強として観に行った。」として

いるが、タランティーノ作品そのものを観ていないまま本作を観てもきっと面白くなかっただろう。タランティーノ監督を知るためには、やはり彼が作った"ホンモノ"を観なければ！本作のようなドキュメンタリー映画は、あくまでホンモノを観た上で、その秘話や逸話を知ればより面白く、より興味が湧くだろう、という位置づけだ。

■□■T監督には重大な恥部が！本作はそれをどう撮ったの？■□■

功成り名を遂げた人間が、世間から称賛の声を浴びたままであの世に旅立てれば幸せだが、織田信長のように志半ばで謀反によって無念の最期を遂げたり、ジャニー喜多川のようにある事実（事件）の発覚によって、一気に晩節を汚してしまうこともある。ジャニー喜多川による"性的被害"は日本国内に限ったものだが、そのアメリカ版、国際版の"大セクハラ問題"の張本人が、タランティーノ監督の25年間にわたる映画制作の中で一貫して蜜月関係にあった、ミラマックスのワインスタイン氏だから、タラ・ウッド監督は、そんなタランティーノ監督の"恥部"を本作でどう撮ったの？

また、私はタランティーノ作品では何と言っても『キル・ビル』が1番好きだし、同作で見たユマ・サーマンのカッコ良さは今でも目に焼き付いている。しかし、ユマ・サーマンはタランティーノ映画のある撮影の中で大変な事故に遭い、女優生命を断たれてしまうことに・・・。本作にはその逸話、秘話も少し登場するので、それにも注目！

ちなみに、本作ラストには「ワインスタインがやっていたことを知らなくて自分も傷ついている」とのタランティーノの声明が引用されるが、それって、少しズルいのでは・・・？つまり、今風の日本の流行り言葉風に言えば、それって、タランティーノは問題の本質に真摯に向かい合っていないということになるのでは・・・？

2023（令和5）年8月24日記

第3章
ヨーロッパは広い（1）ーフランスー

Data 2023-112

監督：セドリック・クラピッシュ
出演：マリオン・バルボー／ホフェッシュ・シェクター／ドゥニ・ポダリデス／ミュリエル・ロバン／ピオ・マルマイ／フランソワ・シヴィル／スエラ・ヤクーブ／メディ・バキ

★★★★

ダンサー イン Paris

2022年／フランス・ベルギー映画
配給：アルバトロス・フィルム、セテラ・インターナショナル／118分

2023（令和5）年9月26日鑑賞　シネ・リーブル梅田

👁✨👁 みどころ

　パリ・オペラ座で上演されるバレエを鑑賞するのは、ワーグナーのオペラを観るのと同じくらい至難のワザだが、本作では、冒頭の"セリフなしの15分間"でしっかり『ラ・バヤデール』を鑑賞することができるから、ラッキー！それはともかく、『スパニッシュ・アパートメント』（02年）で有名なフランス人監督セドリック・クラピッシュの"青春群像劇"は、とにかく明るく、前向きなところが素晴らしい。

　バレエ界の頂点を目指しているエリーズが、公演中に足首を怪我すれば、26歳という年齢を考えても、バレリーナ人生は終わり！？そう考えたのは当然だが、ライバルだらけだったダーレン・アロノフスキー監督の『ブラック・スワン』（10年）と異なり、本作でエリーズの周りに集まる人々は善人ばかり。コンテンポラリー・ダンスへの転向は全くの偶然だが、周りがこんな善人ばかりなら、そんな形での"第2の人生のスタート"も可能！

　ラストのコンテンポラリー・ダンスの公演を観れば、"1粒で2度おいしい"と実感できること間違いなし！

―――＊―――＊―――＊―――＊―――＊―――＊―――＊―――＊

■□■ このフランス人監督に注目！長年の夢が本作で実現！ ■□■

　フランス人監督のセドリック・クラピッシュといえば、『スパニッシュ・アパートメント』（02年）（『シネマ4』312頁）で有名だ。同作は、思わず自分の学生時代を思い出しながら"ヨーロッパの若者たちの青春群像劇"をたっぷり堪能できた作品だった。彼は同作のような青春の一時期をテーマにした作品がトレードマークだが、他方で、40年以上もダンスに興味を持っていたため、2010年に初めてドキュメント『オーレリ・デュポン　輝ける一瞬に』を監督し、以降、パリ・オペラ座に関する映画を多数発表しているらしい。

私もバレエ映画は大好きだから、『パリ・オペラ座のすべて』（09年）（『シネマ24』207頁）には圧倒されたが、同作はセドリック・クラピッシュ監督と同じフランス人のフレデリック・ワイズマン監督が84日間の密着取材で完成させた素晴らしい作品だった。同作はドキュメンタリー映画だったし、セドリック・クラピッシュ監督が、これまでたくさん作ってきたパリ・オペラ座に関する映画もすべてドキュメンタリー映画だったから、彼は20年以上ずっと、「いつか本当にダンスについてのフィクション映画を撮るべきだと思っていた」らしい。そんな長年の夢が、本作でついに実現！おめでとう。さあ、私たちもしっかり鑑賞したい。

■□■ダンスをする俳優ＶＳ演技をするダンサー。それに注目■□■

　私はナタリー・ポートマンが主演した、ダーレン・アロノフスキー監督の『ブラック・スワン』（10年）（『シネマ26』22頁）が大好き。"ダークな物語と白鳥の湖の融合"という発想がユニークなら、"芸術のためには欲望の解禁が不可欠"という哲学（？）も"意味シン"だった。また、同作を鑑賞した日の夜に私が怖くてイヤな夢を見たのは、きっと、"白鳥の湖のラストはこんな設定だった？"という疑問を含めて、同作の、夢か現実か混然一体となった怖いミステリーに私の頭が混乱していたためだから、同作の影響力は大きかった。

　ところが、セドリック・クラピッシュ監督のインタビューの中で、彼は「私は『ブラック・スワン』に夢中になれなかったことを白状します。」と述べている。それは、つまり「スタントマンが登場するアクション映画のように、ほとんどのダンスシーンでナタリー・ポートマンがダンサーに置き換えられていたことがとても気になりました。」ということだ。それについて、彼は「私がダンスについての映画を作る時は、演じる人がダンスもすることが不可欠です。ダンスについて語りたいなら、ダンサーの肉体から始めなければなりません。映画のシーンを演じている人々は、リハーサルやダンスをする人でもなければいけません。」と語っている。なるほど、なるほど。

　主人公のエリーズ役には"ダンスをする俳優"ではなく、"演技をするダンサー"を選びたかったというセドリック・クラピッシュ監督のキャスティングに見事に応え、本作でセザール賞の有望若手女優賞にノミネートされる好演をしたのはマリオン・バルボー。彼女はパリ・オペラ座バレエ団のダンサーで、階級はプルミエール・ダンスーズだそうだ。

　しかして、「ダンスをする俳優」だった『ブラック・スワン』のナタリー・ポートマンＶＳ「演技をするダンサー」である、本作のマリオン・バルボーの対比に注目！

■□■バレエ（苦しみ）ＶＳコンテンポラリー（楽しみ）■□■

　『ブラック・スワン』は、パリ・オペラ座の最高峰を目指すダンサーたちのライバル競争の物語をサスペンス色とミステリー色いっぱいに描いた傑作だった。その反面、同作ではバレエ（の稽古）の厳しさ、苦しさやライバルに嫉妬心を燃やす人間のいやらしさ等もたっぷり表現されていた。しかし、『スパニッシュ・アパートメント』でセドリック・クラ

ピッシュ監督は、人間のそんなマイナス面には全く目を向けず、仲間、楽しみ、前向き、等々の肯定的な面だけを明るく描いていた。したがって、40年以上、パリ・オペラ座のバレエを鑑賞し、そのドキュメンタリー映画を作り、2010年以降は定期的に撮影を依頼されていたというセドリック・クラピッシュ監督にとって、ダンスをテーマにしたフィクション映画を作るについても、その方向性を貫くことは何よりも大切だったらしい。なるほど、なるほど。

　私はバレエ（音楽）についてはそれなりに詳しいが、コンテンポラリー（現代舞踊）についてはほとんど知らない。しかし、セドリック・クラピッシュ監督は本作で、バレエ（＝苦しみ）VS コンテンポラリー（＝楽しみ）と対比させたうえで、左足首の怪我をしてしまったエリーズがバレエからコンテンポラリーに移行していく姿を描いていくので、バレエVS コンテンポラリーの対比にも注目！

■□■物語とダンスの時間配分は？その"黄金比"とは？■□■

　ストーリー展開中に突然歌を歌い始めるミュージカル映画はヘン。そういう意見の映画ファンも多いが、私は『ウエスト・サイド物語』（61年）や『サウンド・オブ・ミュージック』（65年）をはじめとして、ミュージカル映画が大好き。ダンスをテーマにした『フラッシュダンス』（83年）や『コーラスライン』（85年）も大好きだ。

そんな私の興味を引いたセドリック・クラピッシュ監督インタビューは、彼が「私は脚本担当にちょっとしたリサーチを頼んでいたのです。『雨に唄えば』から『赤い靴』『キャバレー』、『ウエスト・サイド・ストーリー』を通って『ロシュフォールの恋人たち』まで、数十の有名なミュージカル映画におけるダンスと物語の時間の比率を計算してもらったのです。驚くべきことに、結果は常に同じで、ダンスと歌の時間は映画全体の25％から35％の間を占めました。つまり、物語部分は常に全体の長さの3分の2から4分の3の間にあったのです。信じられませんでした。しかし、映画全体の3分の2が物語部分を閉めるというこの考えは、本作について私のガイドとなりました。」と語っていることだ。

その黄金比を発見した彼は、いったんは物語を洗練させるために多くのシーンをカットしていたにもかかわらず、それを再編集し、“黄金比”になるように調整したらしい。なるほど、なるほど。

■□■冒頭15分間の、セリフなしのバレエの舞台に注目！■□■

私が中3か高1の時に観た『アラビアのロレンス』（62年）では、冒頭、バイクに乗ったロレンスが猛スピードで疾走する姿が映し出される中、障害物を避けきれずに道路からはみ出して死亡してしまうシーンが登場した。もちろん、これは第2次世界大戦が終結し、軍人を引退してしまったロレンスの姿だが、そのロレンス最期の姿と、青年将校ロレンスの活躍の場が広がっていく本番のストーリーとが素晴らしい対比を成していた。

それと同じように（？）、本作の冒頭は、パリ・オペラ座における『ラ・バヤデール』の公演風景から始まる。残念ながら、私はこの『ラ・バヤデール』を知らなかったから、冒頭のシーンがどの場面なのかまではわからなかったが、主役を務めていたエリーズが出番の合間に舞台裏に下がった時、恋人で共演者のジュリアンが、ダンサーのブランシュとキスしている姿を目撃したから、ビックリ！

主役の幕間は長くないから、エリーズはとりあえず、心の乱れと足の震えを抑えながら踊り続けたが、大きくジャンプした後の着地の時に転倒してしまったから、さあ大変！本作のパンフレットによると、現実にもこんな事故はあり、その場合は常に準備している“代役”が代わりを務めるらしい。したがって、エリーズの事故後も舞台は滞りなく続いたようだが、すべての観客がそんな歴史的な瞬間を目撃する本作のようなシーンは珍しいだろう。

しかして、本作はここまで15分間、全くセリフなしで進行していくから、ビックリ！本作最初のセリフは、この事故を目撃したすべての観客からの「ああ！」というものになる。したがって、本作では私も固唾を呑みながら見守った、この冒頭の、セリフなしの15分間に注目！大阪のフェスティバルホールで上演されるバレエのチケットを購入するのは簡単だが、パリ・オペラ座で上演されるバレエを鑑賞するのは、ワーグナーのオペラを観るのと同じくらい至難のワザ。したがって、それを本作冒頭の15分間でしっかり鑑賞できたことに感謝！

■□■怪我とショックの程度は？治療方針は？回復見込みは？■□■

　冒頭15分間の"沈黙のシーン"が終了した後の観客の注目点は、エリーズの怪我とショックの程度は？その治療方針は？回復見込みは？ということになる。さて、病院に救急搬入され、応急処置を受けたエリーズの左足首の怪我の程度は？それは捻挫？それとも骨折？もし骨折なら、治療に数ヶ月はかかるから、舞台への復帰は1年後・・・？

　ちなみに、2023年のシーズンを二刀流で大活躍していたエンゼルスの大谷翔平について、8月23日に右肘靭帯の損傷が発表されたのは大ショック。しかし、大谷は9月19日に右肘の靭帯を修復する手術を受け、成功したらしい。その結果、手術を行った医師によると、2024年のシーズンは打者1本で、2025年のシーズンは投打の二刀流で開幕から復帰できる見通しだから、期待感が高まっている。

　しかし、エリーズの怪我は足首の剥離骨折で、治療やリハビリによっては完治しない可能性もあると宣告されたから、大ショック。なぜなら、それは、現在26歳の彼女にとっては、バレリーナ人生の終わりを宣告されたことになってしまうからだ。そんな失意のエリーズを今、慰めながら足の治療に当たっている男は、理学療法士のヤン（フランソワ・シヴィル）だ。いつもと様子が違うヤンに「何か変だよ」と声をかけると、ヤンはブランシュと「2年前から付き合っていた」と打ち明けたから、エリーズはビックリ！『ラ・バヤデール』上演の真っ最中に舞台裏で、エリーズの恋人であるジュリアンとキスを交わしていたダンサーのブランシュがヤンの恋人だったということは、"二重の三角関係"になっていたということになる。そこで面白いのは、本来、足の怪我と精神面で落ち込んでいるエリーズを慰めるべき立場のヤンが、ブランシュの浮気を知って泣き出すと、逆にエリーズがヤンを慰める立場に回ること。これを見ていると、エリーズがいかに性格のいい女かということがよくわかる。したがって、ブランシュに振られたヤンがエリーズの治療を続けているうち、次第にエリーズに好意を持ち始めたことは確実だが・・・。

　その成り行きはともかく、そんなエリーズの、第2の人生の模索は・・・？

■□■さすがフランス！この人もあの人も、いい人ばかり！■□■

　思いもかけなかった大怪我にショックを受け、第2の人生を模索するエリーズが最初に相談したのは、実家にいる父親のアンリ（ドゥニ・ポダリデス）。6歳の時にエリーズがバレエを始めたのは母親の影響を受けたためだが、12歳の時に母親が亡くなった後も、母の想いを胸にレッスンを続けてきた。しかし、父親は弁護士としては有能だったが、そんな娘の気持ちは全く理解できていなかったらしい。本作では、そのチグハグぶりが面白い。

　第2の相談相手は、18歳の時にバレエをやめたサブリナ（スエラ・ヤクーブ）だ。エリーズとサブリナの会話は小気味よいほど呼吸がピッタリ合っているうえ、サブリナの恋人で出張料理人のロイック（ピオ・マルマイ）のアシスタントのバイトを引き受けたことが、エリーズの人生の転機になることに。さらに、3人で訪れたブルターニュの瀟洒なレジデ

ンスは、芸術を愛するオーナーのジョジアーヌ（ミュリエル・ロバン）がアーティストに練習場を提供している宿泊施設だが、そこにコンテンポラリー・ダンスの著名な振付師であるホフェッシュ・シェクター（ホフェッシュ・シェクター）がカンパニーを引き連れて泊まりに来たことによって、エリーズの第2の人生が大きく開けていくことに。

本作中盤のそんなストーリーを見ていると、『ブラック・スワン』とは正反対に、登場人物は、この人もあの人も、いい人ばかり。さすが、文明国フランス！と感心しながら、素晴らしい人間関係の続出に、少しずつ私の心も洗われる気分になっていくことに・・・。

■□■ "1粒で2度おいしい"を本作で堪能！■□■

2023年の日本のプロ野球セ・リーグは、阪神タイガースが早々と優勝を決めた。恒例（？）の、道頓堀へのダイビングは、事前規制のおかげで大問題にはならなかったが、その度にTVのニュースに登場するのが道頓堀にある「グリコサイン」だ。これは、2014年10月23日に6代目としてリニューアルされたものだが、今や大阪の「風景」として馴染み深い。この屋外広告物がはじめて設置されたのは1935年というから驚きだ。

他方、あなたは「大きいことはいいことだ」と「1粒で2度おいしい」のキャッチコピーを知ってる？「大きいことはいいことだ」は、高度経済成長期の真っ只中で、「重厚長大」への経済発展を推し進めていくパワーと楽しさの象徴のような、一世を風靡した、森永エールチョコレートのキャッチコピーだ。ひげの指揮者として有名だった音楽家、山本直純氏が、気球に乗って地上に集まった群衆に向かって、CMソングの指揮を執るというこのコマーシャルを私は今でもハッキリ覚えている。「大きいことはいいことだ」は、バブル崩壊とともに廃れてしまったが、もう1つのアーモンドグリコの「1粒で2度おいしい」は、今なお有名だ。もっとも、その本来の意味は「アーモンドの歯ごたえとキャラメルのうまさが同時に味わえる」ということだったが、現在では「とある一つの物事から、二つまたはそれ以上の利益を同時に享受する様子」を意味する慣用句として定着しているから、面白い。

しかして、私はなぜ、ここにそんなことを書いているの？それは、本作は冒頭に見る15分間の圧巻のバレエシーンだけではなく、ラストではエリーズも参加するシェクターのチームによるコンテンポラリー・ダンスの舞台初日のシーンを見ることができるからだ。冒頭のバレエのシーンには父親の姿はなかったが、ラストのコンテンポラリー・ダンスのシーンでは観客席に父親とエリーズの2人の妹の姿があった。さらに、ジョジアーヌやヤンの姿も！まさに、このステージと共にエリーズの第2の人生が幕を開けていくわけだ。

2023（令和5）年9月28日記

Data 2023-51

監督・脚本：ミカエル・アース
出演：シャルロット・ゲンズブール
／キト・レイヨン＝リュシテ
ル／ノエ・アビタ／メーガ
ン・ノータム／エマニュエ
ル・ベアール／ティボー・ヴ
ァンソン／ロラン・ポワトル
ノー／ディディエ・サンドル
／リリット・グラミュグ／カ
リスト・ブロワザン＝ドゥタ
ズ／エリック・フェルドマン
／オフェリア・コルブ

午前４時にパリの夜は明ける

2022年／フランス映画
配給：ビターズ・エンド／111分

2023（令和5）年4月29日鑑賞　　シネ・リーブル梅田

★★★★

みどころ

　パリはきっと最も多く映画のタイトルに使われている街だが、この邦題は科学的におかしいのでは？もっとも、大学時代の私が毎夜聞いていたラジオの深夜番組「ＡＢＣヤングリクエスト」を考えると、この邦題もＯＫ・・・？

　十代の子供２人を残して夫が若い女と駆け落ち！そんな事態でもシャルロット・ゲンズブール演ずるパリの４０オンナは強い。それを支えたのは"家族の絆"だが、それはどうやって培われたの？

　深夜ラジオの仕事に図書館の仕事、更には２人の男との恋（？）、やりたいことに精を出すヒロインの前向きさと、孤独な少女との出会いが家族の絆を強くする姿に注目！

　バブルに沸いた１９８０年代の大阪で生きた自分と対比しながら、社会党出身大統領の誕生に沸いた１９８１年から始まる、７年間に渡るヒロインのパリでの生きザマをしっかり確認したい。

—— ＊ —— ＊ —— ＊ —— ＊ —— ＊ —— ＊ —— ＊ —— ＊ ——

■□■この邦題はナニ？原題は？時代は？■□■

　本作の邦題は、「だからナニ？」とツッコミを入れたくなるような、『午前４時にパリの夜は明ける』。他方、原題は『夜の乗客』だから、そのどちらを見ても、本作は何の映画かさっぱりわからない。しかし、「夜の乗客」が深夜ラジオの番組名だとわかると、さらに、午前４時がその番組の終了時間だとわかると、タイトルの意味が見えてくる。

　私は１９６７年４月に大学に入学した後は、毎夜、当時大人気だった朝日放送の深夜ラジオ番組である「ＡＢＣヤングリクエスト」を聴いていたが、１９８１年から88年までの７年間にわたって描かれる当時のパリでは、ヴァンダ（エマニュエル・ベアール）がパーソナリティを務めるラジオ番組「夜の乗客」が大人気で、夫と別れたばかりのエリザベー

ト（シャルロット・ゲンズブール）はその愛聴者だったらしい。なるほど、なるほど。

しかして、本作冒頭は１９８１年５月１０日のパリ。そこでは社会党のミッテランが大統領に当選したことに沸くパリの姿が描かれる。大阪府で黒田了一革新府政が誕生した１９７１年には大阪が沸いたし、１９９３年８月の細川連立政権の誕生、２００９年９月１６日の自民党から民主党への政権交代では日本中が沸いた。しかし、１９８１年５月１０日のミッテラン大統領の誕生は、その比ではなかったらしい。その日の深夜の「夜の乗客」では、ヴァンダの声で“「夜の乗客」の皆さん、５月１１日になりました。今夜も朝４時までヴァンダがお供します。この特別な夜の話を聞かせてください”との声が流れていたが・・・。

■□■夫と離婚！２人の子供を抱え、今後の生活は？■□■

本作の主役エリザベートを演ずる女優は、『アンチクライスト』（０９年）（『シネマ２６』８３頁）、『ニンフォマニアック』（１３年）（『シネマ３３』９１頁）等で、あっと驚く“体当たり演技”を見せたシャルロット・ゲンズブール。１４歳で初主演した『なまいきシャルロット』（８５年）で彼女がセザール賞有望若手女優賞を史上最年少で受賞したことは有名だが、１９７１年生まれの彼女は、本作で、政治家志望の長女ジュディット（メーガン・ノータム）と、詩を愛する高校生の長男マチアス（キト・レイヨン＝リシュテル）を抱えながら、夫との離婚を目の前にして悲しみに暮れるヒロイン（？）を演じている。そんな彼女を慰めているのは父親のジャン（ディディエ・サンドル）だが、彼女は今「早く仕事を見つけなければ・・・」の思いで頭がいっぱいらしい。しかし、その数日後、「集会」から帰宅したジュディットが「初出勤はどうだった？」と尋ねると、「初日にして最終日、解雇されたわ。」と落ち込んでいたから、アレレ。

パリは多分、最も多く映画のタイトルにされている都市だが、エリザベート一家が住んでいるパリのアパートは、パリ郊外が見渡せる大きな窓が“売り”の高層の角部屋だ。エリザベートは父親に、「あの人、もうアパートを借りたみたい。女とサン＝ラザール駅の近くに」と説明していたから、このアパートは妻の取り分になっているようだが、慰謝料や養育費の支払いは一切ないらしい。離婚多発国のフランスでは、そんな甘い条件を妻は絶対に呑まないはずだが、本作はそんな法的論点を描くものではなく、チラシによれば、「孤独な少女との出会いが「家族」の絆を強くする―― 深夜ラジオがつなぐ、愛おしく大切な７年間の物語。」らしい。なるほど、なるほど。

そんな目でスクリーンを見ていると、新たな仕事のためにラジオ・フランスを訪れたエリザベートは、「夜の乗客」のパーソナリティ、ヴァンダの面接をクリアし採用されたからめでたい。そして、ある日、番組のスタジオゲストとして収録した少女タルラ（ノエ・アビタ）が、行くところがなく、寒空の下一人で座り込んで煙草を吸っているところをアパートに連れ帰り、上の階の小部屋に泊まらせることに。しかし、夫と別れた後、それでなくとも経済的に苦しいエリザベートに、そんな余裕があるの？

■□■８０年代のパリでのヒロインの奮闘は？家族は？■□■

　１９８０年代の日本は、高度経済成長を遥かに超えたバブルの時代。不動産、株、ゴルフ会員権という三種の神器の価格がうなぎ登りに上昇し、人々は倍倍ゲームを楽しんだ。私もその中の１人で、１９７９年に独立して事務所を構えた後、８０年代のバブル期はとにかく忙しく働き、忙しく遊んだ。日本のバブル時代はバブルがはじける１９８９〜９０年まで続いたが、１９８１年にミッテラン大統領が誕生する中、夫との離婚を余儀なくされたエリザベートが家族と共に生きた８０年代のフランスは？エリザベートがラジオ・フランスに採用されたのは幸いだったが、家出少女タルラとの出会いと、彼女を寝泊まりさせたことによって、エリザベートの家族たちにはいかなる変化が？

　私はてっきり、本作は女性監督の手によるものと思っていたが、本作の監督は『アマンダと僕』（１８年）で絶賛されたミカエル・アース。パンフレットにあるミカエル監督のインタビューによると、彼は自分の人格が形成された１９８０年代の子供時代に飛び込み、あらゆる光景や音を再現したいと思ったらしい。「決してドラマや葛藤を大げさにしないにもかかわらず、あなたの映画は静観するようなものではありませんね。」との質問に対して、彼はそれを肯定した上で、「葛藤の不在にもかかわらず、映画を印象的で夢中になれるものにするために、音楽性、色調、抒情性を表現しようと挑戦しています。自分の人生観を反映した映画を作ろうと思っています。私は、人生において、余白だと思われるような部分

102

を描いた映画を作りたいのです。私は主題に支配されていないような映画が好きです。人生が映画の主題であって、映画が主題の人質にはなってはいけないと思うからです。」と答えている。なるほど、本作のエリザベートを見ていると、そんな監督の意図をハッキリ読み取ることができるので、それに注目！

■□■フランスの中年の離婚女性の自由な生き方に感服！■□■

　本作は脚本もミカエル監督が書いているが、ハッキリ言って、本作は徹頭徹尾エリザベート中心の映画。もちろん、そこに家出少女のタルラや、それぞれ個性を発揮する長女のジュディット、長男のマチアスとのエピソードが絡まるが、ストーリーの核はあくまでエリザベートだ。ミッテラン大統領誕生と離婚の試練がたまたま時期的に重なり合ったエリザベートが、以降7年の間にいかに家族の絆を強くしながら再生していくのかを、自由と変革の嵐が吹く80年代のパリを舞台に描いたものだ。

　何かと保守的な日本では、夫から家だけはもらえたものの、慰謝料をもらえないまま子供の養育を押し付けられた40女は、もう生きていくだけで精一杯。仕事だってろくなものは見当たらず、パート仕事を渡り歩くのが関の山だろうが、エリザベートは違う。当初は困惑していたものの、深夜ラジオの仕事はエリザベートにとってはまさに天職だ。そこで驚くべきは、仕事を始めた数日後に、あるヘマでヴァンダを怒らせてしまったエリザベートが、優しく彼女を慰めてくれた同僚のマニュエル・アゴスティニ（ロラン・ポワトルノー）とすぐに"いい仲"になってしまうこと。アレレ、アレレ、しかし、これがフランス流？さらに驚くべきは、ラジオ局の仕事と合わせて、図書館の仕事も始めたエリザベートが、どうやら彼女に一目惚れしたらしい男ユーゴ（ティボー・ヴァンソン）との恋仲を急発展させること。ついには、家族と暮らした、あのパリの街が見渡せるアパートを売り払って、ユーゴの元に行く決心をしたからすごい。フランスでは40おばさんにしてこの発展ぶりだから、突然やってきたタルラとの間でいろいろあったマチアスもタルラとすぐに"いい仲"になったようだし、政治家志望でしっかり者のジュディットは既に家を出てルームメイトと共に暮らしていたから、エリザベートがアパートを売り払いユーゴと一緒に暮らすことになっても大丈夫。どんな状況下でも自由に生きていくことができる、こんな1980年代のフランスの姿にあらためて拍手！

2023（令和5）年5月2日記

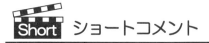

| Short ショートコメント | ★★★ | Data | 2023-60 |

それでも私は生きていく

2022年／フランス映画
配給：アンプラグド／112分

| 2023（令和5）年5月18日鑑賞 | シネ・リーブル梅田 |

監督・脚本：ミア・ハンセン＝ラブ
出演：レア・セドゥ／パスカル・グレゴリー／メルヴィル・プポー／ニコール・ガルシア／カミーユ・ルバン・マルタン

みどころ

　夫と死別した後も、仕事、子育て、父親の介護と大奮闘する本作はフランスならでは！ミア・ハンセン＝ラブ監督は父親との関係に焦点を当てて、自らの体験を本作に込めたが、主力はどっち？

　『ある美しい朝』と題する原題では、『ファーザー』（20年）と同じように、記憶と視力を失っていく老いた父親に重点を置こうとしたはず。ところが邦題が『それでも私は生きていく』とされたのは、再会した同級生との恋模様があっと驚くスピードで進んでいくためだ。

　レア・セドゥのボンドガール役は魅力的だったが、長々と続く“不倫ドラマ”に見るチョー肉感的な彼女にはビックリ！こりゃ、ちょっと製作意図がズレてしまったのでは？

――＊――＊――＊――＊――＊――＊――＊――＊――＊――

◆ミア・ハンセン＝ラブは『未来よ　こんにちは』（16年）（『シネマ39』260頁）、『ベルイマン島にて』（21年）（『シネマ51』122頁）等の映画で有名。他方、フランスの美人女優、レア・セドゥは『007』のボンドガール等で有名。ミア・ハンセン＝ラブは自分や自分の家族を題材にして映画を作ることが多いが、本作は自分と自分の父親に焦点を当てた上、レア・セドゥを主役に起用することを前提として“あて書き”をしたそうだ。

　しかして、本作導入部では、5年前に夫と死別したサンドラ（レア・セドゥ）が、仕事に子育てに、父親の介護にと猛奮闘する姿が描かれる。日本ではこんな女性の生き方は困難だが、自立と自由を両立させている国フランスなら、これも可能・・・？

◆哲学の教師だった父親ゲオルグ（パスカル・グレゴリー）は、さまざまな哲学書に囲まれた生活が似合っている。しかし、記憶と視力を失っていくという原因不明の病魔に侵された今は、介護が不可欠な状態らしい。しかも、その病状はどんどん進行しているから、早急に介護施設に移さざるを得ないが、その介護プランは？民間の介護施設がカネ次第と

いうのは日仏共通だが、公的介護はひょっとして日本の方がマシかも。本作を見ていると、そう思ってしまうが、さて・・・？

　ゲオルグの介護をめぐっては、ゲオルグの元妻フランソワーズ（ニコール・ガルシア）や現在の恋人レイラも絡んでくるからややこしい。そこでサンドラにとって都合が悪い（？）のは、ゲオルグの記憶の中に現在の恋人レイラは明確に位置づけられているが、実の娘サンドラの記憶は少しずつ薄れているらしいこと。すると、そのうち『ファーザー』（２０年）（『シネマ４９』２６頁）で観た、アンソニー・ホプキンス演ずる認知症の父親が介護している実の娘に対して「お前は誰だ？」と尋ねていたような事態になるかも・・・。

◆ある日、たまたまサンドラが亡き夫の友人で旧友のクレマン（メルヴィル・プポー）と出会ったところから、驚くべきスピードで２人のベッドインとなんとも生々しい不倫ドラマ（？）が展開していくので、本作ではそれに注目！サンドラの方は夫と死別しているのだから、一人娘のリン（カミーユ・ルバン・マルタン）が拒絶感を示さない限り、クレマンと"親密な関係"になるのは自由。しかし、クレマンには妻子がいるのだから、いくらフランスでも、そんな不倫ドラマの展開は難しいはずだ。

　そう思っていると、クレマンはいとも簡単に（？）サンドラのアパートに転がり込み、サンドラとはもちろん、リンともいい関係を築いていたが、サンドラの度重なる「愛人状態はイヤ！」との声を受ける中、結局、「妻子は捨てられない」として、サンドラと別れることに。そこでサンドラが泣き喚かないのは、さすがフランス流の自立した女性だが、この不倫ドラマのその後の展開は？そして本作の結末は？

◆私にとっては、『００７』シリーズ２作で見たボンドガール役のレア・セドゥよりも、『イングロリアス・バスターズ』（０９年）（『シネマ２３』１７頁）と『アデル、ブルーは熱い色』（１３年）（『シネマ３２』９６頁）で見たレア・セドゥの方が強烈だった。彼女の出演作は多岐に渡っているが、本作の"不倫ドラマ"に見る肉感的なレア・セドゥの姿ははじめて！『美女と野獣』（１４年）（『シネマ３３』未掲載）で観た、お姫様のようなレア・セドゥとは大きく違うその姿にビックリ！これはホントにミア・ハンセン＝ラブ監督が自分を振り返りながら"あて書き"した映画なの？

　本作は『それでも私は生きていく』という邦題になっているが、原題は『ある美しい朝』だから、ミア・ハンセン＝ラブ監督の真の狙い（意図）は、レア・セドゥよりも、父親のゲオルグに焦点を当てた映画にしたかったはずだ。本作については、そんな適切な評価をしている Web サイト「そんなには褒めないよ。映画評」があるが、私はそれと全く同意見だ。仕事に子育てにそして恋愛（不倫？）に奮闘する自立したフランス人女性というイメージは大切だが、あまりにも肉感的でセックスに奔放なレア・セドゥはあまり見たくなかったというのが私の正直な心境だ。　　　　　　２０２３（令和５）年５月１９日記

Data 2023-94

監督・脚本：オリヴィエ・ダアン
出演：エルザ・ジルベルスタイン／
　　　レベッカ・マルデール／オリ
　　　ヴィエ・グルメ／エロディ・
　　　ブシェーズ

SHOW-HEY シネマルーム

★★★★

シモーヌ
フランスに最も愛された政治家

2022 年／フランス映画
配給：アット エンタテインメント／140 分

2023（令和5）年8月14日鑑賞　　シネ・リーブル梅田

👀 みどころ

　米国初の女性大統領誕生！そう思わせた弁護士出身の女性政治家、ヒラリー・クリントンの名前は多くの日本人が知っているが、"フランスに最も愛された政治家"、シモーヌ・ヴェイユを知っている人は少ないはずだ。

　ナチスドイツによる迫害前からフランス国内に"同化ユダヤ人"として住んでいたシモーヌは、強制収容所から"奇跡の生還"を遂げた後、パリ政治学院に学び、司法官として目覚ましい活躍を！

　2017 年に 89 歳で亡くなるまでのその"偉人伝"ぶりはすごい。特に、1974年の「中絶法」制定における奮闘と、1979 年の女性初の欧州議会議長就任における奮闘に注目！

　"ガラスの天井"の突破を目指す後輩（女性）たちは、彼女の足跡をしっかりたどりながら猛勉強のネタとしたい。

——— * ——— * ——— * ——— * ——— * ——— * ——— * ——— * ——— *

■□■フランスでは年間興行成績 No.1。シモーヌって一体誰？■□■

　本作のチラシには、「フランスの年間興行成績 No.1 に輝いたシモーヌ・ヴェイユの奇跡の生涯」の文字が躍っている。しかし、シモーヌ・ヴェイユって一体誰？私の意見では、シモーヌやシモーヌ・ヴェイユと聞いても、それが誰なのか全くわからない日本人がほとんどだろう。そうだからこそ、原題を『シモーヌ』とする本作の邦題には、わざわざ『フランスに最も愛された政治家』という副題がつけられたわけだ。

　なお、本作は「エディット・ピアフ、グレース・ケリー、世紀の女性を描くオリヴィエ・ダアン監督 3 部作のラストを飾る」そうだが、あなたはエディット・ピアフとグレース・ケリーについてはきっと知っているはず。また、チラシには「その誇り高き生き方に、胸が熱くなる感動の物語」とあるが、さて・・・？

■□■3人のシモーヌとは？グランド・ダムとは？■□■

　そもそも日本人は、ナチスドイツによるユダヤ人弾圧やホロコースト（の歴史）に疎い。したがって、ユダヤ人虐殺の象徴としてのアウシュヴィッツ収容所は知っていても、1939年9月1日に東の隣国ポーランドに侵攻したナチスドイツが、①西の大国フランスをなぜ短期間で制圧し、ヴィシー（傀儡）政権を樹立することができたのかについても、よく知らない。また、②『黄色い星の子供たち』（10年）（『シネマ27』118頁）で有名な、"ヴェル・ディブ事件"がヴィシー政権下の1942年7月16、17日に、なぜ起きたのかも知らない。

　『ヒトラーもの、ホロコーストもの、ナチス映画大全集』（20年）に収録した①『黄色い星の子供たち』はもとより、②『シャーロット・グレイ』（01年）（『シネマ2』231頁）、②『トリコロールに燃えて』（04年）（『シネマ6』243頁）、③『サラの鍵』（10年）（『シネマ28』52頁）、④『シャトーブリアンからの手紙』（12年）（『シネマ33』219頁）、⑤『パリよ、永遠に』（14年）（『シネマ35』273頁）を観た私にとっても、ナチスドイツに対するフランス人の服従？それとも抵抗？の姿はかなりショッキングなものだった。

　しかし、そんな私ですら、本作で描かれた「フランスに最も愛された政治家」シモーヌとは一体誰なのか？ユダヤ人としてフランスで育ったシモーヌが大戦中、ナチスドイツから、如何なる迫害を受けたのか？そして、奇跡の生還を遂げた後、どうやって「フランスに最も愛された政治家」にまで登り詰め、2017年の逝去に際して、「フランス現代史のグランド・ダム（偉大なる女性）」とまで言われたのか、についても知らない。さらに、本作のシモーヌを含め、フランスには①シモーヌ・ヴェイユ（1902－1943）、②シモーヌ・ド・ボーヴォワール（1908－1986）、③シモーヌ・ヴェイユ（1927－2017）という3人のシモーヌがいるそうだが、その3人の役割とは？

■□■時間軸をバラバラに！これを観れば人生は長い・・・？■□■

　本作には、冒頭に登場する1974年の国会で「中絶法」を成立させるべく奮闘する政治家シモーヌ（エルザ・ジルベルスタイン）の姿と、ナチスドイツの迫害を受けながら奇跡の生還後、夫のアントワーヌ（オリヴィエ・グルメ）に支えられながら、パリ政治学院で学び、卒業後は女性弁護士となり、さらに女性初の司法官として刑務所の待遇改善に精力を注ぐ若き日のシモーヌ（レベッカ・マルデール）の姿が登場する。強制収容所からの"死の行軍"における頑張りを見ても、パリ政治学院での勉強の頑張りを見ても、「女性が男性に劣っている」ことなど全くないことは明白だが、第2次世界大戦の戦勝国であり、先進民主主義国のフランスでも、れっきとした"女性差別"があったことは間違いない。

　そんな状況下、本作はまず、冒頭のシークエンスで1974年の国会におけるシモーヌの活躍ぶりを描いた後、時間軸をバラバラにして、彼女のさまざまな活動を描いていく。これは「功成り名を遂げた」シモーヌが自ら書いた"自叙伝"を無視して、オリヴィエ・ダン監督が勝手に本作のために構成した手法だが、その1つ1つの時期におけるシモーヌの

行動力はすごいから、決して飽きさせられることはない。

　私は来年、弁護士生活50周年を迎えるため、①『がんばったで！31年』(05年)、②『がんばったで！40年』(13年)、③『がんばったで！45年』(19年)に続いて、④『がんばったで！50年』を出版する予定。そして、その中にはかなりの活動量が詰まっていると自負しているが、何の何の、本作に見るシモーヌの活動量に比べれば、それはまさに月とスッポンだ。そんなシモーヌの89歳までの活動を見れば、人生は長い・・・？

■□■シモーヌの優秀さと"偉人伝"をしっかり確認しよう■□■

　私の独断と偏見によって、勝手にシモーヌの89年間の人生を大きく区切れば、①ユダヤ人として受けた迫害とナチス収容所時代まで、②解放後の、パリ政治学院での学び時代と、司法官としての若き日の夢にあふれた活動時代、③政治家となり、保健大臣として成立させた「中絶法」以降、欧州議会の初の女性議長に就任するまでの最盛期、の3つに分けられる。①のユダヤ人としての迫害時代と収容所時代は『ヒトラーもの、ホロコーストもの、ナチス映画大全集』に収録したい内容だが、②と③は日本人の私がこれまで全然知らなかった、シモーヌのそんな八面六臂の活躍は、まさにシモーヌの"偉人伝"になっている。

　米国史上初の女性大統領の誕生間違いなし！そう言われて、2016年11月の大統領選挙に立候補したヒラリー・クリントンは、もともと共和党の泡沫候補に過ぎなかったドナルド・トランプ氏に敗れてしまったが、これは正に世界的な大番狂わせだった。私の独断と偏見によれば、先に大統領になった夫のビル・クリントンよりも、妻のヒラリーの方がよほど優秀で、大統領にふさわしい人物と思えたが、正にこれが、アメリカにおける"ガラスの天井"問題だった。しかし、本作におけるパリ政治学院時代のシモーヌの勉強ぶりや、司法官時代の刑務所改革に向けての目覚ましい活躍ぶりを見ていると、これは若き日のアメリカの弁護士ヒラリー・クリントンと同じ、いやそれ以上の優秀さだから何ともはや・・・。さらに、本作冒頭に見た1974年の「中絶法」成立に向けての奮闘もすごいが、1979年の欧州議会の議長就任に向けての奮闘もすごい。

　ちなみに、2022年2月24日のロシアによるウクライナ侵攻以降、ヨーロッパにおけるEU（欧州連合）やNATO（北大西洋条約機構）の存在意義が再認識されている。しかし、1952年に創設された欧州議会に欧州議会議長がいることや、その役割をきちんと理解している日本人は少ないはずだ。しかも、2022年1月以降の欧州議会議長は女性のロベルタ・メツォラだが、私は本作を観てはじめて、直接選挙が行われた直後の1979年に欧州議会議長に選出されたのがシモーヌだと知ってビックリ！

2023（令和5）年8月16日記

Data 2023−84

監督：アリス・ディオップ
出演：カイジ・カガメ／ガスラジー・マランダ／ヴァレリー・ドレヴィル／オーレリア・プティ／ロベール・カンタレラ／グザヴィエ・マリ／サリマタ・カマテ／トマ・ドゥ・プルケリ／アダマ・ディアロ・タンバ／マリアム・ディオップ／ダド・ディオップ

SHOW-HEY シネマルーム

★★★★

サントメール　ある被告

2022年／フランス映画
配給：トランスフォーマー／123分

2023（令和5）年7月17日鑑賞　｜　シネ・リーブル梅田

👀 みどころ

　法廷モノの名作はアメリカにも日本にも多い。また、ドイツには『ハンナ・アーレント』（12年）という"裁判傍聴記"の名作があるが、さてフランスは？

　2016年6月21日付AFP通信は、生後1年3ヶ月の娘を浜辺に置き去りにし溺れ死にさせ、計画殺人の罪に問われた母親のニュースを伝えたが、それに注目し、映画化したのは、犯人と同じルーツを持つ"セネガル系フランス人"の女性監督アリス・ディオップ。彼女は"母性"という観点から同事件を徹底的に検証し、本格的法廷モノに挑戦！

　日本は2009年から裁判員制度を取り入れたが、アメリカは昔から陪審制、フランスは昔から参審制だ。参審制に馴染みのない日本人は、本作の"法廷劇"は理解しづらい。その上、クライマックスになる、弁護人による"最終弁論"は一体ナニ？日本では「証拠に基づき陳述しなければならない」はずだが、あの哲学性、あの高尚性はどう理解すればいいの？これを聞いた被告人が嗚咽したのは当然だが、女性の裁判長や参審員たちの目にも涙が・・・。

　"法廷モノ"のラストは判決言い渡しシーン！ハリウッド映画でも邦画でもそれが定番だが、"呪術による犯罪"という論点まで浮上した本作の結末は如何に？フランス発の難解な"法廷モノ"だが、母親による"わが子殺し"という超難解なテーマ（事件）を巡る、本作の問題提起をしっかり受け止めたい。

———*———*———*———*———*———*———*———*———*———

■□■ヴェネチア絶賛！事実に基づき"ある被告"に焦点を！■□■

　アメリカ人女優ケイト・ブランシェットは、『TAR／ター』（22年）で第95回アカデミー主演女優賞にノミネートされながら、惜しくも『エブリシング・エブリウェア・オー

ル・アット・ワンス』（22年）（『シネマ52』12頁）のミシェル・ヨーに敗れたが、審査員長を女優ジュリアン・ムーアとする第79回ヴェネチア国際映画祭では、審査員たちはケイト・ブランシェットに主演女優賞を与えた。そして、本作に銀獅子賞（審査員大賞）を与えるとともに、セネガル系のフランス人女性監督アリス・ディオップに新人監督賞を与えた。さらに、本作は第96回アカデミー賞のフランス代表とされ、2023年度セザール賞最優秀新人監督賞にも選ばれたからすごい。

　サントメールはフランス北部にある町の名前だがなぜそれが本作のタイトルに？また、"ある被告"とは一体誰？チラシには、「真実はどこ？あなたは誰？」の文字が躍り、セネガルに生まれフランスに留学してきたという主人公の女性ロランス（ガスラジー・マランダ）の姿が写っているが、彼女はなぜフランスの法廷の被告席に座っているの？

■□■久しぶりに本格的法廷モノを！フランスの裁判制度は？■□■

　2024年に弁護士生活50年となる私は"法廷モノ"をたくさん評論し、『名作映画から学ぶ裁判員制度』（10年）と『"法廷モノ"名作映画から学ぶ生きた法律と裁判』（19年）を出版した。日本では昔から法廷モノの名作があったし、2009年に「裁判員制度」が導入された直後はそれを取り入れた法廷モノが増えていたが、近時は本格的法廷モノはめっきり減り、バラエティ的（漫画的）なTVの法廷ドラマが増えている。洋画でも近時、本格的法廷モノは少なくなっているが、久しぶりに本作で本格的法廷モノを鑑賞！

　本作冒頭、暗いスクリーン上に、2016年6月21日付AFP通信が配信した、次のニュースに基づく浜辺の風景が登場する。

> 　生後1歳3か月の娘を浜辺に置き去りにし、溺れ死にさせたとして計画殺人の罪に問われている母親の裁判が20日、フランス北東部サントメールで始まった。母親は自らの犯行について「魔術」のせいと言う以外に説明のしようがないと主張した。
>
> 　出廷したのはセネガル出身のファビエンヌ・カブー被告（39）。幼少時代はダカールで裕福に育ち、留学したパリで30歳年上の彫刻家と恋に落ちた後、2人の間の娘を2011年8月に出産した（筆者注・正しくは2012年8月に出産）。
>
> 　しかし、2013年11月、パリの自宅から1歳3か月の娘を連れて仏北部のリゾート、ベルクシュルメールまで出かけると、娘を浜辺に一晩置き去りにし死なせた。幼女の遺体は翌朝、地元の漁師によって発見された。（以下略）

　もっとも、"何でも説明調"の近時の邦画と違い、説明を最小限しかしてくれない本作では、その意味を正確に理解するのは難しい。それに続くのは、セネガル系のフランス人の女性ラマ（カイジ・カガメ）が大学で講義をしている風景。彼女の授業のテーマは「マルグリッド・デュラス」で、「ヒロシマ・モナムール」を取り上げ、学生たちに大きな問題提起をしているようだが、この女性は一体ナニ？

　「ナチスもの」「ヒトラーもの」の名作であり、かつ「法廷モノ」の名作でもある『ハンナ・アーレント』（12年）（『シネマ32』215頁）は、アメリカに亡命した女性哲学者

が「アイヒマン裁判」の傍聴記で書いた「悪の凡庸さ」に注目した映画だったが、本作はラマによる"ある被告"＝ロランスの殺人事件の法廷傍聴記だ。しかし、ラマはなぜそんな行動を？

■□■日仏の法廷の違いに注目！参審制とは？女性の活躍は？■□■

　大岡昇平の骨太推理小説を、野村芳太郎監督が映画化した『事件』（７８年）は、裁判員制度の教材としてもピカイチの映画だった。当時としては珍しい本格的法廷ドラマである同作では、起訴状朗読、冒頭陳述、証人尋問、論告・求刑、弁論という刑事裁判の一連の流れに沿って、"殺意の立証"という難解なテーマが描かれていた（『名作映画から学ぶ裁判員制度』９２頁）。

　ところが、本作の法廷シーンのほとんどは、裁判長が質問し被告人ロランスがそれに答えるスタイルのもの。したがって、そこでは日本の"法廷の華"とされている丁々発止の主尋問、反対尋問のぶつかり合いというダイナミックな攻防戦は全く見られない。また、そこでは検察官や弁護人による被告人への質問は補充的にならざるを得ないが、ホントにこれでいいの？さらに予審判事への質問のシーンになると、弁護士歴４９年の私ですらフランスの裁判制度はチンプンカンプン。そして、異和感がいっぱいに！

　ちなみに、本作のパンフレットには、金塚彩乃氏（弁護士／本作字幕監修）のコラム「映画の背景：植民地・言語・女性・司法・・・投げかけられる問い。」がある。日仏の資格を持つ数少ない弁護士である彼女のこのコラムは必読！ちなみに、そこでは裁判長や弁護人など女性の活躍ぶりが詳しく書かれているが、日仏のその違いにビックリしたのは私も全

く同じだ。さらに、私が日仏の裁判制度の違いとして最も強く意識したのは、本作ラストのハイライトとされている女性弁護士ヴォードネ（オーレリア・プティ）の最終弁論。日本の最終弁論は、あくまで「証拠に基づき陳述すること」が要求されるが、本作に見るそれは何とも哲学的なものだから、その違いにビックリ！

■□■私は無罪！セネガルの留学生の夢と希望は？仏語は？■□■

私は中国から日本にやってきた多くの留学生たちの夢と希望、そして彼ら彼女らの日本語能力をよく知っている。しかし、本作に見る、セネガルからフランスに留学し、完璧な美しいフランス語能力を身につけたロランスの夢と希望は？

若き日の彼女の留学に賭けた夢と希望、そして法律を勉強するために留学したにもかかわらず、専攻を哲学に変えたため、人生設計が大きく狂ってしまった彼女の半生記は、法廷の中で裁判長とロランス自身の口から語られるが、なぜそんなことになってしまったの？私に言わせれば、それは３０歳以上も年の離れた白人男性リュック・デュモンテ（グザヴィエ・マリ）と知り合い、同居を始め、子供まで生んでしまったためだが、ロランス自身は「なぜ自分の娘を殺したのか？」との裁判長の質問に対し、「わかりません。裁判で知りたいと思います」と答えているとおり、本当に自分がなぜ自分の娘を海辺に置き去りにした挙句、死亡させてしまったのかについてわからないらしい。そのため、ロランスは無罪を主張し、「私に責任があると思いません」と述べたわけだが、ヴォードネ弁護人の受け止め方はともかく、日本の弁護士歴５０年近くになる私には、その主張は到底無理！案の定、本作の題材となった実際の裁判では、２０１６年６月２４日に被告ファビエンヌ・カブーは２０年の懲役刑となるが、控訴審で懲役１５年の判決が下され、８年間は精神科による治療を受けることが命じられたそうだ。

もっとも、アリス・ディオップ監督にとってはそんな現実はどうでもよいことで、本作で問いかけたいのは、もっと哲学的なもの、もっと根源的なものらしい。それは何かというと、母性だ。そのことは、第１にロランスの母親（サリマタ・カマテ）とラマとのさまざまな会話の中で、第２に本作の途中からラマが妊娠していることを見せることで、そして第３に本作ラストのヴォードネ弁護人の最終弁論の中で明らかにされるが、その内容はあまりにも難解。男の私には到底理解不可能かつ深淵なものだ。

本作はそんな根源的な問いを内包した法廷モノだから、裁判冒頭の「なぜ自分の娘を殺したんですか。」の問いと、それに対する「わかりません。裁判で知りたいと思います」の答えも、単なる法廷技術ではなく、人間の本性に対する哲学的な問いかけの中で理解する必要がある。

■□■夫婦仲は？私の子か？最悪の状況下、呪術に依存？■□■

１９６０年代後半の私の大学時代には、学生運動に明け暮れ自主的な生き方に固執する仲間たちの中に、学生結婚をし子供まで産んだカップルもいたが、他方で子供を産み育てる勇気を持てず、堕胎（人工妊娠中絶）するカップルも多かった。セネガルからの留学生

ながら、完璧なフランス語を操るロランスは超優秀な留学生だから、そのまま法律を専攻していればヴォードネ弁護士のようになれたかもしれない。ところが、専攻を哲学に変更したばかりに、さらに３０歳以上年上の男性と同棲し、子供まで産んでしまったばかりに、ロランスの人生は暗転し、今は被告人席に！

　そんな裁判で、リュックがロランスの弁護のために期待される証言はいろいろと予想できるが、本作中盤に見る彼の証言はアレレ、アレレ・・・。子供の父親であるリュックはロランスを誰にも紹介せず、エリーズ（愛称リリ）と名付けられた娘についても、リュックはロランスに対して「私の子か？」と聞いたそうだ。そんなロランスの証言に対して、リュックは「紹介しなかったのは、ロランスが年寄りとの関係を恥じていると思ったから」、「娘が生まれてからは、毎朝よく散歩した」等と証言したから、一体どちらが真実なの？また、ロランスが「出産前の１年は最悪だったから、呪術に頼った」と証言したが、裁判長は彼女が呪術師に会った記録も、連絡をした記録もないと指摘。さらに検察官は、「刑を軽くするためにロランスが嘘をついている」と糾弾したから、呪術に関するさまざまな証言も一体どれが真実なの？

■□■登場人物も法廷も証言も最難解！本作の結末は？■□■

　日本人にはセネガル系フランス人と言われても全くその想像がつかない。したがって、本作の主人公になる２人のセネガル系フランス人女性については、再三アップの表情が登場し、その心理状態の分析を要求されるが、日本人にはそれは難しい。このように、日本人には２人のヒロインへの違和感が半端ないから、ロランスが“我が子殺し”（海辺への置き去り）に至った動機や背景は全く理解できない。まさか、本当に呪術によるものとは思えないから、私は本作鑑賞中、何度も首をひねったものだ。

　その上、前述したように、本作ラストはヴォードネ弁護士による、何とも哲学的かつ高尚な最終弁論となり、女性の裁判長や参審員たちはそれに涙しているから、私的には本作は今まで見てきた法廷劇の中では最難解！あの見事な最終弁論にロランスも思わず嗚咽してしまった後、判決は一体どうなるの？私にはそんな興味が膨らんだが、さて、それに対する本作の回答は？

　映画にはすべての物語を完結させるタイプのものもあれば、結論を示さず、それを観客に委ねるタイプのものもある。本作は後者の典型だが、本作の結末では、この裁判の一部始終を完璧に傍聴したラマは無事に出産を終えているの？また、『ハンナ・アーレント』のように、ラマの手による裁判の傍聴記は出版されているの？そんな点にも興味を抱きながら、本作の何とも中途半端な結末（？）を、しっかり味わいたい。

２０２３（令和５）年７月２０日記

Data 2023-76

監督・脚本：マリヤム・トゥザニ
出演：ルブナ・アザバル／サーレフ・バクリ／アイユーブ・ミシウィ

青いカフタンの仕立て屋

2022年／フランス・モロッコ・ベルギー・デンマーク映画
配給：ロングライド／122分

| 2023（令和5）年6月20日鑑賞 | シネ・リーブル梅田 |

👀 みどころ

　脚線美を強調したチャイナドレスは有名だし、『若き仕立屋の恋』（01年）も有名だが、カフタンって一体ナニ？モロッコのことは『カサブランカ』（42年）しか知らない日本人は、まずそこからお勉強を！

　次に、モロッコ出身のマリヤム・トゥザニ監督に注目！日本初上陸のモロッコ映画『モロッコ、彼女たちの朝』（19年）で何ともシリアスな問題提起をした彼女は、本作では何と"ゲイ"をテーマに、中島みゆきの大ヒット曲『糸』（01年）を彷彿させるストーリーを紡いでいくことに。

　しかして、本作最大の注目点は主人公が精魂込めて仕立てる"青いカフタン"だが、ストーリー構成の伏線になるモロッコの公衆浴場（ハマム）やモロッコ式のお葬式にも注目！

――＊――＊――＊――＊――＊――＊――＊――＊――＊――＊――

■□■ "カフタン"ってナニ？その魅力は？■□■

　1980年にモロッコで生まれた女性監督マリヤム・トゥザニは、『モロッコ、彼女たちの朝』（19年）（『シネマ49』117頁）でデビューし、多くの賞を受賞した。それに続く長編2作目となる本作でも、前作に続き、アカデミー賞国際長編映画部門モロッコ代表に選ばれたからすごい。しかし『青いカフタンの仕立て屋』の"カフタン"って一体ナニ？

　去る4月24日に観たウォン・カーウァイ監督の『若き仕立屋の恋　Long Version』（04年）では、中国の美人女優コン・リーが着るチャイナドレスがなんとも魅力的だったが、"カフタン"とはモロッコで母から娘へと世代を越えて受け継がれている伝統的な民族衣装らしい。中島みゆきのヒット曲『糸』では、"縦の糸はあなた、横の糸は私"と歌いながら、繋がる男女の恋がテーマにされていたが、本作の主人公であるカフタン職人ハリム（サーレフ・バクリ）が仕立てるカフタンの特徴は、何よりも金の刺繍。なんと、それが今ド

キ、ミシンではなく彼の手で一針一針縫われているからすごい。もっとも、そうなると、カフタン一着を注文してから受け取るまで、一体どれだけかかるの？１ヶ月、２ヶ月？それとも半年？いや１年・・・？

■□■前作に続くモロッコ映画の問題提起は？■□■

日本初上陸のモロッコ映画たる前作で、マリヤム・トゥザニ監督は、臨月の腹を抱えて美容師の職を失った若い女と、夫を失ったことで笑顔も失ってしまったパン屋の女主人の２人を主人公に、何ともシリアスな問題点を突きつけた。今の日本では、シングルマザーに何の抵抗もないが、アラブ社会では父なし子（＝ふしだら女）は以ての外だから、タイトルこそ『モロッコ、彼女たちの朝』と美しいものの、彼女たちの立場や生き方は大変だった。

キレイな顔に似合わず（？）鋭い問題提起をするマリヤム・トゥザニ監督の長編第２作たる本作も、『青いカフタンの仕立て屋』とタイトルは上品だし、ハリムが縫うカフタンも美しいものの、そこで提示されるのは何と男同士の同性愛＝ゲイだからビックリ！もっとも、本作前半は、カフタン作りに忠実な職人ハリムと共に仕立て屋を切り盛りする、しっかり者の妻ミナ（ルブナ・アザバル）が登場し、ハリムとミナは家庭でも職場でも仲良くやっているから、中盤から"そんな展開"になっていくことにビックリ！

■□■今ドキ、仕立て職人を志望する若者は？■□■

気楽で自由に働けるバイトならいいが、住み込みで厳しい修行の"仕立て職人"など、まっぴら御免！それが、日本と同じく今ドキのモロッコの若者の常識らしい。しかし、今ハリムの下で黙々と仕事に励んでいる若い男ユーセフ（アイユーブ・ミシウィ）は、ハリムの評価では上々らしい。しかし、経営者としての現実的な視野を持つ（？）ミナは「どうせ長く続くはずがない」とハナから当てにしていないから、ある日ストックしていたはずの生地がなくなると、即「犯人はユーセフだ」ということに・・・。そんなミナに対してユーセフは何も反論しなかったが、それを「わかっているよ」というような温かいまなざしで見守っているハリムの表情には、私には到底わからない"ある感情"が・・・？

私の子供時代は、家庭ごとに風呂はなく、家では行水、外では銭湯だった。そして、それは学生時代も同じだった。しかして、モロッコにも"ハマム"と呼ばれる共同浴場があるらしいが、その生態は？そこに２人で入っていくハリムとユーセフは・・・？

■□■夫婦の愛はあっても、それ以外に・・・？■□■

『若き仕立屋の恋 Long Version』で見た仕立て屋には数名の職人がおり、主人公になった職人はそのうちの１人だった。それに対して、本作に見る仕立て屋はハリムとミナ夫婦の共同経営で、ハリムを補助する職人はなかなかいい人が見つからなかったらしい。そして、「それは一体なぜ？」という内幕（？）が、ミナのユーセフに対する（厳しい）対応の仕方を見ている中で少しずつ分かってくるから、それに注目！

ハリムとミナの夫婦仲は一見何の問題もないように見えたが、実はハリムは「伝統を守

る仕事を愛しながらも、自分自身は伝統からはじかれた存在であると苦悩していた」らしい。しかし、それは一体なぜ？ちなみに、日本では去る６月２１日に閉会した通常国会の終盤に、「LGBTなど性的少数者への理解増進法」が成立したが、これは政府与党が大幅に野党案に妥協をした（丸呑みにした？）結果だ。私はそんな法案にあまり興味はないが、さてハリムは・・・？

■□■病が悪化する中、女ゴコロの変化は？■□■

　本作途中からは、店を切り盛りする"しっかり者の嫁"とばかり思っていたミナが意外にも病に侵されており、余命が心配される状況であることが描かれてくる。ミナは愛する夫を１人残すことだけが気がかりだったはずだが、他方で、ハリムの美意識に共鳴するユーセフに対して嫉妬心を抱く自分にビックリ。「私がユーセフに対してあんなにきつく当たったのはそのせいなの？」そんな自問自答をしながら、徐々に病を悪化させていくミナの２人の男たちに対する気持ちの持ちようは・・・？

　私にはそんなミナの女性心理（女ゴコロ）はよくわからないが、そこは心理描写の巧みな女性監督マリヤム・トゥザニのこと、少ないセリフの中、美しいカフタンの完成に向けた作業と並行させながら、ミナの心の中を見事にスクリーン上に表現していくので、それに注目！

■□■モロッコ式葬儀とは？青いカフタンの役割は？■□■

　『若き仕立屋の恋 Long Version』は、金持ちのパトロンを持った女のわがままでチャイナドレスを何着も仕立てていたが、本作でハリムが仕立てるカフタンは青色の一着だけ。しかも、その完成が近づいた時には、ミナの命も尽き果てようとしていたようだ。

　私は本作中盤ではじめてモロッコ式の葬式風景を見たが、それに何の意味があったのかは、本作ラストのシークエンスを見れば明らかになる。モロッコ式の葬式が火葬か土葬かは今なお分からないが、死者の身体を清めて棺の中に入れるのは日本と同じ。したがって、その作業が終わった後は、夫といえども死者の身体に触れることは禁止されているはずだ。ところが本作では、その作業を行った２人の女性に対してハリムが「出て行け！」と命じた後、何やら１人でゴソゴソと・・・。その作業の最初はミナが着ていた衣装を脱がせることだったから、アレレ・・・。こりゃ、ひょっとして・・・。

　なるほど、本作ラストのシークエンスがこうだと、『青いカフタンの仕立て屋』という邦題になおさら納得感が・・・。それを手伝うのは、いったんハリムの店から離れていたユーセフだが、モロッコの葬式では２人の男が死者を入れた棺を前後で肩に担ぐから、どうしても人手は２人必要。そんなラストの風景はタイトルからは意外なものだが、本作に関しては、なるほどと納得！こんな形で精魂込めて仕立てた青いカフタンが役に立てば、ハリムもカフタンの仕立て職人として大満足だろう。

２０２３（令和５）年６月２３日記

Data 2023-100

監督・脚本：ブリュノ・シッシュ
出演：イヴァン・アタル／ピエール・アルディティ／ミュウ＝ミュウ／キャロリーヌ・アングラーデ／パスカル・アルビロ／ニルス・オトナン＝ジラール

SHOW-HEY シネマルーム

★★★★

ふたりのマエストロ

2022年／フランス映画
配給：ギャガ／88分

2023（令和5）年8月24日鑑賞　　シネ・リーブル梅田

👀 みどころ

　小泉純一郎元総理のように、政治家は世襲が可能だが、才能がものを言うクラシック音楽の世界では、2代、3代に渡る指揮者は珍しい。

　しかして、ある日、父親フランソワ・デュマールのリハ中に、ミラノのスカラ座から音楽監督就任の電話が入ったからすごい。有頂天になった父親がイタリア行きの夢を膨らませる中、息子のドニ・デュマールに面会したスカラ座の総裁は、何と"デュマール違い"だったと伝えたから、ビックリ！いくら秘書の手違いだとしても、天下のスカラ座はどんな責任を取るの？私はそう思ったが、物語の焦点は、その告知に悩み苦しむ息子の姿になっていくから、アレレ、アレレ・・・。

　そもそも"マエストロ"とは一体何？秦の始皇帝は春秋戦国時代（BC770〜BC221年）を平定して、中華統一を実現させたが、それは一体なぜ？他方、「項羽と劉邦」を見れば"両雄並び立たず"の意味がよくわかるから、そもそも『ふたりのマエストロ』はおかしいのでは？

　もっとも、本作はそれなりの感動作に仕上がっているから、そんな矛盾を声高に指摘するのは私だけ・・・？

――― * ――― * ――― * ――― * ――― * ――― * ――― * ――― * ――― *

■□■私の趣味はレコード鑑賞！しかし、その時間は？■□■

　1949年1月生まれの私は、1974年4月に弁護士登録してから49年と6ヶ月が経過した。登録から数年間の平日は法廷活動や弁護士会の委員会活動で忙しかったし、土日祝日や年末年始は弁護団活動や青法協活動等で忙しかった。そのため、結局1年間を通じて毎日忙しかった。

　しかし、そんな中でも登録直後の私は、趣味のレコード鑑賞のため、友人と共にオーデ

ィオ店やレコード店に通い、大量のレコードを買い漁っていた。貧乏だった大学時代は、十数枚しか持っていないレコードを何十回と聞いていたが、レコードを買う程度のカネに不自由しなくなると、みるみるうちにその数は数十枚となり100枚を超えてきた。ところが、今度はそれを聞く時間がなくなったから、結局一度も針を落としたことのないレコードも多い。

■□■指揮者あれこれ！"ふたりのマエストロ"は少しヘン！■□■

1970年代のクラシック音楽鑑賞家の必需品（必読書）は『レコード芸術』だった。当時は、ベルリン・フィルのヘルベルト・フォン・カラヤン（1908年生）やニューヨーク・フィルのレナード・バーンスタイン（1918年生）が"巨匠"で、インド出身のズービン・メータ（1936年生）、アルゼンチン出身のダニエル・バレンボイム（1942年生）、イタリア出身のクラウディオ・アバド（1933年生）、そして、日本の小澤征爾（1935年生）等々が"新進気鋭"とされていた。NHK交響楽団や大阪フィルハーモニー等、明治維新後、クラシック音楽の育成にも力を注いできた我が国は優れた交響楽団を持っていたが、やはり世界に比べると分が悪く、私は1枚も購入していない。

多方、私は1984年に株式会社オービックの顧問弁護士に就任したが、オービックは毎年、東京と大阪でクラシックのコンサートを開催していた。そのため、"炎のマエストロ"と称されていた指揮者の"コバケン"こと小林健一郎氏や、彼の親しいピアニスト・ヴァイオリニストと年に1、2回親しい時間を過ごしていた。

考えてみれば、マエストロ（＝巨匠）という言葉が使われ始めたのはいつ頃からだろう？これは、芸術家、専門家に対する敬称で、特に西洋クラシック音楽やオペラの指揮者、音楽監督、作曲家、師匠の敬称だが、それを前提とすれば『ふたりのマエストロ』と題する本作のタイトルは少しヘン！なぜなら、前述した通り、有名な指揮者は世界中に多いから「ふたりのマエストロ」はヘン。逆に、1つの交響楽団に常任指揮者は1人だけだから「ふたりのマエストロ」はヘンだ。私はそう思ったが、クラシック音楽に人並み以上の興味があり、造詣が深い（？）私にとって、本作は必見！

■□■息子に栄えあるヴィクトワール賞が！父子の確執は？■□■

本作冒頭、地元で活躍中のフランス人指揮者ドニ・デュマール（イヴァン・アタル）が大きなコンサート会場で、フランスのグラミー賞にも例えられるヴィクトワール賞を受賞したことに謝辞を述べてオーケストラの指揮に入るシークエンスが登場する。演奏会終了後、ドニが妻のジャンヌ（パスカル・アルビロ）、息子のマチュー（ニルス・オトナン＝ジラール）らと共に自宅で受賞を祝ったのは当然だが、他方で、ドニは楽団でヴァイオリンを担当している女性ヴィルジニ（キャロリーヌ・アングラーデ）と"デキている"ことが、いかにもフランス映画らしく（？）スクリーン上で堂々と表現されるから、アレレ・・・。

他方、ドニの父親であるフランソワ・デュマール（ピエール・アルディティ）は今や超ベテランの域に達した指揮者だが、今日もベートーヴェンの交響曲第9番の第2楽章のリ

ハーサルでオーケストラに対して厳しい指導をしていたから、ある意味で立派なものだ。ところが、そのリハーサルの最中に、誰かの携帯電話が鳴り始めたから、フランソワは激怒！この怒りっぷりを見れば、鳴ったケータイの所持者は即オーケストラをクビ！そう思ったが、なんと、そのケータイはフランソワのものだったからアレレ・・・。

　普通はそんな状況下でフランソワがケータイに出ることはできないはずだが、（一般的に）交響楽団における指揮者は絶対的権力者である上、フランソワは特にそうだったらしい。そのため、フランソワは楽団員に遠慮しながらケータイに出たが、そこでフランソワに伝えられたメッセージは、あっと驚くべき素晴らしいものだった。さあ、それは一体ナニ？

■□■俺にだって "スカラ座" から音楽監督就任依頼が！■□■

　私は来年4月から弁護士生活50年目に入るが、フランソワも40年以上の長きに渡ってキャリアを築いてきたベテランだ。もっとも、フランソワにはヴィクトワール賞受賞のような "実績" はなかったから、息子の活躍を誇りに思いつつ、他方で、寂しいような妬ましいような気持ちを持っていたらしい。そのため、仕事仲間から「自慢の息子さん、快挙ですね！」と挨拶されても、フランソワは「今日の演奏は最悪だ！」と当たり散らす始末だった。すると、リハーサルでのあの激昂ぶりも、ひょっとしてそのせい・・・？本作導入部では、父も息子もパリの華やかなクラシック界でオーケストラの指揮者として活躍していながら、その裏側に潜んでいる "父子の確執" がチラホラと描かれていくので、それに注目！

　しかし、そんなフランソワのケータイで今伝えられたのは、夢にまで見た "世界三大歌劇場" であるイタリアのミラノ・スカラ座の音楽監督への就任依頼だったからすごい。奇しくも、この日はフランソワの誕生日。フランソワの妻でドニの母・エレーヌ（ミュウ＝ミュウ）や、ヴィルジニらが一同に会した誕生パーティは、一転して「スカラ座に乾杯！」と、家族全員がフランソワの快挙を祝福する最高の一夜となった。「息子がヴィクトワール賞なら、俺はスカラ座の音楽監督に就任だ。」「俺はまだまだ、お前には負けていないぞ！」。スクリーン上には、そんなフランソワの "内なる声" が聞こえてきそうだったが・・・。

■□■テーマは良しだが、脚本に欠陥が！スカラ座の責任は？■□■

　オーケストラの経営が大変なことは、大阪におけるいくつかの交響楽団の盛衰を見ればよくわかる。しかし、"世界のスカラ座" ともなれば、その経営母体はしっかりしたもの！私はそう思っていたが、急遽、スカラ座のマイヤー総裁に呼び出されたドニが、フランソワへのスカラ座音楽監督就任依頼は、"デュマール違い" で、実はドニへの依頼の誤りだったと告げられるシークエンスを見てビックリ！何と、フランソワへの電話は、マイヤー総裁の秘書の女性が "デュマール違い" により誤って電話したという話だから、いやはや・・・。

　そんなありえないような人為的なミスが、万一ホントに起きたとすれば、"世界のスカラ座" はどうすればいいの？それは、一刻も早くスカラ座の責任者（＝マイヤー総裁）から

フランソワに電話を入れた上、謝罪に赴くことだ。ところが本作では、スカラ座音楽監督就任について、その後の具体的な事務連絡がないことに苛立つフランソワが、何度もマイヤー総裁に電話するも繋がらないシーンが登場する。まさか、マイヤー総裁は自己の大チョンボの尻拭いをフランソワの息子のドニに一任し、自分は煩被りするつもりなの・・・？

50年近くのベテラン弁護士の私には、"デュマール違い"によって起きた、そんな問題の本質と、その解決策がハッキリ見えるのだが、本作の監督のみならず脚本を書いたブリュノ・シッシュは、そんな問題の本質を直視せず、ストーリーを専ら"デュマール違い"の告知をマイヤー総裁から一任されたドニの苦悩する姿に集約していくから、アレレ、アレレ・・・。本作のテーマは良いのだが、そんな脚本は根本的におかしいのでは・・・？

■□■なぜ息子が"デュマール違い"の苦悩を一身に？■□■

マイヤー総裁から"デュマール違い"を告げられたドニは、「そんなことの尻拭いはマイヤー総裁自身が、自らの責任でやってくれ」と言うべきだが、結局それを言わず、何となくその告知を引き受けたような形になっていくので、本作中盤はそれに注目！しかも、面と向かってそれをフランソワに伝えられないドニは、苦し紛れに、夜中にそれを手紙にしたためたものの、酔っ払って眠ってしまい、そのまま手紙を放置していたため、息子のマチューに読まれてしまうという更なる大チョンボを！

そんな風に苦悩するドニに対し、フランソワの方は"心パリにあらず"状態で、既にACミランのシーズン・チケットを手配したり、長年連れ添った妻への"再度の求婚"と指輪のプレゼントまでしていたから、コトは深刻化を深めるばかりだ。ブリュノ・シッシュ監督が書いた脚本は、そんなスリリングな展開による、それまでも強かった父子の確執の更なる拡大という点では上出来だが、いささか問題の本質をズラしてしまっているのでは？そもそも、"デュマール違い"という大チョンボを犯したのはスカラ座だったはず。すると、フランソワへの電話が総裁自身ではなく秘書によるものだったとしても、その責任は天下のスカラ座にあるはずだ。しかるに、本作の展開（脚本）は、スカラ座の責任問題に煩被りしたまま、ドニが"デュマール違い"の苦悩を一身に引き受ける姿を浮かび上がらせていくから、アレレ、アレレ・・・。

そんな展開の中、ある日、ドニがスカラ座で共演する新たなヴァイオリニストと話をしているところに、妻と一緒のフランソワがやってくる中、"最悪の形"で"デュマール違い"が露呈することになるので、それに注目！

■□■父子の確執は頂点へ！だが、これはいくら何でもNG！■□■

『アマデウス』(84年)は、19世紀の宮廷音楽家サリエリが若き天才音楽家モーツァルトに対して抱く"嫉妬心"に焦点を当て、「それがモーツァルト死亡の原因になった」とする大胆な仮説を、美しい音楽と波乱万丈のストーリーの中で描いた名作中の名作だった。他方、父子の確執を描く映画は多いが、その確執の原因が父親の息子の才能に対する嫉妬心だったとする映画は珍しい。『ふたりのマエストロ』と題する本作の脚本を書いたブリュ

ノ・シッシュ監督の狙いが本当にそこにあったのかどうかは知らないが、スカラ座の音楽監督就任の要請が"デュマール違い"だったと悟ったフランソワは、2人きりで酒を飲みながら、一体何を話したの？

そこでの、フランソワからの最初の切り口は「俺とお前は似てるところは何もない」だったし、それに対するドニの答えも「そうだね」だったが、続いてフランソワは「母さんが浮気していた時期があった」と話を続けていったから、アレレ、アレレ・・・。話はとんでもない方向へ。もしドニが生まれる前に、フランソワ夫妻の間でそんな"もめ事"があったとしても、ここでそんな話を、さも"訳あり"気味に話すのはいくらなんでも NG だろう。それを聞いたドニの反応は・・・？そしてまた、それを言ってしまったフランソワの表情は・・・？

■□■意外なラストに拍手も！しかし私はこれも NG！■□■

現在、日本では原泰久の原作（人気漫画）を映画化した、東宝の娯楽巨編である『キングダム』シリーズの第3作『キングダム 運命の炎』（23年）が公開されているし、BS12 では、8月16日から本場中国制作の全7話の TV ドラマ『キングダム 戦国の七雄』の放映が開始された。私はこの手のドラマに見る、中国の権力闘争の物語が大好きだが、秦の始皇帝はなぜ誕生したの？また、中国の春秋戦国時代（BC770〜BC221年）は、なぜ「戦国七雄の時代」、「合従連衡の時代」になったの？そして、秦国の若き王、嬴政（えいせい）はなぜ中華統一を目指したの？それは、自分がただ1人の絶対的権力者になるためだ。そして、それが世の中を平和にし、民を幸せにする唯一の道だと信じたためだ。

他方、考えてみれば、交響楽団の常任指揮者は1人と決まっているが、それはなぜ？それは、常任指揮者が絶対的権力者であるためだ。本作導入部では、フランソワが第9交響曲第2楽章のリハーサルで、団員を厳しく指導する風景が描かれるが、これはどのオーケストラでも同じ。ちなみに『セッション』（14年）（『シネマ35』40頁）は、クラシックではなくジャズの世界だったが、指揮者の絶対的権力を前提としたメチャ面白い映画だった。

しかして、今日はスカラ座の音楽監督に就任したドニがはじめて指揮棒を振る日。曲目はモーツァルトの「フィガロの結婚」だ。観客の拍手に迎えられてドニが登場！万来の拍手の後、さあいよいよ始まるぞ、となると、スカラ座の観客席は一瞬水で打ったような静けさに。そしてドニが指揮棒を振り始めると、アレレ、アレレ・・・。そこにもう1人登場してきたマエストロとは・・・？

「ふたりのマエストロ」による「フィガロの結婚」の演奏に、スカラ座の観客は万来の拍手だが、私に言わせれば、『ふたりのマエストロ』はやっぱりナンセンス！秦の始皇帝が唯一無二の絶対権力者なら、ベルリン・フィルのカラヤンだってそれに同じ。そもそもオーケストラの指揮者（マエストロ）は1人に決まっているはずでは・・・？

2023（令和5）年8月28日記

121

Data 2023−48

監督・脚本：グザヴィエ・ジャノリ
原作：オノレ・ド・バルザック『幻
　　　滅―メディア戦記』
出演：バンジャマン・ヴォワザン／
　　　セシル・ド・フランス／ヴァ
　　　ンサン・ラコスト／グザヴィ
　　　エ・ドラン／サロメ・ドゥワ
　　　ルス／ジャンヌ・バリバール
　　　／ジェラール・ドパルデュー
　　　／アンドレ・マルコン／ルイ
　　　＝ド・ドゥ・ランクザン

幻滅

2022年／フランス映画
配給：ハーク／149分

2023（令和5）年4月20日鑑賞　　シネ・リーブル梅田

みどころ

　19世紀前半のフランス文学は面白い！とりわけ、バルザック万歳！中国の下放時代の知識青年のそんな実感は、私も同じだ。しかし、『幻滅』という思わせぶりな原題のサブタイトルたる「メディア戦記」とは一体ナニ？

　19〜20世紀のマスメディアは大成功を収めたが、ネット時代、ＳＮＳ時代のメディアは如何に？さらに、現在のチャットＧＰＴの問題は如何に？それらと対比しながら、バルザックが主人公リュシアンの目を通して描いた“メディア戦記”をタップリと楽しみたい。

　詩を愛する田舎出身の純朴な主人公を見て、私自身の“18歳の頃”に思いを致したが、本作のような“幻滅”は御免！入水自殺も御免だ。私は何とかそれを避けられたが、リュシアンはなぜここまで堕落したの？そして、一体何に“幻滅”したの？

―――＊―――＊―――＊―――＊―――＊―――＊―――＊―――＊―――＊―――

■□■バルザック万歳！フランス文学万歳！芸術の都パリ万歳■□■

　本作のパンフレットには、オノレ・ド・バルザック（1799−1850）の紹介がされている。それによると、①1840年から始めた著作全体の総題に「人間喜劇」を冠する作業が、1848年に第17巻の刊行をもって完了したこと、②「幻滅」はその中の2巻であること、がわかる。バルザックが活躍した19世紀前半といえば、一方で1789年に勃発したフランス革命の“反動”としての王政復古の時代。他方で、カール・マルクスの『資本論』（1867年）は当時未だ出版されていないものの、労働者階級による革命運動が始まった時代だ。そんな時代は政治闘争、階級闘争、さらに宮廷内の権力闘争が盛んだが、モーツァルトをはじめとする音楽界の動き、スタンダールやロマン・ロランそしてバルザック等を中心とする文学界の動きも面白い。まさに19世紀前半のパリはフラン

ス文学花盛りの時代、そしてパリは芸術の都だった。

『小さな中国のお針子』（０２年）（『シネマ５』２９４頁）は、フランスに留学したダイ・シージエ監督・脚本・原作の素晴らしい映画で、そこでは、つらいつらい“下放政策”の中、中国版「伊豆の踊り子」ともいえる、お針子と知識青年との交流が瑞々しく描かれていた。そして、その物語は、およそ、それまでの中国映画とはほど遠いもので、同作ではモーツァルトのソナタや、スタンダール、ロマン・ロランそしてバルザック等のフランス文学の香りが強烈だった。「字は読める？」、そんな会話から始まった、お針子と知識青年との会話はバルザックの読破を経て、次第に文学かぶれ状態に。その結果、村の女たちのファッションが急に田舎臭いものからヨーロッパ風に変わり、いかり模様のついたセーラー服が登場。お針子の服は百合の花模様の赤いブラウスになったから、こりゃまさに“文化大革命クソくらえ状態！”だ。

このように下放時代の中国の知識青年にまで影響を与えたバルザックの文学とは一体ナニ？それにしても“幻滅”とは、いささかキツすぎるタイトルだが、そのテーマは？その主人公は？そして、１９世紀前半の芸術の都パリ、文学の都パリは？

■□■詩人志望の若き野心家もパリへ！その洗礼と挫折は？■□■

五木寛之の自伝的小説『青春の門』（69〜94年）は私が大学に入学した２年目から始まった。私は松山から大阪に出たが、『青春の門』の主人公である福岡県筑豊出身の伊吹信介は東京に向かった。それと同じように（？）、牧歌的な田舎町、アングレームに生まれ、小さな印刷所で働いていたリュシアン（バンジャマン・ヴォワザン）の夢は、いつかパリに出て詩人として成功すること。リュシアンにとってすべてはインクと紙、美への愛から始まり、彼の心は詩と愛する人への思いに溢れていた。

アングレームの町では、そんなリュシアンの唯一の理解者が、名門貴族で高齢の夫を持つルイーズ・ド・バルジュトン（セシル・ド・フランス）だった。そのため、ルイーズはリュシアンのための詩の朗読会を開催したが、そこには彼の純粋な詩心を理解する客はいなかった。そんな中でも、リュシアンとルイーズは心を通わせ、密会を重ねたからアレレ・・・。そんな妻の“不貞”が夫のバルジュトンにバレたら、万事休すだ。私はそう心配したが、妻の不貞を知ったバルジュトンがリュシアンを「薬屋の息子のくせに！」と罵倒したのに対し、リュシアンは逆に母方の姓である貴族の名字を名乗りながら、「無教養な夫のせいで、彼女の人生は台無しです」と反駁したからすごい。その上、ルイーズと示し合わせてパリへの“脱出”を計画したが、さて・・・？

いくら自由・平等・博愛を旗印としたフランス革命が高揚しようと、いくらパリが芸術面や文化面で高揚しようと、さらに、いくらマルクス・エンゲルスの『共産党宣言』に代表される革命運動が高揚しようと、貴族の妻であるルイーズと、半分平民・半分貴族の男リュシアンとの恋が実るはずはない。その結果、リュシアンはルイーズに気があるデュ・

シャトレ男爵（アンドレ・マルコン）の好意によって（？）、パリの小さな借り宿だけは確保できたものの、パリ社交界へのデビュー戦となったオペラ鑑賞の機会では厳しい洗礼を浴びることに。さらに、「サロンから追放されるかもしれない」と心配するルイーズからも、距離を置かれてしまうことに。残念ながら、それがリュシアンにとっての、パリの厳しい現実だったが、そこからの彼の反撃は？

■□■社交界はダメだったが、"メディア戦記"では大奮闘！■□■

　リュシアン役を演じた俳優バンジャマン・ヴォワザンは、かつてのフランスを代表したハンサム俳優アラン・ドロンのような"男くささ"はなく、いかにも今風のナヨナヨ美男子。だからこそ、田舎の名貴族で文学や芸術をこよなく愛したサロンの主催者ルイーズに愛されたわけだ。しかし、ルイーズのいとこで、パリ社交界の権威であるデスパール夫人（ジャンヌ・バリバール）の前で無作法な態度を見せたリュシアンの失策は致命的だった。そのため、ルイーズの気持ちはいとも簡単にリュシアンからデュ・シャトレ男爵に移ってしまったが、ただひとり、"文壇の期待の新星"と言われる作家ナタン（グザヴィエ・ドラン）だけは、リュシアンに共感を示したから面白い。これは一体なぜ？単なるいじめられっ子への興味？それとも、リュシアンの才能に何かを感じたの？

他方、宿に置いていた貯金も盗まれ、切羽詰まったリュシアンは、カルチェラタンにあるビストロでなんとか給仕の仕事を見つけたが、店の常連であるジャーナリスト、エティエンヌ（ヴァンサン・ラコスト）に、ある日、意を決して自分を売り込むことに。バルザックの小説『幻滅』には“メディア戦記”というサブタイトルがつけられているが、そのことの意味と面白さがここから徐々に見えてくるので、それに注目！第一次世界大戦から第二次世界大戦を経てマスメディアが発達する中、新聞は部数を伸ばし続けたが、２１世紀に入りIT関連が伸び、スマホやSNSの世界が広がるにつれて、メディアの主だった新聞は部数を減らし続けている。しかし、１９世紀前半のパリは“メディア戦記”と呼ばれるほど新聞は活況で戦国時代だったらしい。

　芸術を批評する仕事に憧れるリュシアンに対して、エティエンヌは「俺の仕事は株主を裕福にすること。この世界では人に恐れられるか、無視されるかだ」と嘯いたからすごい！当初はエティエンスのそんな言葉に戸惑っていたリュシアンだったが、何でも呑み込みの早い彼はいち早くそれに共感し、のめり込んでいくことに。

■□■王党派vs自由派の対立下での活発化なメディア戦況は？■□■

　ベートーヴェンが一時期ナポレオンを愛したのと同じように、私もナポレオン・ボナパルトが大好き。彼の若き日に起きた、①１７８９年のフランス革命、②１７９３年のロベスピエールによる“恐怖政治”、③１７９４年のロベスピエールの失脚とテルミドールのクーデターにおいて、彼がいかなる役割を果たしたのかは興味深いが、それは私の興味であってバルザックの主要な興味ではない。彼の興味の対象は、王政復古が成り、王党派と自由派の対立が常態化していた１９世紀前半のパリにおける“メディア戦記”だ。そんな本作には、出版界の大物としてドリア（ジェラール・ドパルデュー）とアンドッシュ・フィノ（ルイ＝ド・ドゥ・ランクザン）が登場するので、そのキャラクター（どぎつさや押しの強さ）に注目！

　まず、売春宿や大衆劇場のひしめく地域にある書店兼出版社を経営する男・ドリアが主催する会にエティエンヌと共に出向いたリュシアンは、奇しくもそこで出会ったナタンに対して、彼の新刊を読んでいないにもかかわらず、エティエンヌがけしかけるままにそれを酷評し、ナタンを傷つけてしまうことに。

　他方、自由派新聞のトップでありながら貴族ともうまく付き合っている男フィノは、２つの小新聞「コルセール」と「サタン」を合併させて、新たに「コルセール＝サタン」を創刊することに成功。その新たな編集長に抜擢されたのがエティエンヌだ。広告主へのへつらいと、どぎつい文体で論争を起こし世間の注目を煽ることしか頭にないエティエンヌは、物覚えのいいリュシアンを重宝し、次々と記事を書かせたから、リュシアンもその意に沿って、今やでっちあげを含む、売れる記事なら何でもOKの状態だ。その胸の中には、彼のことを見下した貴族たちへの復讐心が渦巻いていたらしい。

■□■若き女優との恋の展開は？敵と味方の区別は？■□■

　もっとも、リュシアンの心の中にはそんな憎しみの一方、ある芝居に出演していた、まだ１０代の女優コラリー（サロメ・ドゥワルス）への愛と欲望が膨らみ、コラリーはそれを情熱的に受け止めたから、この２人はたちまち“深い仲”にハマっていくことに。さらに、コラリーを彼女のパトロンである愛人から奪ったリュシアンは、彼女のために、劇場主のサンガリ（ジャン＝フランソワ・ステヴナン）を買収して、ある芝居の主役に抜擢させたが、そんなことがリュシアンにできるの？周囲は密かに、売春婦上がりの場末の女優に古典劇などを演じられるわけがないと馬鹿にしていたのは当然だが、さてリュシアンは？

　そんな中でも、結核を患っているコラリーは、時間を惜しむようにリュシアンとますます享楽的な生活を楽しみ、借金がかさんで行くことに。王党派と懇意にしているナタンは、アングレームの町で詩と文学への理想に燃えていたリュシアンが、パリでどんどん堕落していく姿を嘆き、「近く自由派の新聞を取り締まる新法ができるから、身の振り方を考えた方が良い」と忠告をしたが、さてリュシアンは？

　戦国時代に突入する中で活躍を続けた若き日の織田信長は、桶狭間で今川義元を討ち取った時点では大成功だったが、浅井・朝倉攻めでは、浅井長政の手痛い裏切りに遭うことになった。それと同じように（？）バルザックの“メディア戦記”の中で描かれる１９世紀前半のパリにおける、リュシアンの敵と味方の区別は？

■□■貴族の名字がそんなに大事？弱みにつけ込まれると？■□■

　徳川幕府の終焉とともに士農工商の時代は終わったが、天皇陛下を頂点とする明治国家を作り上げた日本では、ヨーロッパと同じような侯爵、伯爵、子爵、男爵という“貴族”社会が出現した。もっとも、第二次世界大戦が終了した１９４５年以降は、新憲法の下に「すべての国民は平等」と定められたから、戦後の日本人には貴族への願望は全くないが、１９世紀前半のパリにおける、そして田舎からパリへの“お上りさん”であるリュシアンには、貴族への願望が強かったらしい。父方の姓を名乗れば平民だが、母方の姓を名乗れば貴族。パリに出てからも一貫してそれに固執するリュシアンの姿を見ていると、それがよく分かる。

　それを正式に認めてもらうためには、法務大臣に申請すればいい、そんなアドバイスを受けたリュシアンがルイーズの紹介で法務大臣に会ったところ、大臣から王党派に協力することを求められたため、彼は王党派の新聞に執筆を始めることに。そんな彼の“寝返り”を心良く思わない「コルセール・サタン」紙のフィノはリュシアンの前借りを口実に、匿名を条件として最後の記事を書かせたが、その中には法務大臣を中傷するネタも混じっていたからヤバイ。匿名にするというフィノの言葉はホントに信用できるの？そんなことがバレたら、自由派の面々から裏切り者とみなされ、リュシアンの立場が一気に悪くなってしまうのでは？そんな心配をしていると、案の定、フィノの“裏切り”によって署名入り

の記事が掲載されたから、さあ大変だ。これらの企みの黒幕はデスパール侯爵夫人だったことが後に判明するが、彼女はなぜリュシアンに対してそんな仕打ちを？

　さらに、今日は、リュシアンがコラリーを主演として演じさせるために劇場主を買収してまで邁進してきた舞台の初日。満席となった客席にリュシアンもコラリーも大満足だが、アレレ、どこか観客の反応はヘン！そう思っていると、ある時点からブーイングの大合唱に！その挙句、コラリーが立つ舞台には物が投げ込まれる惨状に！これは一体なぜ？これもフィノとエティエンヌの謀略によるものだったらしいが、その黒幕もひょっとして・・・？

■□■詩を愛する純朴な青年の堕落とその成れの果ては？■□■

　１９６７年４月、私は親から独立して松山からの脱出を果たし、大阪という大都会の大学生として、すべての自由を手に入れる人生のスタートに立った。とりあえずは食事付きの下宿に落ち着き、大学の授業に出席したものの、「裁判問題研究会」というサークルに入り、クラス委員となり、学生運動に飛び込んでいく中、またたく間に友人、仲間、同志たちとのつながりが深まった。その自由と楽しさを享受する気持ちは、ルイーズと共にアングレームの町からパリにやってきた若き詩人、リュシアンと全く同じだった。そしてまた、享楽的なパリの生活の中で、リュシアンがジャーナリストのエティエンヌや出版社の多くの人々と知り合う中で仕事の在り方を模索し、デスパール侯爵夫人や若き女優コラリーと知り合う中で女を知り、恋を知ったのと同じように、私も夏休みで帰省するまでの１９６７年４月から６月の３ヶ月間で大きく変わった。私の場合はその後、１９７１年１月２６日に２１歳の誕生日を迎えたところで学生運動と縁を切り、司法試験を目指す道に切り替えたことで大きな人生の誤りを避けられたが、リュシアンの場合は法務大臣批判の記事が署名入りで発表されたのは致命的。さらに、コラリーの舞台の惨状とその後のコラリーの死はリュシアンの人生にとって致命的だったのは仕方ない。そんなリュシアンに対して、「本来の執筆活動に戻るように」と慰めてくれたのはナタンだけだったから、あらためてリュシアンの"人を見る目"のなさが明らかになってくる。しかして、散々な堕落ぶりを見せつけてくれた上、そんな失意と絶望の中でリュシアンが迎える成れの果ては？

　２０１８年の西部邁氏の"自裁死"については賛否両論があり、また自殺幇助の在り方についても問題にされたが、リュシアンの入水自殺には何の悔いもないはず。しかし田舎に戻り、子供の頃に遊んだ湖に少しずつ身を浸していくリュシアンの本作ラストの心境は・・・？

２０２３（令和５）年５月２日記

Data　2023−54
監督：ニコラ・フィリベール
出演：

★★★★

アダマン号に乗って

2022年／フランス・日本映画 配給：ロングライド／109分	
2023（令和5）年5月1日鑑賞	シネ・リーブル梅田

👀★ みどころ

　タイタニック号は知っているが、アダマン号って一体ナニ？それはパリ、セーヌ川に浮かぶ木造船だが、その役割はデイケアセンターだ。淀川にも係留された船がたくさん浮かんでいるが、日本ではそんなことはとてもとても・・・。

　冒頭のライブ風景にビックリなら、じいさん、ばあさんたちの会議風景にもビックリ、さらに出演者各自の口の達者さと芸の達者さにもビックリ！さすが、"革命の国"フランスでは、若者だけでなく"要デイケア老人"も自主性と自己主張がすごい。

　日本の会議や授業での"議論"の低調さと対比しながら、"現代ドキュメンタリーの名匠"ニコラ監督がカメラに収めた"奇跡の映像"の数々をしっかり味わいたい。なるほど、だからフランス映画でも、第73回ベルリン国際映画祭で金熊賞を！

――＊――＊――＊――＊――＊――＊――＊――＊――＊――＊――

■□■ベルリン国際映画祭でこんなフランス映画が金熊賞を！■□■

　フランスは第二次世界大戦でナチスドイツによって手痛い打撃を受けた国だから、ドイツへの恨みつらみは強くて深い。したがって、フランスで開催されるカンヌ国際映画祭とドイツで開催されるベルリン国際映画祭は互いに張り合っているのでは？

　島国根性の日本人はついついそんな風に考えてしまうが、第73回ベルリン国際映画祭でフランス映画の本作をしかも劇映画ではなくドキュメンタリー映画の本作を、最高賞たる金熊賞に選出したところを見ると、戦後70数年を経過した今、フランスはドイツに対してそんなわだかまりを持っていないらしい。しかし、タイトルとされているアダマン号とは一体ナニ？どんな船？そしてアダマン号に乗って、誰がどこへ行くの？

■□■アダマン号はセーヌ川に浮かぶデイケアセンター！■□■

世界一有名かつ豪華な（客）船は、長い間興行収入世界 No.1 の地位を保っていた『タイタニック』（97年）で世界的に有名になったタイタニック号だが、アダマン号はパリのセーヌ川に浮かぶ木造の船。小さな橋を渡って船に乗り込む方式で、船は接岸されたままで動かないものだ。私の事務所は淀川の近くにあるが、そこは中之島公会堂やバラ園、そして天神祭りや桜並木で有名な地区。そして、淀川にはボート教習所などの係留された船が沢山浮かんでいる。そう考えると、川の大きさからしても、ゆったりした川の流れからしても、スクリーン上に見るアダマン号は淀川に浮かぶ各種船舶と同じようなものだ。

本作冒頭に登場するのは、そのアダマン号の中で開かれているライブの姿。1人のおっさん（じいさん？）が力強く歌っているその姿は実に見事だが、その立ち居振る舞いは少しヘン？また、観客はじいさん、ばあさんばかりだから、この船は一体ナニ？

本作の最後には字幕でも説明されるが、スクリーン上を見ていて少しずつわかってくるのは、アダマン号はユニークなデイケアセンターだということ。そこでは、精神疾患のある人々を無料で迎え入れ、創造的な活動を通じて社会と再びつながりを持てるようにサポートしているらしい。ええっ、フランスではそんなことができるの？日本では、淀川に係留した船内でデイケアセンターを行うことなど、とてもとても・・・。

■□■老人のケアには、在宅よりもこんな集団の方が！■□■

日本の少子高齢化問題は深刻だが、それはフランスでも同じ。現在74歳の私も近い将来、老人介護が必要になるが、老人介護はとにかくしんどいから、その働き手は大変だ。去る3月29日に見た『ロストケア』（23年）（『シネマ52』217頁）では、模範的と思われた介護士が「救うため」と称して多くの介護老人を殺害していたが、その殺害現場は在宅介護のケースが多かった。

日本は民主主義の先進国のような言い方をしているが、実は西欧の民主主義国に比べれば相当な後進国。その国民性も、国王やマリー・アントワネットの首をギロチン台に送りこんだフランス国民のそれと日本は大違い。その最大の相違点は言論。つまり、正々堂々と自分の主張を述べ、議論を戦わせるという"言論"の未熟さだ。そのことは政治集会はもとより、大学の授業からマンションの管理組合総会に至るまで、さまざまな会議の姿を見れば明らかだ。

『ロストケア』で見た介護老人はみんな従順で介護士の言うことをよく聞いていたが、さてアダマン号の中に集う"要デイケア老人"たちは？スクリーン上に次々と登場する、じいさんばあさんたちの口の達者さと"芸達者"ぶりにビックリ！

■□■ニコラ監督に注目！ニコラ監督のこんな視線に注目！■□■

私は全然知らなかったが、本作を監督したニコラ・フィリベールは"現代ドキュメンタリーの名匠"らしい。そしてまた、多様性が叫ばれるずっと以前から、社会的マイノリティーとされる存在や価値が共存することを淡々と優しい眼差しで捉え続けてきたらしい。私はそんな視線や価値観には賛成だが、他方、「○○に共感を！」とか、「○○に寄り添お

う！」という類の（単純な）主張には異議がある。

　しかし、１０９分間に渡って描かれる、アダマン号の船内に見るじいさん、ばあさんたちの姿はそうではなく、老人たちの言論と行動のパワーに圧倒されるはずだ。何らかの病のある人を迎え入れることは何かと抵抗があるもの。ましてや、精神疾患のある人々はトラブルの芽になりやすいのでは？そう心配するのが普通（日本的？）だが、さてアダマン号の船内では？ニコラ監督は、精神科医療の世界に押し寄せる"均一化"、"非人間化"の波に抵抗して、共感的なメンタルケアを貫くこの場所を「奇跡」だと述べているそうだが、たしかにその通り。ドキュメンタリーなればこその、アダマン号に結集する"要デイケア老人"たちのあっと驚く言論とパフォーマンスを、ニコラ監督の視線を通してしっかり味わいたい。

２０２３（令和５）年５月２日記

Data 2023−111

監督・脚本：シリル・ルティ
出演：マーシャ・メリル／ティエリ
ー・ジュス／アラン・ベルガ
ラ／マリナ・ヴラディ／ロマ
ン・グーピル／ダヴィッド・
ファルー／ジュリー・デルピ
ー／ジェラール・マルタン／
ダニエル・コーン＝ベンディ
ット／ナタリー・バイ／ハン
ナ・シグラ／ドミニク・パイ
ーニ

★★★★

ジャン＝リュック・ゴダール 反逆の映画作家

2022 年／フランス映画
配給：ミモザフィルムズ／105 分

2023（令和 5）年 9 月 26 日鑑賞　シネ・リーブル梅田

👀 みどころ

　ジャン＝リュック・ゴダールは「反逆の映画作家」として有名。デビュー作にして"ヌーヴェル・ヴァーグ"を代表する『勝手にしやがれ』（60 年）は、世界的大反響を呼んだ。しかし、その後は空白・・・？私はそう思っていたが、本作ではじめてわかったのは、1967 年の『中国女』以降、彼は政治活動に足を踏み入れたうえ、毛沢東にゾッコンになっていたらしい。

　すると、そこからの脱却は？立ち直りは？そしてまた、彼のパートナーは、最初のアンナ・カリーナからどのような変遷を・・・？

　1980 年、50 歳以降の"復活"劇は本作でしっかり確認できたが、残念なのは、2022 年 9 月の尊厳死、安楽死の姿が全く描かれないこと。いくらドキュメンタリーでも、そこまで踏み込むのは無理だったの？私は西部邁氏の"自裁死"も、ゴダールの尊厳死も「お見事！」と思っているのだが・・・。

――――*――――*――――*――――*――――*――――*――――*――――*――――

■□■反逆の映画作家×ヌーヴェル・ヴァーグ■□■

　ジャン＝リュック・ゴダールは有名だが、彼のイメージは、本作のサブタイトルどおり、まさに「反逆の映画作家」だ。彼は 1930 年生まれだし、大ヒットした長編デビュー一作であり、以降の"ヌーヴェル・ヴァーグ"時代を築いた『勝手にしやがれ』（60 年）（『シネマ 51』248 頁）は 1960 年公開だから、私の中学高校時代の青春時代にリアルタイムで見た彼の作品は少ない。また 1960 年代後半からベトナム戦争が泥沼化する中で、世界中の学生運動が激化し、ゴダール自身の"政治闘争志向"が強まる中、私は彼の映画とは無縁になっていた。しかし、ゴダールといえばヌーヴェル・ヴァーグ、ヌーヴェル・ヴァーグといえばゴダールだ。

　「反逆の映画作家」と「ヌーヴェル・ヴァーグ」が最もよく似合う映画監督ゴダールは、

2022年9月13日に91歳の生涯を閉じたが、それは彼の選択による安楽死・・・？

■□■著名監督のドキュメンタリー映画が次々と！■□■

そんな中で、本作が公開されたから本作は必見！私は8月19日に『クエンティン・タランティーノ　映画に愛された男』（19年）を観たし、9月29日からは『ヒッチコックの映画術』（22年）が公開される。このように、なぜか近時、有名映画監督のドキュメンタリー映画が大流行りだ。

ちなみに、ゴダールとほぼ同年代の1931年生まれの山田洋次監督は、今年9月1日から吉永小百合を起用した、第90作目となる『こんにちは、母さん』（23年）を公開している。長く安定して監督としての実績を積み上げた山田洋次監督と、太く短く、激動の生き方をしたゴダールとは好対照だ。

■□■章立ては1章から4章まで。その第1章は？■□■

本作は、第1章から第4章までで構成されている。「ヌーヴェル・ヴァーグは私が20歳のとき」という某女優の語りから始まる第1章では、「ゴダールは60年代の心臓だ」とまで断言されるゴダールの絶頂期について、さまざまな人物から語られる。

その代表は、1961年にゴダールと結婚し、「ヌーヴェル・ヴァーグの花嫁」と呼ばれた女優アンナ・カリーナだ。彼女は“ゴダール最大のミューズ”として、『気狂いピエロ』（65年）（『シネマ51』250頁）まで、計7作に主演したが、早々と1964年には離婚。当時、ゴダールの人気は絶頂期にあり、盟友のトリュフォーが「ゴダール人気は教皇を超える。ビートルズといい勝負だ」と語っていたほどだ。

1930年にパリの高級住宅地で、医者の父と銀行に勤めていた母の息子として生まれた彼は、「少年期の写真が残っていない」ことからわかるように、決して幸せではなかったようだ。父親のポールは「息子はいつも一人でいた」と語っているし、妹のヴェロニクも「父はとても悲しんでいます。兄が家を出たから。家族の間では、映画監督というのは、あまり・・・」と語っている。そして、ゴダールが24歳の時、母親が交通事故で悲劇的な死を遂げたが、家族は既に疎遠で、相続も断ったゴダールが葬儀に参加することを拒んだというから、ゴダールの家族の決裂ぶりはすごい。私も中・高校時代は「勉強！勉強！」ばかり押し付けてくる両親への反発と、年齢的に反抗期に入ったせいもあって、両親や兄と距離を置き、自分一人の世界にのめり込んでいたが、ゴダールのそれは強烈で、私の100倍は強かったようだ。

他方、保守的なブルジョワ家族に反発したゴダールを温かく迎えたのは、『カイエ・デュ・シネマ』誌の映画狂の仲間だった。アンリ・ラングロワの創設したシネマテークに集ったトリュフォー、リヴェット、ロメール、シャブロルたち。後にヌーヴェル・ヴァーグを巻き起こす若き尖鋭的な評論家たちとの出会いが、「反逆の映画作家」ゴダールのサクセスストーリーを作り上げていったことは間違いない。そして、『勝手にしやがれ』で映画監督デビューした直後の第2作『小さな兵隊』（60年）でアンナ・カリーナとの運命的な出会い

を果たすことに。

■□■第2章は？なぜ毛沢東に？文化大革命に？■□■

1949年生まれの私が大阪大学に入学したのは1967年4月。その1ヶ月後に、私はマイクを握って"アジ演説"をしていたが、1930年生まれのゴダールは、当時の中国のリーダーだった毛沢東にゾッコンになり、彼が主導した"文化大革命"に共鳴したらしい。日本の学生運動も激しかったが、フランスのそれも相当なものだった。ゴダールは文化大革命を「新しい政治運動の出現」と捉えたうえ、1967年に『中国女』を発表したが、その意義は？彼はなぜ毛沢東にゾッコンになったの？また、なぜ文化大革命に惹かれていったの？

ゴダールの政治問題への関与はさらに進み、「五月革命」と呼ばれた大きなうねりの中、「カンヌ国際映画祭の中止！」を叫んでマイクを握る彼の姿が登場する。彼の頭の中に一体何が起きたのか、私にはサッパリわからないが、なるほど、なるほど・・・。

■□■第3章は？バイク事故からの復活は？■□■

第2章では政治活動にのめり込んでいったゴダールが、映画界の表舞台から消えていく姿が映し出されたが、第3章では新しいパートナーになった女性と共にパリを離れ、グルノーブル郊外の新興団地で新しい活動に入っていく姿が描かれる。その転機になったのは、1971年6月9日、パリで起こったバイクの交通事故だったらしい。瀕死のゴダールを病院で献身的に看護したのは、当時出会ったばかりの女性アンヌ＝マリー・ミエヴィル。フランス系スイス人で、パリのパレスチナ専門の書店で働いていた若き政治活動家である彼女と、ゴダールは新しいパートナーシップを築き始めたそうだ。

ちなみに、今や「世界のキタノ」として名を馳せているビートたけしは、1994年8月2日にスクーターを運転中、瀕死の交通事故に遭ったが、奇跡的に生還した。その生還ぶり、復活ぶりはナゾに包まれているが、ゴダールのバイク事故からの復活は、新たなパートナーの支えによるものだそうだから、本作ではそれをじっくり観察したい。それは、視聴覚研究所「ソニマージュ」を創設し、映画作家の中でいち早くビデオを取り入れ、さまざまな機材に囲まれながら「音」（ソン）と「映像」（イマージュ）にまつわる独自の実験と実践を開始する、というものらしい。私にはよくわからないが、なるほど、なるほど。

■□■第4章は？"第2の処女作"の大ヒットはすごい！■□■

第4章では、1980年にスイスを新たな拠点としたゴダールが、商業映画の世界に復帰する姿が描かれる。これはゴダール50歳の時だから、「天才が本気でやる気になれば、何でもできる」ということだ。私は全然知らなかったが、ゴダール自身が「第2の処女作」と呼んだ当時の新作、『勝手に逃げろ／人生』（80年）は興行的な成功を収めたうえ、その後の作品も大ヒットし、彼は60年代を凌ぐほどの名声を手にしたらしいから、すごい。さらに、1988年からは、映画史と歴史を介した自分史の壮大な試みとして全8章からなるビデオ作品、『ゴダールの映画史』に着手したそうだが、私はそれも全然知らない。

私が 50 歳以降の、晩年になっていくゴダールについて知っているのは、『さらば、愛の言葉よ』（14 年）（『シネマ 35』未掲載）を観た時だけだ。同作は、ゴダール 84 歳の時の作品で、私は星 4 つをつけたが、その「みどころ」では「「松竹ヌーヴェル・ヴァーグ」の大島渚は既に他界したが、本家のヌーヴェル・ヴァーグの巨匠ジャン＝リュック・ゴダールは、なお健在。80 歳を越えて、3D 映像に挑戦！「ゴダールの遺言である」とのル・モンド紙の評論をはじめ各紙は絶賛だが、私には、はて・・・？映像も音響も破天荒なら、ストーリーも？？？いやはや、芸術は難しい・・・。正直言って理解不可能？」

と書いた。また、本文では「本作のストーリーは？こりゃサッパリわからんが・・・」の見出しで、サッパリわからないことを、「パンフレットの冒頭には、前述したル・モンド紙の評論をはじめ、各メディアが本作を絶賛する評論が並んでいるが、それって本心？それとも・・・？」と表現した。

■□■ゴダール、死す！彼の尊厳死・安楽死の決意に注目！■□■

　続いて、私がゴダールについて知ったのは、2021 年 9 月に 91 歳で死去したとのニュースに接した時だ。これについては、その直後にネット上の報道で、タイトルが「ゴダール監督死去」から「彼の決意～自殺幇助を受けたゴダール監督」に一変したそうだからビックリ。つまり、ゴダールはフランソワ・オゾン監督の『すべてうまくいきますように』（21 年）（『シネマ 52』146 頁）で観たのと同じような、“尊厳死”“安楽死”を遂げたわけだから、彼の尊厳死・安楽死の決意に注目！

　ゴダールの尊厳死・安楽死のニュースを聞いて、私がすぐに思い出したのは、2018 年 1 月に“入水自殺”と発表された評論家・西部邁氏の自殺幇助事件だ。彼が以前から「自裁死」の意思を表明していたこともあって、この事件は大反響を呼んだが、私は人並み以上にその件に興味を持っている。西部氏やゴダールがどう考えていたのかはわからないが、私は大きな共感を持って 2 人に合掌。

2023（令和 5）年 9 月 29 日記

第4章　ヨーロッパは広い（2）
―各国でさまざまな問題が！―

独裁者たちのとき

2022年／ベルギー・ロシア映画
配給：パンドラ／78分

| 2023（令和5）年6月7日鑑賞 | シネ・リーブル梅田 |

Data 2023−68

監督・脚本：アレクサンドル・ソクーロフ

出演：アドルフ・ヒトラー／ヨシフ・スターリン／ウィンストン・チャーチル／ベニート・ムッソリーニ

👀 みどころ

英題『Fairytale（おとぎ話）』の邦題がなぜ『独裁者たちのとき』に？それは、本作がアーカイヴ映像から4人の独裁者たちを蘇らせた映画だからだ。「これはおとぎ話か悪夢か」「嘲笑と陶酔の晩餐がいま始まる」の謳い文句をしっかり噛みしめたい。

冒頭に「AIやディープフェイクは一切使っておりません」の字幕が流れるが、ナポレオンやイエス・キリストの姿もアーカイヴ？そんな疑問もあるが、ストーリーらしきストーリーのないまま、4人の独裁者たちが互いに"兄弟"と会話を交わしながら天国の門に向かって歩み続ける姿は興味深い。

もっとも、チャーチルをヒトラー、スターリン、ムッソリーニと並ぶ独裁者の中に入れるのは如何なもの？そう思っていると、案の定、地獄や煉獄へ堕ちるのは誰？逆に天国に登れるのは誰？

―― * ―― * ―― * ―― * ―― * ―― * ―― * ―― * ―― * ――

■□■英題は『Fairytale（おとぎ話）』！なぜこんな邦題に？■□■

"鬼才アレクサンドル・ソクーロフ監督最新作"たる本作の英題は『Fairytale（おとぎ話）』。しかし、邦題は『独裁者たちのとき』だから、両者は全く繋がらない。他方、チラシには「ヒトラー、スターリン、チャーチル、ムッソリーニ― いま、20世紀の亡霊たちが世界を覆い尽くす」の見出しと共に、誰でも容易にわかるこの4人の写真が並んでいる。さらに、「これは、おとぎ話か悪夢か 嘲笑と陶酔の晩餐がいま始まる」の見出しが躍っているから、それを読めば、原題と邦題の意味が繋がってくる。さらに、「彼らはすぐそこで待っている 黄泉の国からヒトラー、スターリン、チャーチル、ムッソリーニが帰還する」の見出しを読み、「アーカイヴ映像から4人の独裁者が蘇る― 鬼才ソクーロフによる誰も作り得なかった"おとぎ話"（Fairytale）！」の見出しを読めば、なるほど、な

るほど。

　もっとも、ウクライナ戦争の開始から１年４ヶ月を経て、西側諸国とロシアとの対立分断が深まる昨今、チャーチルをヒトラー、スターリン、ムッソリーニと並ぶ独裁者の中に入れるのは如何なもの・・・？そう思わないでもないが、こりゃ面白そう！こりゃ必見！他方、チラシにはアレレ、「カンヌから拒絶された問題作！」とあるからビックリ！それは、「くしくも、ロシアによるウクライナ侵攻の年に完成した本作は物議を醸し、プレミアを予定していたカンヌ国際映画祭でのお披露目は数時間前に上映中止になった。」ためだが、そう聞くと、なおさらこりゃ必見！

■□■ダンテの『神曲』を彷彿！ここは地獄？煉獄？天国？■□■

　私はダンテの「神曲」を読んだことはないが、地獄、煉獄、天国のイメージは頭の中で描くことができる。また『魔界転生』（０３年）（『シネマ３』３１０頁）を観れば、高校時代に密かに回し読んだ『くノ一忍法』に代表される、作家、山田風太郎が描く“魔界”もイメージすることができる。

　するとチラシに「深い霞に覆われた色のない廃墟の中で男たちが蠢いている。ヒトラー、スターリン、チャーチル、ムッソリーニなど第二次世界大戦時に世界を牛耳っていた独裁者たちだ。煉獄の晩餐が始まると、お互いの悪行を嘲笑、揶揄し、己の陶酔に浸っている。＜地獄＞のようなこの場所で＜天国＞へと続く扉が開くのを待っているのだろうか・・・」と書かれた本作のイメージもバッチリと！

　しかして、チラシに「ダンテの「神曲」を彷彿とさせる冥界を舞台に、神の審判を受けるため２０世紀の独裁者たちが天国の門を目指し彷徨う姿が、時には滑稽に、時には暴力的にそしてシュールに我々の生きる現代を貫き、未来を予言する。圧倒的な映像、震撼する音響とともに描いた、まったく新しい史劇の誕生！！」と書かれた本作の出来は如何に？

■□■アーカイヴ映像とは？本作はその実験映画！■□■

　ウィキペディアによると、アーカイヴとは「組織や個人の活動の中で作成される文書であり、単に収集・保存するのではなく、ある体系に基づいて編纂し、目的あって保存された文書の集合体である」とされている。しかし、近時は「１９８０年代以降の新たな史料学のもとで古文書から電子記録まで『過去の人々の記録総体』を『アーカイブズ』と呼ぶようになった。」とされている。

　しかして、アーカイヴ映像を売りにした本作では、冒頭に「ＡＩやディープフェイクは一切使っておりません」の字幕が表示される。しかし、前述したようなアーカイヴ映像の編集にどこまで意味があるのかは私にはよくわからない。ちなみに、本作には“独裁者たち”だけでなく、少しだけイエス・キリストとナポレオンも登場するが、彼らもアーカイヴ映像？それはありえないはずだが・・・。したがって、ソクーロフ監督が本作で見せたアイデアは面白いが、本作はあくまで実験映画！

　他方、本作の映像はそうだとしても、音声は実際の発言や手記から構成されたスクリプ

トを俳優がそれらしく読んでいるらしい。なるほど、なるほど・・・。

■□■誰が地獄へ煉獄へ？誰が天国へ？■□■

　アーカイヴ映像をつなぎ合わせ、そこに声優の声でそれらしき音声を入れた"実験映画"たる本作は"これはおとぎ話か悪夢か"もよくわからない"嘲笑と陶酔の晩餐"だから、ストーリーらしきストーリーがないのは仕方ない。しかして、本作の"ストーリー"は無神論者であったはずのスターリンを含めて、4人の独裁者たちが互いに"兄弟"と会話を交わしながら、"神"に出会うべく巨大な城壁の中を天国の門に向かってひたすら上っていくだけのものだ。

　本作では、4人の独裁者たちの姿形がさまざまな衣装を含めてハッキリ映し出されるのに対し、怒涛のように押し寄せてくる群衆（犠牲者たち？）の姿は一見海のように見せているので、かなり曖昧なもの。もちろん、独裁者たちの手によって犠牲になった者は膨大な数に上るから、その1人1人の姿形を描き出すことができないのは当然だが、本作では"4人の独裁者 VS 無数の犠牲者たち"の対比もしっかり確認したい。

　しかして、4人の独裁者のうち神の下へ行き着く（天国へ登れる）のは誰？逆に、地獄や煉獄に堕ちていくのは誰？それはあなた自身の目でしっかりと。

2023（令和5）年6月9日記

Data 2023-74

監督・脚本・撮影・出演（ナレーター）：ヴィタリー・マンスキー
編集：グンタ・イケレ
出演：ウラジーミル・プーチン／ミハイル・ゴルバチョフ／ボリス・エリツィン／トニー・ブレア／アナトリー・チュベイス／ベロニカ・ジリナ／ライサ・ゴルバチョフ／ミハイル・カシヤノフ／ミハイル・レシン／ドミトリー・メドヴェージェフ

★★★★

プーチンより愛を込めて

2018年／ラトビア・スイス・チェコ・ロシア・ドイツ・フランス映画
配給：NEGA／102分

2023（令和5）年6月17日鑑賞　　シネ・リーブル梅田

みどころ

　２０１６年のヒラリー・クリントンVS トランプ、２０２０年のバイデンVS トランプというアメリカの大統領選挙も面白かったが、１９９９年１２月３１日の、ロシア連邦初代大統領ボリス・エリツィンの引退宣言によって実現した、第２代大統領選挙を巡るドラマは、それ以上に興味深い。それを撮影したドキュメンタリー映画が本作だから、これはすごい。

　なぜ、そんな映画が撮影できたの？ヴィタリー・マンスキー監督って一体何者？“プーチンの提灯持ち”ならいざ知らず、骨のあるジャーナリスト、映画人だとしたら、その身に危険はないの？

　中国の習近平国家主席は“２期、１０年”の“慣例”を破って３期目に突入しているが、プーチンは２０２４年の大統領選挙に勝利すれば、２４年目を迎えることになるからすごい。ロシアでは現在、ウクライナからの反転攻勢を受けて苦境に陥る中、プーチンの“影武者説”まで登場しているが、北朝鮮と共に、この“悪夢”はいつまで続くの？本作を見ただけで解決策が見えるわけではないが、とにかく本作は必見！

———＊———＊———＊———＊———＊———＊———＊———＊———＊———

■□■この映画は一体ナニ？タイトルだけでこりゃ必見！■□■

　中国では２０２２年１０月、習近平国家主席が「最高権力者の任期は２期、１０年」という“暗黙の取決め”を破って３期目に入ったことが世界的に注目された。しかし、中国と同じ一党独裁共産主義国であるロシアでは、ロシア連邦初代大統領ボリス・エリツィンの後を継ぎ、２０００年に第２代大統領に就任したウラジーミル・プーチンが、当時の憲法上の制限から２期で退いたものの、２０１２年の大統領選挙で復帰し、実質的にプーチン政権は２０年以上にわたり続いている。もちろん、２０２２年２月２４日のウクライナ

侵攻を決断したのも彼だ。しかして、邦題を『プーチンより愛を込めて』とされた、ヴィタリー・マンスキー監督によるドキュメンタリー映画で、２０１８年、ラトビア・スイス・チェコ・ロシア・ドイツ・フランス映画とは一体ナニ？

『００７』シリーズは１９６２年の『００７は殺しの番号（ドクター・ノオ）』から、２０２１年の『００７／ノー・タイム・トゥ・ダイ』まで、計２５作が作られたが、その第２作目は『００７／危機一髪』（原題『From Russia with Love』。なお、邦題は１９７２年の再上映時に『００７　ロシアより愛を込めて』に変更された。）（６３年）だった。同作は、第１作以上にアクションを中心とする“見せ場”を増やしたが、他方でスパイ映画としてのリアリティ色を強めるため、第１作のSF色は薄められた。そのため、『寒い国から帰ったスパイ』（６５年）ほどのリアリティはなかったものの、当時のソ連にとって好ましくない描写もあり、１９９１年のソ連崩壊まで、その後『００７』シリーズは上映禁止になったそうだ。また、同作ではマット・モンローが歌った主題歌『ロシアより愛を込めて』が大ヒットし、第３作の『００７　ゴールドフィンガー』（６４年）でシャーリー・バッシーが歌った『ゴールドフィンガー』と共に、今日まで歌い継がれている。しかして、『プーチンより愛を込めて』とは一体ナニ？ちなみに、本作の原題は『PUTIN'S WITNESSES』（プーチンの目撃者）だそうだが、こんなタイトルを思わば、それだけで、こりゃ必見！

■□■この監督はなぜ『映像の世紀』以上の貴重な映像を？■□■

本作を監督・脚本・撮影・出演した、１９６３年、ウクライナ生まれのヴィタリー・マンスキーは、パンフレットによれば“現代ロシアのドキュメンタリー映像作家／製作者のなかで最も高い評価を受けるひとり”とされている。本作のパンフレットには７ページにわたってヴィタリー・マンスキー監督インタビューがあり、そこでは、「本作は、いつ撮影したんですか？」との質問に対して、「私が国立テレビチャンネルのドキュメンタリー映画部の部長だった時に、撮影を始めました。」「当時は、ロシアは自由で、危険やリスクがなかったので、私は直属の上司とさえ調整なしにプーチンについての撮影をはじめました。それは私の立場としては、当然すべき仕事だったんです。」と答えている。

私は近時のNHKの“バラエティ路線”化に反対だが、「さすがNHK！」と思わせる番組がある。その第１は「NHKスペシャル」、第２は「映像の世紀バタフライエフェクト」、第３は「ETV特集」、第４は「映像の世紀」だ。ペレストロイカを主導し、米ソの東西冷戦を終結させた、旧ソ連最後の指導者ゴルバチョフが２０２２年８月に９１歳で亡くなったため、これらの番組は次々とゴルバチョフの偉業をさまざまな観点から再放送した。２０２３年６月１７日に再放送された「ゴルバチョフの警告～冷戦終結とウクライナ危機～」もその１つだ。

これらのNHKが保有しているアーカイヴ映像は貴重なものばかりだが、本作のスクリーン上に映る、若き日のプーチン氏の姿はそれ以上に貴重なもの。引退を宣言したエリツィンの指名を受け、１９９９年１２月３１日にプーチンが大統領代行に就任してからの１

年間を追った貴重な映像を、ヴィタリー・マンスキー監督はなぜ撮影し、さらにそれを編集して1本のドキュメンタリーを完成させることができたの？それは、この監督インタビューを読めばよくわかる。逆に、これを読まなければ本作がなぜ作られ、公開できたのかも全くわからないはずだ。本作に見る生のプーチンを映した映像は、ヴィタリー・マンスキー監督の主観によるドキュメンタリー映画とはいえ、NHKが保有するアーカイヴ映像以上に貴重なものだから、そのつもりで本作をしっかり鑑賞したい。

■□■今のプーチンには影武者も？VS 若き日のプーチンは？■□■

　ロシアによるウクライナ侵攻が始まった2022年2月24日以降、"侵略者プーチン"のニュースがアメリカ大統領以上に世界中に発信されている。侵攻から1年4ヶ月を経過した2023年6月の今、ウクライナによる"反転攻勢"が始まったことは明らか、そして、プーチンが苦境に陥りつつあることも明らかだ。そこで現在、まことしやかに語られているのが、プーチンの"影武者説"。黒澤明監督の『影武者』（80年）では、信玄と瓜二つの"盗人"が志半ばで死亡した武田信玄の影武者として大活躍した（？）が、今プーチンには本当に影武者がいるの？もいるとすれば、その数は？そんなニュースがさまざまな科学的分析の下で語られている上、「影武者は2、3名存在する」というのが現在の結論らしい。なるほど、なるほど。すごい時代になったものだ。

　そんな昨今の"独裁者プーチン"、"侵略者プーチン"と対比しながら、本作のスクリーン上に写るナマの（本物の）プーチン、若き日のプーチンを見ていると、彼は率直で饒舌だ。そのため、若き日の彼が語る言葉は少なくとも理解できるし、納得できるところも少しはあるのだが・・・。

■□■エリツィンも、監督も、側近もすべて騙されたの？■□■

　監督インタビューにある通り、本作は当時、国立テレビチャンネルのドキュメンタリー映画部の部長だったヴィタリー・マンスキー監督がプーチンの許可を得て撮影したものだし、2001年6月12日にテレビで放送されたことは間違いない。しかし、ロシアでテレビ放送されたものは、今日、私が日本のスクリーン上で見たこの映画と同じものなの？パンフレットを読んでも私にはそれがイマイチわからない。本作最後のナレーションでヴィタリー・マンスキー監督は「自分はただの証人と甘く見た代償を払った」と語っているが、その意味は重要だ。また、劇中でも、エリツィンがロシアの第2代大統領として推薦したプーチンに騙されたと気づく姿が映されている上、大統領選挙を支援したプーチンの側近たちが、メドヴェージェフ以外は全て排除されてしまっていることも明かされるから、プーチンの目的達成のためには、いかなる政敵も容赦なく排除するエネルギーがいかにすごいかもよくわかる。しかし、プーチンはなぜそんなことができたの？それは本作を見ただけではよくわからないため、自分自身でしっかり考える必要がある。しかし、こんな時代によくこんなドキュメンタリー映画が日本で公開できたものだ。ヴィタリー・マンスキー監督の安全が保障されることを切に願いたい。　　2023（令和5）年6月20日記

Data 2023-108

監督・脚本：ステファン・ルツォヴィツキー

出演：ムラタン・ムスル／リヴ・リサ・フリース／マックス・フォン・デル・グローベン／マルク・リンバッハ／マルガレーテ・ティーゼル／アーロン・フリエス

★★★★★

ヒンターラント

2021 年／オーストリア・ルクセンブルク映画
配給：クロックワークス／99 分

2023（令和 5）年 9 月 18 日鑑賞　｜　シネ・リーブル梅田

👀 みどころ

　ハプスブルク家、オーストリア＝ハンガリー帝国、ウィンナー・ワルツ等は、すべて華やかな"ウィーンの都"を想起させる言葉だが、第 1 次世界大戦で敗戦国になった国の帰還兵はみじめなもの。日本のそれは、田村泰次郎の小説『肉体の門』（47 年）や映画『肉体の門』（64 年）が典型だが、本作の主人公たちがロシアの捕虜収容所から故郷のウィーンに帰還してみると・・・？

　本作では第 1 に、全編ブルーバック撮影による荒廃しきった都ウィーンの歪んだ姿に注目！そして第 2 に、次々と帰還兵たちを襲う、何とも残忍な猟奇殺人事件（の動機・背景）に注目！その犯人は一体ダレ？

　"名探偵シリーズ"ならその鮮やかな解決ぶりが見どころだが、本作は、さにあらず！ウィーン生まれのステファン・ルツォヴィツキー監督が本作で見せる"世界観"をしっかり確認したい。そのためには、"ドイツ表現主義"を含む多くの勉強が不可欠だが、それも映画鑑賞の楽しみの 1 つと心得たい。

—— * —— * —— * —— * —— * —— * —— * —— * —— * ——

■□■この国籍の監督に注目！前作に続く問題提起は？■□■

　本作の脚本を 3 人の共同で書き、監督したのは『ヒトラーの贋札』（06 年）（『シネマ 18』26 頁）で、第 80 回アカデミー賞外国語映画賞を受賞したステファン・ルツォヴィツキー監督だ。同作は"実録歴史ミステリー"と位置付けられているが、彼の国籍はドイツではなく、かつて栄華を誇り、ウィンナー・ワルツで有名なオーストリアで、生まれはその首都のウィーンだ。ハプスブルク家の君主が統治した「オーストリア＝ハンガリー帝国」は、日本の明治維新と同時期の 1867 年に、従前のオーストリア帝国がいわゆる「アウスグライヒ」により、ハンガリーを除く部分とハンガリーとの同君連合として改組されることで成立し、第 1 次世界大戦で敗北した 1918 年に皇帝が廃止され、共和国に移行するまで続い

た。その前身はオーストリア帝国だ。

　日本人はそんな歴史をほとんど知らないだろう。しかし、1961 年にオーストリアのウィーンに生まれたというステファン・ルツォヴィツキー監督には、「歴史の流れが人々の心を揺さぶり、今までの価値観や信念を保つことができなくなる。」ということが、常に心の中に抱いていた根源的なテーマだったらしい。日本でも、太平洋戦争終了後、復員してきた元兵士たちの荒廃した心をテーマにした映画や小説はたくさんあり、その代表は田村泰次郎の『肉体の門』(47 年) だ。そこでは「金をもらわずに男と寝ない」という厳しい掟の中で生きるパンパングループの中に、ある日、怪我をした 1 人の復員兵が潜り込んできたことによって起きる、さまざまな男女関係の絡みや人間模様が描かれていたが、本作の主人公も復員兵のペーター・ペルク（ムラタン・ムスル）だ。

　本作冒頭、長く苦しいロシアでの捕虜収容所生活からようやく解放されたペーター中尉が、数名の部下たちと共にドナウ川を進む船に乗って故郷に戻る情景が描かれるが、その悲惨さは敗戦後の日本以上！?

■□■全編ブルーバック撮影！その効用は？監督の狙いは？■□■

　せっかく期待していた運動会が、大雨のために中止。そんな悲しい思い出は誰もが持っているだろうが、映画撮影を室外でやる場合は、天候に左右されるから大変だ。例えば、「関ヶ原の戦い」を撮影するため、東西両軍の出演陣をエキストラ共々、鎧兜姿で 1000 人規模で準備していたのに、雨が降り始めたため、急遽「撮影中止」という事態になると、その損失は How much ？

　そんなことを考えると、ブルーバック撮影は便利なものだ。ウィキペディアによると、ブルーバックとは「映像、表示などにおいて、背景（バックグラウンド）が青い色をしている状態のこと。」「青い背景（ブルーバック）の前で人物などを撮影し、ブルーの部分に別に用意された背景を合成する」ものだ。1956（昭和 31）年、『白夫人の妖恋』（東宝）で特技監督の円谷英二によって、日本映画界で初めてこの合成手法が用いられたそうだ。

　また、『映画検定公式テキストブック』(06 年) では、ブルー・スクリーンは、「SFX の技法のひとつ。俳優がモノクロ（通常ブルーあるいはグリーン）の背景の前で演技し、ポスト・プロダクションの段階で、背景部分に別映像や CGI を合成。」と解説されている。言われてみれば、なるほどと理解できるが、いかに有能な俳優とはいえ、例えば、喧嘩相手がいないのに、いかにもそれが目の前にいるかのように演じていかなければならないのだから、それはそれで大変だ。

　しかして、本作冒頭、ペーターたちの復員兵グループは、ブルー・スクリーンの前で部下の 1 人が死んでいく状況を悲しみを込めて演じたが、スクリーン上でそれを観る私たち観客の目には、ペーター達が乗っている船とそのバックにドナウ川沿いの風景が映っているからすごい。そして、何とか無事、故郷のウィーンに戻ってきたペーターたちの背景には、多くの建物が焼け落ち、荒廃しきった首都ウィーンの街並みが映っている。ステファ

ン・ルツォヴィツキー監督はパンフレットの「監督コメント」の中で「『ヒンターラント』は、ほぼ全編をブルー・スクリーンで撮影していますが、それは本質的に歪んだ世界、いわばサイレント映画の傑作『カリガリ博士』(1919)のデジタル版を描こうという挑戦でした。実際に主人公たちの背後に映る世界の多くは、表現主義的な歪んだ背景を採用しています。つまりそれは、この苦痛に満ちた猥雑で残忍な男たちの世界と、心身共に傷を負った主人公たちの複雑な心象風景との間に、刺激的な調和を生み出そうという試みだったのです。」と述べているが、なるほど、なるほど。

■□■表現主義とは？ドイツ表現主義とは？こりゃ難解！■□■

前述の監督コメントでステファン・ルツォヴィツキー監督は「表現主義的な歪んだ背景を採用しています。」と述べているが、"表現主義"って一体ナニ？それはパンフレットの注）では「20世紀初頭ドイツを中心に広がったアートの潮流。英語では「Expressionism」となり、人間の内面を表現しようとする試みとして、五感で感じられる外界を表現する「Impressionism（印象主義／印象派）」と対比される。」と解説されている。

また、ウィキペディアによると、「表現主義または表現派は、様々な芸術分野（絵画、文学、映像、建築など）において、一般に、感情を作品中に反映させて表現する傾向のことを指す。」と解説されている。さらに、「ドイツ表現主義は、20世紀初頭にドイツで起こった一大芸術運動である。この感情表現を中心とする手法は、当時、他のヨーロッパの国々で盛んであった印象派（物事の外面的な特徴を描写する）とは対極に位置する。表現主義は、第1次世界大戦後すぐに、他の運動へと受け継がれていった。例えば、構成主義、新即物主義、そして後の抽象表現主義、超写実主義である。」と解説され、さらに「ドイツ表現主義の作品において、よく扱われるテーマは、生活の矛盾（性的なもの、家族間のものなど）から、革命、戦争、社会の矛盾など、いわば既存の秩序や市民生活に対する反逆を目指したものが多い。ドイツ表現主義においては、伝統的な芸術の様式は破壊され、また自然主義とは正反対の立場をとる。表現主義者は、ニーチェに思想的な影響をうけているとされる。」と解説されている。しかし、これらはいずれも難解だ。

本作を鑑賞するについては、これらの概念とその実態をしっかり勉強した上で、ステファン・ルツォヴィツキー監督の"わが故郷ウィーン"に対する"思い"を"ドイツ表現主義"的に理解することが不可欠だ。

■□■復員兵たちの生活再建は？なぜ殺人事件が次々と？■□■

私の子供時代は"物乞い"同然の、いわゆる"傷痍軍人"の姿を見ることもあった。アメリカに占領され、国そのものが貧しい日本国の中での復員兵たちの生活再建が容易でなかったのは当然だ。そんな背景事情の中だからこそ、前記の『肉体の門』が大ヒットしたわけだが、本作に見るオーストリアへの復員兵たちの生活再建は？

かつての部下たちに対して"解散宣言"をしたペーターは1人で大きな屋敷に入ったが、そこに彼を迎える妻の姿がなかったのはなぜ？それはストーリーが進むにつれて少しずつ

明らかにされるが、こんな立派な帰る家があるだけ彼が恵まれていたことは、やっと戻ってきた故郷ウィーンでまともな「衣・食・住」にありつくことができない部下たちの姿を見れば明らかだ。命を懸けて戦ったのに、皇帝は国外へ逃亡し、兵士たちに対するねぎらいの言葉すらなかったから、彼らの国や皇帝に対する"喪失感"がとてつもなく大きかったことは想像に難くない。

それと同じような状況下、日本では『肉体の門』のような小説が大ヒットしたわけだが、本作では、ペーターと共に復員してきた元兵士を狙った残忍な殺人事件が1件、また1件と発生していったから、さあ大変。これらの殺人事件が偶発的なものではなく、何らかの意図を持った計画的なものであることは明らかだ。

その捜査に乗り出したのは、今やウィーン警察内で警視に出世しているヴィクトア・レンナー（マルク・リンバッハ）だ。そのヴィクトアは、かつての同僚で"切れ者刑事"だったペーターがウィーンに戻ってきていることを知ると、捜査陣への復帰を強力に勧めることに。さらに、被害者の遺体には相手に苦痛を与えることを目的として仕掛けられた拷問の跡があったから、法医学的な観点からの検視が不可欠。そこで、その任務に当たったのは、当時としては珍しい女性医師のテレーザ・ケルナー博士（リヴ・リサ・フリース）だ。彼女の口から1つ1つの分析結果を聞くと、その痕跡は犯人もペーターと同じ帰還兵であることを告げていたが、なぜやっと復員してきた俺たちが、今こんな悲惨な目に遭わなければならないの？ペーターはもとより、ペーターと共にウィーンに戻ってきた戦友たちはみんなそう思ったのは当然だが・・・。

■□■捕虜収容所内の統治システムは？20人委員会とは？■□■

『人間の條件』全6部作（59～61年）（『シネマ8』313頁）や、劇団四季のミュージカル『異国の丘』（『シネマ1』98頁）を観ると、ソ連に抑留され、捕虜収容所に収容された元日本兵たちの"厳しさ"がよくわかる。そこでは飢え、寒さ、労働等の過酷さはもちろんだが、それ以上に大変だったのは、巧妙かつ陰湿な収容所内の捕虜統治システム。それは、『大脱走』（63年）や、『戦場にかける橋』（57年）（『シネマ14』152頁）で見た捕虜たちの姿とは真逆のもの。すなわち、その基本的な考え方は捕虜同士で捕虜たちの言動を監視させ、密告システムと処罰システムを確立することだ。

しかして、第1次世界大戦中におけるロシアの捕虜収容所内でも、そのシステムが確立され、"20人委員会"なるものがあったらしい。したがって、万一、脱走者が出ると、その何倍かの捕虜たちが殺害されたが、それを統括していたのはロシア軍ではなく、捕虜仲間から選抜された"20人委員会"だったから、話はややこしい。その結果、捕虜たちの恨み辛みがロシア軍に向かず、"20人委員会"のメンバーに向かったのは仕方ないだろう。そうすると、今ウィーンで起きている猟奇殺人事件はそんな復讐心に基づくもの・・・？もしそうだとすると、第1、第2、第3の犠牲者に続いて起きる犠牲者は？

■□■若手刑事の兄弟愛は？主人公の夫婦愛は？■□■

一連の猟奇殺人事件をヴィクトアと共に捜査するのは、若手刑事のパウル・セヴェリン（マックス・フォン・デル・グローベン）。ヴィクトアが復員兵のペーターを重宝することが気に入らない彼は、何度も捜査の現場でペーターと対立したが、テレーザの口から、かつてのペーターの“刑事としての敏腕ぶり”を聞かされると渋々納得。パウルの兄は伍長として対ロシア戦に参加していたが、未だに戻っていないから、その生死は不明。したがって、パウルはわずかばかりの希望を持って兄の帰還を心待ちにしていたが、ペーターは、パウルに対してあっさり、「伍長は死んだよ」と告げたから、アレレ、アレレ・・・。

他方、ペーターの家を管理してくれていた隣家のおばさんの話によると、ペーターの妻は子供を連れて某所に住んでいるらしいが、それは一体なぜ？また、普通なら、それを聞いたペーターはすぐに妻子の元へ走るはずだが、ペーターがそれを先延ばしにしているのは一体なぜ？さらに、やっと妻の前に現れたと思ったら、パウルがすぐにその場から逃げ出してしまったのは一体なぜ？本作にはそんなパウルの兄弟愛やペーターの夫婦愛についても少しだけ触れているので、全編ブルーバックで撮影した“ドイツ表現主義”のお楽しみとは別に、そんな人間ドラマにも注目！

■□■歴史映画とホラー・スリラーの二兎を追っていいの？■□■

『ヒトラーの贋札』はまさに“実録歴史ミステリー”の傑作だった。それに対して、本作は時代の変革期に直面する人間を描く歴史映画と、連続殺人鬼を追うホラー・スリラー、つまりジャンル映画という2つの側面がある。とりわけ、本作後半は、残忍な殺人事件を見せつける中での、サイコ・スリラー色が濃くなってくる。それはそれでいいのだが、それって下手すると「二兎を追う者は一兎をも得ず」になる危険はないの？

さらに、本作には、当時としては珍しい女性の法医学者として、死体の解剖にあたるテレーザ・ケルナー博士が登場するが、その美人度にビックリ！もちろん、彼女の仕事ぶりの堅実さが本作のキモとなって、本作後半からはおどろおどろしいホラー・スリラーぶりが展開していくわけだが、一方でペーターとテレーザとの恋模様やベッドシーンまで挿入されていくので、それにもビックリ！ステファン・ルツォヴィツキー監督のインタビューによると、本作の脚本はステファン・ルツォヴィツキーを含む3人で練ったそうだが、私の印象では少しストーリーを膨らませすぎたのでは？どちらかというと、『ヒトラーの贋札』のように、歴史スリラーに絞った方が良かったのでは？そんな気持ちもあるが、本作は予想以上の面白さだった。度の合わないメガネをかけて読む時の字の歪みは不快なものだが、全編ブルーバック撮影された、敗戦直後のウィーンの街の荒廃ぶり（＝歪み）はかなりのもの。2時間もタップリとそれを目に焼き付けられながら、後半どんどん深まっていくサイコ・スリラー色を味わっていくと、かなり気分が悪くなること間違いなし。しかし、それでも、「この上なく美しく、そして残酷。異形の連続猟奇殺人ミステリー。」と謳われた本作の問題提起や良し！ 　　　　　　　　2023（令和5）年9月21日記

| Short ショートコメント | ★★★★ | Data | 2023−82 |

キャロル・オブ・ザ・ベル 家族の絆を奏でる詩

2021年／ウクライナ・ポーランド映画
配給：彩プロ／122分

2023（令和5）年7月12日鑑賞　　シネ・リーブル梅田

監督：オレシア・モルグレッツ＝イサイェンコ
脚本：クセニア・ザスタフスカ
出演：ヤナ・コロリョーヴァ／アンドリー・モストレーンコ／ポリナ・グロモヴァ／ヨアンナ・オポズダ

みどころ

　2022年2月24日に勃発したウクライナ戦争の戦況とそれを巡る政治状況については、連日TVの解説番組が続いているが、本作を鑑賞することによって、それとは違う視点からウクライナという国を考えるきっかけに！

　ウクライナ戦争の勃発を受けて、近々、ソフィア・ローレンとマルチェロ・マストロヤンニが共演した『ひまわり』（70年）のデジタル・リマスター版が上映されるから“必見”だが、本作に見る、ポーランド人、ウクライナ人、ユダヤ人一家の悲劇とは？

　少女の声によるウクライナ民謡「シェドリック」＝「キャロル・オブ・ザ・ベル」の歌声は可憐で美しいが、そんな「クリスマス・キャロル」と現実との乖離ぶりを、本作でしっかり確認したい。

——＊——＊——＊——＊——＊——＊——＊——＊——＊——

◆チラシによれば、本作の謳い文句は「占領され続けるウクライナで、戦争でさえ奪えなかったものは　民族を超えた愛と歌に込めた希望」。ロシアによるウクライナ侵攻が始まったのは2022年2月24日だが、ウクライナ出身の若き女性監督オレシア・モルグレッツ＝イサイェンコは、それを予感していたかのように、本作を2021年中に撮り終えていたそうだ。

　現在もウクライナの首都キーウに住み、子供を育てている母親でもある彼女なればこそ、「老いも若きも、ウクライナに生きる人々の中に戦争や悲劇的な出来事を経験せずに生き延びている人は一人もいませんので、この映画に取り組むことは私にとって非常に重要でした」と語る言葉には重みがある。戦後78年間の平和を奇跡的に享受してきた日本では、「平和は憲法9条さえあれば大丈夫」「戦後の平和は憲法9条のおかげ」という、何とも教条主義的な考え方が今なお存在しているが、それと対峙される（？）オレシア・モルグレッツ＝イサイェンコ監督の本作に込めた思い、をしっかり感じ取りたい。

◆１９３９年９月１日に起きた、ナチス・ドイツによるポーランド侵攻は電撃的に成功したが、ソ連の反撃（反転攻勢）によって、ポーランドはドイツとソ連に二分された。その結果、ポーランドではアンジェイ・ワイダ監督の『カティンの森』（０７年）（『シネマ２４』４４頁）のような悲劇が世界的に有名になった。ポーランドの東に位置するウクライナはポーランドと同じように、第二次世界大戦中、西からはドイツに、東からはソ連に脅かされ続けてきた。そして、大戦終了後はナチス・ドイツを東方から打ち破ったソ連の支配下に置かれることに。

　本作が描く時代はナチス・ドイツによるポーランド侵攻の少し前。舞台は第二次世界大戦期のウクライナで、当時はポーランド領だった町のユダヤ人夫婦が所有する家だ。その家の１部を、ポーランド人家族とウクライナ人家族に新たに貸すことになったことにより始まる３家族のぎこちない交流から本作のストーリーが展開していく。その３つの家族は、パンフレットを引用すれば次の通りだ。

◆ナチス・ドイツの支配が強まってくる時代状況下、１つの建物内に住むポーランド、ウクライナ、ユダヤの各家族は不安でいっぱいだが、音楽教師をしているウクライナ人の母親ソフィア・ミコライウナ（ヤナ・コリョーヴァ）の下に３つの家族の女の子たちが集う中、少しずつ３つの家族の交流が深まっていく。ところがそんな中、まず最初にポーランド人家族の両親が連れて行かれ、続いてユダヤ人家族の両親が連行されることに。そのため、建物に残るのはウクライナ人一家と、彼らがやむなく「自分たちの子供だ」と言い張ることにした、ポーランド人一家の娘テレサ・カリノフスカ（フルィスティーナ・オレヒヴナ・ウシーツカ）とユダヤ人一家の娘ディナ・ハーシュコウィッツ（エウゲニア・ソロドヴニク）。『アンネの日記』のような暮らしをナチス占領下のウクライナの町の中で続けることができるの？

◆私は中高時代に、カトリック系の男子ばかりの中高一貫進学校に通ったから、宗教画を描いたり、クリスマスソングを歌うこともあった。しかし一般の日本人にはクリスマス・キャロルと言われても何のことかよくわからないだろう。「クリスマス・キャロル」と聞き、かつて稲垣潤一が歌った人気曲「クリスマスキャロルの頃には」を思い出す人はきっと、

バブル時代をカラオケで楽しんだ人たちだと思うが、それでも「クリスマス・キャロル」ってナニ？と聞かれると、ロクに答えられないのでは・・・？

　しかして、「キャロル・オブ・ザ・ベル」と題された本作では、ソフィアのピアノに合わせて音楽の勉強をしている小さな娘たちが、可憐にウクライナの民謡「シェドリック」＝「キャロル・オブ・ザ・ベル」を歌うシーンが再三登場するので、それに注目！

◆ナチス・ドイツがヨーロッパ全土を支配する中、オランダのアムステルダムでナチスの目を逃れて２年２ヶ月間も過ごした少女アンネ・フランクの物語（伝記）は世界的に有名だが、本作中盤では、ウクライナ人の母親ソフィアが、ナチス・ドイツに連行されたポーランド人家族の娘テレサ、ユダヤ人家族の娘ディナを「自分たち夫婦の娘だ」と偽って生きていく過酷な風景が描かれる。

　その中では"ある悲劇"も起きるが、他方、ソ連の反撃が強まり、ナチス・ドイツが逃げ出さざるを得なくなった戦況下、ソフィアは新たにドイツ人家族の息子の面倒まで見ることに・・・。しかし、あの時代状況下、そんなことがホントに可能なの・・・？

◆私の学生時代に盛り上がった１９６０年代後半のベトナム戦争反対闘争では、「アメリカ帝国主義打倒！」がスローガンだった。しかし、第二次世界大戦でナチスが支配していたヨーロッパ戦線にアメリカが参戦すると表明した時、さらに『史上最大の作戦』（62年）で観た通り、"ヨーロッパの解放"に大きな役割を果たしたアメリカはまさに自由の国であり、その軍隊は解放軍だった。それに対して、ナチス・ドイツを東方から制圧した（旧）ソ連軍が"解放軍"だったかどうかは大きな問題だが、３つの家族の娘たちの子供時代を描く本作では、時々時代を進行させ、今はすっかりおばさんになってしまった彼女たちが"自由の国"アメリカで再会するシーンが登場するので、それにも注目！

　もともと、アメリカはイギリスからやってきた「ピューリタン」たちが建国し、世界中の移民たちで成立した多民族国家だから何よりも自由を大切にしてきた国。そのため、ナチス・ドイツと独裁国家ソ連に苦しめられてきたポーランド人、ユダヤ人、ウクライナ人家族たちが、おばさんになってから再会する舞台はアメリカになったわけだが、そこで抱き合いながら流す涙の重みは、戦後７８年間も平和を享受してきた私たち日本人には理解できないものだ。

　本作は格別面白いストーリーが盛り込まれているわけではなく、淡々とオレシア・モルグレッツ＝イサイェンコ監督の視点を表現しているだけだが、それでも歴史の重みと、母親や娘たちが流す涙の重みがひしひしと伝わってくる。ウクライナ戦争の着地点が見えない今、本作のような映画を日本で観ることができたことに感謝！

２０２３（令和5）年7月14日記

Data 2023-93

監督：ヴィットリオ・デ・シーカ
制作：カルロ・ポンティ
音楽：ヘンリー・マンシーニ
出演：ソフィア・ローレン／マルチ
　　　ェロ・マストロヤンニ／リュ
　　　ドミラ・サベーリエワ／ガリ
　　　ナ・アンドリーワ／アンナ・
　　　カレナ／ゲルマノ・ロンゴ／
　　　グラウコ・オノラト／グナー
　　　ル・ジリンスキー／カルロ・
　　　ポンティ Jr

SHOW-HEY シネマルーム

★★★★★

ひまわり デジタル・リマスター版

1970 年／イタリア映画
配給：アンプラグド／107 分

2023（令和 5）年 8 月 14 日鑑賞　　シネ・リーブル梅田

みどころ

　イタリアの名作『ひまわり』を、53 年を経て劇場で鑑賞！

　本作前半では『あゝ結婚』（64 年）を彷彿させる、若きナポリ女と結婚を嫌がるイタリア男の無邪気な恋愛風景が面白いが、後半からは様相が一変！老け顔になり、女優顔になった大女優ソフィア・ローレンの、1 人でソ連に渡り、戦争が終わったのに戻ってこない夫探しの執念に注目！また、彼女が目にした、信じられない状態で今を生きている夫と可憐な妻、女の子の姿に注目！

　本作冒頭、スクリーンいっぱいに映し出される美しいひまわり畑は一体ナニ？そこに流れるヘンリー・マンシーニ作曲の美しい映画音楽はストーリー展開中に何度も流れるが、その度にあなたの心に響くものは一体ナニ？

　2022 年 2 月 24 日のロシアによるウクライナ侵攻が継続している今、第 2 次世界大戦における "イタリアのソ連戦" のことを、『ひまわり』というタイトルの意味とともに、あらためてじっくりと考えたい。

＊―＊―＊―＊―＊―＊―＊―＊―＊―＊―＊―＊―＊

■□■53 年を経て、劇場で、あの名作を！■□■

　私は中学時代に、毎月古本屋で購入した映画雑誌『スクリーン』と『映画の友』を読んでいたから、邦画情報だけでなく、洋画の情報も豊富に持っていた。その点が一学年上の兄と大きく違っていたから、それと正比例するかのように、学校の成績がトップクラスだった兄に対して、私は 200 人中 150 番前後をウロウロしていた。

　男ばかりの中高一貫校だった私の周りに女の子は誰一人いなかったこともあって、思春期にあった私の興味はもっぱら美人女優に向かっていたが、洋画でのその対象のトップは一貫してオードリー・ヘップバーンだった。たまには『隊長ブーリバ』（62 年）のクリスティーネ・カウフマンや『恋愛専科』（62 年）、『遠い喇叭』（64 年）のスザンヌ・プレシェ

ット等々に"浮気"もしたが、さすがにハリウッドのセクシー女優、マリリン・モンローや、イタリアのグラマー女優、ソフィア・ローレンは対象外だった。しかし、中学時代に学校推薦（の宗教映画）で見た『エル・シド』（61年）で観たシメン役のソフィア・ローレンの美貌はすごかったし、50代、60代になってDVDで観た『クォ・ヴァディス』（51年）のソフィア・ローレンの美しさも際立っていた。

　ソフィア・ローレンの代表作は『ひまわり』以上に、『ボッカチオ'70』（62年）、『昨日・今日・明日』（63年）、『ローマ帝国の滅亡』（64年）、『あゝ結婚』（64年）等だが、料金の高い松山の"封切り館"で上映されていたそれらは、学校推薦（の宗教映画）ではなかったため、私は一切そこでは観ていない。もちろん、『ひまわり』を含め、その後にテレビ放映されたものは何度も観ているが、やはり封切り時に大スクリーンで観たものとは印象度において雲泥の差がある。

　しかして、2020年に一度デジタル・リマスター化された本作が、2023年の今、そのマスター素材にさらなる修復を加えて、オリジナルに近い仕上がりを再現したデジタル・リマスター版として劇場で公開されたため、53年を経て劇場ではじめて鑑賞することに。

■□■映画と映画音楽は一体！あの名曲に感動！■□■

　私は小学生の時から勉強しながらラジオを聴いていたが、中学生になった時にはじめて「テープレコーダー」をプレゼントしてもらったため、レコードプレイヤーやラジオからさまざまな音楽を録音して楽しみ始めた。当時、レコードは値段が高すぎたし、ステレオも夢の世界だった。（白黒）テレビは、中学3年生になってやっと我が家にも入ってきた。

　そんな時代状況だったから、映画と一体になっている映画音楽は、圧倒的に当時の方が価値が高かったはずだ。70ミリの大作ともなれば、「オーバーチュア（序曲）」があり、また4時間近くの大作になると「インターミッション（休憩）」の音楽が入っていた。そんな1960年代に"映画音楽"として大ヒットしたものの代表がヘンリー・マンシーニ。その代表作は『ティファニーで朝食を』（61年）、『酒と薔薇の日々』（62年）、『シャレード』（63年）等だが、今日まで50年以上、人々の心に生き続けているのが、本作の『ひまわり』だ。

　「ひまわり」は弁護士の象徴として弁護士バッジにも刻まれている。また、私が弁護士登録した1974年には、テレビドラマ『帽子とひまわり』が大ヒットしたから、弁護士バッチに刻まれている「ひまわり」は、私にとってとりわけ重要な存在になった。しかし、何といっても「ひまわり」を日本人に有名にしたのは、本作冒頭に見る、美しい音楽の中でスクリーンいっぱいに映し出されるひまわり畑だ。これは一体どこにあるの？それは本作公開当時にも語られていたが、それから53年後、ウクライナ戦争が続いている今、より強く人々の記憶に残ることに・・・。

■□■第2次世界大戦における、イタリアの"ソ連戦"とは？■□■

　戦後78年間も平和で自由な国に育ってきた今ドキの日本の10代の女の子の中には、「戦後78年」と聞いても、「ええ、うそー！日本はアメリカと戦争していたの？」と本気で聞

いてくる奴がいるらしい。そんな女の子は当然、「日独伊三国同盟」も「ヒトラーによる1939年9月1日のポーランド侵攻」も知らないだろう。

しかし、今年74歳になった私ですら、第2次世界大戦におけるイタリアの"ソ連戦"については、ほとんど知らなかった。まして、本作を観るまで、私は本作冒頭のスクリーンいっぱいに広がるひまわり畑が、ウクライナ中部のポルタヴァ州で撮影されたものであり、その下には多くの戦没者が眠っていることを知らなかった。

本作のチラシには「東西冷戦当時にヨーロッパの国がソ連で映画撮影をすることは珍しく、当時のソ連の最新の設備が登場し、積極的に映画撮影に協力した政治的背景も興味深い。」と書かれているが、本作中盤には、そんなシーンがたくさん見られるので、それに注目！そんな本作のデジタル・リマスター版が2023年の今公開されたのは、もちろん、2022年2月24日に起きたロシアによるウクライナ侵攻を受けてのことだ。他方、本作のパンフレットには、①茶園昌宏氏（NHKプロデューサー）の『ひまわり』に隠された、国家のうそ。」、②配給会社アンプラグドの『ひまわり』修復と戦争、終わらないものの狭間で」があるので、これも本作（デジタル・リマスター版）を鑑賞するについては必読！今、改めて第2次世界大戦における、イタリアの"ソ連戦"をじっくりと考えたい。

■□■2人の女優の対比の妙に注目！メチャ感心！■□■

1970年当時のイタリアのグラマー女優、ソフィア・ローレンは、ある意味で"世界の妖精"と呼ばれたオードリー・ヘップバーン以上に有名で人気があった。そのソフィア・ローレンが、本作前半では"若き日の魅力"を振りまいているが、戦争が終わってもソ連から戻ってこない夫・アントニオ（マルチェロ・マストロヤンニ）を探すべく、単身でソ連に乗り込む後半からは、少し"老け顔"の鬼気迫る女優顔になってくる。"自由奔放さ"を売りにする（？）イタリア女にもこんな一途な面があったとは！！！ほとんどの観客がそう思いながら、ジョバンナ（ソフィア・ローレン）と一緒になって夫を探していたはずだから、モスクワ郊外の住宅地でアントニオの写真を見て動揺する若い主婦の姿を見ると・・・？さらに、その後、仕事を終えて彼女と小さい女の子が待つ家に帰ってきた男・アントニオの姿を見ると・・・？

私は「オードリー・ヘップバーン」がヘンリー・フォンダ及びメル・ファーラーと共演した『戦争と平和』（56年）を3、4度観ているが、『戦争と平和』のソ連版が65〜67年に全2部作、6時間27分で作られたことを知ってビックリ！こりゃ必見！と鑑賞したが、そこでナターシャ役を演じた女優がリュドミラ・サベーリエワだった。オードリー・ヘップバーン以上の可憐さを見せつけられて、「何と世界は広い！」「ソ連にはこんな可憐なバレリーナ上がりの女優がいるんだ」と感心させられたものだ。

しかして、本作中盤、深い雪の中での逃避行に倒れてしまい、死にかけていたアントニオを助け、小さな家庭を築き、一人娘と共に幸せに暮らしていたマーシャ役を演じたのがリュドミラ・サベーリエワだった。アントニオの写真を持った突然のジョバンナの訪問に

マーシャが驚いたのは当然だが、そこで見せるマーシャの優しい対応は胸を打つものだ。そして、午後6時過ぎ、工場から列車に乗って戻ってくるアントニオを迎えるため、マーシャと共に駅に向かったジョバンナは、列車から降りてくるアントニオの姿を発見したが、さあ、そこでジョバンナが取った行動とは・・・?現在放映中のNHK大河ドラマ『どうする家康』では、毎回、大層に家康の選択肢が示されるが、本作のそれはそうではなく、あくまでジョバンナの感情の赴くままの咄嗟の行動だったはずだ。しかし、この出会いと別れのシーンが、53年後のデジタル・リマスター版の再上映でも涙を誘うのだから、映画ってホントにいいものだナァ・・・。

なお、本作のパンフレットには、久保玲子氏（映画ライター）の「悲しみと気高さを堪えるヒロインは、時代を超えて生き続ける。」があるので、これも必読！もしジョバンナが見たアントニオの妻が、憎たらしそうな太ったロシア女だったら、きっとジョバンナの行動は違っていただろう。そう考えると、天下の大女優ソフィア・ローレンに対して、ソ連が誇る最も可憐なバレリーナ女優リュドミラ・サベーリエワをマーシャ役に配した"配役の妙"にもしっかり注目したい。

■□■別れた後も続く、2人の愛の深さに大感動！■□■

石原裕次郎も出演していた『素晴らしきヒコーキ野郎』（65年）はメチャ面白い映画だったが、結局、米英が"いい役"を独占し、ドイツとソ連は悪玉（?）にされていたし、仏伊は米英の2番手に甘んじていた。しかし、日本人の目で仏と伊の男女を比べると、仏はアラン・ドロンやカトリーヌ・ドヌーブを代表とする美男美女の国であるのに対し、伊はジャン＝ポール・ベルモンドを代表とする、"何でもあり"の"遊び人男"と、本作前半のソフィア・ローレン演じるナポリ女ジョバンナのような、自由奔放で"誰とでもすぐに寝る女"というイメージだった。イタリア男が結婚による束縛を極端に嫌がっていることは、本作前半のアントニオの「結婚するくらいならサソリに噛まれた方がまし！」の言葉を聞けば明らかだ。ところが、そんなアントニオをうまくたらしこみ（?）、12日間のハネムーンを終えて、兵役に就く頃の2人は超ラブラブ関係になっていたから面白い。

本作前半のそんなイタリアの男女の描写は、ソフィア・ローレン主演の『あゝ結婚』と同じようなトーンだが、ソ連への旅の中でやっと巡り合えたアントニオが今は美しい妻マーシャとその間に生まれた一人娘と共に幸せに暮らしていることを知って絶望したジョバンナが、イタリアに戻ってしまうと、完全に2人の恋も愛もジ・エンド！誰もがそう思ったはずだが、意外にも・・・。

本作ラストに向けて今度は、アントニオが妻子を残して1人イタリアのジョバンナの元を訪れるシークエンスになるので、それに注目！その時、ジョバンナは如何なる立場に？そして、如何なる対応を？それはあなた自身の目でしっかり確認してもらいたいが、本作ラストに見る、別れた後も続く、2人の愛の深さに私は大感動！

2023（令和5）年8月16日記

監督： バリー・レヴィンゾン
原作： アラン・スコット・ハフト
出演： ベン・フォスター／ヴィッキー・クリープス／ビリー・マグヌッセン／ピーター・サースガード／ダル・ズーゾフスキー／ジョン・レグイザモ／ダニー・デヴィート

★★★★

アウシュヴィッツの生還者

2021 年／カナダ・ハンガリー・アメリカ映画
配給：キノフィルムズ／129 分

2023（令和5）年8月19日鑑賞 ／ シネ・リーブル梅田

みどころ

　"アウシュヴィッツもの"と"ボクシングもの"が合体した映画は『アウシュヴィッツのチャンピオン』（20 年）だけ。そう思っていたが、よく似たタイトルの本作が登場！

　あれが実話なら、これも実話！しかし、前者は、同じ囚人たちのパンのため、薬のために戦ったのに対し、本作の主人公ハリーは何のために戦ったの？

　"アウシュヴィッツの生還者"の第2の人生がアメリカだったことはうなずけるが、1949 年のハリーはニューヨークで「アウシュヴィッツの生還者」を"売り"にリング上に立っていたから、アレレ。よくそんなことができるものだ。そう考えた新聞記者から取材を申し込まれると、"ハリーの秘密"を知る兄の反対にもかかわらず、ハリーはそれを受諾！その理由は？思惑は？

　本作はハリーの息子の著書に基づくものだが、取材以降、①ハリーの世界チャンピオン戦への挑戦と敗北、②ハリーの結婚と第2の人生のスタート、そして2人の子供の誕生と続くが、更に、③「アウシュヴィッツからの生還」から14年後の1963 年、ハリーは恋人レアとの奇跡の再会を果たすことになるからビックリ！こりゃ、出来過ぎ！？誰もがそう思うが、そんな体験を経たハリー一家の絆は？

　移民の国、自由の国アメリカの懐の深さにも納得！

――＊―＊―＊―＊―＊―＊―＊―＊―＊―＊―＊―＊―＊―

■□■あれが実話なら、これも実話！その対比は？■□■

　"ボクシングもの"の名作は『ロッキー』シリーズをはじめ、数多い。しかし、"アウシュヴィッツ"を冠にした、"実話に基づくボクシングもの"は、『アウシュヴィッツのチャンピオン』（20 年）（『シネマ51』83 頁）だけ！？同作は、アウシュヴィッツ収容所が建設

された 1940 年に"第 1 期生"として入った、ポーランド人の"囚人番号 77"こと、テディを描くものだったが、そんな映画は同作が最初にして最後のもの。私はそう思っていたが、同作と酷似するタイトルの本作が公開されたからビックリ！さらに驚いたのは、本作も"実話に基づく物語"であることだ。

本作冒頭、「ポーランドの誇りにしてアウシュヴィッツの生還者」を"売り文句"に、1949 年のアメリカのリング上で話題を呼んでいるボクサー、ハリー・ハフト（ベン・フォスター）の姿が登場する。本作の原作は彼の実の息子であるアラン・スコット・ハフトが書いた著書だ。『グラディエーター』（00 年）はコロシアム（円形闘技場）で戦う奴隷の物語だったが、『アウシュヴィッツのチャンピオン』の主人公テディがリングに上がって戦ったのはパンのため、薬のためだった。しかして、本作の主人公ハリー・ハフトは何のためにリングに上がり、試合を戦ったの？そしてまた、幸いにも「アウシュヴィッツの生還者」となった彼は、なぜ戦後アメリカに渡り、1949 年の今、アメリカのリング上で試合を戦っているの？

■□■記者の取材目的は？応じることの功罪は？■□■

1949 年、NY 市のコニーアイランドのリング上で、ハリーは華々しい活躍を続けていたが、戦時中の記憶のフラッシュバックに悩むようになった現在は、6 連敗中。ある日の試合終了後、兄のペレツ（サロ・エミルゼ）とバーで一緒に飲んでいると、エモリー・アンダーソン（ピーター・サースガード）と名乗る記者から、「君の人生に興味がある」と取材を申し込まれることに。

ハリーはそれを聞いていた兄から、「誰に頼まれても喋るんじゃない。絶対にな」と強く釘を刺されたが、兄が取材に強く反対する理由は一体ナニ？他方、8 年前に収容所に連行され、行き別れになった恋人レア（ダル・ズーゾフスキー）を今なお探しているハリーは、この取材に応じたものが記事になれば、ひょっとしてそれを読んだレアと会えるかもしれないと考えることに。

そう考えると、ハリーにとって、この取材に応じることの功罪は？

■□■ハリーの決断は？世界戦への挑戦の狙いは？■□■

そこで、ハリーがレアに自分の無事を知らせる手段として思いついたのは、自分と次の世界チャンピオンと目されるマルシアノとのタイトルマッチ戦。この世界タイトルマッチが広く報道されれば、生きているはずのレアは必ずその記事を読み、ハリーに連絡をしてくるはずだ。そう考えたハリーは、実力では相手にされないマルシアノの気を引くために、アンダーソンの取材を受ける決断を下すことに。

そこでハリーが語ったのは、自分がアウシュヴィッツで生き残ることができた理由は、ナチスの親衛隊中尉シュナイダー（ビリー・マグヌッセン）から、将校たちの暇つぶしに主催している賭けボクシングに出場するよう迫られ、やむなくそれに従ったところ、対戦相手となった同胞のユダヤ人たちに次々と勝利し、負けたユダヤ人はその場で射殺された

155

という驚愕の事実だった。この賭けボクシングに勝利することは、ハリーにとって生きるためにやむを得ない行為だったが、ハリーに敗れて射殺されたユダヤ人には、ハリーの親

友も含まれていたから、そこでハリーが心に受けた傷は大きかった。

数日後、「生還の代償。背信のボクシング」というスキャンダラスな見出しで掲載されたハリーの記事は、大きな反響を及ぶことに。その結果、ハリーは一方では、兄が心配していた

通り、ユダヤの同胞たちから「裏切り者！」と非難されたが、他方で、狙い通り"ポーランドの誇りにしてアウシュヴィッツの生還者"を売りにしたハリーに興味を示したマルシアノとのタイトルマッチが実現することに。

■□■ハリーは世界戦の実現とその敗北をどう受け止める？■□■

映画は時間を自由に操れる芸術だから、何かと便利。そこで、本作は、アウシュヴィッツの収容所時代に、かつてコロシアム（円形闘技場）で戦った奴隷と同じように、ナチス将校たちの賭けの対象として、リング上でボクシングの試合をするハリーと、1949年の今、NY市コニーアイランドのリング上で試合をするハリーの姿を交互に映し出していく。

そこで驚くべきことは、第1にハリーを演じたベン・フォスターが28kgもの体重減をして本作の撮影に臨んだため、アウシュヴィッツ時代の痩せ細ったガリガリのハリーと、今は小太りの中年男になってしまったハリーの両者が交互に登場すること。第2に、本作はカラー作品だが、フラッシュバックの手法で登場してくるアウシュヴィッツ収容所時代は、すべてモノクロ撮影になっているから、その撮影の対比にも注目！

他方、とりわけ『ロッキー』シリーズでは、ラストに登場してくるクライマックスの対戦に向けて、コーチと共にハードな練習を積み上げていくロッキーの姿が印象的かつ興味深かった。しかし、本作中盤に見るトレーナーのペペ（ジョン・レグイザモ）の指導の下でのハリーの練習風景や、マルシアノ陣営のコーチであるチャーリー・ゴールドマン（ダニー・デヴィート）を特別コーチに招いてのハリーの練習風景はどんな意味があるの？なぜなら、両者の実力の差は最初から分かっているし、万に一つもハリーに勝ち目のないこ

とは誰の目にも明らかだからだ。それを誰よりも正確に見抜いているチャーリーは、「せめて第1ラウンドだけでも・・・」と、"ある策"を授け、それはそれなりに功を奏したが、結果は予想通り、ハリーのノックアウト負け。これにてハリーはボクシングの世界を引退する決意を固めたが、彼はこの世界戦と、その敗北をどう受け止めるの？

■□■興味深い親衛隊中尉のキャラに注目！ある種の友情も？■□■

　本作と同じ日に観た『クエンティン・タランティーノ　映画に愛された男』（19年）では、『イングロリアス・バスターズ』（09年）（『シネマ23』17頁）で"ユダヤ・ハンター"の異名をとるナチス親衛隊のハンス・ランダ大佐役を演じたクリストフ・ヴァルツが、同作やタランティーノに関するさまざまな逸話、秘話を語っていたが、同作でのランダ大佐の悪役ぶりはとことん徹底していた。ところが、本作でハリーのボクサーとしての資質を見抜き、彼を囚人同士の賭けボクシングの"ヒーロー"に祀り上げていったナチス親衛隊中尉シュナイダーは、立場の違いこそあれ、「こいつはいい奴だ」と思わせる（？）面があるのでそれに注目！

　現在放映中のNHK大河ドラマ『どうする家康』は、常に家康への"選択肢"を示し、そこでの彼の"選択"に焦点を当てているが、それはシュナイダー中尉も同じだ。その選択がハリーにとって残酷なものであるのは当然だが、少なくともシュナイダー中尉の主観において、彼はハリーに対して"強要した"とは考えていないだろう。そればかりか、ひょっとしてシュナイダーはハリーに対して、賭けボクシングで共に戦う"戦友"のような友情のような気持ちを持っていたのかもしれない。

　そんな2人の間の微妙な気持ちの動きは、ドイツの敗色が濃くなり、ソ連からの反撃が強まる中で、収容所が閉鎖され、シュナイダー中尉もハリーたちと共に西に向かう"敗北の行進"を進める中で少しずつ明らかになってくるので、それに注目！2人だけの状況下で立場が逆転し、ハリーが銃をシュナイダーに向けることになると、さあ、そこでのハリーの決断は・・・？

■□■ハリーの結婚相手は？引退後の生活は？■□■

　本作は、実の息子のアランが「アウシュヴィッツの生還者」たる父親、ハリーの人生を綴った著書を原作とした映画だが、ハリーの妻、つまりアランの母親についての描写は少ししかない。もちろん、本作は「アウシュヴィッツの生還者」たるハリーに焦点を当てた物語だから、"生還"後、ハリーが誰と結婚したかは基本的にどうでもいいこと。しかし、ハリーがマルシアノとの世界タイトルマッチに敗れ引退を決意した時は、同時にそれまでレアを探すことに何かと協力してくれていた、移民サービスに勤めている女性、ミリアム（ヴィッキー・クリープス）とすんなり結婚することになったからアレレ。

　もちろん、それはそれで悪いことではない。その結婚とボクシング界からの引退によって、ハリーが「アウシュヴィッツの生還者」という肩書きを捨ててしまうことができれば万々歳だ。しかし、ハリーはこのように新しい人生に踏み出しながら、なおミリアムにも、

そして記者のアンダーソンにも未だ話していないアウシュヴィッツ収容所時代のつらい思い出があったらしい。

　そのため、ハリーは1963年の今、ミリアムと共にブルックリンで生活用品店を営み、2人の子供にも恵まれていたが、そこに14年ぶりにアンダーソンが現れ、ようやく見つけたというレアの住所を渡したから、さあ、ハリーはどうするの？まさか、今の安定した生活を捨て、1人でレアのもとへ？いやいや、それはないだろう。しかし・・・。

■□■この再会は出来すぎ！？米国讃歌にも納得！■□■

　ハリーがボクシング界を引退した（表向きの）理由は、世界チャンピオン戦に敗北したためだが、それ以上の（ホントの）理由は、その試合中にリング上でレアの死を感じ、確信したためだ。ハリーはそのことを明確に兄に告げた上でミリアムと結婚し、新しい生活に踏み出したのだから、最初にハリーに取材を申し込んだアンダーソン記者は、その後、レアの生存が判明したとしても、それをハリーに伝える必要があったのかどうかは疑問だ。アンダーソンがもし、それをハリーに伝えていなければ、本作ラストに見るハリーとレアとの奇跡の再会シーンはなかったはず。また、本作ラストに登場するハリーとミリアム、そして2人の子供たちをビーチ上に映す映像も登場しなかったはずだ。

　賭けボクシングに勝ち抜くことによって「アウシュヴィッツの生還者」になったハリーと、ハリーとは全く別の方法で、奇跡的に「アウシュヴィッツの生還者」になったレアが、14年後の1963年に再会するというのは、いくらアンダーソン記者の粘り強いレア探しの努力があったとしても、あまりにも出来過ぎ！？誰もがそんなシーンの実現を信じられないはずだ。また、そこで興味深いのは、ハリーがそこに長男のアランを同行させたこと。もちろん再会のシーンは2人だけだったが、ハリーはなぜ自分の息子アランをそんなところに同行させたの？それをしっかり考えたい。他方、ハリーが一家4人で旅に出た理由がレアとの再会にあることは、ミリアムも感じ取っていたようだが、ハリーがレアと会っている間、ミリアムはじっと待たされていた。それは一体なぜ？それも併せてしっかり考えたい。

　そんな検討（？）が必要なシークエンスの後、本作ラストは海岸のビーチチェアにハリーとミリアムが並んで座り、その側で2人の子供が遊んでいるシーンになる。そして、その直後に2人の口から、自由の国、移民の国、アメリカを讃美するセリフが流れてくるので、それに注目！もちろん、これには賛否両論あるところだが、日本は基本的に外国人に対して閉鎖的な国であるのに対し、アメリカは移民の国、そして自由の国だ、ということに私は納得！

2023（令和5）年8月24日記

Data　2023-106

監督：ジェイク・パルトロウ
脚本：トム・ショヴァル／ジェイク・パルトロウ
出演：ノアム・オヴァディア／ツァヒ・グラッド／アミ・スモラチク／ヨアブ・レビ／トム・ハジ／ロテム・ケイナン／ジョイ・リーガー

★★★★★

６月０日
アイヒマンが処刑された日

2022 年／イスラエル・アメリカ映画
配給：東京テアトル／105 分

| 2023（令和5）年9月16日鑑賞 | シネ・リーブル梅田 |

👁👁 みどころ

　ヒトラーはあっさり自殺してしまったが、アルゼンチンに逃亡したアドルフ・アイヒマンは長い長い潜伏期間を経て、やっとイスラエルの諜報機関"モサド"に逮捕された。その追及ぶりや、アイヒマン裁判の姿は次々と映画化されてきたが、死刑の執行や遺体の処理は全く知られていない。

　他方、人口の９割をユダヤ教徒とイスラム教徒が占めるイスラエルでは、律法により火葬は禁止！すると、死刑が執行されたアイヒマンの遺体は、誰が、どのように処理したの？そんなマニアックな（？）テーマに絞った本作の監督は、美人女優グウィネス・パルトロウの実の弟であるジェイク・パルトロウだ。原題を『JUNE ZERO』、邦題を『６月０日　アイヒマンが処刑された日』とする本作の切り口の巧妙さと面白さは、群を抜いている。

　1948 年に建国されたイスラエルの動静は、中東の安全保障戦略上、極めて重要だが、"3 種類"のイスラエル国民とは？そんな学習をしっかり重ねながら、本作の問題提起をしっかり受け止めたい。

——＊——＊——＊——＊——＊——＊——＊——＊——＊——＊——＊——

■□■アイヒマンの逮捕と裁判は？死刑執行は？ 遺体処理は？■□■

　アドルフ・アイヒマンを巡る映画は多いが、その中で最も有名なものは、『ハンナ・アーレント』（12 年）（『シネマ32』215 頁）。ナチス・ドイツの迫害を逃れアメリカに亡命した女性哲学者ハンナ・アーレントに期待された「裁判傍聴記」の内容は、アイヒマンがいかに極悪非道な男であるかを赤裸々に"実況中継"することだったが、そんな期待に反して、彼女は傍聴の結果を「悪の陳腐さ（凡庸さ）」と結論づけたから、アレレ、アレレ・・・。また、『アイヒマン・ショー　歴史を映した男たち』（15 年）（『シネマ38』150 頁）も、アイヒマン裁判を詳細に描いた映画だったし、さらに、『アイヒマンの後継者　ミルグラム博

士の恐るべき告発』（15年）（『シネマ39』101頁）では、「アイヒマン裁判」に続いて、「アイヒマン実験」なるものを勉強することができた。

他方、ナチス・ドイツの崩壊と共に、1945年5月1日に自殺してしまったヒトラーの最期は『ヒトラー〜最期の12日間〜』（04年）（『シネマ8』292頁）で有名だが、アイヒマンはバチカン発行のビザと偽名を使ってアルゼンチンに逃亡し潜伏生活を送ったため、その行方を必死で追ったのがイスラエルの諜報特務庁"モサド"だ。その追跡の姿は『アイヒマンを追え！ナチスがもっとも畏れた男』（15年）（『シネマ39』94頁）が詳細に描いていた。

このように、アイヒマンを巡っては、第1に逃亡するアイヒマンをイスラエルの諜報機関「モサド」が逮捕するまでの物語、第2に逮捕されたアイヒマンが起訴され、裁判で死刑判決が確定するまでの物語、の2つが主流だった。そのため、死刑判決が確定したアイヒマンに対して、如何に死刑の執行がされたの？さらに、その死体は如何に処分されたの？その点について触れた映画は、これまで存在しなかった。しかし、原題を『JUNE ZERO』、邦題を『6月0日　アイヒマンが処刑された日』とした本作は、誰がどうやってアイヒマンの遺体を火葬したのか、に注目した、かなりマニアック（？）な映画だから、まずはそのテーマに注目！

■□■イスラエル建国の事情と両極端のイスラエル国民とは？■□■

韓国や台湾をはじめ、近隣アジア諸国への関心が薄い日本人は、より複雑な中東やアフリカ諸国の情勢については基本的にチンプンカンプン。名作『アラビアのロレンス』（62年）を観れば、第2次世界大戦中にイギリスが中東やアフリカ方面において、如何に"二枚舌"を使っていたかが明白になるが、ナチス・ドイツが崩壊した後の中東において、1948年にイスラエルが建国されたのはなぜ？そこにアメリカの強力な支援があったことは有名だが、すると、アイヒマンを逮捕したイスラエルの諜報機関「モサド」はアメリカのCIAの指導を受けていたの？

本作導入部では、リビアから一家でイスラエルに移民してきたダヴィッド少年（ノアム・オヴァディア）が、父親に連れられてゼブコ社長（ツァヒ・グラッド）の経営する鉄工所に雇われるストーリーが描かれる。それはそれで理解できるが、そこには日本人には到底理解できない、さまざまな"深い深い事情"が横たわっているので、それについてはパンフレットの熟読が不可欠だ。

本作のパンフレットには、早尾貴紀氏（東京経済大学教授）のColumn「三つのユダヤ人グループの「イスラエル国民」」があり、そこでは、1948年に建国されたイスラエル国民は、①強い民族意識を基に、自らの意志でイギリス委任統治領パレスチナに入植し、そして統治者であるイギリス人および先住民と周辺のアラブ人との戦闘の末に独立を勝ち取ったイスラエル国民と②ホロコーストをなんとか生き延びた生存者として、イスラエル国民になった者、の両極端に分けられている。そのため、①の人たちは同じユダヤ人にあっ

ても、②の人たちに対して「収容所に送られる前に自ら移民しなかったのだから自業自得」「弱々しいダメなユダヤ人」として冷たい視線を送っていたらしい。

■□■第3種類のイスラエル国民とは？この少年がその典型！■□■

　同氏のコラムは、さらに続けて「この対照的な二つのユダヤ人集団の相矛盾する物語およびその和解の話であれば、いくつもの批評や映画などで扱われてきた。」としたうえ、本作では、さらに異質な物語を有する「第三のユダヤ人集団」、つまり、国民統合に困難を抱える中東系ユダヤ人「ミズラヒーム」たちが多数登場していることを指摘する。しかして、本作の主人公として登場する少年ダヴィドは、まさにこの第三の種類のイスラエル人なのだ。なるほど、なるほど。

　このようにイスラエル国民には3種類（3つのグループ）があることがわかると、前述した「深い深い事情」の1つが見えてくる。それは、学校の授業中に、授業を中断してまでアイヒマン裁判の死刑判決に聞き入る教師の姿と、それに全く興味を示さないダヴィド少年の姿との対比だ。この違いは、教師が第1グループに属するイスラエル国民であるのに対し、ダヴィド少年は第3グループのイスラエル国民であるために生まれたもの。つまり、アイヒマン裁判に関する両者のスタンス（興味）に大きな違いがあり、アイヒマン裁判やその死刑判決に対する"思い入れ"が全然違うわけだ。なるほど、なるほど。

■□■設計図と共に小型焼却炉の特注が！その使い途は？■□■

　アウシュヴィッツ強制収容所では大量のユダヤ人がガス室に送られたが、そんなに大量の人間を燃やす焼却炉は一体どうやって作ったの？それはともかく、遺体を土葬するのか、火葬するのかを巡っては、国や宗教によって、いろいろな考え方がある。もちろん、今の日本では火葬だが、人口の9割をユダヤ教徒とイスラム教徒が占めるイスラエルでは、律法により火葬が禁止されており、火葬設備が存在しないらしい。ところが、アイヒマンの逮捕、起訴、死刑判決と、5月31日から6月1日の真夜中≪イスラエル国家が死刑を執行

する唯一の時間≫の"6月0日"に絞首刑に処せられたこと、そして、その遺体は火葬され、遺灰はイスラエル海域外に撒かれたことは、"歴史的事実"として知られている。しかし、アイヒマンの死刑執行は、いつ誰の手で、どのように行われたの?そして、アイヒマンの遺体は、いつどのように火葬されたの?

本作は、それをテーマにした映画だから、かなりマニアック(?)だが、そんなテーマがストーリーの核心として登場するのは、ゼブコが、かつての戦友で今は刑務官をしているハイム(ヨアブ・レビ)から小型焼却炉製造の"特注"を受けるところからだ。設計図を片手にハイムが持ち込んできた、その"特注"が、アイヒマンの遺体を燃やすための小型焼却炉の製造だと聞いたゼブコはビックリ!さあ、ゼブコはこの特注を受けるの?ちなみに、その設計図はアウシュヴィッツで使われたトプフ商会の小型焼却炉のものだったが、そもそもゼブコの鉄工所にそんなものを造るだけの技術・能力があるの?ゼブコの決断は「ゴー!」だったが、それを聞いた従業員たちの間に大きな動揺が広がったのは当然だ。

平気でコソ泥をする、ある意味で不良少年(非行少年)のダヴィッドは、炉の掃除ができる少年を探していたゼブコ社長にとっては絶好だったし、トラブルが発生した取引先との喧嘩の処理でも、ダヴィッドは意外に有能な才能を発揮したから、これは予想外の収穫!左腕に囚人番号の刺青が残る板金工のヤネク(アミ・スモラチク)、技術者のズエラ、鶏形のキャンディがトレードマークのココリコなど、気さくな工員たちもダヴィッドを可愛がってくれたから、今やダヴィッドは学校ではなく、鉄工所が最も居心地の良い場所になっていた。

特注の小型焼却炉を製造するためには鉄工所を挙げての結束(チームワーク)が不可欠だが、そこで建国の「英雄」であるゼブコが、そんな従業員の中から、一方でホロコースト生存者であるヤネクを指名して焼却炉の運搬と炉の操作を担当させ、他方でダヴィッドに焼却炉の製造をさせたのは一体なぜ。それについて、前記、早尾貴紀のコラムは「このことは、三つのユダヤ人グループのイスラエル国民としての統合を見事に象徴している。」と解説しているので、私たちはそんな"深い深い事情"についても、しっかり学習したい。

■□■監督は?原題は?監督の問題意識は?■□■

本作の監督はジェイク・パルトロウ。そう聞くと、どこかで聞いた名前を思い出す。それは、『恋に落ちたシェイクスピア』(98年)でアカデミー主演女優賞を受賞した美人女優グウィネス・パルトロウだが、パンフレットによると、1975年生まれのジェイク・パルトロウはグウィネス・パルトロウの実の弟らしい。本作のパンフレットには Director's Interview があり、その最初の質問は、「この作品を撮ろうと思った理由と、なぜこのタイミングを選んだのかについて教えてください。」だ。そして、その答えは、次のとおりだ。

私が第二次世界大戦とユダヤ人の歴史に深い関心を抱くようになったのは、父の影響です。第二次世界大戦とユダヤ人の歴史は、幼い頃から父とつながる「場所」であり、一緒に考

え、議論を交わすテーマでもありました。イスラエル当局は、さまざまな法的・政治的な理由から、アイヒマンを絞首刑にしたあとに火葬する選択をしています。私は、火葬を行わない文化・宗教において、それが実行された事実に興味を覚えました。これがストーリー作りの発端です。情報はほとんど見つかりませんでしたが、リサーチを進めるうちに「アイヒマンの遺体を焼くための火葬炉が作られた工場で、少年時代に働いていた」という男性の証言に行き当たりました。『6月0日 アイヒマンが処刑された日』は、国家としての在り方を模索中だったイスラエルに移り住んだ少年の視点を通して、少年が新たな土地に適応し、自分のアイデンティティを見つけるために、さまざまな苦難や挑戦に向き合うところからストーリーが始まります。

　他方、本作の原題は『JUNE　ZERO』。「ジューン・ブライド（6月の花嫁）」は有名だが、「JUNE　ZERO」って一体何？それは『6月0日　アイヒマンが処刑された日』という邦題を見ればすぐにわかるが、なぜ処刑された日が6月0日だったの？それはいくら考えても私にはわからなかった。しかし、ジェイク・パルトロウ監督のインタビュー最後の「タイトルの由来をお聞かせください。」に対する、次の回答を見れば、なるほど、なるほど・・・。

劇中に繰り返し登場するタブロイド紙があります。あの時代に実在した「シャルリー・エブド」紙、「プレイボーイ」誌、「ニューヨーク・ポスト」紙をかけ合わせたような、架空のタブロイド紙です。『6月0日』は、アイヒマンの処刑を報じたタブロイド紙の日付に由来しています。アイヒマンの処刑日が注目すべき記念日になることを避けるために編集者が発行日をJUNE　ZERO（6月0日）としたものですが、それがかえって印象を強めることになっています。

　本作の鑑賞については、そんなタイトルの意味をはじめとするジェイク・パルトロウ監督の問題意識をしっかり学習する必要がある。

■□■ラムラ刑務所の任務は？その緊張度は？死刑執行は？■□■

　裁判中の被告人アイヒマンを収監しているのはラムラ刑務所。死刑判決が下れば、どうすればいいの？法を遵守し、宗教にも配慮し、遺族には決して遺体を引き渡さないようにするためにはどうすればいいの？そんな悩みを抱えながら、署長やイスラム警察捜査官ミハ（トム・ハジ）などの関係者は、さまざまな可能性を検討し、処刑直後にアイヒマンの遺体を署内で内密に火葬し灰にすることを決定したらしい。世界が注目する中、死刑の執行は万難を排して粛々と執行しなければならないのは当然のこと。ナチスの残党によるアイヒマンの遺体奪還作戦はないの？報復のため、刑務所が襲われる危険はないの？そんな緊張感の中、刑務所全体に厳戒態勢が敷かれたのも当然だ。そのため、刑務所内はピリピリした緊張感に包まれ、最前線で警護するハイムも神経を尖らせたが、そんな中、目の前の死刑囚アイヒマンは他人事のようにベートベンの『悲愴』を聴きながらタバコをくゆら

せていたから、アレレ、アレレ・・・。

スクリーン上には、一方でそんな風景が映し出されるが、他方では取調官としてアイヒマン裁判に出席し、ホロコースト体験を証言したミハが、ユダヤ教会主催のツアーに招待された。ツアーの中、自分が殺されかけたゲットー跡地で強い思いを胸に、参加者に過去を語り続ける風景が描かれる。このミハは、前述したイスラエルの3つの人種のうち2番目のアウシュヴィッツの被害者だが、どんな思いでアイヒマンの死刑と、その遺体の焼却処理に参加していたの？

■□■焼却炉造りの成否は？遺体焼却の成否は？■□■

私たち日本人は、肉親のお葬式の後、火葬場に赴き、焼却された遺体から遺骨を拾う作業を何度か経験しているが、火葬のないイスラエル人はそんな経験が全くないらしい。そればかりか、遺体を焼却することすら知らないのだから、いかに鉄工所を経営しているゼブコでも、遺体を焼く焼却炉を作るのは大変な仕事だ。その参考になるのは、アウシュヴィッツで使われていたトプフ商会の小型焼却炉の設計図だけだから、その困難さはなおさらだ。死刑執行が迫る中、完成した焼却炉で動物の遺体を焼却してみると、アレレ、アレレ。完全に骨になっていなかったから、こりゃダメ！温度をもっと上げなければならないが、そのためには、何をどうすればいいの？

本来なら、ここでゼブコが経営する鉄工所での小型焼却炉製造プロジェクトは頓挫してしまうはずだが、本作ではそこからダヴィッド少年の才能が発揮され、見事にプロジェクト成功に至るので、それに注目！しかして、アイヒマンの死刑執行は如何に？遺体の運搬は如何に？焼却炉の燃え具合、温度具合は如何に？そして、その中に入れられた遺体の数時間後の姿は如何に？

■□■ダヴィッドVSイスラエル兄弟の名前にも注目！■□■

イスラエルと聞くと、私はモーゼの『十戒』（56年）を思い出す。流浪の民となったユダヤ民族の中で、もちろん"モーゼ"は有名だが、それ以上に有名で人気が高いのが、古代イスラエルで最も偉大な王とされている"ダビデ"だ。したがって、リビアからの移民に過ぎない少年を"ダヴィッド"と名付けるのはあまりに厚かましい。それは前述したゼブコのような第1グループのイスラエル人なら、とりわけ強く感じるはずだ。したがって、本作導入部は、父親に連れられたダヴィッドがゼブコの経営する鉄工所での面接にやってくるシーンから始まるが、それをダヴィッド＝ダビデという名前に焦点を当てて鑑賞するのも一興だ。

さらに興味深いのは、ダヴィッド少年の弟には、イスラエルという名前が付けられていること。こりゃ、一体ナニ？前記、早尾貴紀氏のコラムによると、これは「統合と綻びを描くための意図的な設定であろう」と述べているから、なるほど、なるほど。そんな点からも、本作をしっかり味わいたい。

2023（令和5）年9月21日記

Data　2023-47

監督：ペテル・マガート
脚本・原案：ユエン・グラス
出演：アリシア・アグネソン／ラク
　　　ラン・ニーボア／ブライア
　　　ン・キャスプ／クララ・ムッ
　　　チ／ヤン・ヤツクリアク／エ
　　　イミー・ラフトン／アビゲイ
　　　ル・ライス／クリスティー
　　　ナ・カナートヴァー

SHOW-HEY シネマルーム

★★★★

未来は裏切りの彼方に

2019 年／スロバキア映画
配給：NEGA／98 分

2023（令和5）年4月20日鑑賞　｜　シネ・リーブル梅田

👀 みどころ

　ポーランドを舞台とする "ナチスもの"、"ヒトラーもの" は数多いが、チェコスロバキアを舞台とするそれは珍しい。しかも、原題の『Little Kingdom』に対して、本作の邦題は何と『未来は裏切りの彼方に』。本来 "裏切り" は恥ずべき、非難されるべきことなのに、なぜこんな大胆な意訳を？これでは "裏切り" を奨励することになる恐れも・・・？

　脱走兵であることを知られたくない男と、娼館の女であることを隠している女。「誰にでも秘密はある」では済ませられない、そんな秘密の保持は一体いつまで？微妙なバランスの中で成り立っていた「Little Kingdom」はナチス・ドイツの劣勢化に伴い、どう変化していくの？

　そんな状況下、"裏切り" は必然だが、そこから壊れていく人間関係は如何に？しかして、再度この邦題は適切なの？いろいろと、じっくり考えたい。

—— * —— * —— * —— * —— * —— * —— * —— * —— * ——

■□■これはナチスもの？冒頭の兵士たちは？■□■

　私はナチスもの、ヒトラーものが大好き。その延長として２０２０年５月には『ヒトラーもの、ホロコーストもの、ナチス映画大全集』を出版している。しかして、本作はそのナチスもの？ヒトラーもの？

　本作のインタビューで「２１世紀の時代においてナチスやヒトラーを取り上げる理由は何でしょうか？」と質問されたペテル・マガート監督は、「戦争映画には魅力的な側面があるが、本作に関して言えば、そのジャンルから少し外れると思っている。」と述べた上で、「必ずしも戦争映画というジャンルには入りません。ただ、スロバキアに関してご説明しますと、この国は昔、ナチス側の思想を持っていました。ヒトラー寄りではありますが（補足として：戦争が終わる前に、スロバキア民衆蜂起による反撃をした事によって、思想がひ

っくり返った国家です。）、この国は第二次世界大戦における過去との折り合いがまだ、つけられていない部分が大きくあります。そんな中、近年まで、政府でも4番目に強い政党が、ナチス寄りの国粋主義的な政党でした。恐ろしい一面を持った国でもあったんです。」と説明している。しかし、そもそもスロバキアの歴史に疎い日本人には、そこら辺りは分かりにくい。

本作冒頭、森の中を歩く一団の敗残兵とおぼしき男たちが娼館を見つけて喜ぶシークエンスが登場するが、これは第二次世界大戦末期のチェコスロバキア第一共和国の歩兵部隊らしい。本作の主人公ジャック（ラクラン・ニーボア）を含む彼らは娼館に入り、女たちを"鑑賞"した後、女を連れてそれぞれの個室へ。しかし、ジャックだけは美人の娼婦キャット（クララ・ムッチ）の誘いにもかかわらず一通の手紙を握りしめて娼館を飛び出したが、これはひょっとして脱走？

■□■この「小さな王国」なら安泰？いやいや・・・■□■

妻のエヴァ（アリシア・アグネソン）の元へ戻ったジャックは、脱走兵であることを隠してエヴァが働いている軍需工場で共に働くことになったが、スロバキアではそんなことが可能なの？日中戦争から太平洋戦争時代の日本の陸軍ではそんなことはあり得ないが、ナチス支持勢力とそれに反対するレジスタンスや武装蜂起勢力が混在していた当時のスロバキアではそんなことも可能だったらしい。

他方、本作の邦題は『未来は裏切りの彼方に』だが、原題は『Little Kingdom』。日本で「キングダム」といえば、原泰久原作の『キングダム』をすぐに連想する。すでに公開された『キングダム』（１９年）（『シネマ４３』２７４頁、『シネマ４４』１７２頁）、『キングダム２　遥かなる大地へ』（２２年）（『シネマ５１』１５８頁）に続いて、近く『キングダム　運命の炎』が公開されるが、「Little Kingdom」とは傲慢な男バール（ブライアン・キャスプ）が独裁経営する軍需工場のことを指しているらしい。もっとも、大砲の弾を生産しているこの工場は、戦争継続中は景気が良かったものの、ナチス・ドイツの勢力が弱まり、ソ連の侵攻が始まる中、戦争が終結してしまうと、軍需工場は無用の長物になってしまう。目下、そんな心配で夜もおちおち眠れないバールが政府の高官ハナーチェク（ヤン・ヤツクリアク）にそれを相談すると、ハナーチェクは「俺の愛人と結婚すること」というとんでもない条件と引き換えに、工場の安定経営を約束したからアレレ。さあ、バールはどうするの？こんな状況でも、バールの軍需工場は「Little Kingdom（小さな王国）」と言えるの？

■□■第二次世界大戦前後のチェコスロバキア情勢は？■□■

戦後生まれの私は、チェコスロバキアと聞けばすぐにソ連型の社会主義国を連想し、続いて１９８９年の「ビロード革命」を連想する。その連想の通り、１９４５年にナチス・ドイツから解放されたチェコスロバキアは、１９４８年以降はチェコスロバキア共産党の事実上の一党独裁制によるソ連型社会主義国となり、さらに１９６０年には国名をチェコ

スロバキア社会主義共和国と改め、１９８９年までそれが続いた。しかし、１９８９年に起きたベルリンの壁崩壊や天安門事件の影響を受けた１９８９年のビロード革命によって、チェコスロバキアも共産主義体制が崩壊した上、１９９３年１月１日には連邦制が解消され、チェコ共和国とスロバキア共和国に分離された。

他方、第二次世界大戦は１９３９年９月１日のナチス・ドイツによるポーランド侵攻によって始まったが、その影響をもろに受けたのが１９１８年１０月にオーストリア＝ハンガリー帝国から独立したチェコスロバキア共和国（第一共和国）。２０２２年２月２４日に起きた、ロシアによるウクライナ侵攻がウクライナの西側にあるポーランド等に大きな影響を与えたのと同じように、１９３９年のナチス・ドイツによる東方侵攻の電撃作戦は、チェコスロバキア共和国にも大きな影響を与えた。しかも、１９３９年当時のナチス・ドイツの力は２０２２年のロシアによる西方侵攻より遥かに強力だったから、ポーランドに続いてチェコスロバキア共和国も９月１日にはナチス・ドイツに併合されてしまった。

本作冒頭に見たジャックたち一団の兵士はチェコスロバキア共和国（第一共和国）の兵士だが、実際にはナチス・ドイツの支配下にあり、東方から反攻してくるソ連軍に対抗していた軍隊だ。したがって、彼らがナチス・ドイツに反対するレジスタンスの攻撃対象にされたのは仕方ない。脱走したジャックは知らなかったものの、後にキャットの口から聞かされたところでは、あの娼館にはレジスタンス武装勢力が押し入り、その中の兵士たちは全員殺されてしまったらしいから、まさに人生は糾える縄の如し。もし、あの時ジャックが脱走せず、仲間と共に束の間の享楽に浸っていたとしたら・・・？

■□■この再会にビックリ！互いの秘密の保持は？■□■

官と民の癒着構造は"腐った社会"ではもとより、"正常な社会"でもまま（常に？）あること。したがって、バールが「Little Kingdom」とも言うべき軍需工場を終戦後も独裁的に支配していくために、高官のハナーチェクに頼ったのは当然だ。そこで、私がよくわからないのは、なぜハナーチェクは前述のような条件をバールに出したのかということ。飽きてしまった愛人を、揉めたくないため、何でも言うことを聞く部下に"払い下げる"ことはままあるが、本作はひょっとしてそれ？そうとも思ったが、ハナーチェクはキャットに対する愛情を失っているように見えない。それは、バールが暴力を振るったことをキャットから聞かされると、烈火の如く怒っていた姿を見れば明らかだ。ならば、なぜそんな条件を？

私はそれがわからないまま本作の鑑賞を終えたが、ストーリー構成上最大のポイントは、そこではなく、キャットとの盛大な結婚式を終えたバールが工場内でキャットを連れ回していたところ、ある日ジャックとばったり遭遇すること。互いに一目で、「これは、あの時の女！」「これは、あの時逃げ出した客！」とわかったが、脱走兵であることを隠したいジャックと娼婦だった過去を知られたくないキャット間の、互いの秘密の保持は？また、そんな秘密を巡って、２人の利害はどこまで一致？どこで衝突？

■□■めでたく妊娠！だが、お腹の子は誰の子？ひょっとして？■□■

　他方、ジャックが戻ってきてからのジャックとエヴァとの夫婦生活は順調らしい。ジャックが戦場に行っていた中で流産の悲しみを味わったエヴァは今、それを乗り越えるためにも、再度の"愛の結晶"を望んでいたから、2人は忙しい仕事の傍らその方面にも励んでいたらしい。その結果、エヴァはめでたく妊娠！それはそれで喜ばしいことだが、夫の帰りを待っていたエヴァの同僚のジュリア（エイミー・ラフトン）が、戦場での夫の死亡を聞かされた後、その悲しみとエヴァとジャックへの嫉妬心の中、「ジャックが留守の間のエヴァはバールから可愛がられていた」とジャックに告げたから、さあ大変！ジャックの心の中にはエヴァとエヴァのお腹の子供について"ある疑惑"が生まれてくると共に、日々それが増大していくことに・・・。

　人間は、誰にでも秘密の1つや2つはあるもの。そう割り切ることができれば人生は簡単だが、そうはいかないのが人間。まして、第二次世界大戦末期のチェコスロバキアの「Little Kingdom」を舞台とした本作の登場人物たちは、全員曰く因縁をもち、重大な秘密を持った人物ばかり。ジャックの秘密とキャットの秘密を中心に、彼ら彼女らの様々な秘密はいつ誰のどんな行動の中、如何なる連鎖で明かされていくの？

■□■裏切りはやっぱりダメ？この邦題を認めていいの？■□■

　チャン・イーモウ監督がハリウッドの大スター、マット・デイモンを起用し、米中融合を目指した壮大な歴史劇が『グレートウォール』（17年）（『シネマ40』52頁、（『シネマ44』116頁）だった。同作の設定は12世紀の宋の時代。なぜか、そこにマット・デイモン演じる傭兵が登場し、"ある目的"のための長城建設に協力することになるが、同作のキーワードは"信任"だった。つまり、中国人であろうとヨーロッパ人であろうと、皇帝を守り、首都を防衛するために中欧が共に戦うためには、何よりも"信任"が大切だということだ。

　ちなみに、1600年9月15日に戦われた"天下分け目"の関ヶ原の合戦は、小早川秀秋の裏切りによって石田三成率いる西軍が徳川家康率いる東軍に敗れたから、古今東西、裏切りは武人として最も卑劣な行為とされてきた。それなのに、本作の邦題は、『未来は裏切りの彼方に』だからアレレ。これでは本作の鑑賞者や未来を担う子供たちに裏切りを推奨することになり、悪影響を及ぼすのでは？

　そんな私の心配通り、そしてまたジャックが心配していた通り、常にいい立場に立ちたがるキャットは、ある日、ある状況下で、「この男は脱走兵です！」と告げ口したからさあ大変！ジャックの逮捕、処刑が目の前に迫ってくる中、今や臨月となり、大きなお腹を抱えたエヴァはどうするの？

　そんな登場人物相互間の秘密をめぐる駆け引きも重大だが、他方、東からのソ連軍の侵攻にナチス・ドイツはいつまで耐えられるのか？という客観的な軍事情勢も大切。またハナーチェクが提示した奇妙な条件を丸呑みし、終戦後の工場経営の約束をとりつけたバー

ルだったが、レジスタンスの力が強まってくると、その約束はさて？

■□■キネマ旬報での評価は大分裂！英語劇は不自然？■□■

　私はいつもキネマ旬報の「REVIEW　日本映画&外国映画」を読んでいるが、本作については、星2つ、4つ、1つと3人の評価が大きく分かれている。ナチスもの、ヒトラーものを英語劇にすることの不自然さは、私がいつも感じること。それは、とりわけ共にハリウッドを代表する大スター、トム・クルーズ主演の『ワルキューレ』（08年）（『シネマ22』115頁）と、ブラッド・ピット主演の『イングロリアス・バスターズ』（09年）（『シネマ23』17頁）で顕著だったが、スロバキア映画である本作でもそれは同じ？ナチスもの、ヒトラーものの本場は当然ドイツだが、フランスやポーランドを舞台にしたナチスもの、ヒトラーものも多い。しかし、スロバキアを舞台にしたそれは珍しく、私は本作がはじめてだ。

　前述したように、本作はチェコスロバキアの兵士であるジャックの脱走劇から始まり、エヴァが待つ村に戻り、共に働き始めるところから本格的ストーリーがスタートする。あの時代、あんなところに娼館がぽつんと建っていることや、そこで多数の娼婦が働いていること自体が不自然だが、ジャックを客として迎えた娼婦・キャットが政府高官ハナーチェクの愛人だったという設定も不自然。さらに前述したように、ハナーチェクがバールに対して、キャットと結婚する（押し付ける？）ことを条件として、バールの「Little Kingdom」の継続を保証するという設定も不可解だ。

　キネマ旬報「REVIEW　日本映画&外国映画」では、英語劇にしていることにケチをつけた2氏が星2つ、星1つとしている上、その他の評価も低い。「ハイル・ヒトラー！」と叫ぶべきところを、英語で叫ばれたのではさすがに違和感が大きすぎるが、本作はそうではないので、私にはそんなに違和感はなかった。というより、そもそも私には星1つの評論家が言うように、「登場人物がそれぞれにてんでんバラバラな訛りの英語を話すのがわからない。」と書いていること自体がわからなかった。「REVIEW　日本映画&外国映画」でこれほど評価が分かれる例は珍しいので、ご参考までに・・・。

2023（令和5）年4月24日記

| **Short** ショートコメント ★★★ | **Data** 2023-72
監督・脚本：マティアス・ロ
ハス・バレンシア
出演：サルヴァドール・イン
スンサ／ハンス・ジシ
ュラー／アマリア・カ
ッシャイ／ノア・ヴェ
スターマイヤー／ダ
ヴィド・ガエテ |

コロニアの子供たち

2021年／チリ・フランス・ドイツ・アルゼンチン・コロンビア映画
配給：シノニム、エクストリーム／99分

2023（令和5）年6月15日鑑賞　　シネ・リーブル梅田

みどころ

　１９７０年に起きた、チリでのアジェンデ人民連合政府の樹立は、学生運動実践中の私には"快挙"だった。しかし、１９７３年９月の軍事クーデターでそれを倒したピノチェト軍事政権は、以降どんな政権運営を？"コロニア・ディグニダ"って一体ナニ？なぜそこが残党ナチスの巣窟に？極秘要塞に？

　そんな驚愕の実態を、エマ・ワトソンの主演で描いた問題提起作が『コロニア』（１５年）だった。すると、本作はその焼き直し・・・？同じテーマなら、本作の特徴は？ポイントは？

　折りしも日本では、ジャニーズ事務所のジャニー喜多川氏による元アイドルへの性加害事件が大問題になっているが、本作に見るコロニア・ディグニダの創設者パウルはその１００倍、１０００倍の凶悪さを見せつけてくれる。少し胸クソが悪くなるかもしれないが、本作ではそれに注目し、あらためて"コロニア・ディグニダ"の問題点を確認したい。

――＊――＊――＊――＊――＊――＊――＊――＊――＊

◆本作の邦題を見て、「コロニア」とはどこかで聞いたことのある名前だと思い記憶をたどっていくと、ドイツ、ルクセンブルク、フランス映画『コロニア』（１５年）（『シネマ３８』１６１頁）にたどり着いた。

　同作のチラシには、「一度でも足を踏み入れたら、脱出不能」「そこは、残党ナチスの巣窟　極秘要塞」「必ず、私が、救い出す。」「生還率０．０１％！＜驚愕の史実＞に基づく、緊迫の脱出劇」の文字が躍っていたが、同作で観た「コロニア・ディグニダ」は何とも恐ろしい施設だった。その詳細は、ウィキペディアを見れば詳しくわかるはずだ。

◆私は『コロニア』の"みどころ"で、次の通り書いた。

「コロニア」って一体ナニ？それは脱出不能、生還率０．０１％の残党ナチスの極秘要塞。なぜ、そんなものがチリに？アジェンデ人民連合政府を１９７３年９月の軍事クーデター

で倒したピノチェト政権とコロニアとの関係は？そんな「驚愕の史実に基づく緊迫の脱出劇」を、『ハリー・ポッター』シリーズの子役から大きく成長（成熟？）したエマ・ワトソンが大熱演！脱出劇の多少の粗さや甘さは無視し、歴史的な問題点をしっかり直視したい。

◆その上で、私は①「コロニア」って一体ナニ？、②「コロニア・ディグニダ」の実態は？、③１９７３年９月、サンティアゴで軍事クーデター発生！、④潜入したヒロインの活躍ぶりに注目！、⑤脱出成功までのプロセスは？その見せどころは？、⑤脱出成功！ところがその後も意外な展開が！、の小見出しで詳しく同作を評論した。

　同作に私の大好きなイギリス人女優、エマ・ワトソンが主演していたのは意外だったが、とにかく、同作の問題提起の鋭さに驚くとともに、自分の無知さについて恥じ入らざるをえない映画だった。

◆『コロニア』を観て「コロニア・ディグニダ」の実態を知ってしまうと、本作のチラシに躍っている「洗脳、独裁、拷問、虐待―― ナチス残党が築いたカルト」「１９８９年、チリ。ピノチェト政権下で隠され続けた歴史を、少年のまなざしが静かに暴き出す」「そこは、邪悪が支配する楽園」は、「何だ、同じテーマの蒸し返しか？」とつい思ってしまう。

　しかし、同時にチラシには「隔離された悪夢の中で、少年は大人になる」「知られざるチリの負の歴史。悪名高き＜実話＞」と書かれている。さらに、合唱団に入っていた小学生の時の私が憧れたウィーン少年合唱団を思わせる（？）、本作の主人公の少年をはじめ、６人の少年たちの姿が写っているので、やっぱり、こりゃ必見！

◆本作の物語は、奨学生としてコロニア・ディグニダの学校に通い始めた１２歳の少年パブロ（サルヴァドール・インスンザ）が、入学してすぐに集団を統治するパウル様（ハンス・ジシュラー）の"お気に入り"に選ばれるところから始まる。しかして、本作のテーマは「それは彼にとって地獄の日々への入り口だった。地域から隔離された謎の施設で遭遇する、あまりに不可解な出来事の数々。闇に触れた少年は、どのように現実と対峙するのか―。」になっていく。

　ちなみに、近時の日本では、ジャニーズ事務所のジャニー喜多川氏による少年への性加害事件が話題になっている。本作に見るパウルは、さしずめこのジャニー喜多川氏を１００倍、１０００倍凶悪化した"変態じいさん"だ。本作を観ているとそれがよくわかってくるが、逆に言えば、本作が描くのはそればかり・・・？

◆１９５０〜６０年代にかけて「北朝鮮は楽園の国」という大宣伝（虚偽宣伝？）が大展開された日本では、北朝鮮への帰還事業が何度も実施された。吉永小百合の出世作になった浦山桐郎監督の名作、『キューポラのある街』（６２年）でも、その帰還事業が前向きに

171

描かれていた。

　ピノチェト率いる軍事政権の終末期にある１９９０年代前半のチリで、元ナチス党員でアドルフ・ヒトラーを崇拝し、子供に対する性的虐待でドイツを追われたキリスト教バプテスト派の指導者、パウル・シェーファーが設立した「コロニア・ディグニダ」や、そこに設立された"寄宿学校"は、その当時の北朝鮮と同じく"楽園のようなコミュニティ"と考えられていたらしい。当然、パブロもその１人だったから、"スプリンター"と呼ばれるパウルの"お気に入り集団"に選ばれると大喜び。しかし、同じスプリンターだったパブロと同室の少年ルドルフの異常に怯えた態度に接していると、次第に・・・。

◆本作では、施設内で規律違反を犯した者たちへの容赦のない処罰風景が次々と描かれるので、かなり気分が悪くなってくる。さらに本作では、子供たちだけでなく、多くの職員、監視員、看護婦たちもパウルのカリスマ性にハマっている（騙されている？）ようだから、それが不気味だ。

　その象徴が、互いに愛し合いながら子供を作る方法を知らない一組の男女が、動物の交尾に関する書物を読んで人間の男女のセックスを学習し、その実践をするシークエンス。これが２０世紀の現実とはとても思えないが、「コロニア・ディグニダ」では現実にこんな風景があったそうだからビックリ！

◆『コロニア』（１５年）の基本ストーリーは、エマ・ワトソン扮するヒロインが「コロニア・ディグニダ」に潜入し、そこに収容されてしまった恋人を救い出すというものだった。それに対して、本作の主人公である１２歳の少年パブロは、親の希望で施設に入り、パウルからもスプリンターに選ばれた、「コロニア・ディグニダ」内のいわば"エリート少年"。しかるに、本作ラストは、そんなパブロが命がけでルドルフと共に施設を脱出するストーリーになっていく。しかして、それはなぜ？本作では、それをしっかり考えたい。

　さらに本作では、ほぼ全編にわたって「コロニア・ディグニダ」のひどい実態が描かれるので、それをしっかり確認したい。もっとも、９９分間ずっとそればかり見ていると、私はいい加減気分が悪くなってきたが・・・。

２０２３（令和５）年６月１５日記

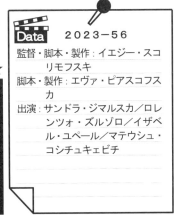

Data 2023-56

監督・脚本・製作：イエジー・スコ
リモフスキ

脚本・製作：エヴァ・ピアスコフス
カ

出演：サンドラ・ジマルスカ／ロレ
ンツォ・ズルゾロ／イザベ
ル・ユペール／マテウシュ・
コシチュキェビチ

★★★★

EO イーオー

2022年／ポーランド・イタリア映画
配給：ファインフィルムズ／88分

2023（令和5）年5月10日鑑賞　｜　シネ・リーブル梅田

👁👁 みどころ

　ＥＯ（イーオー）って一体ナニ？それは、愁いを帯びた瞳と溢れる好奇心を持った灰色の１頭のロバの名前。６頭のロバが交代で主役のＥＯ役を演じ、ＥＯを取り巻く人間たちはあくまで脇役だ。

　そう聞けば、ロバを主人公にした『バルタザールどこへ行く』（６６年）を思い出すが、同作にインスパイアされたイエジー・スコリモフスキ監督は現代版"ロバの寓話"を作ることに挑戦！

　ロバはサーカス団に縁があるが、本作のそれは冒頭の物語だけ。サーカス団は良かったが、その解散からＥＯの波乱万丈の物語が展開していくので、それをハラハラドキドキしながら楽しみたい。

　私は子供時代に読み親しんださまざまな童話から多くのものを学んだが、あなたはＥＯの生きザマから何を学ぶ？

————＊———＊———＊———＊———＊———＊———＊———＊———＊———＊

■□■このポーランド人監督に注目！本作の主役はロバ！■□■

　２０２３年５月９日にはロシア最大の行事である「戦勝記念日」の式典が開催されたが、今年はその規模の"小ささ"が注目を集め、さまざまな話題を呼んだ。そんなロシアの最大の敵とされたナチス・ドイツが突如ポーランドへの侵攻を開始したのが１９３９年９月１日だが、イエジー・スコリモフスキ監督がポーランドで生まれたのは、その直前の１９３８年５月５日だ。そんなポーランド人の老監督の名前がクレジットされた映画は２０本を超えるそうだが、私が知っているのは『アンナと過ごした４日間』（０８年）（『シネマ２３』８０頁）だけ。もっとも、彼は脚本家としても、俳優としても、さらには画家としても活躍しているそうだからすごい。

　そんなスコリモフスキ監督の７年ぶりの新作が本作だが、タイトルの『EO』って一体ナ

ニ？それは何とロバの名前だ。そして、本作の主役はその EO（イーオー）だから、本作は一体何の物語？

■□■ロバを主人公にした"現代の寓話"を製作した動機は？■□■

本作のパンフレットには「PRODUCTION NOTE&INTERVIEW」がある。その最初の文章は次の通りだ。

> 7年間監督業を離れていたイエジー・スコリモフスキが、現代の寓話というすばらしい形の映画で戻ってきた。ポーランドとイタリアで撮影されたこの映画の主人公はロバ。パートナーのカサンドラとともにサーカスで幸せに暮らしていた1頭のロバが、サーカスを離れることを余儀なくされる姿を描く。ロベール・ブレッソンの映画にインスパイアされたスコリモフスキは、サルディーニャ種のロバを主人公とするこの現代版ロバ物語を撮ることで、ブレッソンに敬意を表している。

そこで言う「ブレッソンの映画」とは『バルタザールどこへ行く』（66年）（『シネマ47』未掲載）のことだ。同作の評論で、私は「ロバの知能がどの程度なのか全然知らないが、ストーリー中サーカスに連れて行かれたバルタザールが（3ケタ）×（2ケタ）のかけ算の回答をしているシーンを見てビックリ！これはヤラセ？それとも・・・？また、本作ではバルタザールと少女マリーとの恋人同士のような関係にビックリ！」と書いたが、それに比べて本作の主人公 EO の知能は？また、EO と人間との付き合い方は？

■□■主役の選定はオーディション？いやいや・・・■□■

映画界では、主役の選定にあたってオーディションが行われることが多い。その最終決定権者は監督だが、実は本作では主役の選定にあたってオーディションは行われておらず、監督が惚れ込んだロバのタコをはじめ、本作では6頭のロバが EO 役として本編中に登場しているらしい。人間なら6人の俳優が1人の主人公を演じることなど不可能だが、ロバの顔や体となると、それが可能らしい。

しかして、「愁いを帯びた瞳とあふれる好奇心を持つ灰色のロバ」という主役の条件を満たすロバとして、スコリモフスキ監督のお眼鏡にかなったのが、本作のキャストとして表示されている、タコ、オラ、マリエッタ、エットーレ、ロッコ、メラの6頭だ。しかし、例えば獣医さんなら、この6頭のロバの相違点を見抜けるかもしれないが、一般の人間はどれも同じロバに見えるはず。パンフレットの「CAST PROFILE」には、本作のストーリー展開における6頭のロバの役割分担が解説されているので、これは必読！？

■□■最初の所属はサーカス団！そこは良かったが・・・■□■

ロバといえば、一般的に荷物運びの代名詞のように考えられている。同じ日に観た『帰れない山』（22年）でも、高い山の上に山小屋を建てるための材料を運搬する手段はもっぱらロバだった。しかし、『バルタザールどこへ行く』で観たように、ロバの知能が（3ケタ）×（2ケタ）の掛け算ができるほど優れているのなら、サーカスでのお仕事は最適だ。

しかして、本作冒頭は、心優しきパフォーマーの女性・カサンドラ（サンドラ・ジマルスカ）のパートナーとしてサーカス団で生活している EO の姿に注目！カサンドラはトコトン EO に優しくしてくれていたが、他の団員は？さらに、サーカス団の経営が立ち行かなくなると、真っ先に売り飛ばされてしまう資産は？

本作の主人公はロバの EO だからセリフがないのは当たり前だが、その脇役（？）として登場するカサンドラたち人間も、ほとんどセリフを喋らないまま物語が進行していく。しかし、本作冒頭は概ねそんな物語だ。そして、ある日、EO がサーカス団から連れ出されてしまうと・・・。

■□■徹底的にロバの視線から！脇役の人間たちは？■□■

はじめて"幻の巨匠"と呼ばれるイエジー・スコリモフスキ監督作品の『アンナと過ごした４日間』を観た私は、映画へのアプローチの違いにビックリするとともに、"ストーカー"と紙一重の（ストーカーとしか言いようのない？）、アンナの部屋に入り込んだ主人公の視線からトコトン「アンナと過ごした４日間」が描かれていることにビックリ。モノの見方が人によって、また視線によって違うことは、弁護士生活５０年近くになる私が強く実感していることだが、映画作りにおいてスコリモフスキ監督ほど、１つの視線を徹底させる監督はいないはずだ。『アンナと過ごした４日間』では徹底的にストーカー男（？）の視線から、そして、本作では徹底的にロバの EO の視線からストーリーを構築しているので、それに注目！

他方、本作の脇役として登場する人間たちは、①サーカス団のパフォーマーであるカサンドラの他、②伯爵夫人（イザベル・ユペール）や、③そのドラ息子（？）・ヴィトー（ロレンツォ・ズルゾロ）、④EO を運ぶトラックの運転手で、非業の死を遂げる（？）マテオ（マテウシュ・コシチュキェヴィチ）等だ。これらの人間たちが主人公 EO の脇役として登場するストーリーは、突然、殺人事件が発生するなど、結構、波乱万丈のものになっている。その中で EO 自身も瀕死の重症を負ったり、傷が癒えると野生動物の収容施設で働かされたり、スコリモフスキ監督独特の面白い作りになっているから、そのつもりで、EO をめぐる善人、悪人たちが織りなすさまざまなストーリーを楽しみたい。

２０２３（令和５）年５月１５日記

Data 2023-57

監督・脚本：フェリックス・ヴァン・ヒュルーニンゲン／シャルロッテ・ファンデルメールシュ

原作：パオロ・コニェッティ『帰れない山』

出演：ルカ・マリネッリ／アレッサンドロ・ボルギ／フィリッポ・ティーミ／エレナ・リエッティ

帰れない山

2022年／イタリア・ベルギー・フランス映画
配給：セテラ・インターナショナル／147分

2023（令和5）年5月10日鑑賞　　シネ・リーブル梅田

★★★★

👀 みどころ

『帰れない山』とは何とも思わせぶりかつミステリー色いっぱいのタイトル（？）だが、さまざまな賞を受賞した原作は、アルプスの山を愛した作者の自叙伝。男同士の友情と父親との確執を核としたストーリーは、美しい山々の姿や山小屋建設風景を伴いながら展開していくので、そこに注目！

『マルコムX』（92年）の主人公は自らイスラム教の聖地であるサウジアラビアのメッカに渡る中で新たな境地に到達したが、父親との確執、父親との死別、遺言とも言うべき山小屋の建設を達成してもなお、自分の生き方を見つけられない本作の主人公は、チベットへ行き、「8つの山」の世界観を学ぶ中で少しずつ自分の道を発見！

なぜ『帰れない山』というタイトルになっているのかは最後に明かされるので、それまでの147分の物語を登山家になった気分でしっかり味わいたい。

———＊———＊———＊———＊———＊———＊———＊———＊———＊———

■□■舞台は北イタリアのモンテ・ローザ山麓！原作は？■□■

ナポレオンの「アルプス越え」は当時としては考えられない歴史的、軍事的快挙だが、その時の勇姿が、私たちがよく目にする油彩画「サン＝ベルナール峠を越えるボナパルト」だ。これは、1799年11月9日の「ブリュメールのクーデター」でフランスへの影響力を手にしたナポレオンがイタリアに戻ってフランス軍を補強し、前年にオーストリア（ハプスブルク君主国）に奪われたチザルピーナ共和国を取り戻すべく、1800年の春、予備軍を率いてグラン・サン・ベルナール峠を経由してアルプスを超えた

ことを記念して、フランスの画家ジャック＝ルイ・ダヴィッドが描いた絵で、「アルプスを超えるナポレオン」とも呼ばれている。しかして、本作の舞台になるのは一貫して、北イタリアの雄大なるモンテ・ローザ山麓だ。

といっても、日本人の私にはサン＝ベルナール峠とモンテ・ローザ山麓の位置関係がサッパリわからないが、第７５回カンヌ国際映画祭で審査員賞を受賞した本作の原作は、パオロ・コニェッティの『帰れない山』。同作は、イタリア文学界の最高峰ストレーガ賞と同賞ヤング部門をダブル受賞したそうだが、その価値も、日本人の私にはよくわからない。

しかし、本作が、「幼い頃から父親と登山に親しみ、１年の半分をアルプス山麓で、残りをミラノで過ごしながら執筆活動に専念した」というパオロ・コニェッティの自伝的物語を映画化したものだということは、ピエトロの１人称の語りから始まる本作の冒頭を見ればすぐにわかる。１４７分という長尺になっている本作の舞台は一貫してモンテ・ローザ山麓になるので、まずはその美しい姿に注目！

■□■２人の少年の出会いと成長は？そして離別は？■□■

本拠地を北イタリアの都市トリノに置きながら、夏の休暇はアルプス山脈で２番目に高い山、モンテ・ローザ山麓のグラーノ村で暮らす。それが、工場のエンジニアとして多忙な日常を送りながら、山を限りなく愛している父ジョヴァンニ（フィリッポ・ティーミ）と母フランチェスカ（エレナ・リエッティ）の生活流儀だったらしい。そのため、一人息子のピエトロ（ルーポ・バルビエロ）は１９８４年の夏休みの今、昔は１８３人の村人が住んでいたのに、今では１４人しか住民がおらず、「この村で最後の子ども」と言われている牛飼いの少年、ブルーノ（クリスティアーノ・サッセッラ）と出会うことに。

１９８４年といえば、日本はすでにバブルがはじけ、"失われた３０年"の時代に入っていたから、日本では夏休みの間ずっと山の生活を送ることなど到底考えられないが、イタリアではピエトロの家族は現実にそんな生活を送っていたようだ。そのため、都会育ちで繊細なピエトロと、山で生まれ育った野生味たっぷりのブルーノはたちまち親交を深め、かけがえのない親友になっていくことに。

また、ピエトロの両親にとってもブルーノは大切な存在となったから、適切な教育を受けていない彼のために、トリノの高校に通えるよう支援することを決め、それをブルーノの父親に相談したが、それに反発したブルーノの父親は息子をトリノに行かせまいと出稼ぎに連れ出してしまったから、アレレ。ピエトロとブルーノはその仲を裂かれてしまうことに。

■□■父子の断絶は？１５年ぶり３１歳での親友との再会は？■□■

誰にでも思春期と反抗期はあるもの。本作では思春期におけるピエトロ（アンドレア・パルマ）の女性関係は全く描かれないが、それに代わって（？）、山登りを巡る父親への反抗と確執が詳しく描かれていく。私は小学校時代、父親への反発が表向きになることはなかったが、中学に入り、さまざまな"自主性"が芽生え、強まる中、厳格でケチな父親に

対する反発が、反抗期と重なって膨張した。そのため、父親とはほとんど口をきかなくなったが、本作に見るピエトロもそれと同じだったらしい。そのため、ピエトロは夏の休暇中に父のジョヴァンニと共に山に行くこともやめた上、「せめて大学を卒業するように」と頼む父親に対し、「父さんみたいな人生は送らない！」と言い放ったからすごい。そのため、ピエトロは１０年ほど父親と口もきいていなかったが、自分が生まれた当時の父親と同じ３１歳になった今、妻子もなく、定職にさえ就いていない自分を見つめると・・・。

ピエトロがグラーノ村を久々に訪れた理由はよくわからないが、そこでブルーノ（アレッサンドロ・ボルギ）と１５年ぶりに再会したピエトロ（ルカ・マリネッリ）は、①父にとってはこの村が理想の村だったこと、②この山に家を建ててほしいとブルーノに頼んでいたこと、を聞かされることに。なるほど、なるほど。父親はピエトロが村に行かなくなった後もブルーノ（フランチェスコ・バロンベッリ）と一緒によく山に登り、実父と喧嘩したブルーノもまたピエトロの両親に助言を求めていたらしい。つまり、ピエトロの居ない村で、ブルーノとジョヴァンニは本物の親子のような存在だったわけだ。

そこから始まったのが、山の上に父親の願いだった家を建てること。これはブルーノの強い意志によるものだったが、自分の知らない父親の姿を知ったピエトロも、失われた時間を取り戻すべく、それに喜んで協力することに。

■□■家が完成！永遠に２人の家に！そう願ったが、さて？■□■

平地の建物の隣に物置を設置するのは簡単だが、アルプス山脈で２番目に高い山の上に小屋を建てるのは大変。しかも、それを２人の男だけでやるのは、材料や機材の運搬方法を考えただけでも大変だ。しかし、本作前半ではそれをブルーノとピエトロが力を合わせながら４ヶ月間でやり遂げる姿が描かれるので、その奮闘に拍手！もっとも、素人ながら建築には詳しいと自負している私は、柱や梁など大型の材料をロバだけで運ぶのは難しいと思っているが、本作はパオロ・コニェッティの原作に基づく“実話”だから信用せざるを得ない。

それはともかく、山小屋の完成を目の当たりにして、ブルーノは今、ジョヴァンニから聞かされていた遺言とも言うべき願いを実現した高揚感に、ピエトロは断絶していた亡父との関係を再構築できたという高揚感に浸っていた。そんな２人は、第１にこの山小屋を２人の家にすること、第２に毎年この山小屋で一緒に夏を過ごすことを誓うことに。しかし、人生の目的をすでに見出していたブルーノは、以降その約束を守り続けたが、未だ自分の未来が見えないままのピエトロの方は・・・？人生はそれほど単純ではない。したがって、ブルーノとピエトロそれぞれの以降の女性関係（結婚）を含めて、一旦交わった２人の人生が、再び別れていく姿が描かれるので、それに注目！

■□■本作のテーマは？共同監督の思いは？■□■

本作のパンフレットには「監督　バックストーリー」がある。本作の脚本を書き、監督したのはフェリックス・ヴァン・ヒュルーニンゲンとシャルロッテ・ファンデルメールシュ

夫妻だ。その冒頭には「正直、私たちはこの作品を一緒に作ることになるとは思っていませんでした。すべては、フェリックスがすでに取り組んでいた脚本から始まりました。」と書かれている。

それによれば、モンテ・ローザ山麓を舞台として２人の男たちの友情を描く本作のテーマは、①友情、②父親、③自然、④基本に立ち返る、⑤消えゆく世界、の５つにまとめられている。このうち、①、②、③のテーマは物語が始まるとすぐに理解できるが、難しいのは④と⑤。１９４９年生まれの私は現在７４歳だが、その人生を大きく区分すれば、１９７４年の弁護士登録までの２５年と、それ以降の４９年。後半の４９年をさらに２つに分けると、自社ビルを持ち、ホームページを開始した２００１年が分岐点になる。したがって、２５年単位で３つに区分できるから、これからの最終人生のMAXは残り２５年ということになる。

それに対して、ピエトロとブルーノが出会ったのは１２歳の時。そして、約１５年間のブランクを経て２人が再会し、山小屋を建てることに成功したのは、２人が３１歳の時だから、それからの２人の人生は洋々と開けていたはずだ。そう思いながら見ていると、ピエトロもブルーノも、それぞれ"ある女性"と結婚することになるが、そこらあたりから確実に２人の道が食い違ってくることになるので、それに注目！

■□■ピエトロはネパールへ！そこで知った「８つの山」は？■□■

私はスパイク・リー監督、デンゼル・ワシントン主演の『マルコムX』（９２年）を観て、その壮絶な人生にビックリした。とりわけ考えさせられたのは、アメリカ生まれの黒人である主人公が、刑務所内で入信した「ネイション・オブ・イスラム」の活動を展開する中でメキメキと頭角を現したにもかかわらず、指導者のイライジャ＝ムハマドと対立していく中、自らイスラム教の聖地であるサウジアラビアのメッカに渡る中で新たな境地に到達していく姿だ。それと同じように本作では、いかにもぴったりの伴侶を見つけ山小屋の中での夫婦２人だけの新生活を定着させたブルーノに比べて、なかなか自分の将来を見つけられないピエトロが、言葉も通じないチベットの山々へ行くところから、彼の変化が顕著になってくる。それがなぜかはよくわからないが、そこでハッキリしているのは彼が「８つの山」という古代インドの世界観を学んだことが大きく効いていること。「監督 バックストーリー」の解説によれば、それは下記の通りだ。すなわち、

世界の中心には最も高い山、須弥山（スメール山、しゅみせん）があり、その周りを海、そして８つの山に囲まれている。８つの山すべてに登った者と、須弥山に登った者、どちらがより多くのことを学んだのでしょうか。
※古代インドの世界観で、世界の中心にそびえる聖なる山。仏教、バラモン教、ジャイナ教、ヒンドゥー教にも共有されている概念。ピエトロはネパールでこの話を知り、ブルーノに伝える。

こんな世界観の理解は世俗色いっぱい、煩悩、欲望いっぱいの私には難しいが、親友ブル

一ノとの共同作業による山小屋完成にもかかわらず、なお自分の生き方を見つけられなかったピエトロにとって、この世界観はぴったりだったらしい。そんな世界観でネパールの山々を巡っているうちに、ピエトロも最適の女性と巡り合って結婚。さあ、そうなれば、親友2人の再々度の出会いは？そして、かつて、父親ジョヴァンニが夏休みになると登っていたモンテ・ローザ山麓への登頂は？

■□■なぜ『帰れない山』というタイトルに？■□■

　本作後半のそんなストーリーを美しい大自然とともに楽しむ中、なぜ本作が「帰れない山」と題されているのかについてもしっかり考えたい。ちなみに、山登りの好きな人は、ケルンという登山用語を知っているはず。これは、山頂や登山道などの道標になるように、石を円錐状（ピラミッド型）に積み上げたもののこと。登山道の道標を示す場合は登山道と平行になるように積み上げ、尾根などの迷いやすい登山道に設置されている。しかし、特殊なケースとしては、遭難地点に供養のための慰霊碑として作られる場合もあるし、また道標や登山者の慰霊の意味以外に、遊び半分の興味本位で積み上げられているものもあるので、それには要注意らしい。

『帰れない山』DVD
発売元：有限会社セテラ・インターナショナル
販売元：株式会社ハピネット・メディアマーケティング
価格：4,400円（税込）
2023年11月8日発売
(C) 2022 WILDSIDE S. R. L. - RUFUS BV - MENUETTO BV -PYRAMIDE PRODUCTIONS SAS - VISION DISTRIBUTION S. P. A.

　しかして、本作導入部に登場するケルンは、1984年に父親のジョヴァンニが息子のピエトロとはじめてモンテ・ローザ山麓のひとつに登頂した時に積み上げたものだ。本作のパンフレットには、1984年8月付の「11歳の息子ピエトロと登頂。息子に先導されて山に登る日も近いだろう。生涯の思い出に残る最高の登山だった。ジョヴァンニ・グアスティ」と書かれたポストカードと、1994年7月付の「グラーナ村から2時間37分で登頂。ハイペース。アイベックスと鷲に遭遇。相棒と同じ21歳に戻った気分だ。ジョヴァンニ＆ブルーノ」と書かれたポストカードが入っている。これらを見れば、山登りを通じて、父親ジョヴァンニと息子ピエトロの絆が形づくられ、またジョヴァンニとブルーノの絆が形づくられてきたことがよくわかる。大阪万博の時には多くのタイムカプセルが未来へのメッセージとして埋められたが、このポストカードを発見した時のピエトロの思いは如何に？それをあなた自身でしっかり感じ取りながら、『帰れない山』というタイトルの意味をしっかり考えたい。

２０２３（令和5）年5月15日記

Data 2023-61

監督・脚本：トマーシュ・ヴァイン
レプ／ペトル・カズダ

原作：ロマン・ツィーレク『Ja, Olga
Hepnarová』

出演：ミハリナ・オルシャニスカ／
マリカ・ソボスカー／クラー
ラ・メリーシコヴァー／マル
チン・ペフラート／マルタ・
マズレク

私、オルガ・ヘプナロヴァー

2016年／チェコ・ポーランド・スロバキア・フランス映画
配給：クレプスキュールフィルム／105分

2023（令和5）年5月18日鑑賞　シネ・リーブル梅田

★★★★

👁👁みどころ

　１９７３年７月１０日、チェコのプラハで１台のトラックが歩行者の中に突っ込み大量の犠牲者が！これは過失ではなく、２２歳の女性オルガ・ヘプナロヴァーの故意による"社会への復讐"だったが、それは一体なぜ？

　少女の頃から自殺未遂や精神病院を体験し、"性的障害者"と自称するオルガは"ボブ"頭の美少女だが、その頭の中はどうなっているの？

　日本でも、安倍晋三元総理銃撃事件や岸田総理襲撃事件が起きているが、両者とも被疑者の動機は不明。しかし、オルガの場合それは明白だから、２０１６年製作の本作が日本で初公開された今、その意味をしっかり考えなければ！

―――＊―――＊―――＊―――＊―――＊―――＊―――＊―――

■□■実話に基づく物語！なぜチェコ最後の女性死刑囚に？■□■

　タイトルの通り自己紹介されても、日本人には"オルガ・ヘプナロヴァー"って一体誰？と思ってしまう。しかし、チェコでは「チェコスロバキア最後の女性死刑囚」として２３歳で絞首刑に処された実在の人物"オルガ・ヘプナロヴァー"は有名らしい。

　日本では、駆け落ち先の待合旅館での長時間の性行為の末、腰紐で男を締め殺した上、男性器を切り取り、３日間それを持ち歩いた挙句に逮捕された阿部定（事件）が有名だが、オルガ・ヘプナロヴァーはなぜ死刑にされたの？それは、１９７３年７月１０日にプラハでトラックを歩行者の中に意識的に突っ込ませて、８名を殺害、１２人を負傷させるという事件をひきおこしたためだ。

　第２次世界大戦終了後のチェコは共産国ソ連の影響下にあったが、もちろん裁判は開かれたらしい。オルガは弁護人に対して心身喪失の主張をすることを厳禁した上、一貫して「自分の行為は、多くの人々から受けた虐待に対する復讐であり、社会に罰を与えたものだ」と主張し、１９７４年４月に望みどおりの死刑判決を受け、１９７５年３月に死刑が

執行されたそうだ。本作は、そんな"オルガ・ヘプナロヴァー"に焦点を当てた２０１６年製作の映画だ。

■□■裕福な家の子なのになぜ自殺を？なぜ精神科に？■□■

　１９５１年生まれのオルガの父親は銀行員、母親は歯科医、そして冒頭に映るオルガの家族が住んでいる家は立派なものだから、経済的には裕福な家庭だ。しかし、父親の DV と母親の事務的な愛情の中で育つうちに鬱になってしまったオルガは、１３歳の時の１９６４年にメプロバメートという精神安定剤の過剰摂取によって自殺を図ったが未遂に終わり、精神病院に収容されることに。

　精神病院といえば２１世紀の今でも、その実態は闇に包まれており、病院の中で行われているであろう、さまざまな"人権侵害"が憂慮されているが、１９７３年当時のチェコにおける、その実態は酷かったらしい。そこでオルガがはじめて目にした同性同士のカップリングや未成年者の喫煙には、私たちもビックリ！さらに、当時のチェコの精神病院でも異質な存在として見られたオルガがシャワー室で受けた女たちだけによる集団リンチの姿はおぞましい限りだ。

　刑務所という世界がいかに異様な世界であるかは、高倉健主演の『網走番外地』シリーズでも明らかだが、あれは男たちだけの刑務所内の世界だった。それに対して、まだ１０歳代のオルガが受けた、精神病院における異様な世界は女ばかりのそれだから、余計に陰湿・・・？精神病院でそんな洗礼を受けたオルガが、退院後は家族からも距離を置くようになったのは当然。彼女の誕生日の願いは「家族から離れること」になってしまったらしい。

　しかして、煩わしい親元を離れ、一人で暮らす森の中の質素な家具しかない小屋が、彼女の孤独の象徴となったらしい。そんなオルガが髪をボーイッシュなボブに切ったのは、世間への反抗の象徴だ。そして、何とオルガはガレージでのトラック運転手として働き始めたからすごい。チェコでは若い女性でも、そんな仕事が務まるの・・・？

■□■本作のオルガはすごい美女！対するホンモノは？■□■

　１９７３年の大事件はウィキペディアで詳しく解説されているが、本作でチェコ・アカデミー（チェコ・ライオン）賞２０１７主演女優賞を受賞した女優ミハリナ・オルシャニスカは、すごい美人。私は『マチルダ　禁断の愛』（１７年）（『シネマ４３』未掲載）、『ヒトラーと戦った２２日間』（１８年）（『シネマ４２』１２６頁）、『赤い闇　スターリンの冷たい大地で』（１９年）（『シネマ４７』１９２頁）でその顔をよく覚えている。彼女の"ボブ"というボーイッシュな髪型は、『レオン』（９５年）でナタリーポートマン演ずるマチルダで有名になったが、元祖はどっち？もっとも、ウィキペディアでオルガ・ヘプナロヴァーと調べてみると、そこに写っているボブカットの顔写真（似顔絵？）は、いかにも意思の強そうな顔立ちだが、とても美人と言えるものではないから、女優ミハリナ・オルシャニスカとホンモノのオルガとの対比もしっかりと。

182

それはともかく、本作のオルガは、セリフをほとんど喋らない代わりに、タバコを吸う
シーンがやけに目立つ。また、前述したように女ばかりの施設に入れられたオルガが、シャワー室で集団暴力を受けるシーンが登場するが、なぜ彼女がレズビアンになったのかは解説されない。したがって、トラック運転手として働くオルガが職場で知り合った美女イトカ（マリカ・ソポスカー）と同性愛に溺れる姿は興味深いが、イトカには別の恋人がいたため、その密月関係が長く続かず、捨てられてしまったのは仕方ないだろう。

■□■社会への復讐の芽は"性的障害者"にあり？■□■

　日本では、２０２２年７月８日に起きた安倍晋三元総理銃撃事件や、２０２３年４月１５日に起きた岸田総理襲撃事件が起きているが、前者は被疑者の動機の１つが安倍元首相が支援していた旧統一教会への怨みだったこともあって、論点が多岐にわたっている上、後者は被疑者が黙秘を続けているため、動機を含めてその全貌は解明されていない。しかし、オルガ事件についてはオルガ自身が裁判ですべてを説明しているから、本作はそれに沿って映像を繋いでいくことになる。オルガ・ヘプナロヴァーが死刑判決を受けた罪は「１９７３年に、チェコの首都プラハの中心地で、路面電車を待つ群衆の間へトラックを故意に突っ込ませ、８人を死亡、１２名を負傷させた」というものだが、なぜ彼女はそんな罪を犯したの？それについて、彼女は「無慈悲な社会のせい」だと語っているうえ、心神喪失や心神耗弱の主張を自ら拒否したから、本件犯行が彼女の社会に対する復讐心から出たことは明白だ。

　また、彼女は自らを性的障害者と語っており、そのことによって社会的迫害を受けたことも明確に語っている。LGBTが市民権を獲得し（？）、日本でもその法案審議が佳境に入っている今なら、それを公表すれば誰かが助けてくれるはず。しかし、１９６０〜７０年代のチェコは「性的障害者」に対してそんな温かい目を向けなかったから、オルガがそんな社会への復讐を誓いながら、孤独な世界に入り込んでしまったのは仕方ない。したがって、彼女が性的障害者であったことが、社会への復讐の芽になったことも間違いない。

２０２３（令和５）年５月１９日記

Data　2023－43
監督・脚本：ジャン＝ピエール＆リュック・ダルデンヌ
出演：パブロ・シルズ／ジョエリー・ムブンドゥ／アウバン・ウカイ／ティヒメン・フーファールツ／シェルロット・デ・プライネ

★★★★

トリとロキタ

2022年／ベルギー・フランス映画
配給：ビターズ・エンド／89分

| 2023（令和5）年4月8日鑑賞 | シネ・リーブル梅田 |

👀 みどころ

　ヨーロッパ各国における移民、難民問題は日本の比ではなく、超深刻！冒頭に見るアフリカ系の女の子ロキタは、ビザを取得するべく、懸命に「トリは弟だ！」と主張していたが・・・。

　ダルデンヌ兄弟の痛烈な社会問題提起作は、全編、ドラッグの運び屋をしているトリとロキタの嘘ばかり。しかし、この2人をこき使う大人たちのズル賢さはそれ以上だから、こんな世の中は、どこかヘン！

　そんな本作が、なぜ"最も純粋なサスペンス映画"に？それは、あっと驚くラストの"大脱走"と、その後の顛末を見ながらしっかり考えたい。

――＊――＊――＊――＊――＊――＊――＊――＊――＊――＊――

■□■ダルデンヌ兄弟が痛烈な社会問題提起作を！■□■

　本作のチラシには「ダルデンヌ兄弟作品史上、最も純粋なサスペンス映画。」の文字が躍っている。ベルギーの映画監督であるジャン＝ピエール・ダルデンヌ＆リュック・ダルデンヌといえば、『ロゼッタ』（99年）、『ある子供』（05年）でカンヌ国際映画祭パルムドール賞（最高賞）を2度も受賞するなど、数々の賞を受賞している名匠として知られている。

　そんな彼らの最新作である本作も、カンヌ国際映画祭75周年記念大賞を受賞！そして、そんな目で再度チラシを見ると、そこには「各年代に傑作を生みだしてきたダルデンヌ兄弟が、2020年代にキャリア35年にして到達した、シンプルかつ強靭な傑作！！」と書かれている。こりゃ必見！

■□■「トリとロキタ」は日本ならさしづめ「太郎と花子」？■□■

　タイトルだけでは何の映画かサッパリわからないが、「トリとロキタ」は日本風に読み直せば、さしづめ「太郎と花子」・・・？

本作冒頭、お世辞にも美人とは言えない大柄の黒人系の少女ロキタ（ジョエリー・ムブンドゥ）がクローズアップで登場し、ビザ申請の面談で不法滞在を取り調べられている風景が映し出される。彼女が自分の弟だと主張するのがトリ（パブロ・シルズ）だが、12歳の彼は保護施設での滞在が許可されているらしい。"何でも説明調"の邦画と違い、本作ではそんな2人の履歴が語られないが、解説によると12歳のトリはベナンから迫害を逃れてきた保護者のいない亡命者。一方、16歳のロキタはカメルーンにいる家族へ仕送りをするために密航してきたという設定らしい。

■□■本作監督のきっかけは、ある新聞記事から！■□■

ダルデンヌ兄弟が本作を監督するきっかけになったのは、1人でベルギーにやってきた未成年者たちが行方不明になるという記事を読んだため。「ベルギーから英国へ行こうとして送り返されただけでなく、異常な状況下で失踪している。彼らは犯罪の世界に潜り込んでしまったのだ。それは許されることではない」とリュックは怒りをあらわにしながら語っている。また、移民の子供たちが迫害され、搾取され、尊厳を踏みにじられている状況に対して「憤りを感じ、この作品を通して告発したかった」とも語っている。日本ではあまり表面に出ないものの、ヨーロッパ各地ではそんな移民、難民問題がごまんとあるわけだ。なるほど、なるほど・・・。

■□■なぜドラッグの運び屋を？トリとロキタの願いは？■□■

ロキタの願いはただ1つ。ビザを取得した上で家政婦になり、看護院に入っている弟のようなトリと一緒に暮らすこと。それだけだ。そのため、今は一生懸命トリの姉としてビザを取得するべく面接の練習をしているのだが、これが意外に難しい。どう突っ込まれるかわからないから、トリからはひっかけ質問を含めて2人でしっかり予行演習をしたのに、その結果は・・・？

日本は麻薬天国ではないが、法治国家であるはずのヨーロッパ各国ではドラッグの密売が盛んだ。そんなベルギーで、本作の一方の主人公としてたびたび登場する悪人が、イタリア料理店のシェフとして働いている男ベティム（アウバン・ウカイ）。彼は子供の方がドラッグの運び屋としては安心だと考えていたため、ロキタを窓口としてトリを運び屋として便利に使っていたが、2人はいつまでもそんなことをしていていいの？

本作中盤は、16歳の女の子ロキタと12歳の男の子トリのそんな"あがき"ぶりをしっかり"目撃"したい。

■□■嘘をつくのはダメ！！そんなキレイ事が通じるの？■□■

嘘をついてはダメ。なぜなら、嘘をつくのは悪いことだから。日本では子供にそう教えるが、本作では、冒頭の"リハーサル風景"からして、いかに嘘をついてビザを取得するかに励んでいるから、根本的な価値観の違いが鮮明だ。ロキタもトリも本心ではドラッグの密売を嫌っているが、今はそれしか生きる道がないから、その面でも、あちこちで嘘をつきながら器用に世間を渡っていた。その姿を見て、"利口"だというのか、それとも"不

憫"だというのかは他人の勝手だが、ダルデンヌ兄弟がそれをどのように浮かび上がらせたいのかは、本作の展開を見ているとよくわかる。

■□■命綱の携帯からSIMカードを抜かれてしまうと？■□■

そんな2人にとっては携帯での連絡が命綱だが、ロキタは今、「偽造ビザを用意してやる」というベティムの誘いに乗って怪しげな"新しい仕事"に就いていた。それは、大麻の栽培を行う仕事だったからヤバイ。その上、その場所が外部の者に特定されないよう、ロキタの携帯のSIMカードは、ベティムによって抜き取られてしまったから、アレレ。

ロキタには迷路のような建物の中に一応"個室"が与えられたが、食事は冷凍食品のみ。しかも、一週間分がまとめて運ばれてくるという条件だから、これは"半監禁状態"だ。そんな状況下、携帯電話でトリとの連絡を唯一のよりどころとして嫌な仕事に励んでいたロキタが、こんな"半監禁状態"でトリと話せなくなれば、ロキタはパニック状態になってしまうのでは？

■□■2人の"大脱走"は成功！いやいや、結局は・・・？■□■

本作後半は、半監禁状態のロキタをトリが敢然と救い出す、あっと驚く冒険物語になるので、それに注目！"たかが12歳のガキ"とバカにしてはダメ。そこでは、トリの頭の良さはもとより、小柄なトリなればこその敏捷性や行動力が発揮されるので、それに注目！しかし、所詮やっぱり12歳の子供のやること・・・？トリの行動がベティムに見つかってしまうと・・・。

ハリウッドのオールスターが共演した『大脱走』（63年）では、前半に見た、大脱出のための大規模なトンネル掘り作業の壮大さに驚かされたが、結果は残念ながら・・・。それと同じように（？）、本作でも12歳のトリの獅子奮迅の活躍にもかかわらず、ロキタ救出作戦がベティムに見つかってしまうと、万事休す。さあ、トリとロキタの大脱走は？作り物の映画なら、その展開と結末をハッピーエンドにできるはずだが、社会問題としての現実を見据えると、その展開と結末は自ずと明らかだろう。しかして、それはあなた自身の目でしっかりと。

2023（令和5）年4月11日記

Data 2023-49

監督・共同脚本・プロデューサー：
アリ・アッバシ
出演：メフディ・バジェスタニ／ザ
ーラ・アミール・エブラヒミ
／アラシュ・アシュティアニ
／アリス・ラヒミ／スィナ・
パルネヴァ／フォルザン・ジャ
ムシドネジャド／サラ・ファ
ズィラット／ニマ・アクバル
プール／メスバフ・タレブ

SHOW-HEY シネマルーム

★★★★★

聖地には蜘蛛が巣を張る

2022年／デンマーク・ドイツ・スウェーデン・フランス映画
配給：ギャガ／118分

| 2023（令和5）年4月24日鑑賞 | シネ・リーブル梅田 |

👀 みどころ

　イランの聖地マシュハドには、ケバい化粧の娼婦たちは不要！その殺害は「街を浄化すること」だ。そんな理屈は19世紀のロンドンを席巻した"切り裂きジャック"と同じ。また、殺人の目的が「救うこと」だと主張した『ロストケア』（23年）の介護士と同じだ。バイクで夜の街を疾走する"スパイダー・キラー"のそんな理屈をあなたはどう理解？

　それに同調する街の人々の意見がある中、女性ジャーナリストは敢然とその取材に着手！警察の捜査には期待できないと知ると、身の危険を顧みず、自ら"囮捜査"まで！その是非は要検討だが、犯人の逮捕、裁判、死刑、その執行の姿は本作でしっかりと！

　"ある密約"の存在と、その真相は不明だが、それを含めて、よくぞイランでこんな映画が撮れたもの！関係者一同の勇気に拍手！

—＊—＊—＊—＊—＊—＊—＊—＊—＊—＊—＊—

■□■舞台はイランの聖地マシュハド！時代は2001年！■□■

　本作を鑑賞した2023年4月24日現在、正規軍と準軍事組織「即応支援部隊」（RSF）との戦闘が続くアフリカ北東部の国、スーダンからの邦人退避作戦が実行されているが、"平和ボケ"した日本国民の関心は薄い。ソ連軍の軍事侵攻によるアフガニスタン紛争（1979－1989年）や、米国によるイラク戦争（2003年－2011年）は人気映画『ランボー・シリーズ』の大ヒット等もあって、それなりに知られているが、イラン・イラク戦争（1980年－1988年）や、イスラエルと周辺アラブ国家との間で展開された第1～4次中東戦争（1948年－1973年）になると、日本人はチンプンカンプン・・・。

　そんな今、日本で公開された『聖地には蜘蛛が巣を張る』と題された本作の舞台は、イランの聖地マシュハドと言われても・・・。ユダヤの聖地ベツレヘムや、イスラムの聖地

メッカなら誰でも知っているが、イランの聖地マシュハドは全く知らなかった。本作は、そんなマシュハドを舞台にした映画だが、邦題は『聖地には蜘蛛が巣を張る』、原題は『HOLY SPIDER』だから、何とも意味シン・・・。しかも、本作には"下敷き"（？）になったドキュメンタリー映画『そして蜘蛛がやってきた』（０３年）があるらしい。しかして、スパイダー・キラーとは？ホーリー・スパイダーとは？

　他方、本作の時代設定は２００１年。これはアメリカで９.１１世界同時多発テロが起きた年だが、イランでは、２０００年から２００１年にかけて、聖地マシュハドで、殺人鬼"スパイダー・キラー"が１６人もの娼婦を殺害した連続殺人事件が発生していたらしい。なるほど、なるほど。すると、本作のテーマは・・・？

■□■イラン映画の実状は？監督、俳優の実状は？■□■

　映画の都ハリウッドは、自由の国アメリカの中でも最大の享楽の街。そのことはスティーヴン・スピルバーグ監督の『フェイブルマンズ』（２２年）（『シネマ５２』１８頁）を見れば明らかだ。また、通称"ボリウッド"と呼ばれ、アメリカ以上の規模を誇るインド映画も、歌と踊りを中心としたものだから（？）、基本的に何でも自由。しかし、思想統制、言論統制の厳しい中国では、映画製作については厳しい規制がある。イランでは中国と同じように思想統制、言論統制があるが、それ以上にイスラム教特有の厳しい宗教統制、とりわけ女性に対する厳しい統制があるから、イランでの映画作りは監督も俳優も大変だ。

　本作のパンフレットには「Keywords －About Iran－」があり、そこでは、①（イランにおける）女性、②ミソジニー（女性蔑視・女性嫌悪）、フェミサイド（女性の殺害）③イランでのジャーナリズム、④体制による本作の評価（体制は何に反発しているのか）、⑤近年のイラン映画について、が解説されている。これらはごく一部しか報道されていないが、いずれもチョー深刻な問題だ。

　しかして、北朝鮮からの映画が日本で公開されないのと同じように、イラン映画が日本で公開されることは少ない。そんな中、近時日本でもスマッシュヒットしたのがジャファル・パナヒ監督の『人生タクシー』（１５年）（『シネマ４０』７８頁）だが、本作のアリ・アッバシ監督は如何に？ちなみに、本作のラヒミ役で主演したザーラは、現在イラン映画に出演できないようにされているそうだ。

■□■切り裂きジャックvsスパイダー・キラー！犯行の動機は■□■

　かつて、１８８８年のイギリス・ロンドンで"切り裂きジャック"事件（当時は"ホワイトチャペルの殺人鬼"）として有名になったのが、娼婦のみを狙った連続殺人事件。その被害者は計１１名だったが、確実に切り裂きジャックによる犯行だとされるのは、そのうちの５件だけらしい。しかも、その事件は未解決のままで、現代における"切り裂きジャック"の逸話は歴史研究、民間伝承、偽史が混ざりあったものになっているそうだ。

　それに対して、２０００年から２００１年にかけて、マシュハドで発生した連続殺人事件の被害者は計１６名。その犯人が"スパイダー・キラー"と称する男サイード（メフデ

ィ・バジェスタニ）であることは、本作が始まってすぐに明示されるので、切り裂きジャック事件とは大違いだ。映画の冒頭から犯人を明示する手法は、先日見た『ロストケア』（23年）（『シネマ52』217頁）も同じ。また、殺人の目的が「救うこと」だった『ロストケア』と同じように、本作での娼婦の殺害目的は「街を浄化すること」だから、問題の本質は奥深い。

　しかして、サイードとはどんな人物？なぜ彼は、「街を浄化するため」と称して（信じて？）次々に16人もの娼婦たちを殺害したの？

■□■もう一方の主役は女性ジャーナリスト、ラヒミ！■□■

(C)Profile Pictures / One Two Films

『ロストケア』の一方の主役は、松山ケンイチ演じる「彼らと彼らの家族を救うため」と称して多数の"要介護者"を殺害する男だったが、もう一方の主役は、自分自身も母親の介護問題を抱えながら懸命の捜査でそんな犯人像にたどり着く、長澤まさみ演じる女性検事だった。それと同じように（？）、本作の一方の主役は、本作への出演がキャリアにとって大きなリスクになることを覚悟の上で出演を決断した俳優、メフディ・バジェスタニだが、他方の主役は女優ザーラ・アミール・エブラヒミ。彼女は本作のアソシエイトプロデューサー、キャスティングスタッフとして参加したにもかかわらず、予定されていた主演女優が撮影が始まる1週間前に、「怖くなったのか、辞退した」ために、自らが演じたのが女性ジャーナリストのラヒミだ。

　スパイダー・キラー事件の直後には、イラン人ジャーナリスト、マジアル・バハリによるドキュメンタリー映画『そして蜘蛛がやってきた』が制作されて大きな反響を呼んだそうだが、そこには当時裁判中の犯人サイード・ハナイ本人も出演していたらしい。したが

って、スパイダー・キラーと呼ばれた殺人犯と、それを取材した女性ジャーナリストという関係は歴史上のれっきとした事実だが、予定されていた主演女優の代わりにラヒミ役として本作に出演することになったザーラは実に適任。『ロストケア』では犯人の男にあれこれと振り回されながら、また戸惑いながら、それでもしっかりと連続殺人犯を追い詰めていく検事役を長澤まさみが見事に演じていたが、本作ではザーラが女性ジャーナリスト、ラヒミ役として、「ここまでやるか！」という素晴らしい演技を見せてくれるので、それに注目！その演技は、第７５回カンヌ国際映画祭女優賞も当然と思えるものだが、ホントにここまでやっていいの？それは次の項であらためてじっくりと。

■□■ラヒミの取材手法は？警察の協力は？■□■

　ジャーナリストの使命は取材だが、そこには一定のルールがある他、踏み越えてはならない一線もあるはずだ。民主主義の根幹は報道の自由、そして、その根幹は取材の自由だから、民主主義国のアメリカでジャーナリストの活躍を描く映画（名作）が多い。直近では、『SHE SAID　シー・セッド　その名を暴け』（２２年）（『シネマ５２』６７頁）に見る、２人の女性記者の“突撃取材”が興味深かった。しかし、本作に見る女性ジャーナリスト、ラヒミの“突撃取材”や、一種の“囮捜査”とも言える“踏み込み取材”は、すごいと言えばすごいが、ある意味、ホントにこれでいいの？と私は思わざるを得ない。

　本作冒頭、スパイダー・キラーを追うため（取材のため）、マシュハドの街にやってきたラヒミが１人でホテルに宿泊しようとするところで、「なるほど、ここはイラン！」と思わされるのは、フロント係から「髪を隠せ！」と言われたり、「女一人だけでは泊められない」とばかりに「満室です！」と告げられるシーンだ。さらに、捜査の責任者である警察官のロスタミ（スィナ・パルヴァネ）を取材すると、「汚れた女たちを聖地から排除している」と公言している犯人“スパイダー・キラー”を英雄視する街の雰囲気に同調的なためか、その捜査姿勢は明らかに消極的！さらに、聖職者の判事の下を尋ねると、彼は「態度に気をつけたまえ。特に聖地マシュハドではな」と言ったから、アレレ。ラヒミには、かつてテヘランで酷いセクハラ被害に遭い、それをスキャンダル化されて不当に処分された過去があったが、そんな私的な過去をこの判事は知っているらしい。イランという国は、何という国！さらに、この国の警察や判事はこんなもの！さあ、そんな国で、以降ラヒミは女性ジャーナリストとしてどんな取材を？

■□■取材した娼婦の運命は？犯人の言い分は？■□■

　ラヒミの取材が直接街角に立つ娼婦に向かったのは当然だが、そんな場合、娼婦が“取材拒否”するのは当然。しかし、娼婦ソグラだけは、殺人鬼の手がかりを求めるラヒミに対して「皆、怪しい」と力なく呟いていたから、そのココロは？そんな取材の帰り道、ラヒミは何者かのバイクに追跡され、底知れぬ恐怖に襲われることに。

(C)Profile Pictures / One Two Films

他方、『ロストケア』と同じように本作でも、スパイダー・キラーつまりサイードによるバイクを活用した「街を浄化する」ための娼婦殺しの実態が生々しくスクリーン上に提示される。そこで注目すべきは、サイードは妻と子供たちを愛する夫・父であり、かつ敬虔なイスラム教徒だということ。つまり、戦争で死ねなかった、殉死に値しない自分への絶望と人生の虚しさを抱く彼にとって、娼婦の殺害は「街を浄化する」という使命であり、神に認められるための術だと信じていたし、そう信じることで破綻しそうな自分を保っていたわけだ。もっとも、本作には、そう信じる一方で、始末すべき娼婦に興奮を覚える自分に激しく葛藤しているサイードの姿も描かれるので、その点も注視したい。

　新たに発見された遺体はソグラのものだった。ロスタミの配慮で遺棄現場の立ち会いを許されたラヒミは、その遺体がソグラだと知って衝撃を受けたが、そのような"配慮"を理由にラヒミに関係を迫り、彼女の過去を持ち出し威圧的に豹変したロスタミを見てラヒミはビックリ！憤りとトラウマから大混乱したのは当然だが、イランの警察はまさかここまで！さあ、そんな状況下、ラヒミはどうやって犯人の追跡取材を続けるの？

■□■自ら囮捜査を？ここまでの突撃取材の可否は！？■□■

　日本の刑事訴訟法の論点の一つとして、「違法収集証拠の証拠能力」がある。囮捜査が「違法収集証拠」になるか否かは難しいところだが、亡ソグラの母親の口から、夜の広場で何度か目撃されているという、バイクに乗った怪しい男の存在を聞かされながら、「街を浄化している奴を警察が捕まえるか？」という諦めから、警察に証言しようとしない母親を見て、ラヒミはある重大な決意を！

　それは、自ら囮となって娼婦の姿で広場に立ち、犯人を捜しだすということだが、警察の支援もないまま、そんな危険なことをしていいの？ラヒミのそんな決意を応援するのは同僚の記者1人だけだから、ラヒミが万一いつもの手順でサイードの家に連れ込まれた場合の救出は？さらに、そもそも、ジャーナリストのラヒミがそんな取材（捜査？）をして

191

もいいの？そんな
根本問題がある。
しかして、ケバい
化粧をしたラヒミ
の前に今、サイー
ドのバイクが停ま
り、いつものセリ
フ（？）を吐き、
ラヒミを後部座席
に乗せて走り出し
たが、同僚記者の
追跡は大丈夫？そ

(C)Profile Pictures / One Two Films

んな心配をしていると、案の定・・・。

　さあ、その後のスリリングかつ恐怖に満ちた展開は如何に？そこでみるラヒミの演技は
まさに主演女優賞にふさわしいものだが、たまたま成功したからいいものの、もし少しで
もミスがあれば、ラヒミはソグラと同じような冷たい遺体になって某所に・・・？

■□■裁判の焦点は？判決と死刑の執行は？密約の有無は？■□■

　私はイラン人ジャーナリストが「マシュハド連続殺人事件」をドキュメンタリー映画と
して制作した『そして蜘蛛がやってきた』（０３年）を見ていないが、“法廷モノ”として
考えれば、多分、ザーラがカンヌ国際映画祭女優賞を受賞した本作よりも、そのドキュ
メンタリー映画の方が面白いだろう。だって、そこには犯人のサイード・ハナイ自らが出演
して、終始穏やかな表情で女性ジャーナリスト、ロヤ・キャリーミーのインタビューに答
えている上、サイードの妻、母親兄弟、息子、周囲の人物たち、さらに殺害された女性の
両親やその娘たちも登場しているそうだから、きっと事件の真相や動機の解明に向けては、
劇映画たる本作より、そのドキュメンタリー映画の方が優れていると思うからだ。

　もっとも、本作でも①「街を浄化するため」という宗教的な理由、②神の導きにより娼
婦たちを殺害した、③そのことの何が悪い！というサイードの主張は明確に示されている
ので、サイードを裁く法廷での焦点が何かということはよくわかる。それは『ロストケア』
でも同じだったが、判決は既に歴史上の事実として明らかにされている通り、死刑。しか
も絞首刑によるその執行は、日本とは違い、判決確定後の２００２年４月８日に刑務所内
で執行されたそうだ。なるほど、なるほど・・・。

　本作ラストに登場する“あっと驚く展開”は、死刑判決を受けてさすがに参っている（？）
サイードに対して、担当検事ともう１人のあっと驚く人物が、「これは絶対秘密！２人だけ
の内緒の話だ！」とした上、“ある密約”の存在を告げること。それは、死刑の執行は表向
きのことだけで、サイードはその直前に脱出することができる手はずになっている、とい

2023年10月4日発売
『聖地には蜘蛛が巣を張る』
¥4,290（税込）
発売・販売元：ギャガ
(C)Profile Pictures / One Two Films

うものだからビック
リ！北朝鮮ならまだし
も、イランでそんなこと
が本当にあり得るの？

東京裁判で死刑判決
を受けた東条英機ら"A
級戦犯"たちが、死刑執
行の直前までどんな心
境で過ごしたのかにつ
いては、さまざまな記録
が残されているが、サイ
ードのそれは全く残さ
れていない。しかし、2
人からそんな"密約"の
存在を聞かされたサイ
ードが、以降、安心して
死刑執行日を迎えたで
あろうことは容易に推
測できる。ところが、何
と現実は・・・？

それはあなたの目で
しっかり見てもらいた
いが、パンフレットにあ
る「マシュハド連続殺人
事件」では、その点につ
いて「ハナイは死の直前
まで、自身が処刑される
とは考えていなかった

ようである。絞首刑が執行される直前、『取引の時と話が違う』と叫んだ声を、その場にい
たジャーナリストが聞き取っている。このことから何らかの裏取引があったと推測される
が、真相は明らかではない。」と書かれている。なるほど、なるほど・・・。

２０２３（令和5）年5月2日記

193

ウェルカム トゥ ダリ	
2022年／イギリス映画 配給：キノフィルムズ／97分	
2023（令和5）年9月9日鑑賞	シネ・リーブル梅田

Data 2023-103

監督：メアリー・ハロン
脚本：ジョン・C・ウォルシュ
出演：ベン・キングズレー／バルバラ・スコヴァ／クリストファー・ブライイニー／ルパート・グレイヴス／アレクサンダー・ベイヤー

👀 みどころ

　ピカソは知っていても、1970年代のニューヨークで大活躍したというサルバドール・ダリは"20世紀で最もシュールな天才アーティスト"と聞かされても、誰も知らないのでは・・・?

　したがって、「ウェルカム トゥ ダリ」と言われ、「ようこそ、いけない大人の遊園地（ダリ・ランド）へ。」と言われても、本作のストーリー展開も、面白さも、私にはイマイチ。

　ダリの助手となる美青年ジェームスの美しさは、かつての三田明以上だが、そうだからと言って一体何なの・・・?

—— * —— * —— * —— * —— * —— * —— * —— * —— * ——

◆20世紀で最も有名な画家は、私が思うに、スペインのピカソ。日本人なら誰でも彼の名前は知っているし、「ひまわり」や「ゲルニカ」等の彼の有名な作品も知っている。しかし、サルバドール・ダリって一体ダレ?

　チラシによれば、サルバドール・ダリは「20世紀で最も偉大な芸術家の一人」で「柔らかい時計や変形した肉体など、常識を破壊する画期的な作品で人々の心を揺さぶり、人気と名声を獲得した」そうだが、私はかろうじてその名前を聞いたことがあるだけで、彼の実績や生きザマは全く知らなかった。しかして『ウェルカム トゥ ダリ』と題された本作は、観客を「奇想天外なダリ・ワールド」に誘うものだそうだが、さて・・・?

◆チラシによると、ダリは「独特の口ひげと奇抜なスタイル、数々の尊大な名言で、現代におけるインフルエンサーのような存在として、常に人々の注目を集めていた」そうだが、その意味は、本作冒頭のTVでの彼のインタビュー風景を見ればすぐに理解できる。私は1974年4月に弁護士登録をし、今日まで49年間も弁護士生活を送ってきたが、ダリもポップカルチャー全盛期を迎えた1970年代のニューヨークで、ファッションや音楽、アートを時代の最先端に立って牽引していたそうだ。

本作は、私が弁護士登録した年と同じ 1974 年に、ニューヨークのデュフレーヌ画廊で働く若者ジェームス（クリストファー・ブライニー）が、ひょんなきっかけで個展を開く準備をしているダリ（ベン・キングスレー）と出会うところから始まる。

　舟木一夫が歌った『高校三年生』（63 年）は私が中学 3 年生の時のヒット曲だが、彼の後に登場した「日本人離れした美しさを持った若者」と称された歌手が三田明だった。彼のデビュー曲『美しい十代』（63 年）は、息継ぎもろくにできない下手くそな歌い方が目についたものの、その顔はたしかに美しかった。

◆しかし、本作に見るジェームスは三田明以上の美しい若者だったから、ダリはもちろん気性の激しい妻ガラ（バルバラ・スコヴァ）も一目で気に入ったらしい。今、そんな話を聞くと、思わず、ジャニー喜多川氏の「性加害問題」を思い出してしまうが、どうやらジェームスとダリとの間にはそんな関係はなかったらしい。

　ダリが常宿としている高級ホテルのスイートルームでは連日パーティーが開催されており、ジェームスはそこに出席していた美女（美男？）のアマンダ・リア（アンドレア・ペジック）と"いい仲"になっていくので、その展開に注目！しかし、連日連夜パーティーばかりやっていて、ダリは大丈夫なの？個展に出す作品は一体いつ描くつもりなの？

◆本作導入部を見ていると、誰でもそんな心配をしてしまうが、ダリはブチ切れてしまったガラの一言で反省（？）し、見事な集中力で作品を描き上げ、個展を大成功させたからさすがだ。その後、ジェームスはダリの仕事場で助手として働くことになった上、ガラとの仲も上々だから、万々歳！そう思ったが、いやいや・・・。

◆誰でも黄金時代は長くは続かないもの。しかして、本作ラストは、それから約 10 年後の1985 年。病院内には既にガラに先立たれてしまったらしいダリが車椅子に座っていたから、その晩年はみじめなものだ。なぜ、そこにジェームスが訪れてきたのかよくわからないが、『ウェルカム トゥ ダリ』と題された"ダリ・ランド"の結末は？

2023（令和 5）年 9 月 14 日記

ショートコメント　★★★

Data 2023-86

監督：ヨハネス・ハートマン／サンドロ・クロプシュタイン
原作：ヨハンナ・シュピリ『アルプスの少女ハイジ』
出演：アリス・ルーシー／マックス・ルドリンガー／キャスパー・ヴァン・ディーン

マッド・ハイジ

2022年／スイス映画
配給：ハーク／92分

2023（令和5）年7月20日鑑賞　｜　シネ・リーブル梅田

みどころ

"B級映画"の定義は難しいが、私はB級映画が大好き！しかし、世界文学全集の1つとして有名な「アルプスの少女ハイジ」を"18禁"とし、スイス初の「エクスプロイテーション映画」を誕生させるとは！

現時点で最悪の大統領はロシアのプーチン氏だが、本作を見れば、自社製のチーズ以外を禁止する法律を制定した、スイスのマイリ大統領はそれ以上で、まさに最悪！前半から中盤にかけては、恐怖の独裁体制下でトコトン苦しむ"アルプスの少女ハイジ"の姿を確認し、後半からは"最強少女ハイジ"に変身し、復讐を決意していくストーリーを楽しみたい。

クエンティン・タランティーノ監督の『キル・ビル Vol. 1』（03年）、『キル・ビル Vol. 2』（04年）は"復讐モノ、B級映画"の最高峰！ユマ・サーマンが演じた、あの復讐者のカッコ良さに、本作のハイジは及ぶべくもないが、それなりの努力は高く評価したい。"好評につき"第2作目も準備されるそうだから、それにも期待！

——＊——＊——＊——＊——＊——＊——＊——＊——＊——

◆「アルプスの少女ハイジ」はスイスが誇る児童文学書として世界的に有名だが、『マッド・ハイジ』とは一体ナニ？チラシには「『アルプスの少女ハイジ』が18禁で帰ってきた！」「最強少女ハイジ、参上！復讐を胸に暴れまくる！」の文字が躍り、「スイス初のエクスプロイテーション映画爆誕！」と謳われている。

それらの"文字情報"にもビックリだが、チラシに写っている可愛らしい（？）武装姿（？）の少女は、「アルプスの少女ハイジ」ではなく、これぞまさに「マッド・ハイジ」。

◆2022年2月24日のウクライナ侵攻以降、世界で最も危険な大統領はロシアのプーチン大統領。それが西側民主主義国の常識だが、それが同時に"世界の常識"と言えないところが悩ましい。しかし、チーズ製造会社のワンマン社長にしてスイス大統領でもある

強欲なマイリ（キャスパー・ヴァン・ディーン）が、自社製品以外の全てのチーズを禁止する法律を制定し、スイス全土を掌握し、恐怖の独裁者として君臨している本作冒頭の姿を見ると、それはプーチン以上の最悪の大統領！

　私は１９９７年にはじめて約１週間のヨーロッパ旅行をした際にスイスも訪れたが、本作冒頭のスクリーン上に映るアルプスの山々の風景は、その時に見たのと同じように美しいもの。しかし、それから２０年後、年頃になったハイジ（アリス・ルーシー）はアルプスで暮らしていたが、恋人のペーター（ケル・マツェナ）が禁制のヤギのチーズを闇で売りさばいたことの見せしめとして、ハイジの目の前で処刑されてしまうことに。さらに、唯一の身寄りである祖父（デヴィッド・スコフィールド）までも、マイリの手下に山小屋ごと包囲されて爆死。さあ、ハイジはどうするの？

◆私はＢ級映画が大好き！Ｂ級映画の定義は難しいが、「これはＢ級！」「俺はＢ級！」と公言した上で、作品を発表するのは勇気のいるものだ。Ｂ級映画の"代表"は、私の理解では、今はすっかり巨匠になってしまった、若き日のクエンティン・タランティーノ監督（？）だが、スイス出身の監督とプロデューサーが、Ｂ級エログロバイオレンスバージョンにアレンジした、"スイス映画史上初のエクスプロイテーション映画"は、世界１９カ国５３８人の映画ファンによるクラウドファンディングで、約２億９０００万円もの資金が集まったそうだからすごい。

　クララ（アルマル・Ｇ・佐藤）と共に矯正施設に収容されてしまったハイジの前途に残忍な運命が待ち構えていることは必至だが、『大脱走』（６３年）のような完璧なチームワークを組んでも実現できなかった"大脱走"は可能なの？また、『パピヨン』（１７年）（『シネマ４５』１２７頁）では、何度も失敗した上、最後にやっと脱走を成功させたが、その時主人公は既に老人になってしまっていた。しかし、本作におけるハイジの矯正施設からの脱走は、マイリに対する復讐とスイスという国を立ち直らせるためだから、早期の脱出が不可欠だ。

　しかして、本作中盤のＢ級エログロバイオレンスバージョンにアレンジした、"スイス映画史上初のエクスプロイテーション映画"の（ハチャメチャな）展開は？

◆タランティーノ監督のＢ級映画（？）最大のヒット作である『キル・ビルVol.１』（０３年）（『シネマ３』１３１頁）、『キル・ビルVol.２　ザ・ラブ・ストーリー』（０４年）（『シネマ４』１６４頁）は、何といっても女優ユマ・サーマンの魅力が光っていた。大柄で派手な顔立ちのユマ・サーマンなればこそ、梶芽衣子の"怨み節"をテーマにした、刀を振り回しての復讐劇がメチャ面白かったわけだ。ブルース・リーの没後半世紀となる２０２３年の今、『ドラゴン危機一発』（７１年）、『ドラゴン怒りの鉄拳』（７２年）、『ドラゴンへの道』（７２年）、そして『燃えよドラゴン』（７３年）、等の魅力が見直されているが、ブ

ルース・リーの肉体能力はとにかくすごかった。

　しかし、それらに比べると、命からがら１人だけでの脱出を成功させた“アルプスの少女ハイジ”が、ファンタジーのような世界（観）の中で“最強少女ハイジ”に変身していく本作中盤のストーリー展開にはいささか不満がある。少なくとも、あのコスチュームは“アルプスの少女ハイジ”に固執しすぎでは？また、刀ですらユマ・サーマンのように見事に振り回せないハイジがあの重い槍（？）を使いこなすのは、かなり無理があるのでは・・・？

　しかして、本作ラストのハイライトとなる復讐の舞台は古代ローマの円形闘技場（コロッセオ）を彷彿させる闘技場だが、そこでハイジは一体誰と戦うの？そして、マイリ大統領はその場に、どんな立場で、何をするために出席しているの？

◆暑い夏には、涼しくなるために“怪談モノ”や“ホラーもの”がよく上映される。『四谷怪談』（４９年）のような邦画の定番ものは少なくなったが、洋画では各種各様のホラー映画が大量生産されている。そんな映画では残忍なシーンがてんこ盛りだが、Ｂ級映画にも大量の出血シーン等のエログロナンセンスシーンがよく似合う。そのため、“Ｂ級性”を売りモノにした本作では、導入部で見るペーターの処刑シーンから、エログロ性が満載！それは中盤でも途切れることなく、次々に登場する殺人シーンにおける残忍性、エログロ性はそれなりのものになっている。すると、本作ラストのクライマックスにおける最強少女ハイジによるマイリ大統領への復讐の残忍性とエログロ性は？

　それはあなた自身の目で確認してもらいたいが、ここで私が納得できないのは、死んだはずのハイジのおじいさんが謎の復活（？）を遂げた上、新たに“老人３人組”を結成して、反マイリ勢力を結集し、あるべきスイス国を取り戻すべく闘技場に向けて一斉に武装蜂起に及ぶことだ。“最強少女ハイジ”を主人公にした本作では、この武装蜂起はあくまでハイジによるマイリ大統領への復讐が終了した後、という設定になっているが、こんな設定はナンセンス。ロシアのプーチン大統領の下ですら、“プリゴジンの武装反乱”は失敗したのに、あれほどの独裁政治、恐怖政治を完成させたマイリ大統領の下で、じいさん３人組をリーダーとする民衆の武装蜂起が成功するはずがない。このストーリー展開は“最強少女ハイジ”を主人公として浮かび上がらせる上でもマイナスだったのでは？

　ちなみに、本作は大好評（？）につき、第２作目がハイジとクララの２人を主人公にして作られるらしい。私はそれを楽しみにしつつ、次回作ではじいさん３人組は回想シーンの登場のみにしてもらいたいと願っている。

　　　　　　　　　　　　　　　　　　　　　　　２０２３（令和５）年７月２４日記

第5章　邦画

Data　2023−63

監督：藤井道人
脚本：平田研也、藤井道人
出演：岡田准一／綾野剛／広末涼子
／磯村勇斗／駿河太郎／中
山崇／黒羽麻璃央／駒木根
隆介／山田真歩／清水くる
み／杉本哲太／柄本明／千
葉哲也

★★★★★

最後まで行く

2023 年／日本映画
配給：東宝／118 分

2023（令和 5）年 5 月 27 日鑑賞　TOHO シネマズ西宮 OS

👀 みどころ

　韓国映画には“９６時間ノンストップエンターテインメント”がお似合いだが、製作委員会方式花盛りの近時の邦画ではそれは到底無理？いやいや、藤井道人監督なら、岡田准一と綾野剛の共演で、それ以上のリメイク版も！

　“マズい男”ＶＳ“ヤバい男”激突の背景には巨大なマネーロンダリングという社会悪が！そんな社会問題提起を併せて行い、“二大悪人”を登場させたのが藤井版の特徴だが、その是非は？

　とある地方都市のお寺の金庫（倉庫？）内に、あれほど膨大な量の札束が積まれていることにビックリ！しかして、本作ラストに登場する“札束まみれの激突”はあなた自身の目でしっかりと。

—— * —— * —— * —— * —— * —— * —— * —— * —— * —— *

■□■２０１４年の韓国映画を藤井道人がリメイク！各国でも■□■

　本作は２０１４年に韓国で公開され、３４５万人の観客動員を記録したキム・ソンフン監督の同名作品のリメイク。中国やフィリピンでもリメイクされた他、フランスでリメイクされた『レストレス』（２２年）は２０２３年２月に Netflix で世界一斉配信後、全世界で Netflix グローバル映画ランキング１位を記録し、世界中の映画ファンを熱狂させたそうだ。そんな２０１４年の韓国映画を、なぜか今、『新聞記者』（１９年）（『シネマ45』２４頁）等の藤井道人監督がリメイク。その主役は、“マズい男”・工藤祐司を演じる岡田准一と、“ヤバい男”・矢崎貴之を演じる綾野剛だからビックリ！今や日本映画界の大看板になっている岡田准一と綾野剛を起用し、同じく邦画界を牽引する藤井道人監督が、なぜそんな韓国映画のリメイクを？

　その第１の理由は、同じく『最後まで行く』と題されたオリジナル版の素晴らしさだが、第２の理由は、邦画界でいい脚本が少なくなっていることの裏返し・・・？そう考えると、

本心から本作のヒットを願っていいの？そんな思いも強い。他方、私がそれ以上に気になるのは、本作は少なくとも韓国版に匹敵するレベルの作品になっているの？ということだ。大ヒットした韓国版をリメイクする以上、監督や脚本家はそれなりの覚悟で取り組むはずだが、さて、本作と原作との異同やその優劣は？

■□■何度も見た予告編から考える「最後まで行く」とは？■□■

藤井監督が韓国版のリメイクを決断した１つの理由は、『最後まで行く』というタイトルにワクワクしたためらしい。しかし、韓国人的には「最後まで行く」のは良いことかもしれないが、「和を以て貴しとなす」を重視する日本人的には「最後まで行く」のは必ずしも良いことではなく、タイミングを見た"丸い収め方"が大事だ。

私は本作の予告編を何度も見たが、そこでは雨の中を病院に急いで車を走らせている工藤祐司（岡田准一）がある男を跳ね飛ばした後、「どうする？どうする？」と焦りながら、結局その遺体をトランクの中に入れて現場を離れるシーンが印象的だ。そこで「慌てるな！落ち着け！」と自らに言い聞かせている工藤にかかってきた電話が、「お前、よく人を殺して平気でいられるな。お前はもう終わりだ。」というものだからビックリ！電話をかけてきたこの男は一体誰？『最後まで行く』というタイトルは何を意味しているの？本作の予告編は、そんな興味で誰もが本編を見たくなるようにうまく作られていた。

私はそんな"仕掛け"にまんまとハマって（？）今日、映画館の座席に座ったが、本編はそのタイトル通り「最後まで行く」のが最大のポイントになっている。２０２３年５月２９日現在、ウクライナでは長期にわたったバフムトを巡る攻防戦を経て、いよいよウクライナ軍の"反転攻勢"が始まろうとしている。しかし、そこでは「最後まで行く」ことは求められておらず、良いタイミングでの和平が求められているはずだ。しかし、「藤井道人、動の集大成」と題したチラシが発行されている本作は、「ハラハラドキドキの連続」、「怒涛の展開」、「９６時間ノンストップエンターテインメント」、「逃げまくっていたはずが、追いかける側に変わる」等々と書かれているように、「最後まで行く」ことが求められるらしい。もちろん、"映画は何でもあり"だから、それでもいいが、さて本作の"９６時間ノンストップエンターテインメント"とは？

■□■韓国版と藤井監督リメイク版との異同は？その優劣は？■□■

本作は超話題作だから、キネマ旬報６月下旬号で８～１９ページにわたって特集が組まれている。これはパンフレットと共に必読！その中で、脚本を書いた平田研也氏は「土台の物語を大事に、日本版のオリジナリティを」の見出しで、「やりすぎな韓国版を現実的に」と「説明は画に置き換え、尺を短く」という狙いを要領よく説明している。轢き逃げ刑事を麻薬横流し刑事が追い詰めるという韓国オリジナル版は、人間の原罪と原罪がせめぎあう韓国ノワールの金字塔であるナ・ホンジン監督の『チェイサー』（０８年）（『シネマ２２』２４２頁）と同じように、韓国映画が得意とする"ダーティーコップ"同士の対決をテーマにしたもの。そのリメイク版たる本作は、一方ではその原型を忠実に踏襲している。

他方、「オリジナル版を凌いで成功するリメイクなどありえない。という定説を覆して、日本映画もやれば出来る。これはもう、リメイクじゃない！」と自負する本作では、①ヤクザの組長・仙葉泰（柄本明）の登場と、彼が語る印象的な"砂漠と蜥蜴"の寓話、②矢崎の上司で、婚約者・植松由紀子（山田真歩）の父親でもある県警本部長・植松（千葉哲也）の登場と、彼が果たすマネーロンダリングのキーマンとしての役割、等々の点で、日本版のオリジナリティを明確に打ち出している。

裏金や政治資金は藤井監督が得意とする社会問題提起によく使われるネタだが、本作のクライマックスに見る、お寺の巨大な金庫内に蓄えられた札束の量は私がかつて見たことのないほどの量だ。東京の都心ならいざ知らず、本作の舞台とされた地方都市では、いくら有力なお寺が政治家やヤクザと結託してもこれだけの裏金を作るのは不可能だと思われる。しかし、それはそれ、映画は映画だ。そんな本作の脚本は素晴らしい。しかして、アクションを得意とする岡田と綾野による、ハードな韓国映画に決して引けを取らない、札束まみれのアクションに注目！

あなたは、韓国オリジナル版と藤井監督リメイク版とのそんな異同をどう考える？また、その優劣は？

■□■死体と共に母親の遺体安置所でお通夜を！その気分は？■□■

雨の中を猛スピードで、しかも、携帯で話しながら。いくら、母親の死に目に会うためとはいえ、そりゃ少し無茶だ。その上、飲酒検問所で警察手帳を武器に、呼気検査を執拗に拒否しているのは、酒を飲んでいるため・・・？そんな悪徳警官なら、いくら工藤が刑事課所属の刑事でも、交通課の巡査が取り締まれるはずだが、そこに突然、県警本部監察課の矢崎が「裏金作りの調査のため、工藤の話を聞きたい」と登場！それは、工藤やその上司たる刑事課の淡島課長（杉本哲太）らにとっては絶体絶命のピンチだが、矢崎の登場によって、飲酒検問逃れと、死体の入ったトランクのチェックを逃れることができた工藤にとっては超ラッキー！？

急いで病院に駆けつけたものの、既に母親は息子の顔を見ることなく死んでしまったから、工藤はトランクに死体の入った車を駐車場に置いたまま、遺体安置所で棺の中の母親と共に通夜を過ごすことに。もちろん、これは異例のことだが、「日頃親不孝ばかりだったから、せめてお別れの時くらいは・・・」という工藤の殊勝な訴えによって実現したものだ。しかし、冒頭から見るように、工藤はマズい男ながら、どんなケースでもギリギリの言い逃れでその場を凌いできた男だから、今、彼が企んでいるのは、母親が入っている棺の中に何とかしてトランクの死体を入れ、明日、火葬場で一緒に焼いてしまうこと。なるほど、悪徳警官ならそれぐらいのことは考えそうだが、果たしてそんなことが可能なの？また、そんな"企み"を持ちながら母親の遺体と共に一夜を過ごす工藤の気分は？

■□■なるほど！なるほど！予告編の"あのシーン"に納得！■□■

工藤の携帯に突然、「お前は人を殺した。知ってるぞ！」という趣旨のメールが入ってき

たのは一体なぜ？ひょっとして、雨の中での、あの轢き逃げ事件の一部始終を誰かが見ていたの？ちなみに、予告編では「お前はもう終わりだ。」という脅し文句だけだったが、本編では「死体をどこへやった？言え！」という、思いがけないストーリーになっていくので、それに注目！

　さまざまなイベントで行われているマジックショーでは決して種明かしされることはない。ところが意外にも、本作は早い段階で、工藤の飲酒検問の場に現れた矢崎が、工藤による轢き逃げ事件と死体のトランクへの積み込み、現場からの逃走を目撃していたこと（だけ）がフラッシュバックの手法で明かされるので、アレレ。

　"マズい男"の工藤が冒頭から焦りっ放しのバタバタ状態であるのに対し、スーツ姿をビシッと決めた"ヤバい男"の矢崎はあくまでクール。「病院に急いでいる」との工藤の言い分をあっさり認めた矢崎は、「明日、話を聞く」との工藤の言い分もアッサリ認めた上で、翌日、淡島課長らが待ち受ける警察署へ。そして、監察課の刑事らしく帳簿類を一通り調べたものの、「この程度の裏金なら問題ないでしょう。今回は見逃しましょう。」とアッサリ語ったからビックリ！「ウチの署で裏金が作られている」という告発が週刊誌に入ったのは、工藤の直近の行動がバレたためだから、裏金作りの全貌解明のためには工藤からの事情聴取が不可欠だ。ところが、「この程度の裏金」でお目こぼしになったため、工藤はもとより、署全体の汚点もすっぽりと闇の中へ。こりゃ、ラッキー！工藤も課長もそう思ったが、その後、矢崎の工藤への追及は、「あの死体をよこせ！」だったことが判明していく。それは一体なぜ？そこからが平田研也脚本のメインだから、観客は年末の4日間にわたって続く、96時間ノンストップエンターテインメントをタップリ楽しめるはずだ。

■□■県警本部長とヤクザの組長が巨悪で結託！■□■

　岸田文雄総理は2023年5月30日の記者会見で突然、秘書官を務めている長男・岸田翔太郎氏の事実上の更迭を発表した。その理由は、お昼のニュース番組で面白おかしく報道されている通り、誰がどう考えてもバカバカしい限りのこと。要は、岸田翔太郎氏は低レベルの甘ちゃん坊やに過ぎないということだ。

　それに比べれば、本作に登場する二大悪人である県警本部長の植松とヤクザの組長・仙葉の悪の度は遥かにすごい。彼らがやっているのは、いわゆるマネーロンダリングだ。工藤が勤務する警察署における、刑事課ぐるみの裏金づくりはもちろん悪だが、お布施に税金のかからないお寺（宗教法人）は大規模かつ組織的なマネーロンダリングの絶好の舞台になる。地方都市にしてはあまりにも豪勢すぎる某お寺と植松が組んで、そのマネーロンダリングをやっていたわけだが、現金を置いているお寺の中の金庫の鍵を開けるには、鍵の他に指紋認証が必要だったらしい。しかして、その指紋認証を担う"生身の人間"は一体誰？それが本作最大のポイントになる。

　ちなみに矢崎は植松県警本部長の娘・由紀子の婚約者だ。植松は矢崎の能力を買って2人の結婚を許したわけだが、もちろん矢崎は出世目当て（だけ）の政略結婚。そんなこと

は植松も了承済み。知らぬは（バカ）娘ばかりだが、本作に見る植松の親バカぶりは面白いし、矢崎の由紀子に対するラブラブぶりも面白い。しかし、それはすべて虚構のものであることが本作後半からはモロに見えてくるし、矢崎の能力も植松が買っていたほどではなかったことが見えてくるから、後半からは少しずつ仲間割れの雰囲気も・・・しかし、矢崎が植松からの厳命を受けて忠実に、工藤が轢き殺した男の死体を執拗に探し求めたのは一体なぜ？ちなみに、この男の名は尾田創（磯村勇斗）だが、彼とラブラブの仲にある岸谷真由子（清水くるみ）は、一体どこで彼の帰りを待っていたの？尾田はなぜ今、真由子の前に姿を現さないの？

そんなこんなの９６時間ノンストップエンターテインメントと、巨大なマネーロンダリングの二大悪人である県警本部長・植松とヤクザの組長・仙葉の姿はあなた自身の目でしっかりと。

■□■信長役の岡田准一もいいが、マズい刑事役もお見事！■□■

大ヒットした韓国版をリメイクした本作最大の見どころは、あくまでマズい刑事・工藤とヤバい刑事・矢崎という２人の"ダーティーコップ"の激突！韓国版はその面白さをあくまで個人のキャラのアクの強さによって表現しているそうだが、本作ではそこに巨大なマネーロンダリングという社会問題を加えるとともに、２人の巨悪が登場するから、興味がそちらに注がれる面もある。

本作中盤の怒涛のストーリー展開のポイントは、工藤が車で跳ね飛ばした死体が尾田であったことを明らかにした後、なぜ矢崎が必死に尾田の死体を探し求めて工藤を追及しているのかという点になる。そして、その種明かしがされ、工藤の目の前に私がかつて見たことのない量の札束が広がった後は、再三、不死鳥のように蘇ってくる矢崎と工藤との究極の対決となる。私は、１９７６年６月２６日のアントニオ猪木VSモハメド・アリの異種格闘技戦はもとより、アントニオ猪木の新日本プロレスにおける活躍ぶりを長い間見続けてきた。「プロレスは出来レース」という説もあるし、確かにTVで観ていてもそういう要素は否定できないが、それでもさまざまな伝説として今なお残っているアントニオ猪木の各種の名対決（激突）は面白い。しかして、本作ラストのクライマックスは、前述のように膨大な札束が積まれた金庫（倉庫）の中でのマズい刑事とヤバい刑事２人の肉弾戦になるので、それに注目！もちろん、その勝者は決まっているが、藤井監督と脚本を書いた平田研也氏が用意した、年末の７２時間を描く本作の本当のラストに見る結末とは？

現在、NHK大河ドラマで放映中の『どうする家康』における松本潤演ずる徳川家康はいかにも頼りない若造だが、それを一方的にリードしている少し年上の岡田准一演ずる織田信長は格闘技大好き人間としても描かれている。そんな信長役を演じる岡田准一もいいが、本作でマズい刑事・工藤を演じる岡田准一もお見事だから、その雄姿はあなた自身の目でしっかりと。

２０２３（令和５）年６月２日記

Data 2023-91

監督：行定勲
脚本：小林達夫／行定勲
原作：長浦京『リボルバー・リリー』
出演：綾瀬はるか／長谷川博己／羽村仁成／シシド・カフカ／古川琴音／清水尋也／ジェシー／佐藤二朗／吹越満／内田朝陽／板尾創路／橋爪功／石橋蓮司／阿部サダヲ／野村萬斎／豊川悦司

★★★★★

リボルバー・リリー

2023 年／日本映画
配給：東映／138 分

2023（令和5）年8月11日鑑賞　　TOHO シネマズ西宮 OS

👀👀みどころ

　企画力の乏しい近時の邦画界に、ハードボイルド・冒険小説の名手、長浦京の原作を元に、メチャ面白いオリジナル企画が実現！

　時代は関東大震災の1年後。舞台は帝都・東京だ。冒頭に見る、陸軍による細見一家惨殺事件は一体ナニ？阪本順治監督の『人類資金』（13年）で見た"M資金"も興味深かったが、本作では陸軍の機密に深く関わっていた実業家・金融家の細見と、彼が一人息子・慎太に託した書類に注目！

　本作が面白いのは、悪玉ぞろいの陸軍の"権益"に、若き日の山本五十六海軍大佐が絡むこと。"幣原（しではら）機関"の女スパイとして育ったリボルバー・リリーこと小曽根百合は今、歓楽街・玉の井のカフェー「ランブル」を経営していたが、慎太少年の危機を目の当たりにして、陸軍 VS 海軍の権益争いに飲み込まれながら、いかなる役割を・・・？

　ミラ・ジョヴォヴィッチが主演した『バイオハザード』シリーズとは異質の"大正ロマン"漂う雰囲気の中、美しいドレス姿で華麗なるガンアクションに挑む綾瀬はるかの魅力をタップリ味わいたい。そして、シリーズ化が決定したかのような本作ラストに注目し、第2弾にも期待！

―――＊―――＊―――＊―――＊―――＊―――＊―――＊―――＊―――＊―――

■□■主演は綾瀬はるか！この映画は一体何？監督は？原作は？■□■

　私は『リボルバー・リリー』と題された本作のチラシを5月に入手したが、どうせくだらない最近のコミック本の映画化だろうと思って無視していた。ところが、一方で、主演が綾瀬はるかである上、監督が行定勲と知り、他方で、公開が迫る中で新聞での情報が増えていくにつれて、「こりゃ、必見！」と完全に見方が一変した。

　原作は、私は全く知らなかったが、2017 年に第 19 回大藪春彦賞を受賞し、一躍ハード

ボイルド・冒険小説の名手として注目を集めた長浦京。そして、同作は「明治と昭和の間（はざま）に生まれた新しい価値観を描いた」もので、全656ページもある長編らしい。チラシには「史上最強のダークヒロイン誕生」「小曾根百合とは何者か？」の文字が躍っている上、主人公が「幣原（しではら）機関」というスパイ養成組織で殺し屋としての腕を磨いたリボルバー・リリーこと小曾根百合（綾瀬はるか）、と聞けば、それは面白くないはずがない。

　ちなみに、"女スパイモノ"の人気作品がミラ・ジョヴォヴィッチ主演の『バイオハザード』（01年）（『シネマ2』235頁）シリーズだったが、現在の邦画界で肉体的にも、美貌的にも、アクション的にもミラ・ジョヴォヴィッチと同じレベルの女スパイ役ができるのは綾瀬はるかのみ！

■□■本作の時代設定は？舞台は？こりゃ、面白そう！■□■

　本作の時代設定は、1923年（大正12年）9月1日に発生した関東大震災から1年を経過しようとしている、1924年8月。舞台は帝都・東京、墨田区の歓楽街・玉の井の一角にあるカフェー「ランブル」だ。帝都と聞いて私がすぐに思い出したのは、荒俣宏の人気小説『帝都物語』。そこでは"怪人"加藤保憲が大活躍していたが、明治と昭和の間にわずか15年間だけ存在した大正の時代は、日本人にとっていわば空白の時代。それは、一方では大正デモクラシーの良き時代だったが、他方では戦争への道を着々と歩み始めた時代でもあった。そんな"混沌の時代"において、女スパイ、リボルバー・リリーは一体どんな役割を？

　もちろん、百合は架空の存在だが、小説も映画も自由な発想で物語を作り上げることができる。同じ日に見た宮崎駿監督の原作・脚本・監督による『君たちはどう生きるか』（23年）は全然面白くなかったが、本作はメチャ面白そう！

■□■陸軍が細見一家惨殺事件を！？細見少年はどこへ？■□■

　日本では、1932年（昭和7年）に5・15事件が勃発し、犬養毅らが暗殺された。また、1936年（昭和11年）には2・26事件が勃発した。本作冒頭、それと同じように（？）、陸軍と結託していた"投資家"（金融家）の細見欣也（豊川悦司）の留守宅が陸軍将兵によって襲撃され、細見の行き先を尋問された女中たちが次々と射殺される姿が描かれる。細見は1時間ほど前に上海に出発していたし、細見の一人息子・慎太（羽村仁成）は床下に隠れていたため難を免れたが、今東京の墨田区にある歓楽街・玉の井で1人、カフェー「ランブル」を営んでいる小曾根百合が読んでいる新聞では細見一家惨殺事件の犯人は、かつて細見欣也に仕えていた男、筒井国松（石橋蓮司）と報道されていたから、アレレ・・・。

　他方、本作における主人公・百合の紹介は、滝田洋裁店でドレスの注文をする姿から始まる。大正時代の女性には和装が多かったはずで、百合もお店では和装だったが、滝田洋裁店では極上の生地を使ってドレスをあつらえていたらしい。『若き仕立屋の恋　Long version』（04年）で見たようなチャイナドレスではないが、手足の長い綾瀬＝百合がこれ

206

を着ればきっと似合うはずだ。ドレスの完成は1週間後だそうだが、その時点ではまだ百合の出自や幣原機関の女スパイとして受けていた訓練の姿や、今は引退している百合が過去に果たしてきた女スパイとしての役割等は一切語られない。

　しかし、細見一家惨殺事件の犯人が筒井国松と報道されていることに疑問を持った百合が、1人で秩父にある国松の爆破された山小屋に赴き調べていると、そこに陸軍の姿が・・・。さらに、帰りの列車の中では1人で逃走していた慎太少年が、陸軍に発見され逮捕されようとする姿が・・・。そこではじめて見せる、百合の格闘能力は「さすが一流！」と感心させるものだが、『007』シリーズのジェームズ・ボンド並みに列車から飛び降りた2人は、さて、これからどんな逃避行を・・・？

■□■カッコいい岩見良明（長谷川博己）のキャラに注目！■□■

　2020年のNHK大河ドラマ『麒麟がくる』で明智光秀役を演じた長谷川博己は、今や何でもござれの、ノリにノッた名俳優に成長している。その長谷川が、本作では元海軍士官ながら今は引退し、弁護士事務所を経営しているという、カッコいい紳士・岩見良明役を演じているので、それに注目！もっとも、玉の井界隈を歩いていると、ケバい化粧をした女（娼婦）たちから「先生！先生！」と声をかけられているところを見ると、この男、能力もあるが、「かなりの遊び人！」・・・？長年の友人である百合のカフェー「ランブル」に自由に出入りしている岩見は、百合から細見一家惨殺事件についての調査依頼を受けると、いとも簡単にそれを引き受けたからすごい。弁護士生活50年近くになる私には、一介の弁護士の調査能力など、たかが知れていることを思い知らされているが、海軍時代に教えを受けた山本五十六（阿部サダヲ）が、今や大佐となり大きな実権を発揮していることもあって、百合から受けた難解な事件についても、岩見の調査能力は相当なものらしい。

　阪本順治監督の『人類資金』（13年）（『シネマ32』209頁）では「M資金」なるものが大きなテーマとされていたが、本作に見る実業家、投資家として陸軍の重要機密に関わっていた細見欣也は一体どんな役割を果たしていたの？なぜ陸軍から一家皆殺しという残忍な仕打ちを受けることになったの？そしてまた、命の危険を悟った細見が、一人息子に託した謎の書類と秘密の暗証番号は何を明らかにするものなの？岩見の調査の結果、陸軍が総力を挙げて生き残った慎太少年を探索していることが明らかになったが、すると、今そんな慎太と2人で逃走を続けている百合の運命は？

■□■ガンアクションの面白さ（1）ランブルでの銃撃戦は？■□■

　私の小学生時代は、TVドラマ『拳銃男爵』（60～61年）がヒットしていたし、スティーブ・マックイーンの『拳銃無宿』（58年～61年）も有名だった。近時はキアヌ・リーブスによる『ジョン・ウィック』シリーズが興味深い。もちろん、古き良き時代の西部劇では『OK牧場の決斗』（57年）、『誇り高き男』（56年）等の名作がある。しかし、邦画では拳銃アクションの名作は少ないので、本作ではパンフレットにある武藤竜馬氏（ガンアクションアドバイザー）、納富貴久男氏（ガンエフェクト）のCREATOR'S VOICE「GUN」

は必読だ。

　それによると、本作のタイトルとされている"リボルバー"は第一次世界大戦参戦直後に米国陸軍が M1911 自動拳銃の供給不足のために発注した軍用リボルバーの「S＆W M1917 リボルバー」だが、もう１つ、慎太が父親から受け取った自動拳銃「ベレッタ M1915」も登場するので、その功用や方式についてもしっかり勉強したい。それに対して、日本軍が使用した「三八式歩兵銃」も有名だが、その威力は？

　本作は、『リボルバー・リリー』というタイトルにもかかわらず、百合の登場はドレスの注文シーンからとされている。しかして、本作の見せ場となるべきガンアクション (1) は、慎太を連れてカフェー「ランブル」に戻ってきた百合を、陸軍の一部隊が取り囲み襲撃するシークエンスになるので、それに注目！

　店の前を包囲する陸軍兵士の前に、たった１人ドレス姿で登場してくる百合の度胸は大したものだが、その部隊のど真ん中にリボルバーをぶっ放す勇気もすごい。さらに、すごいのは店の中に逃げ込んだ百合を援護する奈加（シシド・カフカ）、琴子（古川琴音）たちの射撃の腕前だ。逆に言えば、そこで百合たちに敗北し逃げ出してしまう日本陸軍のだらしなさには呆れさせられるが、"そこは映画"と割り切って、本作中盤のガンアクションその１を楽しみたい。

　本作では、岩見をはじめとする"善玉"役のかっこよさが光っているのに対し、陸軍陣営の小沢大佐（板尾創路）、津山ヨーゼフ清親大尉（ジェシー）、三島中尉（内田朝陽）等の面々はアホばかり・・・。当初から登場してくる平岡組 5 代目組長の平岡（佐藤二朗）も、百合の最大のライバルとして登場してくる謎の男・南始（清水尋也）も悪人面が顕著だ。本当はそんな単純なものではないはずだが、これは「映画だから」と割り切れば当然の話。本作では、善玉 VS 悪玉の配置をそのようにしっかり割り切って考えたい。

■□■あの時代、陸軍 VS 海軍の対立は？内務省は？■□■

　国民的作家・司馬遼太郎の小説の中でも、１番人気は『龍馬がゆく』。私は、その後半から描かれる"船中八策"を立案し、"万機公論に決すべし"（＝民主主義）と、「入札によるリーダー選びを新国家の根本政策にしよう」とした龍馬の姿が興味深かった。その結果出来上がったのが、明治維新による近代的統一国家日本の"民主主義"だが、日清、日露戦争を経て大正時代に入った 1924 年当時の日本の姿とは？その民主主義の姿とは？

　1923 年 9 月 1 日に発生した関東大震災は誰のせいでもないが、そこで見せた帝都復活（帝都改造）に向けた日本の底力は相当なものだった。しかし、他方で、軍拡競争に走っていた陸軍 VS 海軍の対立は激しかったらしい。また、今では総務省、かつては自治省と呼ばれていた官庁が当時は内務省だったが、その内務省が持っていた権限の大きさとは？

　『リボルバー・リリー』と題された本作が単なるハードボイルドアクションなら、そのような大正時代の日本国の構造の問題点を指摘する必要はないが、本作には細見親子を執拗に狙う陸軍の姿が描かれるので、その理由についてしっかり考える必要がある。そこに

「M資金」と同じような国家財政や国家金融に絡む大問題が存在していたことが、本作や原作の面白さだが、何と更にそこには、陸軍（省）の権益の横取りを狙っている海軍（省）の山本五十六大佐が登場してくるので、それに注目！さらに、元は海軍で山本五十六の部下だったという岩見は今は一介の弁護士だが、本作中盤では内務省警備局員の植村（吹越満）が、かつての部下だったという百合の過去を岩見に語る重要な存在として登場してくるのでそれにも注目！

■□■ガンアクションの面白さ（2）白いドレスで霧の中へ！■□■

来る9月22日に公開されるキアヌ・リーブス主演の『ジョン・ウィック』シリーズ第4作、『ジョン・ウィック：コンセクエンス』（23年）の謳い文句は、「世界77カ国初登場No.1！ノンストップ・キリングアクションは、世界的スケールに進化した！」。同シリーズでは「主席連合（ハイテーブル）」なる"裏社会の秩序"の厳守が絶対的ルールとされているから、その独特の世界を理解するためには、いくつかの抑えておきたいチェックポイントがある。

それに比べれば、大正時代の陸軍（の権益）は、とてつもなく大きいものだったから、いくら百合が幣原機関の優秀なスパイだったとしても、引退した後一匹狼として陸軍と"対峙"するなど到底ありえない話だ。山本五十六大佐が慎太少年の保護を確約する代わりに百合に突きつけてきた条件は、ある意味で海軍に身勝手なものだったが、それしか慎太少年の安全を確保する方法がないとすれば、百合の選択は1つだけだ。

しかして、本作のクライマックスとして登場するのは、霧深い日比谷の市街、海軍省の建物の前で展開されるガンアクション（2）になるので、それに注目！重大な秘密を握る慎太少年を連れて、百合が海軍省の中に突入していくのを阻止すべく、海軍省の前に部隊を展開しているのは陸軍だから、いくら百合のガンアクションが優秀でもそれを突破するのは不可能！誰もがそう思ったが、幸いなことに、本日の日比谷は濃い霧の中だ。この時、百合が着ているのが、本作冒頭のシーンであつらえた、あの白いドレスだというのがミソだが、それ以上に興味深いのが、私の中学時代に久保浩が歌って大ヒットした『霧の中の少女』ばりに、深い霧の中で百合が大活躍する姿だ。そこには、奈加や琴子の応援があったし、車で駆けつけてきた岩見が大量の爆弾を陸軍の守備兵に向かって投げ込むパフォーマンスもあったから、現場は大きく混乱！これならひょっとして、百合と慎太少年の海軍省内への突入も可能に・・・？

そう思わせる展開の中、白いドレスを真っ赤な血で染めながら、ド派手なガンアクション（2）を展開する百合の姿に注目！さあ、百合は山本五十六との約束を果たすことができるのだろうか・・・？

■□■シリーズ化が決定！？脱出した百合の新たな敵は？■□■

おっと忘れていた。私は本作における、"陸軍と海軍の対立"に人並み以上の興味を持ったため、評論もそこに重きを置いたが、通常の"対決型アクション"としては、ガンアク

ション（2）の前に、謎の男・南始と百合との"宿命のガチンコ対決"が登場するので、それにも注目！

『007』シリーズでもジェームズ・ボンドが立ち向かう"悪の権化"は毎回変化していくが、本作ではガンアクション（2）の終了後、岩見と2人で列車に乗って、幸せそうな逃避行（？）を楽しんでいる百合の姿が登場するので、それに注目！2023年1月28日に観た『レジェンド＆バタフライ』(23年)（『シネマ52』206頁）で、綾瀬はるかは織田信長の勝気な妻・濃姫役を演じていたが、クライマックスとなる「本能寺の変」のシーンで突如登場してきた、ファンタジーのような信長と濃姫2人の海

©2023「リボルバー・リリー」フィルムパートナーズ

外旅行の姿にはビックリさせられた。こりゃ一体ナニ？いくら何でもこれはやりすぎ！

　そう思ったが、無事慎太少年の海軍省への引き渡しを成功させた上での、本作ラストに見る百合と岩見の2人だけの逃避行は十分ありうる話だろう。そう思いながら本作のエンディングを楽しんでいると、キスを求める（？）岩見の顔の先に百合が見たのは、列車の中をこちらに向かって歩いてくる眼帯の男（鈴木亮平）だ。この男が何者かはわからないが、これを見れば本作のシリーズ化は確実！新たなるストーリーでの、新たなる百合の大活躍と、更なるガンアクションを期待したい。

2023（令和5）年8月15日記

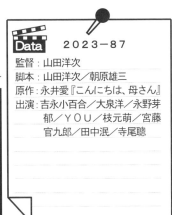

Data 2023-87

監督：山田洋次
脚本：山田洋次／朝原雄三
原作：永井愛『こんにちは、母さん』
出演：吉永小百合／大泉洋／永野芽
　　　郁／YOU／枝元萌／宮藤
　　　官九郎／田中泯／寺尾聰

SHOW-HEY シネマルーム

★★★★★

こんにちは、母さん

2023年／日本映画
配給：松竹／110分

2023（令和5）年7月21日鑑賞　　松竹試写室

👀みどころ

　私は２０２４年３月末に弁護士生活５０年を迎えるが、山田洋次は９０歳を超えて監督９０本目を、女優生活６０年を超えた吉永小百合は１２３本目の本作に挑戦！この２人には、「継続は力なり」の言葉を感謝を込めて贈りたい。

　山田監督には浅草の下町がよく似合う。吉永小百合も東京の下町生まれだから、吉永扮する神崎福江は足袋職人だった夫の死亡後、隅田川沿いの"向島"にある"かんざき"で今、どんな生活を？大会社の人事部長をしている一人息子が、久しぶりに「こんにちは、母さん」と実家に戻ってみると・・・？

　新聞の社会面では老人の孤独死のニュースも多いが、８０歳近い福江は青テント向けのボランティア活動に精を出している上、ひょっとして"老いらくの恋"も・・・？父親には口も聞かず、祖母の家に入り浸っている"隔世遺伝"らしい美人の孫は、それを歓迎しているようだが、そんなバカな！

　フーテンの寅さんを取り巻く、葛飾柴又の人々の"人情劇"も面白いが、人事部長として日々苦悩している息子は、母親や娘からどんな刺激を受け、どんな決断をするの？それに注目しながら、最後には８０歳近い福江が見せる"失恋"の姿に注目！フーテンの寅さんは毎回、恋愛騒動を繰り広げた挙句、マドンナとの失恋で終わってしまうが、本作に見る福江の"老いらくの恋"の行方は如何に？『卒業』（６７年）のラストのような、あっと驚く展開も・・・？

　中国映画『こんにちは、私のお母さん』（２１年）は「涙、涙、また涙！」の名作だったが、本作も最高！"サユリスト"を自認する私ですら、吉永小百合は"演技のヘタクソな大根役者"、そう認識していたが、本作では芸達者な息子役の大泉洋、孫役の永野芽郁に囲まれてお見事な演技を。そんな本作に対して、私は迷うことなく星５つ！

■□■継続は力なり！監督９０本目！女優１２３本目！■□■

　２００２年７月に始まった『SHOW-HEY シネマルーム１』の出版から、２０２３年７月の『シネマ５２』まで、２０年以上にわたって映画評論本の出版を続けている私が自慢したいのは、「継続は力なり！」ということ。

　その言葉をそのまま贈りたいのが、本作で監督９０本目となる山田洋次監督と、本作で出演１２３本目となる女優・吉永小百合の２人だ。私は中学時代から吉永小百合×浜田光夫の"純愛コンビ"の作品を見続けてきた。そして、２００８年１０月には某プロデューサーから、『まぼたい』こと『まぼろしの邪馬台国』（０８年）（『シネマ２１』７４頁）の公開を記念して「スカパー！祭り TV！吉永小百合祭り」で全３２作を一挙放送するので、私に「サユリスト」代表としてゲスト出演してほしいとの依頼が入り、出演したほどの"サユリスト"だ。また、山田洋次監督作品は１９６９年に『男はつらいよ』シリーズを開始する以前の、ハナ肇を起用した『馬鹿まるだし』（６０年）の時代から観ていた。そんな私は、吉永小百合作品との付き合いも、山田洋次監督作品との付き合いも約６０年になる。

　『男はつらいよ』シリーズが終わった後の山田洋次監督は、黒澤明監督作品とは一味も二味も違う、切れ味鋭くかつ美しい『たそがれ清兵衛』（０２年）（『シネマ２』６８頁）、『隠し剣　鬼の爪』（０４年）（『シネマ６』１８８頁）、『武士の一分』（０６年）（『シネマ１４』３１８頁）等の時代劇から、"小津安二郎の再来"と思わせる、『東京家族』（１３年）（『シネマ３０』１４７頁）、『家族はつらいよ』（１６年）（『シネマ３７』１３１頁）、『家族はつらいよ２』（１７年）（『シネマ４０』未掲載）、さらに、『キネマの神様』（２１年）（『シネマ４９』１８７頁）のような超娯楽作まで、"何でもござれ"の活躍を続けてきた。

　松竹出身の彼は当初、『下町の太陽』（６３年）を歌って、吉永小百合と二分する国民的人気となった倍賞千恵子を起用して『下町の太陽』（６３年）を撮ったが、吉永小百合とのコンビは、『男はつらいよ柴又慕情』（７２年）はあったものの、ずっと後の『母べえ』（０８年）（『シネマ１８』２３６頁）がはじめてだ。しかし、その時点では両者とも、日本国民の良心を代表する大監督、そして、日本国民の良心を代表する大女優になっているから、当然のように、『母

©2023 「こんにちは、母さん」製作委員会

べえ』に続いて、『おとうと』（０９年）（『シネマ２４』１０５頁）、『母と暮せば』（１５年）

（『シネマ37』195頁）でコンビを組むことに。

■□■ "母3部作" 第3作目の舞台は？人事部長の悩みは？■□■

しかして、90歳を超えた山田洋次監督の第90作目として企画されたのが、『母べえ』、『母と暮せば』に続く吉永小百合の"母3部作"の第3作になる本作だ。本作は大人気となった永井愛の舞台劇をもとに、山田監督が浅草の下町を舞台に、変わりゆく令和の時代にいつまでも変わらない親子の姿を描くものだ。

その舞台は『男はつらいよ』で今や日本中に知れ渡った葛飾柴又近くの墨田川沿いの下町、スカイツリーが高々とそびえる「向島」だ。向島は、私も株式会社オービックの株主総会の後の打ち上げ会場として数回訪れたところだし、浅草は月一度の役員会の度に宿泊したところ。そして、劇中で福江（吉永小百合）が「一度は乗ってみたい」と語っていた墨田川の遊覧船も私はすでに体験済みだ。

冒頭、山田洋次監督がカメラに映し出すのは、スカイツリーが目立つ浅草の下町と福江の息子で、今は大会社の人事部長をしている神崎昭夫（大泉洋）が勤めている高層ビル群。私にはおなじみの風景ばかりだが、そんな状況下で山田監督が最初に描くのは昭夫のお仕事ぶり。2022年のNHK大河ドラマ『鎌倉殿の13人』の源

©2023「こんにちは、母さん」製作委員会

頼朝役で複雑な人間関係を見事に処理してきただけに、名優・大泉洋は大会社の人事部長として同期入社の友人・木部富幸（宮藤官九郎）の相談にもうまく対処しているように見えたが・・・。

■□■向島にはこんな店が！向島での母さんの活躍ぶりは？■□■

私は弁護士登録後5年間は本来の弁護士活動の他、大阪国際空港公害訴訟の弁護団活動で奮闘していたので、土日祝日はもちろん、正月もGWも無しで働いていた。しかし、弁護士業務は、平日の夜の仕事（？）として、京都の祇園に行ったり、大阪のてっちり屋に行くこともある。京都の祇園は舞妓さんや芸者遊びが有名で、お座敷に座れば「これぞ京都！」という踊りを見せてくれる。しかし、私はその手の古風な京都のお遊びはあまり好きになれなかった。それと同じように、向島にも芸者衆の置屋があり、江戸の旦那衆は墨田川での川遊びの後、よく向島で芸者遊びをしたそうだから、向島には今でもそんなお店や芸者の置屋が揃っている。しかし、私は60歳を超えてもやはり"その手の遊び"には興味がなく、むしろ風情のある向島や浅草の街並みを見学する方に興味があった。

しかして、木部をはじめとする会社の人事問題で日々の神経をすり減らしている他、妻との離婚問題や一人娘・舞（永野芽郁）との確執等で心の悩みをいっぱい抱えている昭夫

©2023「こんにちは、母さん」製作委員会

が、久しぶりにぶらりと向島の実家を訪れたのは同期会を墨田川の遊覧船を借り切って豪勢にやりたい、という木部の提案を相談するため。「俺は無理」だけど、向島の主のような「かんざき」という足袋店を、夫亡き後も1人で営んでいる福江に相談すれば、何かいい知恵があるだろうと考えたわけだ。娘の舞は大学生だから、その父親の昭夫は５０歳前後、するとその母親の福江は７０代、間もなく８０歳（？）というところだが、昭夫が「こんにちは、母さん」と家の中に入ると、割烹着を着ていたはずの母親はえらく小綺麗なばかりか、昭夫の同級生だった番場百恵（枝元萌）や、スウェーデン人の夫を持つという琴子・アンデション（YOU）らと共に、イキイキとボランティア活動に励んでいたからアレレ・・・。今日は「かんざき」でその会議があるらしい。その会議に乗り込んできた中心人物は、教会の牧師をしているという荻生直文（寺尾聰）だが、これがイケメンで知識豊富、そして魅力いっぱいの人物だから、さらにアレレ・・・。自分にはろくに連絡も入れない娘の舞は大学の授業にも出ていないようだが、福江の元には出入りしているらしい。そんな娘は昭夫に、「おばあちゃんは荻生さんに恋をしている！」などと馬鹿げたことを・・・。

本作は山田監督作品らしくセリフが見事に構成されているが、美術にも最新の注意が払われていることがよくわかる。その１つがひときわ目立つ、明かりのついた「かんざき」の看板だ。これを見て「そうはイカンざき」と呼ばれていた、かつての公明党の党首、神崎武法を思い出すのは、私たち世代のサユリストだけ・・・？

■□■中国版も傑作だったが、本作も最高！■□■

近時の中国映画は『戦狼２／ウルフ・オブ・ウォー２』（１７年）（『シネマ41』１３６頁）、『１９５０ 鋼の第７中隊』（２１年）（『シネマ51』１８頁）のような国威発揚型の戦争映画大作の大ヒットが目立つが、他方で『こんにちは、私のお母さん（你好，李煥英／Hi, Mom）』（２１年）（『シネマ50』１９２頁）のような、涙いっぱいの傑作も多い。中華人民共和国駐大阪総領事館主催の「私の好きな中国映画」作文コンクールに「「タイムスリップもの」は面白い！賈玲監督の『こんにちは、私のお母さん（你好，李煥英）』に涙、涙、また涙！」と題して応募した私の作文は見事第３位に入賞した。誇張ではなく、同作は「涙、涙また涙」の傑作だったが、本作も最高！サユリストの私でさえ、女優・吉永小百合は演技のヘタクソな大根役者と認識していたが、本作では演技達者な大泉洋や寺尾聰

214

の影響もあり、実にしっかりした演技を見せてくれているので、それに注目！

　本作が最高と思えるのは、何よりも山田洋次監督の脚本の素晴らしさと、洗練された全体の演出のバランスにある。舞台が向島とされていることを強調しながら、遊覧船をうまくストーリーの枠の中に取り込み、全体の基調としては"老いらくの恋"（？）を老（福江）、壮（昭夫）、青（舞）の視点から、いかにも山田監督らしく描いたのが本作のミソだ。

　『卒業』（67年）では、導入部から大学を卒業したばかりの主人公を、恋人のママが誘惑するストーリーに胸をドキドキさせられた上、ラストの教会での"花嫁略奪シーン"に驚愕させられたが、本作でも"老いらくの恋"の当事者たる福江と荻生には、ラストに「ひょっとして・・・」と期待させるシークエンスが登場するので、それにも注目！

　ちなみに、7月の第4日曜日は「親子の日」。それにちなんで、２０２３年７月２３日付読売新聞は２０面と２１面で、「ときめく母と、苦悩する息子。親子で見つけた幸せのかたちとは―」と題する本作の一大キャンペーンを掲載した。そこに書かれた「年齢を重ねても大切な「ときめき」」という項目は、女優業を約６０年も第一線で続け、今なお美しさと魅力を保っている吉永小百合なればこそのフレーズだ。神崎家では、祖母の福江も孫の舞も美人だが、長男の昭夫だけはオモろい顔だから"隔世遺伝"らしい。令和の時代に入った今、「昭和は遠くなりにけり！」の風景があちこちで見られるが、本作には「親子で見つけた幸せのかたちとは？」について、山田洋次監督の円熟の技でしっかり描かれているので、それをしっかり確かめたい。

■□■青テントの是非は？イノさんの生きザマは？■□■

　かつて、大阪の中之島公園は"青テント"で埋め尽くされていたが、橋下徹大阪市長の登場と、周囲の反対を押し切っての原理原則に基づく強硬な"立ち退き請求"のおかげで、今日では青テントは一掃されている。私が墨田川の遊覧船に乗った頃も、墨田川沿いの公園に青テントは見られなかったが、本作で福江や琴子、百惠たちが頑張っているボランティア活動の対象は、墨田川沿いの公園内で青テント生活をしている人たちだ。お弁当やお茶、さまざまな日用品等を青テントごとに届けていくボランティア活動は見上げたものだが、そのことはかえって彼らの自立を妨げ、青テント生活者を増大させているのでは？私にはそんな疑問が強いが、山田洋次監

©2023「こんにちは、母さん」製作委員会

督も女優・吉永小百合も、そんなボランティア活動が大好きだから、本作に見る吉永小百合がイキイキしているのは当然。その上、そんなボランティア活動をしていると、荻生のような有能かつ魅力的な男性と一緒にいられるのだから、ボランティア活動の活発化と並

行して、福江が綺麗になっていくのも当然だ。

　そんなストーリー設定の中、青テント生活者の男として異彩を放つのが、田中泯演じる井上（イノさん）だ。生活保護の申請を拒否し、「役所の世話になるくらいなら、死んだ方がマシだ」と啖呵を切る姿は見上げたものだが、それなら彼は、青テントで公有地を不法占拠していることをどう考えているの？私にはそんな論争を挑みたい気持ちもあるが、それはさておき、本作に見る山田洋次監督と女優・吉永小百合の"弱者に対する温かい思い"を率直に受け止めながら、イノさんの生きザマについてもしっかり考えたい。

■□■息子の選択は？母さんの選択は？■□■

©2023「こんにちは、母さん」製作委員会

　現在放映中のNHK大河ドラマ『どうする家康』では、毎回、松本潤演じる徳川家康の選択の姿が興味深い。7月23日放送分に見る"信長殺し"の選択にはビックリさせられたが、会社のリストラ方針に対して、昭夫が協力したと知った木部の怒りを、昭夫はどう受け止め、木部をどう説得するの？導入部から中盤にかけてずっと続く、大学時代同期だったこの2人の"ドタバタ劇"を見ていると、誰の目にもそこでは木部のワガママが際立っている。したがって、ほとんどの観客は、人事部長という辛い立場の中で退職金の割増等に最大限の努力をしている昭夫を支持するはずだが、本作ラストに見る昭夫の選択は？

　『男はつらいよ』の主人公・車寅次郎は、妹のさくらが工場労働者と結婚し、貧しいながらも幸せな家庭を築いているのに対して、どう見てもフーテン男。いくらカッコをつけても、一人ぼっちは寂しいし、一人で野垂れ死にする運命もわかっているはずだから、多くの男は寅さんのような気楽さ、自由さに憧れつつ、彼のような選択はできない。二流（三流？）大学の卒業ながら、大会社の人事部長にまで出世している昭夫なら、なおさら"わが身の保身"を考えるのが当然だ。しかして、本作ラストに見る昭夫の選択は？

　他方、前述したように『卒業』では、あっと驚く結末にビックリさせられたし、役所広司と黒木瞳が共演した『失楽園』（97年）でも、原作通りの"心中"という結末はあっと驚くものだった。しかして、せっかくいい仲（？）になってきたのに、突然、荻生から北海道の北の果ての教会に赴任すると告げられた福江の選択は？「私も連れて行って！」。それが言えたらすごいが、さて・・・？　　　　　2023（令和5）年7月28日記

216

Data 2023-90

監督：佐藤信介
脚本：黒岩勉／原泰久
原作：『キングダム』原泰久
出演：山﨑賢人／吉沢亮／橋本環奈
／清野菜名／満島真之介／
岡山天音／三浦貴大／杏／
山田裕貴／高嶋政宏／要潤
／加藤雅也／高橋光臣／平
山祐介／片岡愛之助／山本
耕史／長澤まさみ／玉木宏
／佐藤浩市／大沢たかお

★★★★★

キングダム　運命の炎

2023年／日本映画
配給：東宝、ソニー・ピクチャーズエンタテインメント／129分

2023（令和5）年8月11日鑑賞　TOHO シネマズ西宮 OS

みどころ

　『インディ・ジョーンズ』や『ミッション：インポッシブル』等の、ハリウッドの人気シリーズが次々と終了していく中、邦画の人気シリーズ『キングダム』は大成功！主要なキャラも完全に定着した。

　第2作のテーマは「蛇甘平原の戦い」だったが、本作の前半は"紫夏"編に、後半は"馬陽の戦い"編にバランス良く大別されている。紫夏編は TV ドラマ『コウラン伝　始皇帝の母』や塚本青史の小説『バシレウス　呂不韋伝』と合わせて観れば、より面白く、かつ理解が深まるはずだ。

　他方、「馬陽の戦い」は、「関ケ原の合戦」とも対比しながら、双方15万ずつの将兵の配置図をしっかり確認したい。また、そこでは、秦の大将軍・王騎（大沢たかお）が信率いる百人隊を"飛信隊"と名付け、"ある特殊任務"を与えたのがミソ。当然それは過酷な任務だが、もしそれを達成することができれば・・・？

　このシリーズはメチャ面白い！早くも第4作への期待が高まるばかりだ。パンフレットも購入し、しっかり勉強して、次作に備えたい。

——＊——＊——＊——＊——＊——＊——＊——＊——＊——＊——＊——

■□■シリーズ化大成功！主要なキャラも定着！こりゃ面白い■□■

　原泰久原作の人気漫画『キングダム』がはじめて映画化されたのは2019年。秦の始皇帝は、陳凱歌（チェン・カイコー）監督の『始皇帝暗殺』（98年）（『シネマ5』127頁）や張芸謀（チャン・イーモウ）監督の『HERO（英雄）』（02年）（『シネマ3』29頁、『シネマ5』134頁）が"本場モノ"の代表だが、かつては勝新太郎が主演した70ミリ大作の代表『秦・始皇帝』（62年）という日本版もあった。近時は TV ドラマの『ミーユエ　王朝を照らす月』が始皇帝の高祖母（おばあさんのおばあさん）である宣太后を、『コウラン伝　始

皇帝の母』が始皇帝の母親、李皓鑭（リ・コウラン）を描いている。他方、塚本青史の小説『バシレウス　呂不韋伝』も大ヒットしているから、始皇帝については、その暗殺をめぐるスリリングな物語だけではなく、始皇帝＝嬴政の出自や人質とされた幼少期についてのスリリングな物語への興味も増している。

　原泰久の『キングダム』は、そんな『ミーユエ　王朝を照らす月』、『コウラン伝　始皇帝の母』、『バシレウス　呂不韋伝』等とは全く別に、原のオリジナルな視点から彼流の独創的なキャラを多数作り出した上で、彼流の『キングダム』を構成したものだ。そのシリーズ第1作となる『キングダム』（19 年）（『シネマ 43』274 頁）では、戦災孤児の信（山﨑賢人）と中華統一を目指す嬴政（吉沢亮）という 2 人の主人公を軸に、影武者、替え玉、双子という面白い"仕掛け"が大成功！さらに、政と"山の民"との同盟や、一匹狼的な大将軍・王騎（大沢たかお）の登場など、マンガチックなキャラクターも面白い。佐藤信介監督が演出した『キングダム』では、意外にもそれらの多種多様なキャラクターが嬴政による"中華統一"という壮大な夢にうまくマッチしていた。さらに、『キングダム 2　遥かなる大地へ』（22 年）（『シネマ 51』158 頁）では、秦と魏との「蛇甘平原の戦い」をテーマとして壮大な物語を展開させていた。しかして、『キングダム　運命の炎』のテーマは？

　2023 年の夏は、『インディ・ジョーンズ』シリーズ第 5 作、『ミッション：インポッシブル』シリーズ第 7 作、『ロッキー』シリーズ第 3 作等のシリーズモノが次々と公開されたが、『キングダム』のシリーズ化が大成功であることは、本作の人気を見れば明らかだ。信、嬴政、山の民、そして王騎等のキャラは定着化してきた上、それまで「五丈原の戦い」くらいしか知らなかった、日本の中国史ファンにも、第 2 作では「蛇甘平原の戦い」を楽しませることができた。しかして、本作では、秦と趙による「馬陽の戦い」が描かれるのでそれに注目。関ヶ原の合戦もワーテルローの戦いも興味深いが、さて紀元前 220 年代の「馬陽の戦い」とは？それを指導した将軍たちは？そして現場で展開されたさまざまな戦法とは？さらに、第 2 作で 5 人隊を率いた信は、第 3 作では百人隊＝飛信隊の隊長として重要な役割を演じるので、それに注目！

■□■戦国七雄形成図は？合従連衡策とは？■□■

　秦の始皇帝の物語を楽しむためには、最低限、春秋戦国時代（BC770～221 年）における「戦国七雄の形成図」と「合従連衡策」を理解する必要がある。そこで、ここにも『キングダム』に掲載した形成図を再び掲げておく。

　前述したように、『キングダム 2　遥かなる大地』がテーマにしたのは秦が魏と戦った「蛇甘平原の戦い」だったが、本作のテーマになるのは秦が趙と戦った「馬陽の戦い」だ。ちなみに、趙は『始皇帝暗殺』や『HERO（英雄）』で描かれた、「十歩必殺」の剣で始皇帝暗殺を狙う刺客"無名"の出身国。また、趙は『ミーユエ　王朝を照らす月』でも描かれた秦の大将軍"白起"によって、多くの趙の敗残兵が生き埋めにされてしまった国だから、秦への恨みは深い。

地図③ 戦国七雄形勢図
（紀元前240年頃）

■□■趙が侵攻！その数は？総大将は？VS 秦の大将軍は？■□■

しかして、今、秦への侵攻を目指す趙の軍隊の数は15万。それを率いるのは、総大将・龐煖（吉川晃司）に代わって指揮をとる大将軍の趙荘（山本耕史）だ。彼は平原での戦いを避けようとする王騎の狙いを見抜き、荒地での対決に奮起したが・・・。また、趙軍の右翼を指揮し、秦軍を追い詰める副将が馮忌（片岡愛之助）、そして、趙軍の左翼を守るのが、かつて長平の戦いで秦に虐殺された趙国民の憎しみを背負って戦う趙軍の副将・万極（山田裕貴）だ。他方、趙軍侵攻の報告を受けた嬴政は直ちに "朝議" を開いたが、そこに参加するのは、丞相の呂不韋（佐藤浩市）、呂氏四柱の1人で文武に優れた天才軍師・昌平君（玉木宏）や昌文君（髙嶋政宏）、肆氏（加藤雅也）たちだ。急遽召集された秦の軍隊の数もおよそ15万。そこでの大問題は誰を総大将として任命すべきだが、興味深いのは、そこにしばらく第一線を退いていた秦の大将軍・王騎が登場してきたこと。その背景には、いかにも中国的な "裏の事情" があれこれあるので、それらを含む側近たちの駆け引きと "朝議" の模様はあなた自身の目でしっかりと。

ただ1つだけ、ここで私が明記しておきたいのは、王騎が嬴政に対して、「なぜ、あなたは "中華統一" を目指しているのか？」と本質的な質問をし、それに対して政が真正面から答えることだ。この "問答" は紀元前220年当時のことだが、考えてみれば、2023年の今、習近平国家主席に対して、政と同じく「あなたは、なぜ今、"中国梦"（中華民族の夢）＝中華民族の統一を目指しているのか？」と質問すれば、一体どんな回答が出されるのかをよく考えながら、本作のこの問題提起をしっかり考えたい。

■□■政が中華統一を目指すのは紫夏との約束を果たすため！■□■

『チコちゃんに叱られる』は NHK には珍しく刺激的かつ挑発的な番組だが、そこでは毎回「○○が△△するのは一体なぜ？」という質問が出され、それに答えられないと「ボーっと生きてんじゃねーよ！」と叱られてしまう。王騎から「あなたが中華統一を目指す理由は何か？」と質問された政がまともに答えられなければ、政もチコちゃんから「ボーっと生きてんじゃねーよ！」と叱られそうだが、そこで政はしっかり「紫夏との約束を果たすためだ」と答えたから、偉い。

私は『バシレウス 呂不韋伝』で、はじめて呂不韋なる人物を知り興味を持ったが、本作に登場する女性・紫夏（杏）は原泰久原作の『キングダム』にのみ登場するオリジナルな女性だ。『コウラン伝 始皇帝の母』では、趙の人質とされていた秦国の 26 番目の王子である嬴異人（嬴子楚、嬴政の父）が、呂不韋と李皓鑭の協力によって秦国に連れ戻されるストーリーが前半のハイライトだったが、その後で趙の人質になっている政を秦に連れ戻す役割を果たすのが紫夏だ。信と共に 5 人組の 1 人として素晴らしい段陣を披露する女性・羌瘣（清野菜名）や、第 1 作で山の民のリーダーとして独特の存在感を見せていた楊端和（長澤まさみ）はシリーズ全体の中で長く活躍するはずだが、紫夏は本作のその役割だけで「お役ごめん！」となるはずだから、その働きぶりに注目！

第 1 作では、信の友人の漂（吉沢亮）が政の犠牲になり、第 3 作では政を秦に送り届けるために紫夏が犠牲になるが、政はそんな犠牲の上に秦の王になっていくことを如何に考え、そして中華統一の夢に如何に結びつけていくの？それは、あたかも現在の習近平が目指している"中国梦"と同じようにも見えるが、さてその実態は？

■□■馬陽の戦いの布陣は？戦いはどこから？飛信隊の役割は■□■

東軍 9 万 VS 西軍 8 万が激突した、天下分け目の関ケ原の戦い（1600 年）の布陣は、石田三成率いる西軍方がもともと有勢だったそうだが、松尾山の上に陣を敷いていた小早川秀秋の裏切りによって西軍は崩壊した。しかして、パンフレットには「馬陽の戦い」開戦

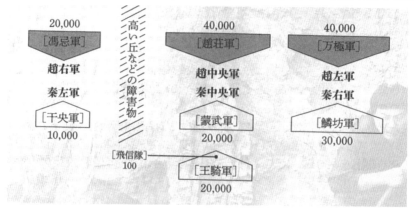

220

時の布陣が描かれているので、それを転載しておきたい。マイクも双眼鏡もないあの時代に、10万人単位の軍隊をどうやって動かしたのかについてはいろいろ疑問もあるが、馬陽の戦いで、秦の総大将・王騎と趙の総大将・趙荘が見せる指揮ぶりはメチャ面白いのでそれに注目！王騎に従う副将は蒙武（平山祐介）、騰（要潤）、壁（満島真之介）、干央（高橋光臣）たちだが、彼らはそれぞれ如何なる役割を？

　「馬陽の戦い」は、王騎が左翼軍・干央軍1万に、趙の右翼軍・馮忌軍への襲撃を命じたところから始まったが、これは趙の趙荘の読み筋通り。しかし、そこで意外だったのは王騎が信を百人隊の隊長に任命した上、これを飛信隊と名付け、ある特殊任務を与えたことだ。本作後半では、この飛信隊の活躍がハイライトとして登場し、信や羌瘣たちの目覚ましい働きと、王騎の軍略の素晴らしさが実証されていくので、それに注目！さあ、飛信隊の役割とは？わずか100人の部隊が10万人規模で展開している戦場でどんな役割を果たせるの？本作はそれを実感できる、稀に見るエンタメ戦争劇になっているので、それをたっぷり楽しみたい。

■□■シリーズ第4作は如何に？その期待は高まるばかり！■□■

　本作と同じ日に観た『リボルバー・リリー』（23年）のラストは、無事に任務を終えたリボルバー・リリーこと小曾根百合が、愛人（？）の岩見良明と共に“逃避行”と洒落込む中、新たな敵となる男として、鈴木亮平扮する眼帯の男が登場するところで終わった。これは、同作のシリーズ化が決定したことを明確に示すものだが、そんな風にシリーズの次作をほんの少しだけ最後に見せつける手法は、近時、定着化している。したがって、それは本作でも同じ。

　本作最後に“チラリズム”として見せるのは、第1作に登場した“山の民”のリーダーたる楊端和（長澤まさみ）だから、早くもシリーズ第4作への期待が高まるばかり。シリーズ第2作たる『キングダム2　遥かなる大地』は「蛇甘平原の戦い」一本に絞ってストーリーを構成したが、シリーズ第3作たる本作は明確に、前半の「紫夏編」と後半の「馬陽の戦い編」に分けて構成したが、そのバランス感は絶妙だった。シリーズ第4作では本作で大活躍した王騎もきっと最期を迎えるだろうが、さてその構成は如何に？期待は高まるばかりだ。

2023（令和5）年8月15日記

Data 2023-113

監督・脚本・プロデュース：原田眞
人
原作：黒川博行『勁草』
出演：安藤サクラ／山田涼介／生瀬
勝久／吉原光夫／大場泰正
／淵上泰史／縄田カノン／
前田航基／鴨鈴女／山村憲
之介／田原靖子／山田蟲男
／伊藤公一／福重友／齋賀
正和／杉林健生／永島知洋
／サリ ngROCK／天童よしみ
／江口のりこ／宇崎竜童

SHOW-HEY シネマルーム

★★★★★

BAD LANDS　バッド・ランズ

2023 年／日本映画
配給：東映、ソニー・ピクチャーズエンタテインメント／143 分

2023（令和 5）年 9 月 29 日鑑賞 | TOHO シネマズ西宮 OS

👀 みどころ

　黒川博行は『後妻業』(14 年) で有名だが、『勁草』(15 年) はオレオレ詐欺をはじめとする特殊詐欺に着眼した問題提起作。舞台はもちろん大阪だ。

　"何でも自分で脚本を書く派" の原田眞人監督は、主人公を男から女に入れ替える等の大胆な脚色を！それは、今が旬の名女優・安藤サクラを念頭に置いてのことだが、本作では全編出ずっぱりで、せわしなく歩き回る "受け子" のリーダーたるネリに注目！

　ネリはなぜ東京から大阪へ？西成を拠点としてうごめく詐欺グループの総元締めは NPO 法人理事長の高城だが、ネリはなぜ今、高城の庇護下に？ネリの少女時代を含む壮絶な人生は少しずつ明かされるが、その中で今の才覚と行動力を身につけたのだから、その成長ぶりはすごい。それに引き換え、サイコパスを自称する弟（？）ジョーのバカさ加減は・・・？

　特殊詐欺とは何？そのシステムは？組織性は？ヤクザとの絡みは？大阪人には、本作のセットも含めてそんなことは百もお見通しだが、それでも本作は面白い。ネリを筆頭として、個性的な（クセの強い？）登場人物たちをじっくり観察しながら、彼らの生態と生きザマ（死にザマ）をしっかり観察しよう。

—— * —— * —— * —— * —— * —— * —— * —— * —— * ——

■□■原作『勁草』 VS 原田脚本！黒川博行 VS 原田眞人！■□■

　作家・黒川博行と聞けば、私はすぐに『後妻業』(14 年) と結びつく。同作は現実に起きた事件をモデルにしているそうだが、何ともインパクトのあるそのタイトルは誰の目にも焼き付いたことだろう。私と同じ 1949 年 3 月に、私と同じ愛媛県に生まれた彼は、中学高校は違うものの、私と 2 ヶ月違いの同学年だ。『後妻業』以外のヒット作品を私は知らなかったが、本作の原作となった『勁草』を映画化しようと原田眞人監督が持ちかけたの

は、同書が刊行された2015年の直後だったそうだ。同作は、高齢者をターゲットにした特殊詐欺に着目し、加害者側であるその仕掛け人を中心に、生活保護の不正受給を斡旋し巻き上げる貧困ビジネス、闇バイト、それらの犯行を取り締まろうとする刑事たちとの攻防を書き上げたクライムノベルだから、原田監督がそんな原作に惹かれた理由は十分納得できる。

　他方、原田監督は自分が監督する映画の脚本は自分で書く主義（？）だから、『勁草』を映画化するについても、大胆に原作を変更したそうだ。もちろん、それは黒川博行氏の了解を得た上のことだろうが、そこで2人の間にトラブルはなかったの？それはともかく、原作を読んでいない私には、何がどう変わったのかわからないが、何と主人公を男性から女性に変更しているそうだから、すごい。これはきっと、『百円の恋』（14年）（『シネマ35』186頁）と『万引き家族』（18年）（『シネマ42』10頁）で2度の日本アカデミー賞最優秀主演女優賞を受賞し、『ある男』（22年）（『シネマ52』180頁）で日本アカデミー賞最優秀助演女優賞まで受賞し、今や日本映画界を代表する"旬の女優"に成長している安藤サクラを、主人公のネリ役に起用するという構想と軌を一にしたものだろう。原田監督作品に安藤サクラが起用されるのは本作がはじめてだが、本作で2人の"個性"がいかなる化学反応を起こすのだろうか？それを楽しみつつ、原作『勁草』と原田脚本の違いをしっかり確認したい。

■□■特殊詐欺とは？受け子とは？名簿屋とは？■□■

　そう思っていると、本作冒頭は、私の事務所と自宅のすぐ近くの淀屋橋や大阪市役所周辺が舞台になっているからビックリ！そこを歩き回っている黒ずくめの女・橋岡煉梨（安藤サクラ）は、一体何をしているの？私は弁護士だから、詐欺罪の構成要件はよく知っている。世の中が複雑化するにつれて、人間の欲は変わらないものの、詐欺の形態は大きく変わっていった。というよりも、新種の詐欺がべらぼうに増えていった。その最たるものが特殊詐欺だ。2020年1月1日から、特殊詐欺の手口について、①オレオレ詐欺、②預貯金詐欺、③架空料金請求詐欺、④還付金詐欺、⑤融資保証金詐欺、⑥金融商品詐欺、⑦ギャンブル詐欺、⑧交際あっせん詐欺、⑨その他の特殊詐欺、⑩キャッシュカード詐欺盗（窃盗）の10種類に分類された。そして、特殊詐欺とは、犯人が電話やハガキ（封書）等で親族や公共機関の職員等を名乗って被害者を信じ込ませ、現金やキャッシュカードをだまし取ったり、医療費の還付金が受け取れるなどと言ってATMを操作させ、犯人の口座に送金させる犯罪（現金等を脅し取る恐喝や隙を見てキャッシュカード等をすり替えて盗み取る詐欺盗（窃盗）を含む。）のことだ。その手口はさまざまだが、ハッキリしているのは、そのターゲットが老人だということだ。

　本作導入部でネリが淀屋橋や大阪市役所周辺を歩き回っていたのは、あるばあさんをターゲットにした特殊詐欺を指揮するため。ネリは受け子のリーダーとしてその任務を遂行していたらしい。現場でのネリの協力者は教授（大場泰正）だが、ネリたちに上から命令

を下している男は高城政司（生瀬勝久）。彼はNPO法人「大阪ふれあい事業推進協議会」の理事長だが、これは"仮の姿"で、その正体は特殊詐欺グループの名簿屋だ。しかし受け子って一体ナニ？名簿屋って一体ナニ？それらの実態は本作でこれからじっくりと！

■□■ネリは三塁コーチ！それはなぜ？怒涛の一週間が開始！■□■

去る9月14日にオンライン試写で観た、婁燁（ロウ・イエ）監督の中国映画『サタデー・フィクション』（19年）は、"魔都"上海を舞台に、日本時間1941年12月8日午前3時20分（ハワイ時間12月8日午前7時50分）の日米開戦直前の一週間の動きを、スパイたちの暗躍を中心に描いた面白い映画だった。また、先日93歳で亡くなった「ゾウさん」こと遠山一氏が属していた4人組グループである「ダークダックス」が歌ったロシア民謡『一週間』も、庶民たちの一週間の生活を歌った楽しい歌だった。しかして、本作も受け子のリーダーであるネリを中心とする特殊詐欺グループVS大阪府警の、「月曜日の巫女さん」が登場する、ある年のある月の月曜日から翌週の月曜日までの一週間の動きを描く映画だから、それに注目！

本作冒頭の特殊詐欺のターゲットとして映っているばあさんは、実は、大阪府警特殊詐欺の捜査に携わる捜査一家の刑事・佐竹（吉原光夫）やHAWKS・TIGERS・BUFFALOESの三班からなる特殊詐欺合同特捜班を束ねる班長・日野（江口のりこ）たちの"おとり"として動かされていたらしい。したがって、受け子のリーダーであるネリが"goサイン"を出していれば、高城をトップとする特殊詐欺グループはたちまち一網打尽にされていた可能性が高いから、危険を察知して計画の実行を中止したネリの判断は絶妙だったらしい。ちなみに、ネリの通称は"三塁コーチ"だが、それってナニ？パンフレットによると、"三塁コーチ"とは「ネリが務める受け子のリーダー役のこと。金を受け取るために詐欺のターゲットと待ち合わせをする受け子に付き添い、指示を出す。本作のために作った造語。」だが、私の理解では、本作冒頭に見るネリの役割が、まさに立派な三塁コーチだ。つまり、三塁コーチはバッターがヒットを打った時、二塁ランナーが三塁を回ってホームに突っ込むかどうかの判断を瞬時に下さなければならない重要な役割だから、ネリはその適役だったわけだ。そんなわけで、これから始まる怒涛の一週間の第1日目の月曜日に、三塁コーチとしての立派な役割を果たしたネリは、高城の事務所に顔を出して、海外出張の清算を済ませた後、BAD LANDSで弟のジョー（山田涼介）と再会することに。

■□■BAD LANDSは？NPO法人は？ふれあい荘は？■□■

本作冒頭の舞台は淀屋橋や大阪市役所周辺のビジネス街だが、高城やネリたちの本拠地は西成、駅で言えばJR新今宮駅周辺のいわゆるドヤ街だ。高城やネリたちの本拠地として注目すべき舞台は、①BAD LANDS、②NPO法人「大阪ふれあい事業推進協議会」の事務所、③ふれあい荘、そして④掛け子たちのアジトだ。

第1に、本作のタイトルになっているBAD LANDSはビリヤード場の名前。これはネリたちが戦場に出て行くための英気を養う場らしい。第2に、NPO法人「大阪ふれあい事

業推進協議会」の事務所は、大きな倉庫全体だ。階段を上がった2階にある事務所は「用心深く留守中に誰かが入り込んだり、ちょっとでもものが動いていたら気づく」という高城の性格を反映し、余計な装飾物もなくシンプルだ。事務所の続きにはもう一部屋あり、その部屋の金庫に印鑑や貴金属が保管されているらしい。第3に、高城の傘下にあるアパート「ふれあい荘」には、日雇い労働者や生活保護を受けている老人たちがたくさん住んでいた。生活保護受給者から生活保護費を徴収するのもネリの仕事の1つだ。なお、元ヤクザで、幼い頃からネリをよく知る老人である曼荼羅（宇崎竜童）は、ときどき幻覚症状の発作を起こしていたが、本作後半からは大きな役割を果たすので、その存在に注目！また、教授も「ふれあい荘」の住人で、博識ながら負け組に堕ち、今はネリの指示で特殊詐欺の受け子をしながら生きているらしい。第4に、掛け子たちのアジトに注目だが、そのおどろおどろしい雰囲気は、あなた自身の目でしっかりと！

■□■ネリの知力と生命力の源泉は？弟との対比にも注目！■□■

　本作では、高城配下の特殊詐欺グループ VS 大阪府警合同特別捜査班の対立構図の他、曼荼羅や弟のジョーが登場！さらに、グローバル・マクロ投資家の大物にしてゴヤ・コーポレーション会長である胡屋賢人（淵上泰史）、賭場の帳付を務めるほか、黒い仕事を仲介する謎多き女・林田（サリ ngROCK）、特殊詐欺グループの道具屋である新井ママ（天童よしみ）等が登場し、彼らの動きを通して、少しずつネリの過去が明らかにされていくのでそれに注目！

　ネリは"実の父親"に裏切られ、若くして母親を亡くしたそうだが、"壮絶"としか言いようのないその実態は？また、ジョーはネリの弟だが、今は随分思慮深くなったネリと対照的に、今でもジョーは無鉄砲な凶暴性と、子供のように純真無垢な一面を併せ持っていた。自称「サイコパス」の彼には、2回の服役歴もある。ジョーは"血の繋がらない"姉のネリに対して異常な愛を抱いていたが、そうかと言って、ネリにとって"実の父"のような（？）高城を殺してしまっていいの？また、ネリはかつて東京で胡屋の庇護下にいたそうだが、なぜネリはそこを離れて今は高城の配下になっているの？東京でネリの身を蝕んでいた胡屋は、今なお、逃げたネリの行方を追って執念を燃やしていたが、それは一体なぜ？他方、大阪府警の合同特別捜査班の網は次第に迫ってきたらしい。しかして、いつどこに踏み込めば、特殊詐欺グループを一網打尽にすることができるの？

　黒川博行の原作を原田監督が大胆に脚色した本作の中盤では、ネリをはじめとする個性豊かな登場人物たちが、この社会の底辺でいかにうごめきながら生きているかをしっかり観察したい。

■□■賭場で借金を！そのトラブルが次のハプニングへ！■□■

　ヤクザ映画や座頭市の映画を見ていると、時々、花札を使ったサイコロ博打の風景が映し出されるが、今でも某所ではそんな賭場があるらしい。それは、岩下志麻が主演した『極道の妻たち』シリーズを見ていてもよくわかる。しかして、本作前半には、ちょっとした

気分転換（？）で、ジョーとネリが残間均（前田航基）、残間卓也（山田蟲男）の兄弟と共に、わざわざ車に乗って賭場に駆けつける風景が描かれるので、それに注目！

賭け事には時々"ビギナーズラック"なるものがあるが、どうも本作に見るジョーがそれだったようで、作家の黒川博行氏本人もエキストラとして参加している博打の現場で、当初ジョーは一人勝ち！ここは当然、"勝ち逃げ"すべきところだが、"サイコパス"というより、どちらかというと"単純バカ"のジョーにはそれができなかったため、その後はドツボにはまっていくことに・・・。

■□■高城の事務所でハプニングが勃発！2人の逃避行は？■□■

賭場の帳付を務めるのは林田だが、こちらはプロ中のプロだから、どんどん負けが込んでいく弟ジョーの代わりに、支払いのしっかりした姉のネリを連帯保証人にさせたうえで、ネリが中座することを認めたのはさすがだ。ネリが"お楽しみ"の現場を去って、急遽高城の事務所に戻ったのは、ある"異変"を聞きつけたためだ。結果的に、賭場で大きな借金を背負ってしまったジョーも戻ってきたが、そこで追い詰められたジョーと残間弟がカチコミする中で起きた一大ハプニングとは！？

高城とネリは互いに大きな確執を抱えていたが、それを超える信頼関係もあったようで、高城は将来の後継者はネリしかいないと決めていたらしい。しかし、執拗にネリの在りかを探す東京の胡屋からの追及の手が大阪まで伸びてくると・・・？高城はもちろん、ネリも立派な大人だし、計算も早いから、今の事態をそれなりに読んでいたが、単純バカのジョーにはそんな計算は苦手。目の前の状況を見ながら、自分の感性でその場その場の行動を決めていたから、それが大きく狂った場合は・・・？

今、目の前で高城とネリが争い、高城の手で痛めつけられようとしているネリの姿を見ると、ジョーは一気に暴走したからバカは怖い。しかし、コトが起きてしまったのは事実で、高城の死を覆すことはできない。高城にはヤクザのバッグがついていることはわかっていたが、事務所の中や金庫の中を探ってみると、彼は想像以上の大物だったらしい。長い間、携帯電話での連絡がつかなければ、直ちに組員が乗り込んでくるシステムもわかっている。すると、今はジョーと組んで、預貯金をすべて現金化し逃走するしかなし！ネリもやっと2人の逃避行を覚悟したが、その具体的な方法は？そこでネリが頼りにできるのは曼荼羅だけだ。しかし、現金を持って海外へ飛ぶには林田の手助けも必要らしい。本作終盤ではそんなハラハラドキドキの中で展開される、ネリたちの"ワルぶり"をしっかり確認したい。

■□■種々のセットに注目！ボケ老人曼荼羅の急変身にも注目■□■

本作は143分の長尺だが、①高城殺しの後、ネリとジョーの2人が長い間過ごすことになる高城の倉庫、②ジョーが借金を抱え込む賭場、③胡屋が開催する投資家向けの華やかなショーの会場等々、撮影の現場にはかなりこだわっていることがわかるから、決して長いと感じることはない。

他方、本作前半は、幻覚症状の発作を起こすばかりの"手のかかるボケ老人"だった曼荼羅が、ネリとジョーの逃避行を手助けするについては一転してフル活動するので、それに注目！それにしても、1973 年に「ダウン・タウン・ブギウギ・バンド」を結成し、『港のヨーコ・ヨコハマ・ヨコスカ』等を大ヒットさせていたバリバリのロックンローラーが今、70 代にして曼荼羅のような老人役をしっかり務められるとはたいしたものだ。

■□■ジョーの行き先は？ネリの才覚と行動力はずっと健在！■□■

　本作後半における、急変身が目覚ましい曼荼羅に対し、ジョーの方は、高城を殺し、ネリと共に逃避行の計画を練っている間も、それまでと同じノー天気で動いているから、これもある意味ですごい。もっとも、ネリの方は今後ジョーと行動を共にする気は全くなく、カネを折半して逃走が成功すれば、今後は一切会わないと決めていたから、その才覚と行動力はクライマックスに向けてもさすがだ。

　ところが、そんなジョーがカネを受け取った後に向かったのは、海外ではなく胡屋のパーティー会場だったからビックリ！去る 9 月 23 日に観た『ジョン・ウィック』シリーズの最終章たる『ジョン・ウィック：コンセクエンス』（23 年）は、"ガン・フー"を中心とした銃の乱射の回数が際立っていたが、特殊詐欺をテーマとした本作でも、胡屋が主催している華やかなパーティー会場へのジョーの乱入と拳銃の乱射によって、あっと驚く銃撃戦（？）が発生するので、それに注目！

　これにて胡屋はもとより、ジョーの短く儚い命もジ・エンドとなってしまったが、姉のネリの方は曼荼羅が去った後、いつの間にか親友状態（？）になってきた林田の助けを借りて、海外逃亡用の現金化を着々と進めていた。そして、冒頭に見たのと同じような素早い足取りで、高城殺しの報復を目指すヤクザたちや、特殊詐欺グループの一網打尽を目指す大阪府警特殊詐欺合同特捜班を撒きながら歩いていたが、その行き先は？これまで見せてきたような、ネリの才覚と行動力があれば、きっとこれから先も大丈夫だろう。使い慣れない大阪弁を駆使した安藤サクラの熱演に拍手を送りつつ、タップリの現金を持ってのネリの海外脱出を見送りたい。

2023（令和 5）年 10 月 5 日記

Data　2023-55

監督：成島出
原作：門井慶喜『銀河鉄道の父』
出演：役所広司／菅田将暉／森七菜
　　　／豊田裕大／池谷のぶえ／
　　　水澤紳吾／益岡徹／坂井真
　　　紀／田中泯

銀河鉄道の父

2023年／日本映画

配給：キノフィルムズ／128分

| 2023（令和5）年5月5日鑑賞 | TOHO シネマズ西宮 OS |

👀みどころ

　「銀河鉄道の夜」は宮沢賢治作品だが、「銀河鉄道の父」って一体ナニ？それは、賢治の父親・政次郎のこと。そして「無名だった宮沢賢治を支えた、父と家族の絶対的な愛に涙する。日本中に届けたい感動の物語」が、門井慶喜の原作を映画化した本作だ。

　役所広司が父親役、菅田将暉が賢治役と豪華だが、成島出監督作品の出来としては、『八日目の蝉』（11年）の方が数段上！だって、本作で私は宮沢賢治作品のどこがどのように素晴らしいのか、サッパリわからなかったから。

　質屋の当主である父親と、後継ぎになるべき賢治。そんな父子間の確執と愛情は複雑で興味深いが、さて本作の説得力は如何に？

―――*―――*―――*―――*―――*―――*―――*―――*―――*―――

■□■このタイトルは一体ナニ？原作は？■□■

　私のような団塊世代は、宮沢賢治と聞けば、条件反射のように「雨ニモマケズ、風ニモマケズ」と結びつく。しかし、宮沢賢治と聞いて「銀河鉄道の夜」と結びつくのはどんな世代？さらに、「銀河鉄道の父」って一体ナニ？それは「銀河鉄道の夜」を生んだ詩人・宮沢賢治の父親、宮沢政次郎のことだ。そして、宮沢賢治の生涯を父親の視線から描いて第158回直木賞を受賞した門井慶喜の小説『銀河鉄道の父』を成島出監督が映画化したのが本作だ。政次郎役を演じるのは役所広司、そして、宮沢賢治役を演じるのは菅田将暉だ。

　私は成島出監督作品では『八日目の蝉』（11年）（『シネマ26』195頁）が1番好き。同作は、井上真央演じるヒロインを軸に、産みの親 vs 育ての親の葛藤を、「邦画にもこんな名作あり！」と誇れる女たちの物語に高めていた。本作はそれと対照的に、父親と息子の物語。ややもすれば平板な「伝記モノ」になってしまいそうな宮沢賢治ネタを、父親の「我が息子はダメ息子だった」という視点から、前半はユーモアたっぷりに、後半はお涙

たっぷりに描いたが、さてその出来は？

■□■明治時代の質屋の店主があんな主婦役を？■□■

役所広司は聯合艦隊司令長官・山本五十六や長岡藩家老・河井継之助から悪徳刑事役まで何でもござれの演技派だから、明治時代を生きる質屋の店主という立場にありながら、チョー子煩悩な父親・政次郎役を演じさせてもうまいもの。宮沢家の後継者たる賢治が入院すると、その看病のために当主の仕事を放り出し、割烹着を着て病院のベッドに付き添う姿はそれなりに面白い。しかし、これって本当？明治時代、しかも岩手県花巻市で質屋の当主（サマ）をしている男が、あんな姿をするなんて現実にはありえないのでは・・・？

■□■長男はワガママ！しかして、賢治のワガママぶりは？■□■

他方、大した成績でもないのに「学問の道を進む！」と宣言したかと思えば、今度は「農業の道に！」さらに、人造宝石の商いにハマったかと思うと、日蓮宗に帰依してみたり、興味の対象がコロコロ変わり、定識、定見がないのが賢治。私も中学生の時は将棋指しになると宣言したり、勉強はほどほどに誤魔化しながら、映画や卓球等々好きなことにあれこれ手出しをしてきたから、賢治のことを悪くは言えないが、あの宗教狂いはかなり変！

賢治のこんな性格は、きっと質屋の長男として甘やかされて育ったためだ。本作を見ながらそんなことを確信できたのは、"ダメ長男"の賢治に対して、妹のトシ（森七菜）も、結果的に質屋の後を継いだ弟の清六（豊田裕大）もしっかり者だということがわかるため。そんなダメ長男の賢治は、トシが若くして結核で死んだのと同じように、結核によって３７歳の若さで亡くなったが、なぜ彼は後世あんなに有名になったの？

■□■作家になるための努力は、いつどのように？■□■

私が学生運動に精を出していた１９６７年の秋、「作家を目指す」と公言していた同学年の文学部の女の子がいたが、彼女は「広辞苑に載っている単語を全部覚えるところからスタートする」と言っていた。しかし、そんなやり方って正しいの？

ここになぜそんなことを書くかというと、それは、スクリーン上に見る若き日の宮沢賢治は、作家になるための努力や訓練を全くしていないためだ。彼が見せる作家らしい姿は、物語を書いてくれと子供の頃に言われていた妹のトシが結核になってしまった時、ひたすらその努力をした時だけだ。もちろん、ネタは自分の体験したことを元に空想を膨らませただけのもの。そんなやり方で物語を作ることはもちろん可能だが、彼のそれがなぜ人の心を打つものになったの？

■□■３７歳での死亡後、なぜ出版物が次々と？■□■

昨今の出版業界の不況は、デジタル化、AI化の波に対応できなかったことが一因だが、２０年以上にわたって『SHO－HEYシネマルーム』を５２冊も出版し続けながら"赤字続き"の私にとっては、「本は売れない」、「儲かる本は１００冊のうちの１冊のみ」というのが実感だ。

しかして、昭和8年（1933年）に37歳の若さで亡くなった時の賢治は全くの無名。"日本の国民的作家"と言われた司馬遼太郎が1991年に逝去した時の状況とは大違いだ。それなのに、なぜ彼が書き残していたさまざまな作品が賢治の死後、次々と出版され、今日のように有名な童話作家・宮沢賢治になったの？それは、すべて父親・政次郎のおかげだったらしい。本作は、そんな「無名だった宮沢賢治を支えた、父と家族の絶対的な愛に涙する。日本中に届けたい感動の物語」だが、さて、あなたの評価は？

『銀河鉄道の父』DVD
発売元：キノフィルムズ／木下グループ
販売元：ハピネット・メディアマーケティング
価格：4,290円（税込）　2023年11月8日発売
(C) 2022「銀河鉄道の父」製作委員会

2023（令和5）年5月9日記

Data 2023-52

監督・脚本：阪本順治
出演：黒木華／寛一郎／池松壮亮／
眞木蔵人／佐藤浩市／石橋
蓮司

せかいのおきく

2023年／日本映画
配給：東京テアトル、U-NEXT、リトルモア／90分

2023（令和5）年5月1日鑑賞　　シネ・リーブル梅田

👁👁 みどころ

　阪本順治監督30作目は青春時代劇。オリジナル脚本による冒頭の舞台は、お寺の裏手の厠（カワヤ）だ。アップで映る、糞尿を掬う汚穢屋（オワイヤ）の矢亮の役割は？また、そこで運命の出会いを果たす3人の男女の役割は？

　時代は"安政の大獄"が起きた安政5年（1858年）だが、「おれたちがいなきゃ江戸なんて糞まみれじゃねぇか」と嘯く矢亮には、そんな世界は全く無縁。他方、今は長屋暮らしをしている武家の娘・おきくの父親が問う「なあ、"せかい"ってことば、知ってるか」の意味は？

　TVドラマの延長のような純愛モノが溢れている昨今、阪本監督のこんな挑戦に拍手！「サステナビリティ！」と声高に叫ばなくとも、また、急激な人口の減少を嘆かなくとも、江戸時代のわが国はサステナビリティな国だったことがよくわかる。そんなこんなの問題点を、こんなピュアな青春時代劇からしっかり学びたい。

―― * ―― * ―― * ―― * ―― * ―― * ―― * ―― * ――

■□■阪本順治監督30作目はオリジナル脚本による時代劇！■□■

　元プロボクサー・赤井英和の自伝を映画化した『どついたるねん』（89年）の監督デビューから30年余り。若い頃から時代劇に憧れ、2010年に『座頭市　THE LAST』を監督した後、「次はオリジナル脚本で時代劇を撮りたい」と考えてきた阪本順治監督が、今般30作目にして、何ともユニークなオリジナル脚本による時代劇に挑戦！

　映画が始まる時代は、江戸時代末期の安政5年。そう言われてもピンとこないが、安政5年＝1858年は、その翌年にかけて"安政の大獄"が断行された年。時の大老・井伊直弼による尊王攘夷派に対する徹底した弾圧によって、橋本左内、吉田松陰らが処刑され、日本の歴史は一変することになった。そんな時代の激動を描く"幕末モノ"の時代劇の名

作は多いし、NHK大河ドラマでも何度も取り上げられている。

しかし、「社会の底辺にある人の目線で映画を撮ってきた」と自負する阪本順治監督は、そんな"幕末モノ"には興味を示さず、一風変わった視線で庶民の姿に目を向けることに。そのテーマは下肥＝江戸のうんこ！阪本順治監督は、それを3人の青春モノで！

■□■あなたは肥溜を知ってる？こんな職業を知ってる？■□■

私は1949年生まれだから戦後の貧しさを知っているし、肥溜（コエダメ）も知っている。しかし、水洗トイレしか知らない若い世代は肥溜も汲取り式トイレ（ポッチャン便所）も知らないし、その匂い（臭さ）も知らないはずだ。

本作冒頭、「序章　江戸のうんこは、いずこへ　安政5年・江戸・晩夏」の字幕が流れた後、とあるお寺の裏手にある厠（カワヤ）の姿とそこで糞尿を掬っている男の姿が映し出される。この男は下肥買いの若者、矢亮（池松壮亮）だ。彼は江戸で糞尿を買い取り、郊外で肥料として売る、俗に汚穢屋（オワイヤ）と呼ばれる仕事をしているのだが、そんな職業をあなたは知ってる？それがわかるのは50代以上？60代以上？少なくとも20代、30代の人には彼が何をしているのかわからないはず。もちろん、その匂い（臭さ）もわからないはずだ。

■□■3人の主人公の出会いは？それはとあるお寺の裏手の厠■□■

私の中学・高校時代の青春は、吉永小百合、浜田光夫のゴールデンコンビによる日活青春モノと共にあった。『愛と死をみつめて』（64年）のような難病モノ、悲恋モノでも、1960年代の日活の青春モノは輝いていた。今や大俳優となり、赤ちゃん言葉で孫をあやす姿がバラエティ番組を沸かせている高橋英樹は、当時先頭を走っていた芸達者な俳優、浜田光夫が目に障害を負うという不幸な事件に遭遇した後、ぐんぐんその実力を伸ばしてきた俳優だ。

それから約60年。阪本順治監督が30作目の"青春時代劇"に登場させる3人の主人公たちの出会いは、とあるお寺の裏手にある厠だ。降り出した雨を避け、厠の庇の下に駆け込んだ中次（寛一郎）は紙屑の売り買いで生計を立てていたが、そこで雨宿りをしている中、雨を避けるためにひと休みしていた矢亮とさまざまな会話を交わすことに。続いて、そこにやってきたのが、この寺で読み書きの師匠をしているおきく（黒木華）だが、急いでここにやってきたのは、さて何のため？

いわば現代の公衆便所のような場所での、この3人の主人公の奇妙な"接近遭遇"を経て、中次は矢亮の新たな相方として下肥買いに足を踏み入れることに。他方、おきくは父親の源兵衛（佐藤浩市）と共に江戸木挽町の次郎衛門長屋に住んでいたものの、れっきとした侍の娘。したがって、あの厠での矢亮と中次との"接近遭遇"があったとしても、それ以上の接点はありえないはずだが・・・。

■□■息子もいい男だが、親父も渋い良い味を！■□■

本作で矢亮役を演じた池松壮亮は、若い時から芸達者で有名。それに対して中次役の寛

一郎は長身のいい男だが、私はパンフレットを読むまで彼が佐藤浩市の息子だとは知らなかった。彼は『菊とギロチン』（１８年）（『シネマ４２』１５８頁）でキネマ旬報ベスト・テン新人男優賞などを受賞した有望な若手だが、本作では阪本監督演出の下、芸達者な池松壮亮と黒木華と共演したことが今後の大きな糧になるだろう。

　１９９６年生まれの彼は肥溜めも肥桶もそして天秤棒も知らないはずだから、池松壮亮と共に２つの肥桶を天秤棒で両肩に担いだり、その姿のまま疾走する演技は大変だったはず。しかし、それを立派にこなしたからこそ、身分が低く学問のない中次でも、武家の娘おきくのハートを射止めることができたわけだ。中次とおきくが知り合いになったのは、降り続いた長雨によって次郎衛門長屋の厠からあふれ出した糞尿を、矢亮と中次が懸命に片付けたためだが、そんな中次とおきくの２人が、なぜ本作の青春ラブストーリーの主役に？

　そんな息子の成長を見守りながら、本作で２度目の親子共演を果たした佐藤浩市は、出番こそ少ないものの、おきくの父親、源兵衛役で渋い良い味を見せるのでそれに注目！彼がなぜおきくと２人でこんな長屋暮らしをしているのかは明示されないが、そこに曰く因縁があることはたしか。おきくがしっかり者に育ち、父親にもビシバシものを言うのは死んだ母親の影響らしいが、それでも阪本監督の演出によって、この父娘間の愛情の深さはしっかり読み取ることができる。源兵衛がいっぱしの知識人・教養人であることは、長屋にやってきた中次に対して、厠にいた源兵衛が「"せかい"ってことば、知ってるか」と問いかけるシーンで明らか。また、源兵衛が相当な剣の使い手であることも、糞を垂れた後、腰に刀を差して出けていくキリリとした姿を見れば明らかだが、彼は迎えに来ていた数人の侍達と一体どこへ行ったの？その報を聞いたおきくが懐剣を手に後を追う姿を見れば、これは大事件！そう思っていると、その直後には、源兵衛の死亡と一命を取り留めたものの声を失ったおきくという悲しい現実になるから、アレレ。なぜ、こんな事態に？

■□■恋模様は黒木華と寛一郎が！池松壮亮は進行役を！■□■

　日活の青春モノでは吉永小百合と浜田光夫がラブストーリーの主役を演じ、高橋英樹がその進行役を務めるケースも多かったが、本作では黒木華と寛一郎が淡い恋模様の主役となり、池松壮亮はその進行役を務めているので、それに注目！

　ラブストーリーは、時代によって、男女の身分によって、その他さまざまなファクターによって如何様にも作れるが、本作では、厠で偶然に出会ったおきくと中次が、降り続いた長雨で長屋の厠が溢れ出したことによって再会するところからスタートしていく。そのため、文字通りこの２人は"臭い仲"！ここは矢亮の言う通り"笑えるところ"だが、その直後におきくとその父親、源兵衛を襲う"不幸"を考えると、笑うことができない。しかし、さすが阪本監督の脚本を芸達者な女優、黒木華が演じただけあって、江戸時代末期の身分違いの若い男女の恋模様の展開を面白く見せてくれる。とりわけ、習字のお稽古の最中に書物の中に「忠義」という文字を見つけ、ひらがなでそれを書こうとした時に思わず「ちゅうじ」と書いてしまったため、おきくがそんな自分に呆然とし、やがてにやけて

233

しまい、さらには寝転がって畳をバタバタと叩き、上気した顔を着物の袖で仰いだり、隠したり、誰もいないのに恥ずかしがっているシークエンスは面白い。「安政の大獄」下、世の中は大きく激動していたが、おきくの胸の中の恋心の世界は一体どうなっていたの？

　他方、本作の主役をおきくと中次に譲り、自分はストーリーの進行役になっているのが矢亮。本作の矢亮は、一方で、「おれたちがいなきゃ江戸なんて糞まみれじゃねぇか」と汚穢屋の仕事に誇りを持ちながら、他方で、いかに蔑まれ虐げられてもペコペコと頭を地べたに擦り付けているから、彼のキャラは複雑だ。また、彼も学問はないはずだが、中次に対しては常に面白い言葉を吐くし、「ここは笑うところだろ！」と会話の流れや急所も心得ているから、この男はなかなかの知識人！？中次が矢亮に誘われるままに紙屑の売り買いから汚穢屋に転職したのも、きっとそんな矢亮の魅力を感じ取ったためだろう。本作に見る矢亮は、3人の青春時代劇の中では一歩下がって中次とおきくとの恋模様をしっかり応援する役割に徹しているから、そんな面白さもじっくりと。

■□■大写しの糞尿は何を物語る？ “せかい” とはナニ？■□■

　本作冒頭のスクリーン上に大写しになるのは、厠の中のうんこ。私の子供時代は、汲取り式便所の中に溜っている糞尿をバキュームカーで吸い取っていたが、“安政の大獄”の真っただ中の江戸では、矢亮のような汚穢屋が桶で糞尿を掬っていたらしい。それに続いて、厠から糞尿があふれ出している長屋の風景等が登場するから、本作では何度も正直言ってあまり見たくない風景を目にすることになる。

　しかし、糞尿を肥料として使っている姿や、矢亮が「糞がおれらの、食い扶持だよ。あいつらの糞で飯喰ってんだよ」と語っている姿は意味シン！また、学のある源兵衛が本作前半、厠の中から学のない中次に対して語る「なあ、“せかい”

ってことば、知ってるか」は本作のタイトルにされているほど重みと深みのある言葉だ。さらに、クソとミソの例えは今でもよく使われているが、矢亮が語る「糞も味噌とおんなじで、しばらく置いといた方がいいんだよ。これが本当の糞味噌だ。・・・・・笑うとこだぜ、中次」のセリフにも注目！本作では、再三スクリーン上に大写しにされる糞尿が何を物語るのかを考え、その中から源兵衛のいう"せかい"とは何かをしっかり考えたい。

　他方、身分違いの恋模様の展開に戸惑う中次が、「おきくさんは、お侍さんのむすめで、おらあ、こんな身分だから、だから・・・」と語ったのは当然だが、他方で、おきくは「あたしだって、武家育ちの外聞も捨てて、いまや糞とか屁とか平気で云えるようになったのでございます」と語っているから、今の2人は決して身分違いを気にする必要がないことは明らかだ。

■□■サステナビリティ（持続可能）と"青春"をタップリと■□■

　私は弁護士登録をした１９７４年４月以降、一般民事、刑事事件の他、公害事件をライフワークとして取り組んできたが、５０年後の今、それはサステナビリティ（持続可能）社会を実現する必要性という文脈で受け継がれている。開国？それとも攘夷？新選組？それとも薩長？そんな対立構造が激しくなった江戸時代末期、安政の大獄の時代は、矢亮が強く主張しているように、サステナビリティ（持続可能）な社会だったわけだ。本作では、そんなサステナビリティに関して様々な名言が登場してくるので、それに注目！その代表は矢亮君が語る①「糞がおれらの、食い扶持だよ。あいつらの糞で飯喰ってんだよ」、②「糞も味噌とおんなじで、しばらく置いといた方がいいんだよ。これがほんとの糞味噌だ。・・・・・笑うとこだぜ、中次」のセリフだ。

　他方、章立て構成とされている本作の第七章が「せかいのおきく　万延元年・冬」だが、そこではおきくが作ったおむすびを通して、おきくと中次の恋が成就していく姿が描かれる。それに続く終章「おきくのせかい　文久元年・晩春」では、「青春だなあ」と中次が呟く中、若い3人が新しい世界に向かって走っていく姿が描かれる。戦後の日本はそれまでの軍国主義から民主主義へと急転換したが、そこでは石坂洋次郎が描く明るい青春小説が大人気になった。その代表が何度も映画化された『青い山脈』だが、私が見た吉永小百合主演版（６３年）は、まさに「青春だなあ」と実感させるものだった。それと同じように、ところどころでカラー映像になるものの、ほとんどはモノクロの陰影に富んだ映像で描かれる阪本順治監督３０作目の青春時代劇は見どころ十分の青春モノになっているので、その面白さをタップリ楽しみたい。

２０２３（令和５）年５月８日記

Data 2023−44

監督：河毛俊作
脚本：大森寿美男
エグゼクティブ・プロデューサー：
　宮川朋之
原作：池波正太郎「仕掛人・藤枝梅
　安」
出演：豊川悦司／片岡愛之助／菅野
　美穂／小野了／高畑淳子／
　小林薫／椎名桔平／佐藤浩
　市／一ノ瀬颯／田中奏生／
　石橋蓮司／高橋ひとみ／篠
　原ゆき子／小林綾子

SHOW-HEY シネマルーム

★★★★

仕掛人・藤枝梅安2

2023 年／日本映画
配給：イオンエンターテイメント／119分

2023（令和5）年 4 月 15 日鑑賞　　TOHO シネマズ西宮 OS

みどころ

　　近時の邦画は、"キラキラ青春モノ"や"お笑い色満載"のものが多く、その影響は時代劇にまで！さらには、NHK大河ドラマにまで！

　　そんな中、「池波正太郎生誕100年企画」として登場した"時代劇、新時代。"は"正統派時代劇"として評価できる。豊川悦司の藤枝梅安役はベストチョイスだし、菅野美穂もいい味を。そして、本作では、椎名吉平が1人2役でストーリーを牽引する上、ゲスト出演の佐藤浩市が梅安との"曰く因縁"役を、さすがの熱演！

　　これまで"攻めの仕掛"一辺倒だった梅安が、本作ラストではじめて見せる"防御の仕掛"をじっくりと！

——＊——＊——＊——＊——＊——＊——＊——＊——＊——

■□■舞台は京都から。こんな設定、あんな設定の展開は？■□■

　　日本史では京都が舞台になることが多い。とりわけ、幕末の京都における新選組の活躍は有名だ。しかし、薩長を中心とする尊王攘夷派の浪人を取り締まるため、京都の警備隊として設置された新選組の評価は大きく分かれている。新たに京都守護職に就任した会津藩主松平容保の下に設置された新選組の規律は、副長土方歳三が定めた「局中法度」に基づく厳しいものだった。しかし、本作冒頭に見る京都における井坂惣市（椎名桔平）率いる無頼の浪人集団の行動はハチャメチャ。いきなり押し入った町家で金や女を強奪し、逆らう者は容赦なく切り捨てた上、血塗られた自らの手形を交付して「借りたのじゃ！」と強弁する姿は、まさに最悪！こんな時にこそ、新選組が必要なのだが・・・。

　　他方、今は新幹線のぞみで東京・京都間は約2時間だが、梅安（豊川悦司）の時代はすべて徒歩だから大変。今、梅安が相棒の彦次郎（片岡愛之助）と共に江戸から京都に向かっていたのは、幼い頃自分を拾って鍼医にしてくれた恩人・津山悦堂（小林薫）の墓参り

をするためだ。そんな時、彦次郎はある男の顔を見て、「あの野郎、生かしてはおけねえ」と呟いたから、これは何か曰く因縁がありそうだ。もっとも、彦次郎がそんな風に言う男はきちんとした身なりの武士で、非道を働くような人柄には見えなかったから、梅安は彦次郎の言葉に違和感を覚えたようだ。なお、井坂惣市が徒党を組んで京の街を歩く時に、たまたますれ違った2人の侍が井上半十郎（佐藤浩市）と佐々木八蔵（一ノ瀬颯）。文句を言おうとした佐々木を「つまらんことに関わるな」と諫めた井上だったが、冒頭にこんな設定、あんな設定が表示されると、さあ、その後の展開は・・・？

■□■恩師の墓前で明確なストーリーの提示が！■□■

レオナルド・ディカプリオが一人二役を演じた『仮面の男』（９８年）では双子の判別が難しかったが、本作では、双子であるとわかる井坂惣市と峯山又十郎は同じ椎名桔平が演じていても、あまりにも対照的な衣装、立ち居振る舞い、性格だから、「これが双子？」と思ってしまう。峯山に双子の弟がいることがわかったのは、梅安の恩人・悦堂の墓前で対面した梅安に対し、「双子の弟がいる」と峯山の口から語られたためだが、それを聞いた梅安が働かせた推理は誰でもわかるもの。したがって、彦次郎が梅安の説明を聞いて納得したのも当然だ。それだけなら何の面白みもないし、「仕掛人シリーズ」のストーリーにもならないが、梅安が上方の顔役で殺しの依頼を仲介する元締"蔓"でもある白子屋菊右衛門（石橋蓮司）の元に挨拶に行ったところから、あっと驚く展開になっていくので、それに注目！それは、梅安が菊右衛門から井坂の仕掛を頼まれたことだが、その仕掛の起り（依頼人）は一体誰？また、仕掛料が２０両とメチャ安いのは一体なぜ？

さらに、本作のストーリー構成で面白いのは、梅安に井坂の仕掛けを依頼する前に、菊右衛門は井上と佐々木の2人に井坂の仕掛を依頼していたことだ。正規料金を大幅に下回る仕掛料に納得できなかった井上と佐々木は、菊右衛門からの依頼を断ったのだから、菊右衛門がそれを別の仕掛人に依頼するのは自由で、掟に沿ったものだ。

他方、店ですれ違いざま、梅安の顔を見て目を見張った井上が、急いで菊右衛門の元に戻り、自分が断った後に引き受けた仕掛人は誰だ？と聞くのは、明らかに掟破りだ。それは分かっているはずなのに、なぜそんな掟破りをしてまで井上は井坂殺しの仕掛を引き受けた仕掛人の名前を聞き出そうとしたの？なるほど、これで全てのストーリー展開の提示が見えてくることに・・・。

■□■梅安も彦次郎もひどい体験をしたが、井上だって！■□■

あちらこちらの女に子供を作らせることができる男（父親）に対し、母親は自分の腹を痛めて子供を産むのだから、母親の子供に対する愛は無限で絶対的なもの！そんな"キレイ事"は第1作で聞かされた梅安の身の上話を聞けば吹っ飛ぶはずだ。さらに、本作で梅安が峯山と共に恩師・悦堂の偉大さを語り合うシーンを見れば、「産みの親より育ての親」という言葉の重みがよくわかってくる。

今の時代は、子供に対するいじめに敏感だが、私の小さい頃はガキ大将による女の子い

じめはどこにでもあったし、グループ毎の喧嘩がどこにでもあったことは『ウエスト・サイド物語』（６１年）等を見れば明らかだ。しかし、本作ではじめて彦次郎の口から梅安に語られる、井坂らによる彼の青春時代のひどい体験は、あまりにひどい。したがって、最愛の妻と子を死に追いやった、憎き相手の顔を間違えるはずはない、という彦次郎の言葉の重みもよくわかる。しかし、彦次郎が「あの野郎、生かしてはおけねえ」と呟いた男、峯山が、本当の敵である井坂の双子の兄だったとは！

　本作序盤の展開を見ていると、彦次郎による峯山（本当は井坂）への復讐物語がメインになりそうだったが、上方の顔役で殺しの依頼を仲介する元締"蔓"である菊右衛門とも深いつながりのある梅安が、依頼主不明のまま井坂の仕掛を引き受けたところから、『梅安２』本来の物語が進んでいくことになる。それはそれで納得だが、本作ではもう一つ、ゲストとして出演している佐藤浩市演じる井上との絡みがもう一つのメインストーリーになっていくので、それに注目！梅安も彦次郎もたしかにひどい体験をした結果として仕掛人になったことはよくわかるが、不幸の自慢比べ（？）は梅安と彦次郎だけでなく、井上だって！私は篠原ゆき子は現代型美人だと思っていたが、本作ではその篠原が井上の妻おるい役として登場し、思いがけない不幸な最期をとげるので、それに注目！梅安は第１作でも万七の女中おもん（菅野美穂）に手を出して深い仲になりつつ店の情報を仕入れていたから、あまり女癖は良くないはず。そんな梅安は本作で、井上の妻であるおるいに対して一体何をしたの？さらにその結果生まれた、梅安と井上との憎悪の鎖とは？

■□■井坂の"安全保障感覚"は？悪党なりの知恵の所在は？■□■

　本作冒頭に見る、徒党を組んでの"押し込み強盗"のような行動も、気の強い女将があらかじめ雇っていた用心棒たちに囲まれると、多勢に無勢？一瞬そう思ったが、剣術の腕前はハッキリしているから、そこでは圧倒的に用心棒軍団よりも井坂強盗団の方が実力は上！そんな中、用心棒の中に１人腕の立つ男を見つけると、井坂は彼との対決を避け、仲間入りを誘い、あっさり同意を取り付けたから、この井坂という男、なかなかの策士！そう感心していたが、その後の押し込み強盗の繰り返しと、根城での酒、女の享楽三昧は"安全保障感覚"の視点からは全くいただけない。これでは、酔っ払って女と裸で寝ているところを襲われたらイチコロでは・・・？

　井坂の根城を密かに外から見張っている中、彦次郎は功を焦ったが、策士である梅安は冷静。根城の中でこき使われている口のきけない少年が外に水を汲みに出た時、彼と密かにかつ優しく接する中、"ある策"を授けたらしい。その策とは、桶の水の中にひそかに毒を注入すること。酒に酔いつぶれた井坂たちは、きっと酔い覚ましの水を求めるはずだ、という梅安の読みだが、さて・・・？その後の梅安による井坂への仕掛けの成就と、彦次郎による井坂への復讐ぶりは、あなた自身の目でじっくりと。井坂の安全保障感覚の鈍さにつけ込み、こんな策で仕掛けが成就するのなら、２０両の仕掛料で十分だと思ったが、梅安の計算によると、この毒の調達に２０万両を要したらしいから、実質報酬はゼロ・・・？

■□■梅安も覚悟を？事前にやるべきことは？決死の反撃は？■□■

　梅安と井上との"曰く因縁"をここでネタバラシすることはできないが、井上の腕が超一流であることは、梅安自身がよく知っている。相棒の佐々木も井上に劣らない使い手だから、この２人とまともに対決すれば、鍼医者に過ぎない梅安が太刀打ちできないことは明らかだ。梅安が井坂への仕掛を引き受けたことを井上は知っていたから、井坂の周辺を探っていれば、梅安はそこに必ず現れるはず。井上はそう読んでいたから、梅安と彦次郎が井坂への仕掛を完了させたその場に、井上と佐々木が乗り込んできたのはある意味、必然だ。それを危機一髪で脱することができたのは、菊右衛門が救援の浪人たちを差し向けてくれたおかげだ。井上の腕の怖さを知っている梅安は、その後急いで江戸に帰ったが、梅安は江戸で何をするの？繁盛していた鍼の診療所を畳み、井上の追及からトンズラするの？さらに、その前に浅草橋場の料亭「井筒」で女中をしながら自分を待っていてくれるおもんとも、一夜を供にしてお別れの挨拶をするの？

　そう思っていたが、いやいや、そこから見せる梅安の"心意気"は見事なものだから、それもあなた自身の目でしっかりと。ちなみに、ここでも、近時よく目にする高畑淳子扮するおせきが何かと梅安との掛け合い芝居の中に登場するが、これはいらないのでは？あの騒がしい婆さん声を聞いていると、私はいつもイライラ・・・。

■□■"攻め"だけでなく、"待つ"も"守る"も不可欠！■□■

　去る４月１５日、NHKは「羽生善治　５２歳の格闘　〜藤井聡太との七番勝負〜」を放映した。今や将棋界は藤井聡太六冠の活躍と、いつ七冠、八冠を達成するかの話題で持ち切りだ。私はNHK杯をはじめとして何度も彼の将棋を見ているが、彼の将棋の読みは常人離れしている上、攻めと守りのバランスが良いのが特徴だ。しかし、仕掛人梅安の仕事は基本的に攻めばかり。つまり、何も知らない相手をこちらから一方的に分析し、どう攻める（仕掛ける）かを決めるわけだ。しかし、本作でははじめて梅安が"守りの仕掛け"を見せるのでそれに注目！

　鍼医者として"世のため、人のため"に尽くすことは、亡き悦堂先生との約束である上、自分の天命。梅安にとって仕掛はあくまで裏仕事であり、鍼医者の仕事が表稼業だ。そんな形で"二足のわらじ"を履いている梅安は、江戸に戻った後は、懸命に鍼医者の仕事に従事していたが、それは反面、いつ井上が襲ってくるのかを計算しながらのものだった。そして、"ついに今夜やってくる"との勘が彦次郎と一致したから、梅安の安全保障感覚の鋭さはさすがだ。攻めてくるのは井上と佐々木の２人。対して、家の中で防御するのは梅安と彦次郎の２人だが、彦次郎はあるところにじっと隠れたまま。それを井上と佐々木は知らないはずだ。そんな防御体制は考え得る最善のものだが、あんなに腕の立つ２人からどうやって防御するの？私には当然そんな疑問（不安）が大きくなっていたが、その後スクリーン上では梅安と彦次郎による見事な防御と反撃が！その見事さは本作のラストのハイライトとしてあなた自身の目でしっかりと！　　２０２３（令和５）年４月１７日記

Data 2023-71

監督：是枝裕和
脚本：坂元裕二
音楽：坂本龍一
出演：安藤サクラ／永山瑛太／黒川
　　　想矢／柊木陽太／高畑充希
　　　／角田晃広／中村獅童／田
　　　中裕子

★★★★★

怪物

2023 年／日本映画
配給：東宝、ギャガ／126 分

2023（令和 5）年 6 月 10 日鑑賞　　TOHO シネマズ西宮 OS

👀 みどころ

　今や是枝裕和監督はカンヌの常連で、顔。『誰も知らない』（０４年）、『万引き家族』（１８年）に続いて、彼の快挙が！そう思っていたが、今回は坂元裕二が脚本賞をゲット！これは、役所広司の主演男優賞と共に邦画界の快挙だが、是枝監督にとっては喜びも半分・・・？

　そんな下衆の勘繰りはともかく、絶賛ぞろいの評論の中、キネマ旬報６月下旬号の「REVIEW 日本映画＆外国映画」における、井上淳一氏の星１つの採点と「いつも以下の是枝映画。海外もいい加減、有り難がるのをやめたら。」という"ボロクソ評論"にも注目！

　"羅生門方式"に基づく母親の視点、教師の視点はわかりやすいが、第３章の２人の子供たちの視点は複雑かつ難解！あなたはどう理解する？本作は同時に「クィア・パルム賞」＝「LGBTQ 賞」も受賞したが、それは一体なぜ？本作第３章に見る、子供たちの視点による LGBTQ とは？そんな中で徐々に明らかにされる"怪物"の正体とは？

　脚本を含めた本作の"本当の良し悪し"はあなた自身の目でしっかりと！

———＊———＊———＊———＊———＊———＊———＊———＊———＊———＊———＊———＊

■□■カンヌで２つの邦画が脚本賞と主演男優賞の快挙！■□■

　２０２３年５月に開催された第７６回カンヌ国際映画祭では、２つの邦画が快挙を成し遂げた。第１は、ヴィム・ヴェンダース監督の『PERFECT DAYS』（２３年）に主演した役所広司が主演男優賞を受賞したこと。カンヌ国際映画祭で日本人俳優が主演男優賞を受賞するのは、第５７回の是枝監督の『誰も知らない』（０４年）（『シネマ6』１６１頁）での柳楽優弥以来２人目だ。

　第２は、本作の脚本を書いた坂元裕二が脚本賞を受賞したこと。是枝監督は自分が監督

する映画の脚本は自分で書くのが常だが、本作については、川村元気プロデューサーの提案で、はじめて是枝裕和監督×坂元裕二脚本のコンビが実現した。坂本裕二氏について、是枝監督は「もし自分で脚本を書かずに、誰かと組んで映画を作るなら、坂元さんしかいないという話は前からしていました。」と語っているから、まさにこの組み合わせはゴールデンコンビだ。

　もっとも、『万引き家族』（１８年）（『シネマ４２』１０頁）で自ら脚本を書き、第７１回カンヌ国際映画祭で最高賞のパルムドール賞を受賞している是枝監督にしてみれば、いくら「今一番リスペクトしている」脚本家とはいえ、本作がカンヌで２度目のパルムドール賞を受賞できず、坂元裕二が脚本賞を受賞しただけ、というのは少し不満かも・・・？

　そんな下衆の勘繰り（？）はともかく、私が興味深いのはキネマ旬報６月下旬号の「REVIEW　日本映画＆外国映画」における、『怪物』、『波紋』（２３年）、『渇水』（２３年）についての井上淳一氏、古賀重樹氏、服部香穂里氏の評価。古賀氏はすべて星４つ、服部氏はすべて星３つと評価が均一だが、井上氏だけは『渇水』を星５つ、『波紋』と『怪物』を星１つと評価。しかも『怪物』についての評論は“ボロクソ”で「いつも以下の是枝映画。海外もいい加減、有難がるのをやめたら。」とまで書いているから、ビックリ！

■□■羅生門方式とは？第１、第２の視点は？■□■

　巨匠・黒澤明監督の名作は時代劇、現代劇を問わず多いが、三船敏郎主演の『羅生門』（５０年）は“羅生門方式”で有名。これは、「目に見える事実は必ずしも１つではなく、見る人間や視点によっていろいろあるものだ」ということをスクリーン上に提示するもので、「同じ出来事を複数の登場人物の視点から描く手法」だ。

　『羅生門』では、“ある殺人事件”と“ある強姦事件”を巡って、数名の関係者がそれぞれ異なる証言をする中、事態が少しずつ混迷の度を深めていく姿が描かれていたが、これは、弁護士歴５０年近くになる私に言わせれば“当たり前の話”。しかし、それが巨匠の演出でスリリングにスクリーン上に描かれると、観客の目には新鮮に映るわけだ。去る５月２９日にオンラインで視聴した、１８歳の少年が台湾の夜市で引き起こした無差別銃乱射事件を描いた台湾映画『ガッデム　阿修羅』（２２年）も、一種の羅生門方式によるものだった。その評論で私は「もしクレオパトラの鼻がもう少し低かったら」という“歴史上のif”の興味深さを提示したが、“羅生門方式”を採用した本作における３つの視点とは？

■□■こんな教師かなわん！校長もダメ！それが母親の視点！■□■

　昔は「でもしか先生」という言葉があった。ウィキペディアによると、これは「日本各地において学校の教師が不足していた第二次世界大戦終結から高度経済成長期（おおむね１９５０年代から１９７０年代）に教師の採用枠が急増し、教師の志願者のほとんどが容易に就職できた時代に、他にやりたい仕事がないから「先生でもやろう」あるいは特別な技能がないから「先生にしかなれない」等といった消極的な動機から教師の職に就いた、無気力で不活発な教師に対する蔑称」だ。そして、本作に見る教師・保利道敏（永山瑛太）

はまさにそれ。

　羅生門方式で構成された本作の第1章は、シングルマザーながら懸命に子どもの成長を見守ろうとする母親・麦野早織（安藤サクラ）の視点から、暴力教師の実態や責任のすべてを保利に押し付けてしまおうとする校長・伏見真木子（田中裕子）を中心とする、なんとも呆れた学校の実態が、是枝監督の見事な（誘導的な？）演出によって浮き彫りにされていく。「こんな教師かなわん！」と思うのは、湊（黒川想矢）の母親・早織だけではなく、観客も同じ。弁護士の私に言わせれば、そこでの本当の問題は、アメリカのトランプ前大統領がよく口にしていた「フェイク！」かどうかなのだが・・・。

■□■いい教師じゃん！問題は、学校とこの母親に！？■□■

　第1章から一転して、第2章になると、意外にも保利は子供（生徒）思いのいい教師じゃん！という姿が少しずつ見えてくる。同じクラス内でも生徒同士のケンカがあるのは当然だから、それを止めに入った教師が、弾みでその腕を生徒の顔にぶつけることだってあるだろう。そこでは「ごめん、ごめん！」と謝って、もし鼻血でも出していれば、治療すればいいだけだが、それが、あれこれと尾ひれをつけられて、ねじ曲げられた情報になって公開されていくと・・・？

　保利のような、どこにでもいる生徒思いの教師（？）の目から見ると、何かと自分の息子の立場ばかり主張して学校に乗り込み、校長に文句をつけてくる早織のような母親はいわゆるモンスターペアレント！保利は独身だから、恋人かガールズバーの女か否かは別として、私生活上、鈴村広奈（高畑充希）のような女の影があっても不思議ではない。もっとも、鈴村の目から見ても保利はそれほど魅力的な男ではなく、結婚の対象にはならなかったようだが、保利にしてみれば、そんなことまでモンスターペアレントからいちゃもんをつけられるいわれはないはずだ。すると、羅生門方式による本作の第1章と第2章を見終えた後のあなたの"怪物"度判定は如何に？

■□■第3章は子供の視点！しかし、こりゃ複雑・難解だよ！■□■

　私の小学生時代にも「いじめ」（らしきモノ）はあったが、それは大っぴらだったから、昨今、世界中で問題になっている小学生の"いじめ"とは全く異質なものだった。小学生時代の私は勉強、スポーツ、歌、その他何でも優等生だったが、正直に告白すれば、気に入らない女の子に対するあれこれのいじめめいた行動も・・・？昭和30年代（1950年代）の日本では、その程度のことが問題にされることはなかったが、本作の第3章で描かれる"子供の視点"からの、あの事実、この事実は？

　『羅生門』の"羅生門方式"は、ある1つの殺人事件と強姦事件を当事者を含む関係者の視点から描いていた。しかし、同じく"羅生門方式"で構成された本作第3章で小学校5年生の麦野湊と同級生の星川依里（柊木陽太）という2人の子供たちの視点から描かれる事実の多くは、母親の早織も教師の保利も全く知らないことだから、少し違和感がある。その最たるものは、2人だけで遊ぶ秘密基地に関する事実だ。しかし、これは2人だけが

知っている事実で、早織も保利も全く知らない事実だから、これらを全部ひっくるめて"羅生門方式"と言っていいの？私にはそんな疑問が・・・。

　本作の舞台になっている長野県諏訪市の"ある町"は、山を背後に大きく澄んだ湖を望む郊外に位置しており、数年前には、市の合併の影響から町の中を通っていた路線が廃線となり、錆びた線路と緑に覆われた駅が打ち棄てられたらしい。本作のパンフレットのプロダクションノートによると、そんな廃線跡地を探すのに苦労したそうだが、長野県諏訪市にそれを発見した後は、是枝監督のイメージがどんどん膨らんでいったらしい。その甲斐あって、第3章で描かれる2人の子供が遊ぶ秘密基地の描写は秀逸だ。"オペラ座"の"怪人"はオペラ座地下の隠れ家に住んでいたが、本作に見る秘密基地に住む怪物とは？第1章と第2章では、スクリーン上に登場してくる事実（視点）がわかりやすかったのに対し、第3章のそれは極めて複雑かつ難解だから、それはあなた自身の目でしっかりと。

■□■クィア・パルム賞（LGBTQ賞）も受賞！それはなぜ？■□■

　あなたは"LGBTQ賞"を知ってる？また、本作がこれを受賞したことを知ってる？LGBTQ賞とは、カンヌ国際映画祭の独立賞の1つで、LGBTQを扱った映画に与えられる「クィア・パルム賞」のことだ。このクィア・パルム賞は２０１０年に創設され、公式部門とは別に組織され、映画監督や俳優、各国のクィア映画祭のプロデューサーらが審査員を務めるそうだ。また、これはカンヌ国際映画祭に出品された作品から選ばれ、今回は満場一致で本作に決まったそうだ。しかし、『怪物』と題された本作がなぜ、そんな賞を受賞したの？

　本作第1章では、保利から「あなたの息子さん、イジメやってますよ。家にナイフとか凶器とか持ってたりしません？」と言われた早織が、思い切って湊がいじめているという依里の家を訪ねると、依里の腕に火傷の跡があったからビックリ！もっとも、依里は校長たちに「湊にイジメられたことはない」と証言し、さらに「保利が湊を叩いている」と告げたから一安心していたが、その実態は？親がモンスターペアレントなら、その小5の子供たちはそれ自体独立した怪物に？しかも、LGBTQは、今や成人だけの特権ではなく、中高生はもとより小学生だって5年生にもなれば・・・。

　本作のパンフレットには、湊役にオーディションで選ばれた子役の黒川想矢が「最初は難しそうだなと思いました。男の子同士が好きになるのは僕にはわからないことでもあったので。」「でも面白い映画だと思ったし、ちょっと楽しみな感じもありました。」と語っているが、なんとも早熟なことだ。さあ、本作第3章の、子供たちの視点による、いじめをはじめとするさまざまな事実の描写は前述した通り複雑かつ難解だが、クィア・パルム賞を受賞した"LGBTQの物語"とは・・・？

２０２３（令和5）年6月14日記

Data 2023−92

監督・原作・脚本：宮崎駿
出演：山時聡真／菅田将暉／柴咲コウ／あいみょん／木村佳乃／竹下景子／風吹ジュン／阿川佐和子／大竹しのぶ／滝沢カレン／國村隼／小林薫／火野正平／木村拓哉

君たちはどう生きるか

★★★

2023年／日本映画
配給：東宝／124分

2023（令和5）年8月11日鑑賞　TOHOシネマズ西宮OS

👀 みどころ

日本アニメ界の巨匠、宮崎駿は『風立ちぬ』（13年）を最後に引退宣言をしていたが、なぜか急遽それを撤回して、やけに説教じみた（？）本作に挑戦！

私は司馬遼太郎が最後に残した『二十一世紀に生きる君たちへ』が大好きだが、宮崎が自分の愛読書だった吉野源三郎の『君たちはどう生きるか』をタイトルにしてまで、なぜ本作のような"遺作"を作ったの？

自分の少年時代の体験から、彼がウクライナ戦争が起き、混迷化を深めている現在の世界や今ドキの若者たちにモノ申したい気持ちはわからなくもないが、本作のメッセージは一体ナニ？

私にはそれがイマイチ・・・？"事前宣伝ゼロ"という営業戦略が功を奏し、本作は大ヒットしているようだが、私にはそんなやり方（戦略）もイマイチ・・・。

— ＊ — ＊ — ＊ — ＊ — ＊ — ＊ — ＊ — ＊ — ＊ — ＊ —

■□■ 『風立ちぬ』から10年！引退を撤回して本作を！■□■

宮崎駿は日本のアニメ界を代表する巨匠であり、かつての黒澤明監督のような存在だ。黒澤明は最後まで映画を作り続けたが、宮崎駿は『風立ちぬ』（13年）（『シネマ31』140頁）を最後に映画界を引退することを発表した。同作は、「戦闘機は大好きだが、戦争は大嫌い！」。そんな根本「矛盾」を持つ宮崎駿の自叙伝的な映画になっていた。同作に私は少し不満だったが、それなりに、宮崎駿ワールドや宮崎自身が感じている、どうしようもない矛盾を感じ取ることができた。

そんな宮崎駿が、引退宣言を撤回して挑んだのが本作だが、長年の相棒であるプロデューサーの鈴木敏夫が「宣伝しない」方針を取ったため、本作については公開前の情報が全くないという異例の事態になった。ところが、そんなやり方が功を奏したのか、公開直前から本作の人気は上々で、私が鑑賞した時もほぼ満席状態だった。本作のタイトル『君た

ちはどう生きるか』は、宮崎が少年時代に読んで感動を受けたという、吉野源三郎の著書から取っているが、本作は同作を映画化したものではなく、宮崎自身が監督の他、原作も脚本も書いた完全なオリジナルものだ。

それにしても、今ドキ『君たちはどう生きるか』とは、何とも大層かつ、お説教じみた感のあるタイトルだが・・・。山田洋次監督が吉永小百合を起用して、91歳にして作った90作目の『こんにちは、母さん』(23年)は、わかりやすい感動作だったが、日本のアニメ界の巨匠・宮崎駿が引退宣言を撤回してまで作った"遺作"とも言うべき本作の出来は如何に？

■□■眞人（まひと）のキャラをどう考える？■□■

本作冒頭は、米軍による東京大空襲の中で母親を失う、少年・眞人（まひと）の物語だが、日本の敗色が次第に濃くなっているあの時代、その程度の不幸は誰もが受け入れざるを得なかったものだ。それを契機として、東京で軍事工場を経営している父親は自分の故郷への疎開を決定したが、そこで待つのは眞人の新しい母親となる、お母さんの妹の夏子だったから、アレレ！別にそれがダメなわけではないが、なぜ父親はその事情を眞人に説明しないの？しかも、疎開先に到着した眞人を迎えに来てくれた夏子のお腹には、弟か妹になる新たな命が宿っていたから、なおさらだ。本作導入部では、そんな状況下、大きなお屋敷に入った眞人の新しい生活が描かれるが、宮崎駿の分身とも思えるような、少年・眞人のキャラは・・・？

そもそも、私は大勢の女中たちから「お坊ちゃま」と言われながら育てられるような奴が嫌いだが、学校では孤立し、"アオサギ"とのワケのわからない抗争を繰り返す中で、弓矢まで作り出す眞人少年も、どちらかというとそんな嫌なヤツ！？

■□■"アオサギ"らと共にワケのわからない物語の展開に！■□■

世界少年少女童話全集として有名な『白雪姫』などの物語も、最初に聞いた時はワケのわからないものだったかもしれない。それと同じように、本作ではじめて見る宮崎駿のオリジナル原作・脚本による本作中盤のストーリーは、全くワケがわからない。

そこでの登場人物は、眞人とアオサギの他、妊娠状態にありながら行方不明になってしまった夏子、ばあやの1人であるキリコたちだが、その舞台は、その昔、大叔父が建てたという塔から始まり、"塔の大王"まで登場してくるので話はややこしい。さらに、眞人が疎開したのは田舎の町だが、アオサギとの旅では、海の中で生きている女性や、多くのペリカンたち、さらに"わらわら"と呼ぶ、白いふわふわした生き物、さらには多くのインコたちが次々と登場し、ワケのわからないストーリーが展開していくので、ハッキリ言って私にはうんざり！宮崎の脚本は一体どうなっているの？

■□■新聞紙評は？ネット上のネタバレ情報は？■□■

本作については、宮崎駿の話題作だけに新聞紙評も多く、ネット上でのネタバレ情報も多いが、その多くは、どう書いたらいいのか（どう褒めたらいいのか）戸惑っているよう

だ。その典型が、「正直なところ、小欄は、この作品をうまく説明する言葉を、いまだに探しあぐねている。」と書かれた某紙だ。他方、2023年8月4日付、朝日新聞「クロスレビュー」では、①映画監督の想田和弘氏の「曖昧複雑　物語の定石捨てた」、②哲学者の谷川嘉浩氏の「「開かない箱」　想像する快楽」、③アニメ文化ジャーナリストの渡辺由美子氏の「塔の世界　ジブリを映した？」があり、三者三様の見解が明確に述べられているので参考にされたい。また、2023年7月24日付日経新聞に掲載された、映画評論家・中条省平氏の「地下で戦った「自分の戦争」」はあまりに褒めすぎ・・・？

■□■ "深読み合戦" の愚はどこまで広がるの？■□■

　私はわざわざ宮崎が本作のタイトルにした、吉野源三郎の『君たちはどう生きるか』を読んでいないから、同書でどんなメッセージが語られているのか全く知らない。他方、日本の国民作家と呼ばれている司馬遼太郎は最後に『二十一世紀に生きる君たちへ』を残したが、そこでのメッセージは明白だ。本作は、疎開先のお屋敷に入った眞人少年が、母親が残したという吉野源三郎の『君たちはどう生きるか』の本を手にするところで、同書のメッセージを伝えようとしているが、残念ながら、宮崎が本作のアニメで描く世界観からは、吉野源三郎の『君たちはどう生きるか』におけるメッセージを受け止めることはできない。眞人は何とか無事に、あのワケのわからない世界を抜け出して、現実の世界に戻ることができたが、眞人はあのワケのわからない旅によって何を学び、どう成長したの？残念ながら、私はそれを理解することができないわけだ。

　他方、事前の情報ゼロの本作をめぐっては、前述のとおり多くの新聞紙評やネット上でのネタバレ情報がある。とりわけ、個人の責任によるネタバレ情報は"言いたい放題"、"書きたい放題"だから、ある意味で面白い。例えば、映画感想レビュー＆考察サイトCinemarcheに掲載されている星野しげみ氏の「【ネタバレ】君たちはどう生きるか　結末あらすじ感想と評価解説。宮崎駿監督がタイトルからも問いかける"生きる意義"」では、①「自由な発言を許されない軍事政権下に生まれ育った少年が、別世界に行った父親の好きな女性・夏子を連れ戻しに行く物語です。」、②「作中、幼い眞人へのメッセージとして、眞人の母が吉野源三郎の小説『君たちはどう生きるか』を紹介しています。ここに込められた母の愛を眞人は感じ取って自分のやるべきことを再確認します。」、③「不思議だらけの世界で出会う人たちと共に目的にむかう眞人少年。少年の心の成長とともに観客も自分の生き方を問われることでしょう。」と書かれているが、さて・・・？さらに、④「主人公の眞人は「マヒト」と読み、真理を悟って人格を形成するという意味を持っています。アオサギ男とは正反対で、嘘、偽りに対しての反発心は最初から持ち合わせていたと言えるでしょう。」とも書かれているが、これもさて・・・？

２０２３（令和5）年8月15日記

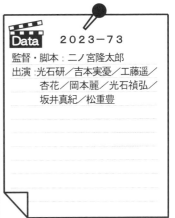

Data 2023-73

監督・脚本：二ノ宮隆太郎
出演：光石研／吉本実憂／工藤遥／
　　　杏花／岡本麗／光石禎弘／
　　　坂井真紀／松重豊

★★★★★

逃げきれた夢

2022年／日本映画
配給：キノフィルムズ／96分

| 2023（令和5）年6月17日鑑賞 | シネ・リーブル梅田 |

👀👀 みどころ

　中国では"第8世代"と呼ばれる若き才能が次々と登場しているが、邦画はくだらない商業映画ばかり！そう思っていたが、本作で二ノ宮隆太郎という若き才能を発見！

　俳優には役所広司のような"主役専門"もいれば、光石研のような"脇役専門"もいる。そんな光石に"あて書き"をし、全編出ずっぱり、全編しゃべりっぱなし、全編会話劇を徹底させた本作における"主役"光石研の存在感は圧倒的だ。しかして、人生のターニングポイントを迎えた男が新たな一歩を踏み出すまでの日々を描いた希望の物語とは？

　会話劇は殺陣と同じく"受け手"が大切。坂井真紀、松重豊の安定感はさすがだが、冒頭、中盤、そしてラストでキラリと光る存在感を見せる若手女優、吉本実憂にも注目！何も、悩みは中年男だけの専売特許ではない！なお、本作は韓国のホン・サンス監督の会話劇と対比してみるのも一興だ。

　一匹狼型弁護士（？）の私は、商業主義に毒されず、とことん独自路線をひた走る二ノ宮隆太郎のような才能が大好き！本作に拍手を送ると共に、今後の展開にも期待したい。

———*———*———*———*———*———*———*———*———*———*———

■□■この若手監督に注目！日本にも、若き才能を発見！■□■

　梅野隆太郎なら岡田彰布監督の下で現在、快進撃を続けている阪神タイガースのキャッチャーとしてよく知っているが、二ノ宮隆太郎って一体誰？それは本作の脚本を書き、監督した男だ。１９８６年生まれの彼は、俳優として出演した映画も多い上、２０１２年には初の長編作『魅力の人間』で第３４回ぴあフィルムフェスティバルで準グランプリを受賞するなど、映画歴は長い。そんな彼が２０１９年のフィルメックス新人監督賞に応募し

たところ、多くの才気あふれる脚本の中からグランプリに選ばれ、本作の企画が持ち上がり、彼の商業映画デビュー作たる本作が完成したそうだ。

本作のパンフレットには、瀬々敬久監督の「二ノ宮隆太郎の映画の芯には、純粋さの塊の結晶とも思えるものがいつもある。」と題する「ESSAY」があり、そこでは２０１２年のふかやインディーズフェスティバルで審査員をやった時以来注目していた二宮の才能について詳しく書かれている。さらに、イントロダクションでは「フェルメックス新人監督賞に輝く気鋭の才能が、生きることの真実に迫る」と紹介されている上、賀来タクト氏（文筆家）の『枝葉のひと』から花が芽吹くとき」と題する「REVIEW」でも、「そろそろ世間は二ノ宮隆太郎という才能に自覚的になった方がいい。」「それでなくとも、この魅力あふれる商業映画処女作からはそう簡単には逃げきれまい。」と絶賛されている。

中国では、第８世代監督として『凱里ブルース』（１５年）（『シネマ４６』１９０頁）のビー・ガンや『象は静かに座っている』（１８年）（『シネマ４６』２０１頁）のフーボー、さらに『春江水暖～しゅんこうすいだん』（１９年）（『シネマ４８』１９９頁）のグー・シャオガン、更には『小さき麦の花』（２２年）（『シネマ５２』２３７頁）のリー・ルイジュン、『郊外の鳥たち』（１８年）（『シネマ５２』２４３頁）のチウ・ション等々、若手の才能が次々と登場しているが、日本にも二ノ宮隆太郎のような若き才能を発見！

■□■光石研が１２年ぶりの単独主演！テーマは？舞台は？■□■

２０２３年の第７６回カンヌ国際映画祭で役所広司がヴィム・ヴェンダース監督の映画、『PERFECT DAYS』（２３年）で主演男優賞を受賞する快挙を成し遂げた。日本人の受賞は、２００４年の柳楽優弥以来２人目だが、役所は出演する映画のほとんどで主役を務める俳優だ。それに対して、光石研は、唯一主演した映画は『あぜ道のダンディ』（１１年）だけで、（失礼ながら）脇役が専門！そんな彼は、近時、『波紋』（２３年）でも、家出から戻ってくる亭主を演じていい味を出していたが、本作は１２年ぶりに単独主演した映画だ。

本作は、光石と同じ事務所に所属していた二ノ宮隆太郎が子供の頃から光石のファンだったこともあり、彼の背中を追う形で構想されたもの。そのため、定時制高校の教頭・末永周平を演じる光石に、“あて書き”した脚本になっている上、１１０分の全編にわたって光石が登場してくるので、光石の演技に注目！

本作の舞台は、北九州市の黒崎。テーマは、チラシによれば、「人生のターニングポイントを迎えた男が新たな一歩を踏み出すまでの日々を描いた希望の物語」だ。

■□■これは単なる健忘症？それとも？博多弁は面白い！■□■

土佐弁といえば坂本龍馬。そして、博多弁といえば龍馬をこよなく愛する歌手、俳優である武田鉄矢だ。彼のヒット曲『母に捧げるバラード』（７３年）では、母親がバカ息子（＝武田鉄矢）を叱りつけるセリフが印象的だったが、本作では第１に、冒頭の介護施設で暮らす父親に「いや一参ったよ。どうしようかね、これから」と博多弁で語りかけるシークエンス、第２に自宅で一人娘の由真（工藤遥）に、突然「恋人はいないのか？」等と問い

かけるシークエンス、第3に、元教え子の平賀南（吉本実憂）が働く定食屋で昼食を済ませた後、会計をせずに出てしまった周平が「俺、病気なんよ。忘れるんよ」と、一旦出した千円札を仕舞って立ち去ってしまうシークエンスが印象的だ。そのほとんどが光石の一人ゼリフ、そして一人芝居だが、セリフの面白さと脚本の良さ、そして演出の巧みさのため、観客の目をぐっと引きつけるものになっている。

　この3つのシークエンスを見ただけで、第1に周平は単なる健忘症ではなく、進行中の認知症に違いないこと、第2に家庭内では既に彼の居場所がなくなっていること、第3に校長になれないまま定年を1年後に控えた今、これからどう生きていけばいいのかが全く分からなくなっていること、がよくわかる。織田信長の時代は"人間50年"だったが、"人生100年"と言われている昨今、60歳で迎える定年は周平の人生のターニングポイントなのだ。そこで、"新たな一歩"を踏み出すためには、これまでの人生（人間関係）を見つめ直すことが不可欠だが・・・。

■□■ "殺陣"と同じく"会話劇"では"受け手"が重要！ ■□■

　時代劇の殺陣は主役1人がカッコよく何人もの敵をバッタバッタと切り倒していく醍醐味が観客をスカッとさせてくれる。しかし、俳優・高橋英樹の解説を聞くまでもなく、それを成立させるのは、主役の演技力以上に、斬られ役＝受け手を演じる脇役の演技力だ。それと同じように、吉永小百合の朗読劇やモノローグによる一人芝居はともかく、スクリーン上で観客の目と耳を集中させる素晴らしい"会話劇"を成立させるためには、主役の演技力はもとより、それ以上に受け手の演技力が重要になる。韓国のホン・サンス監督作品はそのほとんどが会話劇で構成されているが、そこで主役を演じるホン・サンス監督のミューズ、キム・ミニの語りの相手方になる受け手は素晴らしい俳優ばかりだ。

　それを考えれば、本作で周平の妻・彰子役を演じる坂井真紀、周平の同級生でバイク屋を営む石田啓司役を演じる松重豊の演技達者ぶりは明らかだから、その"会話劇"はいくら長く続いても安定感があるのは当然。とりわけ、TVの『孤独のグルメ』シリーズで独特の味を出し、『どうする家康』でもバイプレイヤーとしていい味を見せている松重豊は、本作でも慣れない博多弁を駆使しながらいい味を出しているので、それに注目！

　他方、突然変異（？）したかのような父親からの、気持ちの悪い言葉の連発を受け止める一人娘・由真役を演じる工藤遥の受け手としてのレベルは？そして、本作冒頭はもとより、ストーリーの中盤でも数回顔を出す上、ラストで大きな存在感を見せつける、元教え子の平田南役、吉本実憂の受け手としてのレベルは？

■□■ 悩みは私だって！ラストの"対決型"会話劇に注目！ ■□■

　本作は全編を通じて二ノ宮監督の"あて書き"脚本による、周平を主役としたセリフ芝居。『キネマ旬報』7月上・下旬合併号の「REVIEW 日本映画＆外国映画」では、2人の評論家が星4つとし、星5つをつけた服部香穂里氏は、「全篇出ずっぱりの光石研の、いかなる役柄にも変わらず緻密に取り組んできた俳優業の矜持のようなものも光る、集大成的

味わいも感慨深い逸品」と絶賛している。しかし、本作で見逃してはならないのは、ラストの会話劇は周平の一人ゼリフ、一人芝居ではなく、ベテラン・光石研に若手女優・吉本美憂が敢然と挑む"対決型"の素晴らしい会話劇だ。

同級生の石田と懐かしい小料理屋で、久しぶりにおいしい料理を食べ、久しぶりに楽しい会話を満喫した周平だったが、帰り道で石田から「なんかおかしいの。問題あるんやったら言え」と心の中を見透かされてしまうと・・・。さらに、帰宅した周平が、彰子と由真に「学校を辞める」と（心にもないことを？）告げ、２人の関心を買おうとした上、さらに「２人に好かれたいんよ。ただそれだけ」と腹の底の気持ちを吐き出したが、それって逆効果？そんな周平を気持ち悪く思った（？）彰子からは、「あんたってこんな人やったけ」ときついお言葉が返ってくることに。

それに続いて、再び父親の介護施設を訪れた周平が、冒頭のシーンと同じように一方的に話しかけて出ていくから、ひょっとして本作はこれで終わり？そう思っていると、最後のハイライトとして登場するのが、千円の"未払い金"を発生させた"お詫び"として、周平が商店街のパン屋、公園、小学校など自分の思い出の場所を南に案内した後に、喫茶店内で登場する２人の対決型会話劇だ。そこで南は「定食屋を辞める。金を稼ぐため、北九州の某所で某仕事に就く」ことを語り、心の中にずっと秘めていた悩みを打ち明けることに。本作は、それまでずっと人生のターニングポイントを迎えた周平の悩みばかり描いてきたが、悩み事は定年間近の周平だけでなく、２０歳前後の女の子、南にだってあるわけだ。さあ、それに対する周平の対応は？

■□■脚本への私の２つの疑問は？どなたか回答をよろしく！■□■

若く才能のある二ノ宮隆太郎の脚本にケチをつけるつもりは毛頭ないが、本作の脚本について、私には少し納得できない点が２つある。その１つは冒頭、店から追いかけてきた南に対して「俺、病気なんよ。忘れるんよ」と言いながら、いったん出した千円札を仕舞ってしまうこと。それは一体なぜ？「俺、病気なんよ。忘れるんよ」に続いて、「ごめん、ごめん」と言いながら千円札を渡せばいいだけなのに、なぜ周平はそれを引っ込めて去っていったの？このように、１回分の昼食代が"未払い"になったため、昨日の代金を南が立て替えてくれたことを知った周平は、「今度お礼をする」と謝らざるを得ないハメになり、そのお詫びが、訳のわからない（面白い？）２人のデート劇（？）として展開していくことになる。したがって、千円札の引っ込めシーンは大きなポイントになるのだが、なぜそうなったの？そこは私にはイマイチわからず、納得できない。

もう１つは、冒頭のシークエンスだけでは、単なる健忘症？それとも進行中の認知症？それをはっきりさせないまま、ある日、周平が１人で医師の元を訪れるシークエンスになること。いくら夫婦仲が冷え切り、また父娘間のまともな会話もゼロという状況であっても、スクリーン上を見ている限り、家族３人の日常生活は滞りなく営まれているから、健忘症？それとも認知症？そんな病状に悩んでいる周平が１人だけで病院に行き、１人だけ

で医師から病状の告知を受けることは、あり得ないのでは？つまり私の疑問は、なぜこの病状の告知の場に妻の彰子がいないの、かということだ。

　この両者とも、前述した"本作のテーマ"に直接関わることではないが、それがハッキリわからないため、私の目にはストーリー展開が少し不自然に見えてしまうことに。もし、どなたか回答していただける方がいれば、是非よろしく。

『逃げきれた夢』DVD
発売元：キノフィルムズ／木下グループ
販売元：ハピネット・メディアマーケティング
価格：4,290円（税込）　2023年12月6日発売
(C)2022『逃げきれた夢』フィルムパートナーズ

２０２３（令和５）年６月２０日記

Data 2023-104

監督：森達也

脚本：佐伯俊道／井上淳一／荒井晴彦

出演：井浦新／田中麗奈／永山瑛太／東出昌大／コムアイ／木竜麻生／松浦祐也／向里祐香／杉田雷麟／カトウシンスケ／ピエール瀧／水道橋博士／豊原功補／柄本明

★★★★★

福田村事件

2023 年／日本映画

配給：太秦／136 分

2023（令和 5）年 9 月 9 日鑑賞　｜　シネ・リーブル梅田

👀 みどころ

2023 年 9 月 1 日は、関東大震災から 100 年の記念日。新聞、TV はさまざまな特集を組んだが、これまでアウトサイダー的活動に従事していた（？）、森達也×荒井晴彦×井上淳一がタッグを組んで本作を！しかし、「福田村事件」って一体ナニ？それを聞かされても、ジャニー喜多川氏の性加害問題がマスコミの注目を集める中、本作のような問題提起はモノにならないのでは？

そんな私の予想は大ハズレ！劇場は満席が続き、1500 円もするパンフレットも売り切れ状態だが、それは一体なぜ？関東大震災の直後に起きた、大杉栄の虐殺事件は『大虐殺』（60 年）や『エロス＋虐殺』（70 年）でも有名だが、「福田村事件」はこれまで、歴史上から完全に抹殺されていたものらしい。しかし、それを荒井と井上の 2 人が丹念に調べ、脚本化していくと・・・。

名誉の戦死を遂げた夫の遺骨を手に、妻が列車から故郷の駅に降り立つと、そこには家族の他、村長や在郷軍人会たちのお迎えが。それをどう考えればいいの？また、同じ列車で澤田夫妻が朝鮮から故郷に戻ってきたのは一体なぜ？約 20 年ぶりに再会した同窓生たちの間で語られる、デモクラシーを始めとするセリフの数々は・・・？

他方、香川県の讃岐から関東地方に向かった、女子供を含めた 15 名の薬の行商団の運命は？関東大震災との遭遇は不運だし、商売上がったりになったのも不運だが、「お前ら鮮人だろ！」と因縁をつけられたら、どうするの？まさか、「俺たちは被差別部落出身の者だ」と弁解するわけにはいかないが、さあ、本作に見る福田村事件の実態は、あなた自身の目でしっかりと！

関東大震災 100 周年記念の今年、本作が今ドキの日本人の興味と関心をどこまで引くのか、大いに注目したい。

———＊———＊———＊———＊———＊———＊———＊———＊———

■□■福田村事件って一体ナニ？この問題提起や良し！■□■

　私は本作のチラシを6月頃にもらったが、そもそも福田村事件とは一体何？それを全然知らなかった。1923年9月1日に関東大震災が発生したことは誰でも知っているし、それを契機として起きた社会主義者、大杉栄の虐殺事件も、その方面を勉強している人には有名な事件だから、私もよく知っている。それをテーマにした映画では、『大虐殺』（60年）や『エロス＋虐殺』（70年）がある。また、関東大震災直後の大混乱の中、「朝鮮人が暴動を起こしている」「朝鮮人が井戸に毒を投げ込んだ」等の流言飛語が広まり、それを防止するべく自警団が組織されたこともよく知られている。

　しかして、福田村事件って一体ナニ？チラシによれば、これは、「千葉県東葛飾郡福田村に住む自警団を含む100人以上の村人たちにより、利根川沿いで香川から訪れた薬売りの行商団15人の内、幼児や妊婦を含む9人が殺された」事件だそうだが、えっ、知らなかったなあ。さらに、15人のうち9人が殺された大事件だが、同じくチラシによれば、「逮捕されたのは自警団員8人。逮捕者は実刑になったものの、大正天皇の死去に関連する恩赦ですぐに釈放された」とのこと。私は来年で弁護士歴50年になるが、そんな私でも、これも知らなかったなあ。

■□■新聞・TVは関東大震災百周年で大特集！その視点は？■□■

　私は1984年以降、都市問題とまちづくりをライフワークにしてきたから、2023年9月1日の関東大震災100周年が近づいてくる中での、新聞、TVの盛り上がりにビックリしつつ、その特集記事をスクラップしていた。その目的は、来る2023年11月11日に「NPO法人都市災害に備える技術者の会」が主催する「防災講演会　宅地造成及び特定盛土等規制法の施行と課題」に使うためだ。

　1995年1月17日の阪神淡路大震災、2011年の3・11東日本大震災を経た近年の日本列島は災害列島化している。そんな中で立法化された、①国土強靱化法、②首都直下法、③南海トラフ法を中心とする「災害法」体系はものすごいボリュームになっているが、多くの日本人はそれを全く知らない。NHKスペシャル『シリーズ　体感　首都直下地震』を私は何度も見たが、それらは警告にはなっているものの、備えが心もとないことは言うまでもない。

　それはともかく、100周年を迎えた関東大震災については、地震による被害についての議論、学習、その対策が不可欠だが、同時に関東大震災直後の大混乱の中で発生した、前記のようなさまざまな流言飛語（これは千葉県警察亀戸署が意図的に流したものとの説もある）と、それによる大量の朝鮮人殺害事件の発生も大問題だからしっかり学習する必要がある。しかし、新聞・TVの報道は、9月7日に開催されたジャニー喜多川氏の性加害問題についての「記者会見」一色になっているから、それについてはアレレ・・・。マスコ

ミは、昔も今も一体どうなっているの？

■□■森達也×荒井晴彦×井上淳一のタッグが大仕事を！■□■

北朝鮮やロシア、中国と違って、日本は民主主義の国。しかも今や、その本場であり、先輩だったフランスやイギリス・アメリカ以上に、自由と民主主義を大切にし、基本的人権が尊重される国になっている。

そんな日本では、憲法で保障されている言論・出版・表現の自由が重要な基本的人権だから、長く続いてきた自民党政権に対する批判も自由だ。しかして、映画制作の世界において、そんな立場を貫いてきたのが、これまで独自のドキュメンタリー路線を展開し異彩を放っていた森達也、若松プロの助監督を経て『火口のふたり』(19年) で第41回ヨコハマ映画祭作品賞、特別大賞等を受賞した荒井晴彦、若松孝二監督や荒井晴彦に師事してきた脚本家の井上淳一の3人。荒井と井上はこれまでもさまざまな映画制作において協力してきたが、森達也は独自にドキュメント映画制作を続けてきた。ところが、今回の企画ではそんな3人がタッグを組むことに。その問題意識や良し！

もっとも、私は6月に本作のチラシを見た段階では、関東大震災後の「福田村事件」を扱った本作のような映画は、どうせ見向きもされないだろうと考えていた。ところが、9月1日に向けて新聞、TVでさまざまな特集がされる中、9月1日に公開された本作は大ヒット。9月9日（土）の朝1番は既に満席だったし、12時20分からの2回目もほぼ満席。邦画について、こんな状況は近年稀に見る風景だ。さあ、森達也×荒井晴彦×井上淳一のはじめてのタッグによるこんな社会問題提起作が、ひょっとして商業的にも大成功を収めるの？私の中では、そんな興味も強まっていくことに・・・。

■□■夫の死亡は名誉の戦死？遺骨のお迎えは？■□■

そんな社会問題提起作の本作だが、キャストを見ると、井浦新、田中麗奈、永山瑛太、東出昌大、そして、柄本明、ピエール瀧というビッグネームがずらりと並んでいる。本作冒頭は、列車に乗ったスーツ、ネクタイ姿の澤田智一（井浦新）と、当時としては珍しい洋装に帽子、パラソル姿の澤田静子（田中麗奈）夫婦が登場する。そして、彼らの対面席には、名誉の戦死を遂げた夫、島村幸彌の遺骨を受け取った妻、島村咲江（コムアイ）が座っていたが、本作ではまず、その座席上で交わされる会話に注目！

彼らが降り立ったのは、千葉県福田村にある野田町駅。そこに降りてくる咲江を待ち受けていたのが、咲江の家族の他、福田村村長の田向龍一（豊原功補）や、軍服姿の在郷軍人会分会長の長谷川秀吉（水道橋博士）たちだ。彼らは、名誉の戦死を遂げた陸軍上等兵・島村の遺骨を迎えるべく、大層なお迎えをセットし、島村がお国のために名誉の戦死を遂げたことをアピールしようとしていたわけだが、死んでいった島村本人やその妻の咲江はホントにそう思っているの？

咲江と同じような疑問（？）を持って、この現場に取材に来ていたのが「千葉日日」の女記者、恩田楓（木竜麻生）だ。長谷川は「お国のために戦った名誉ある英霊だ。新聞に

載っけてくれるそうだ」と咲江に説明していたが、カメラマンを従えた楓の狙いは、どうもそうではなさそうだ。この日の楓による、英霊の妻・咲江やその家族たちへの取材の成果はなかったようだが、ややもすれば、権力におもね、権力に迎合する記事ばかり書きたがる「千葉日日」の上層部に対する楓の言い分は、「青いといえば青い」が、迫力があるので、その主張には十分耳を傾けたい。関東大震災の勃発後、「千葉日日」は他紙と同様に「自警団」の必要性を煽り立てたが、もし「千葉日日」の上層部が楓の主張を受け入れて、「市民は冷静さを保つように」という当たり前のキャンペーンを張っていれば・・・

■□■20年ぶりの同窓生たちの再会は？三人三様の近況は？■□■

咲江の対面の席にたまたま座った澤田智一、澤田静子夫妻は、野田町駅での遺骨お迎えの儀式に遭遇したが、彼らが野田町駅に降り立ったことにも深い深い事情があったらしい。それは、その後のストーリー展開の中で徐々に明かされるが、ここでは澤田智一が約20年ぶりに再会した同窓生の村長の田向龍一、そして、在郷軍人会分会長の長谷川秀吉との再会に注目。

「10年ひと昔」だから、「20年」も経てば、それぞれの立場も大きく変わっているのは当然。澤田、田向、長谷川の3人は小学校時代、共にこの村で過ごした同窓生だが、今やそれぞれ全く別々の道に進んでいた。澤田は朝鮮でやっていた教師を辞めて、故郷の村で百姓をするべく妻を伴って戻ってきたようだが、それは一体なぜ？田向も本当は師範学校に行きたかったが、地元のために村長になったそうだが、それは一体なぜ？そして今、長谷川は在郷軍人会の分会長をしているが、それは一体なぜ？

本作導入部では、そんな3人の同窓生たちの20年ぶりの再会とその立場の違いに注目！

■□■薬売りの行商団が讃岐から関東地方へ！■□■

11月3日からは、シネ・リーブル梅田で『おしょりん』（23年）が公開される。これは、明治時代に眼鏡作りで"村おこし"を成功させた福井県足羽郡麻生津村の人々の姿（生きザマ）を描くものだが、1923年当時、香川県三豊郡には、当時から有名だった「富山の薬売り」と同じような、薬売りの行商があったらしい。

女子供を含む、総勢15名の行商団を率いるのは沼部新助（永山瑛太）だが、旅の先々で催すイベントにおける販売風景を見ていると、その薬ってホントに効くの？それが心配になってくる。また、彼らは1台の荷車の上に大量の荷物を積んでいるが、それを引いて讃岐から関東地方まで往復する薬売りの行商で、ホントに商売が成り立つの？私には、そのビジネスモデルがさっぱりわからない。もっとも、行商の旅の中での商売風景や新助の売り込み方を見ていると、①彼らは被差別部落出身の集団であること、②販売している薬がインチキであることは彼ら自身がはっきり認識していること、が見えてくる。しかし、それでも今で言う詐欺商法とは言えないところがミソだ。

もっとも、彼らの薬売り以上に商売が難しいのが、朝鮮人が作った飴の路上での小売販売。本作では、それを売る朝鮮人の女の子から、新助がなんと5袋も奮発して購入する風

景が描かれるが、ケチな新助はなぜそんなに購入したの？それを新助の達者な演技からしっかり読み解きたい。

　ちなみに、新助はその後、行商団を追っかけてきた朝鮮人の飴売りの女の子から「お礼」として渡された朝鮮製の扇子を「ありがとう」と言って受け取ったが、それが後の「福田村事件」で大きな役割（悲劇的な役割）を果たすので、この伏線にも注目！

■□■村長はデモクラシー派！街には革命家も！主義者は？■□■

　1910年8月の日韓併合以降、朝鮮（半島）は、大日本帝国の統治下に入ったから、日本には大量の朝鮮人が流れ込み住んでいた。1917年に起きたロシア革命以降、中国では1921年に上海で第1回中国共産党大会が開かれ、社会主義運動は微力ながら日本にも浸透していた。当時、朝鮮人は「鮮人」と呼ばれていたが、それと同じように社会主義者も“主義者”と呼ばれていた。その代表が大杉栄だ。しかして、本作では平澤計七（カトウシンスケ）が登場し、私たちがよく知っている歴史上のストーリー通り、9月1日の関東大震災の後、亀戸警察署の刑事に逮捕された平澤は虐殺されてしまうので、その姿にも注目！

　他方、明治時代は富国強兵を押し進め、日清、日露戦争に勝利した時代だったから、徳川封建時代から明治近代国家に移行し、日本国憲法が制定、施行され国会が開設されても、未だ民主主義には程遠い時代だった。しかし、大正時代に入った日本は、一方では、軍拡競争と領土拡大競争を続けながら、他方では、“大正デモクラシーの時代”と呼ばれている。私にはその実態はよくわからないが、本作を観ていると、村長の田向が盛んにデモクラシーの意義を唱えていたからすごい。さらに、本作には、讃岐から関東地方に入った新助たち行商団一行が、まち中で労働者たちが旗を振りながら労働歌（革命歌）を歌っている姿を目撃するシークエンスが登場するから、これもすごい。こんな姿を見ていると、大正デモクラシーはホンモノのようにも思えたが・・・。

■□■旅順の勇士（？）にも注目！息子との確執は？■□■

　ベテラン俳優・柄本明は多くの出演作で存在感のある演技を見せている名俳優だが、それは本作でも顕著だ。そんな柄本明が本作では、“旅順の勇士様”と呼ばれて、祀り上げられている老人・井草貞次役として存在感を発揮しているので、それに注目！

　貞次には一人息子の茂次（松浦祐也）がおり、茂次と妻・マス（向里祐香）との間には幼い息子がいたが、貞次の“旅順の勇士様”という名声はホントなの？本作では、貞次が年老いた馬・アオを可愛がる風景が何度も登場するが、ある日、茂次がそのアオを勝手に売り飛ばしてしまったため、思わぬ“井草家の秘密”が暴露されることに。そこでは“旅順の勇士様”が真っ赤な嘘だったことが貞次自身の口から告白される他、幼い息子の耳を塞いだ上で、茂次は貞次に向かって「この子の親父はあんただっぺ」という驚くべきセリフを発するので、それに注目！

　ちなみに、『大日本帝国』（82年）では、五木ひろしが歌った美しい主題曲『契り』が流れる中、日露戦争に向かった夫たちと、それを待つ妻たちの姿が描かれていたが、本作で

は、戦地に赴いた夫・茂次を、父親の貞次と共に自宅で待っていたはずの茂次の妻のマスは、一体誰とデキてしまったの？

■□■井上×荒井脚本らしく濡れ場シーン（？）もあちこちに■□■

本作は、森達也×荒井晴彦×井上淳一のタッグによる社会問題提起性が最大の注目点だが、同時に、井上×荒井脚本らしく、濡れ場シーンもあちこちに散りばめられているので、そのさまざまな男女の組み合わせ（？）にも注目したい。

その第1は、濡れ場シーンとは逆に、朝鮮から故郷に戻ってきた澤田と、彼が朝鮮から連れ戻した日本の大企業の娘である妻・静子との間は、4年間もセックスレスだということ。しかして、4年前に澤田の身に起きた"ある事情"とは？

第2は、遺骨となって戻ってきた島村幸彌の妻、咲江は、どうやら利根川、三ツ堀の渡し場で渡し守をしている逞しい男、田中倉蔵（東出昌大）とデキているらしいことだ。しかも、これは村の"公然の秘密"らしい。そんな"公然の秘密"が突然表面に出てくるのは、甲種合格した村の若者・正吾（内田竜成）の出征を祝うため、村を挙げて開催した盛大な壮行会の席上だ。そこでは、在郷軍人会分会長・長谷川の「デモクラシィの演説なんぞ聞き飽きた。ここは一番、旅順の勇士じゃ。貞さん、田中村の皆さんに武勇伝聞かせてやってけれ。若いもんに忠君の精神叩き込んでけれ」という発声で、男衆の話題が盛り上がる中、「何が在郷軍人会じゃ。兵隊辞めてまで軍服着てんか。そんなに軍隊がお好きですか。軍隊の銀シャリが忘れられませんか」と言い放った倉蔵に対して、茂次が「よく言うな。亭主が兵隊にとられとる隙に女房に手ェ出した間男がよォ。なあ咲江」と言い返したから、さあ大変だ。しばらくは、じっと我慢していた咲江だが、倉蔵と茂次の間で大乱闘となり、倒れた倉蔵の上に馬乗りになった茂次が「間男！盗ッ人！非国民！」と罵声を浴びせると、割って入った咲江は、「誰がこの人んこと、笑える？ウチのこと馬鹿にできる？」「ウチ、寂しかったんよ。亭主、兵隊に取られて、淋しくなったらいけないの」と言い切ったからすごい。

第3は、前述した"旅順の勇士"井草貞次を巡る、息子の茂次とその妻・マスとの確執だが、ホントに息子・茂次の出征中に、父親の貞次はその妻マスとデキていたの？

第4に、船の渡しを生業としている倉蔵は、女性客を1人だけ乗せるときは必然的に狭い船内で男女2人だけの密室になってしまうが、倉蔵はちょっと"いい男"だから、そこで、ひょっとして・・・。

本作は、冒頭、静子が倉蔵の小舟に乗った時に、朝鮮居住時に、夫の智一からもらった白磁の指輪をダイヤモンドにたとえながら、「貫一お宮」の物語を倉蔵に語るシーンが登場するが、学のない倉蔵は・・・？この伏線は後日どんな興味深い展開に？本作のメインの舞台は関東大震災の被害をもろに受けた福田村だが、田中が操る小舟も折に触れて重要なストーリー展開の舞台になる。しかして、夫・智一との離婚を決意し、福田村から離れることを決意した静子が、朝鮮への旅出の最初にこの小舟に乗ったのは当然だが、そこでは

257

あっと驚くハプニングが起きるので、それにも注目！倉蔵が英霊となってしまった陸軍上等兵・島村の妻である咲江と"デキて"いたことは村の公然の秘密だったが、まさかその倉蔵が、いかに"合意の上"とはいえ、失意の静子ともデキてしまうとは・・・。いやはや大正デモクラシーの時代に、ここまで男女の仲が自由だった（乱れていた）とは・・・？

■□■関東大震災が勃発！なぜ自警団が？なぜ戒厳令が？■□■

　NHK スペシャル『MEGAQUAKE 南海トラフ巨大地震 迫りくる "X デー" に備えろ』は、シュミレーション CG を使ってさまざまな震災被害の姿を見せていた。また私が中学生の時に見た、セシル・B・デミル監督、チャールトン・ヘストン主演の『十戒』（56 年）は海が割れる大スペクタクルシーンが、今なお語り草になっている。しかし、これには当然多額の費用がかかる。そのため、本作に見る関東大震災の大スペクタクルシーンはほんの一瞬だけ。したがって、本作の被災状況のスペクタクル性は到底 NHK スペシャルや『十戒』には及ばない。しかし、本作は関東大震災のスペクタクル性をアピールするスペクタクル映画ではないから、それはそれで納得だ。

　それに代わって、本作が重点的に描くのは、9 月 1 日以降、「朝鮮人が暴動を起こしている」「朝鮮人が井戸に毒を投げ込んだ」等の流言飛語と、それに怯える市民たちの姿だ。そんな状況下、お上は在郷軍人会や青年団・消防団等を中核とした自警団を組織し、朝鮮人の暴動を自ら守るようにと通達をし、それは田向村長にも届けられることに。そこで、「これこそ、俺たちの役割！」とばかりに立ち上がったのが在郷軍人会分会長の長谷川たちだ。こんな姿を見ていると、いよいよ福田村事件が近いことが予測されるが、さてそれはどんなきっかけで、どんな結末に？

■□■福田村事件の実態をはじめてスクリーンで！検証は？■□■

　本作のパンフレットは 1500 円と高いが、そこには、約 30 ページにわたる脚本が収録されている他、年表や井浦新×田中麗奈のインタビューや森組撮影日記がある。また、非常に面白いのが、①森達也×森直人の対談や、②中川五郎×荒井晴彦×井上淳一の鼎談、③市川正廣×佐伯俊道の対談等だ。そこでは考え方の相違を超えたさまざまな論点の提示がされているので、これらは必読！

　しかして、新助が利根川の渡しをしている倉蔵と値段交渉している間に、神社で待機していた行商団の周りには、自警団や村人たちが集まっていた。もちろん、新助たち行商団は被差別部落出身者だが、朝鮮人ではなく、日本人。"鑑札"で、それさえ証明できれば、「朝鮮人なら殺してしまえ！」の世論から逃れることは可能だ。そのため、田向村長は、新助から受け取った鑑札の信憑性を確認するために、「駐在が戻るまで、決してコトを起こさないように」と釘を刺していたが、その間の現場の議論の展開は如何に？それが、本作のメイン中のメインだから、鑑賞後には、パンフレットに収録されている脚本のセリフを再確認しながら、しっかり検証したい。

2023（令和 5）年 9 月 14 日記

| Short | ショートコメント | ★★★ | Data | 2023−97 |

６５８km、陽子の旅

2022 年／日本映画
配給：カルチュア・パブリッシャーズ／113 分

| 2023（令和 5）年 8 月 19 日鑑賞 | シネ・リーブル梅田 |

監督：熊切和嘉
脚本：室井孝介／浪子想
出演：菊地凛子／竹原ピストル／黒沢あすか／見上愛／浜野謙太／仁村紗和／篠原篤／吉澤健／風吹ジュン／オダギリジョー

みどころ

　タイトルを見ただけでロードムービーであることがわかるが、熊切和嘉監督が菊地凛子を主役に起用した本作は、古くは『幸せの黄色いハンカチ』(77 年)、近時は『ノマドランド』(20 年) 等の同種の名作にどこまで迫れるの？

　陽子の故郷・青森への旅はひょんなことから始まったが、それが突然ヒッチハイクになる脚本にはアレレ・・・。さらに、青森への 658㎞ のヒッチハイクの旅で出会う男女は 1 組の老夫婦を除いて、"変な奴"ばかり。陽子が変な女(？)だから、そこには、変な男女ばかりが集まってくるの・・・？

　自己を喪失したアラフォー女が故郷への旅で新たな人に出会う中、自己再生していく素晴らしいロードムービー！そんな風に持ち上げる評論もあるが、私にはとても、とても・・・。こんな愚作、駄作にはうんざり！

――― * ――― * ――― * ――― * ――― * ――― * ――― * ――― * ――― *

◆上海国際映画祭で最優秀作品賞・最優秀女優賞・最優秀脚本賞の３冠を受賞！主演は『バベル』(06 年) で米アカデミー賞助演女優賞にノミネートされた後、私の目には"鳴かず飛ばず"だった (？) 国際派女優・菊地凛子！そう聞くと、こりゃ必見！

　冒頭、暗いトーンのスクリーンの中で、1 人でパソコンに向かって座る 42 歳の独身女・陽子 (菊池凛子) の姿が登場する。陽子は 18 歳で故郷の青森から上京したものの、就職氷河期の中で思うような仕事にもありつけず、そうかといって、玉の輿に乗ることもできないまま、暗い暗い"ボッチ生活"を営んでいるらしい。そこにいきなりドアを叩いて入ってきた従兄弟の茂 (竹原ピストル) から、「故郷の父親 (オダギリジョー) が死亡し、明日出棺だから一緒に青森へ行こう」、と言われた陽子は、最小限の荷物だけ持って茂の車の中に乗り込むことに。なるほど、だから本作のタイトルは『658km、陽子の旅』なのか！

　すぐにそう納得できたが、本作は、ロードムービーの傑作『ノマドランド』(20 年)(『シネマ48』24 頁) やカンヌ国際映画祭で脚本賞を受賞した濱口竜介監督の『ドライブ・マイ・カー』(21 年)(『シネマ49』12 頁) のように、いろいろと面白い仕掛けがあるはずだ。一

方でそう期待しつつ、他方で熊切和嘉監督作品と聞くと少し不安も・・・。

◆人生に傷つき自己を喪失する中でも、旅に出れば、新たな人との出会いや自然との触れ合いによる新発見があり、自分を見直すことができる。そのため、良質なロードムービーでは旅は必ず、自己再発見の旅、自己再生の旅として前向きに描かれることが多い。すると、本作は、冒頭に見たような、菊地凛子演じる"人生の瀬戸際女"が、東京から青森への658kmの旅の中で"自己再生を果たす"前向きな物語！？もしそうなら、それはそれでいいのだが、TSUTAYA CREATORS' PROGRAM 2019 脚本部門審査員特別賞の受賞作たる本作の脚本は如何なる"ひねり"や面白さが・・・？

◆そう思っていると、陽子は最初に休憩したパーキングエリアで茂とはぐれてしまうというハプニングに遭ったからアレレ・・・。しかし、これは一体なぜ？今ドキの日本では、こんなバカなことが起きるはずはないのでは？
　たしかに、出発前の会話の中で、陽子の携帯が壊れているという"前提"は設定されていたが、日本には公衆電話があるし、もしそれが見つからなければ、誰にでも「○○の事情なので、ちょっと携帯を使わせてください」と頼めば、ほとんどの人は使わせてくれるはずだ。そして、それなら、陽子が茂の携帯に連絡をすることは容易なはずだ。
　本作では、茂が青森の実家に電話をして、「もし、陽子から電話があれば○○のパーキングエリアで待っていると伝えてくれ」と話していたが、そもそも本作は、そんな最初の設定からして、ナンセンス！

◆携帯を持たない陽子の今の所持金は約2500円。そんな状態での陽子の選択は、そのまま何らかの方法で明日の出棺までに間に合うように青森へ向かうのか、それとも東京に戻るのかということだ。
　そうすると、18歳の時に東京に来てから20年以上も故郷に戻っていない陽子の選択は、きっと後者になるはずだ。しかし、それでは映画にならないから、脚本はそこから"ヒッチハイク"という方法で青森を目指す、という設定にしているが、私に言わせれば、これもナンセンス！

◆若き日の武田鉄矢と桃井かおりが、天下の高倉健と共演した山田洋次監督の『幸せの黄色いハンカチ』（77年）は素晴らしいロードムービーだった。それに対して本作は、ボソボソ声で話しかけてくる、いかにも曰く因縁ありげで陰気なアラフォー女・陽子を車に乗せてくれる数名の男女のキャラの面白さと、そこで繰り広げられるエピソード（だけ）が"売り"になっている。
　とりあえず、陽子を車に乗せてくれたカップルや拒否する男女を除き、本作の柱となる

エピソードとなる形で登場する人物は、①あくまでマイペースで自分の喋りを一方的に聞かせるシングルマザー、②いかにも訳ありの1人でヒッチハイクをしている若い女、③自分はライターだと正直に自己紹介しながら、合理的な選択として肉体関係を迫る男、④青森の近くに至ってやっと出会った"まとも"に陽子を乗せてくれた親切な老夫婦だが、時系列に沿って、そんな1つ1つのくだらない（？）エピソードを展開していく本作に、いい加減うんざり！最後の老夫婦を除いて、ヒッチハイカーの陽子がバカなら、そんな陽子を乗せる男女もバカばっかり！

◆私は本作のパンフレットを購入していないが、本作については3つのネタバレ情報を含むネット記事を読んだ。そのうちの2つは「ヒッチハイクで自分の殻を破るヒロイン」と称賛するものなど、私には読むに値しないものだった。他方、「そんなには褒めないよ。映画評」だけは、本作に対して、①ラスト10分間の映画・・・、②このシナリオが受賞作・・・？、③亡霊は何も語らず・・・、等の疑問点を率直に述べているので、私はこれに同感！

　その他、本作についてネット上に見る映画短評では「人生を諦めた氷河期世代の再生を描く静かなロードムービー」、「すっぴん菊地凛子と冬の旅はよく似合う。」、「「北」に向けて心が解けていく内省のロードムービー」、「『ケイコ目を澄ませて』に通じる秘めた熱量」等の褒め言葉を見ていると、これにもうんざり！

Data 2023-62

監督・脚本：荻上直子
出演：筒井真理子／光石研／磯村勇斗／安藤玉恵／江口のりこ／平岩紙／津田絵理奈／花王おさむ／柄本明／木野花／キムラ緑子

★★★★★

波紋

2023 年／日本映画
配給：ショウゲート／120 分

2023（令和 5）年 5 月 27 日鑑賞　　TOHO シネマズ西宮 OS

👀 みどころ

　近時、女性監督の活躍が目覚ましいが、日本でもボチボチと。その一方の旗手たる荻上直子が、長年温めてきたオリジナル脚本で勝負！

　折りしも、安倍晋三元首相銃撃事件で旧統一教会が再注目されているが、"緑命会"なる新興宗教は一体ナニ？本作で百面相の演技（？）を見せる女優、筒井真理子演じる平凡な主婦・依子はなぜ今それにのめり込んでいるの？

　『どうする家康』に見る家康の毎回の決断は歴史的に検証されているが、すべてオリジナルの本作では、こんな場合、あんな場合、どうする依子？

—— * —— * —— * —— * —— * —— * —— * —— * —— * ——

■□■荻上直子オリジナルの "絶望エンターテイメント" とは？■□■

　日本でも近時、女性監督の活躍が目立っているが、荻上直子監督はその一方の旗手。しかし、私は "映像作家" と呼ばれる彼女の映画は、『めがね』（０７年）も『彼らが本気で編むときは、』（１７年）も『川っぺりムコリッタ』（２１年）も観ておらず、『かもめ食堂』（０５年）（『シネマ15』193頁）しか観ていない。本作は、そんな彼女が長年温めてきたオリジナル作品だ。

　そんな本作のチラシには、「『あなたの犯した罪は、なかったことにはならない―』痛快爽快！絶望エンターテインメントの誕生」の文字が躍っているが、"絶望エンターテインメント" って一体ナニ？荻上監督のオリジナル脚本に基づく、今ドキの日本には珍しい個性豊かな名作をしっかり鑑賞したい。

■□■タイトルの意味は？ "緑命会" とは？ "緑命水" とは？■□■

　「波紋」とは「水面に生じる波の模様」のことだが、なぜ本作はそれをタイトルに？

　２０１１年３月１１日に発生した東日本大震災は、その直後の福島第一原発、第二原発事故を伴ったから、放射能汚染問題が発生し、その不安は日々の飲料水に及んだ。そのた

め、ペットボトルを求める人々がスーパーに殺到したのは当然だ。主婦目線の荻上監督は、本作をそんなシークエンスからスタートさせている。

　夫の修（光石研）、高校生の息子・拓哉（磯村勇斗）と共に住宅街の一軒家に住んでいる主婦・依子（筒井真理子）は、"要介護"状態になっている義父の世話をしながら日常生活を送っていた。しかし、東日本大震災と原発事故によってその日常生活は一変！ところが、"波紋"はそれだけではなく、庭に花をいっぱい植え、その世話を趣味（生きがい？）にしていた修がある日失踪してしまったから、さあ大変だ。それを考える暇もなく、続いて義父が死亡。その葬式を無事終えたと思ったら、今度は拓哉が九州の大学に入り、卒業後も実家に戻らず九州で就職したらしい。

　そのため、今や一人暮らしとなった依子は、スーパーのレジ係のパート仕事をしながら１人で一軒家に住んでいたが、そこで目立つのは、あの綺麗なお花でいっぱいだった庭が枯れ山水の庭に変わっていること。そして、依子が"緑命会"という新興宗教に入っていることだ。しかして、緑命会ってナニ？そして、依子が毎日食事前に少しずつ飲みながら、家の中にいっぱい溜め込んでいる"緑命水"って一体ナニ？

■□■信じる者は救われる？筒井真理子の演技力に注目！■□■

　本作で依子役を演じる女優は筒井真理子。私は彼女を『淵に立つ』（１６年）（『シネマ38』７９頁）と『よこがお』（１９年）（『シネマ45』１８１頁）で観たが、深田晃司監督が両作で続けて主演女優に抜擢しただけあって、彼女の演技力は素晴らしい。

　朝日新聞における本作の批評では、「正直に　神業の百面相」のタイトルで、「一体いくつの顔を持っているのだろう。『波紋』は彼女の「顔芸」を堪能する喜劇だと言える。」から始まり、「顔、顔、顔・・・。神業の百面相を堪能するうち、この映画は悲劇の体裁を取った喜劇なのだと気づく。最後の顔がまた最高に決まっている。」で終わっている。さらに、ネタバレ覚悟で、その本文中の核心部分を掲げれば、「修に接する時の、依子の恐ろしいまでの無表情。宗教の集会に出ている時の、張り付いた笑顔。修が使う歯ブラシで洗面台の汚れをこそげ落とす時の、異様に光る目、かすかに上がる口角。スーパーでクレーム男を撃退する時の、迫力満点の視線。珠美に年齢を聞いた依子に対し、修が「失礼だよ」とたしなめた時の、修をねめつける般若の形相。」と書かれている。

　２０２２年７月８日の安倍晋三元総理銃撃事件以降、旧統一教会問題が再び大きな社会問題となり、新興宗教の問題点があれこれ議論されているが、さて緑命会なる新興宗教と、そして緑命水とは？

■□■１１年後に夫が突然帰宅！どうする依子？■□■

　亭主、元気で留守がいい。そんな妻の本音（？）が一般に語られている（？）とすれば、本作のように、亭主がある日突然家出して帰ってこなければ、なお良い。もちろん生活費が入らないのは困るが、その分、亭主の世話をする必要はない上、住む家は保証されているから、むしろその方が妻は嬉しいかも・・・？さらに、息子も九州で就職してしまえば

女一人、何の制約も受けず、ただひたすら緑命会で生きていけるから最高の幸せ！

そう思っている（？）と、なんと失踪から１１年後の今日、夫が突然帰ってきたから、さあ依子はどうするの？NHK大河ドラマ『どうする家康』では、何かと軟弱な若き日の家康が毎回「どうする家康！」と決断を迫られているが、依子の場合、夫を追い出すという選択肢はあり得ない。また「俺、末期のガンなんだ」と言われ、しょぼくれた姿を見せつけられると、イヤイヤながら再び同居生活を送らざるを得ないことに。もっとも、保険のきかない高額なガン治療のことを聞かされた依子が、その出費を渋っていると、「この家の名義は俺なんだぞ！」と夫の本音がぶちまけられたから、依子の気持ちは如何に？末期がんの亭主なら、ほどほどの治療で早く死んでくれるのがベスト！そう思ったかどうかは、依子の顔演技だけではわからないが、ある日、依子がスーパーから帰宅すると、修が庭先で倒れていたから、こりゃラッキー・・・？

■□■息子がろうあの女と一緒に帰宅！どうする依子？■□■

依子と失踪した夫・修の夫婦関係を見ていると、その一人息子・拓哉は大変な思いをしたことが容易に推察できる。その意味で、あえて地元ではなく九州の大学へ行き、九州の企業に就職した拓哉の選択は正しかったと思われるが、その拓哉がある日、ろうあ者でしかも５歳も年上の女・珠美（津田絵里奈）を連れて帰宅してきたから依子はビックリ。2、3日の東京見学を付き合うくらいならOKだが、結婚を決めている上、珠美から既に妊娠していると告げられると、一度は「許しません！」と公言したものの、事態が依子に不利なことは明らかだ。さあ、どうする依子？

■□■緑命会の実態は？依子の友達の実態は？隣人は？■□■

安倍元首相の銃撃事件を巡っては、実行犯の動機の背景に旧統一教会への遺恨があることが明らかになった。そのため、マスコミは改めてその実態を追及し公表しているが、橋本昌子（キムラ緑子）を教祖とする信仰宗教"緑命会"の実態とは？旧統一教会では、韓国の京畿道加平にある巨大な協会本部での合同結婚式がやけに目立つが、本作では緑命会の集まりにおけるダンスシーン（？）をはじめとする、さまざまな奇妙な儀式に注目！

他方、荻上監督の人間観察力は並々ならぬもの！そう感じさせるのは、①依子が勤務するスーパーの同僚（清掃員）で、市民プールでの水泳を勧める水木おばさん（木野花）、②緑命会の信者である小笠原ひとみ（江口のりこ）や伊藤節子（平岩紙）、③依子の自宅の隣人で、猫の越境侵入（？）を巡ってトラブルになる渡辺美佐江（安藤玉恵）、④依子のパート先のスーパーで色々とケチをつけて「半額にしろ！」と要求する迷惑な客、門倉太郎（柄本明）等々のバラエティー豊かな"変なおじさん"、"変なおばさん"が次々と登場するので、その奇妙なキャラをしっかり観察したい。もっとも、そう考えると本作では、主人公として全編出ずっぱりになっている依子その人が最も奇妙なキャラなのかも？

『波紋』DVD
発売元：株式会社ハピネット・メディアマーケティング
販売元：株式会社ハピネット・メディアマーケティング
価格：4,290円（税込）　2023年12月6日発売
©2022 映画「波紋」フィルムパートナーズ

2023（令和5）年6月2日記

Data 2023-66

監督：髙橋正弥
脚本：及川章太郎
原作：河林満『渇水』
企画プロデュース：白石和彌
出演：生田斗真／門脇麦／磯村勇斗
　　　／山﨑七海／柚穂／宮藤官
　　　九郎／池田成志／尾野真千
　　　子

★★★★

渇水

2023年／日本映画
配給：KADOKAWA／100分

2023（令和5）年6月3日鑑賞　　TOHOシネマズ西宮OS

👀 みどころ

　近時の日本は"水害列島"化しているが、30数年前の芥川賞の候補作『渇水』のテーマは、日照り続きの中での停水執行！それを映画化した本作の主役として登場する水道局職員、岩切（生田斗真）の心の中の"渇き"とは？

　同時期に見た『波紋』（23年）は緑命会なる新興宗教が売り物とする"緑命水"をはじめ、"水の匂い"が満載だったが、本作はその逆。もっとも、岩切には"水の匂いがする"そうだが、それって一体ナニ？

　母親からネグレクトされた幼い姉妹と岩切との交流はある日、思いがけない"反乱"を生むが、その"効用"をあなたはどう考える？さらに、本作と是枝裕和監督の『怪物』（23年）、荻上直子監督の『波紋』との比較対照は？

――＊――＊――＊――＊――＊――＊――＊――＊――

■□■なぜ今、30数年前の芥川賞候補小説が映画に？■□■

　本が売れなくなった今の時代でも、芥川賞や直木賞さらには本屋大賞等を受賞すれば別。私が大学に入学した1967年当時の話題書は1964年の芥川賞受賞作たる柴田翔の『されどわれらが日々―』だったが、河林満が書いた小説『渇水』は1990年の第103回芥川賞の候補作。文学賞受賞作がすべて映画化されるわけではないが、髙橋正弥監督はなぜ今、そんな原作をネタに選んだの？また、『凶悪』（13年）（『シネマ31』195頁）、『孤狼の血』（18年）（『シネマ42』33頁）等で有名な白石和彌監督が、なぜ本作をプロデュースしたの？

　地球温暖化の危機が叫ばれて久しいが、その影響を受けて日本列島も次第に春と秋が短くなり、四季ではなく、極端に言えば夏と冬の「二季」になりつつある。5月末に梅雨入りした今年の日本列島は6月2日、台風2号の影響を受けて至るところで水害や土砂災害が発生した。『渇水』と題された本作は、日照りが続き、県内全域に給水制限が発令された

某都市を舞台に展開される、"停水執行"を巡る人間模様を描いたものだが、私の独断と偏見によれば、『渇水』が芥川賞候補となった１９９０年以降の平成の時代には、日照り続きの給水制限という経験は少なく、逆に台風や水害の経験の方が多い。２０２３年の今年もそうだが、なぜそんな今、髙橋監督と白石プロデューサーは『渇水』の映画化を？

■□■水道事業とは？停水執行とは？その法的根拠は？■□■

上水道の整備は近代国家建設に不可欠なさまざまなインフラ整備事業の１つだが、電気の供給以上に市民生活に最も身近で不可欠なものだ。そのため、法治国家たる日本には水道法がある。水道法第３条は、「この法律において「水道事業者」とは第６条第１項により厚生労働大臣の認可を受けて水道事業を経営する者をいう。」と定めている。他方、地方公営企業法は第２条で、「この法律は、地方公共団体の経営する企業のうち、水道事業（簡易水道事業を除く）に適用する。」と定めている。次に、水道法第１４条は「水道事業者は、料金、給水装置工事の費用の負担区分その他の供給条件について、供給規定を定めなければならない。」と定め、第１５条第１項「水道事業者は、事業計画に定める給水区域内の需要者から給水契約の申込みを受けたときは、正当の理由がなければ、これを拒んではならない。」と、水道事業者の給水義務を定めている。

他方、水道法第１５条第３項は、「水道事業者は、当該水道により給水を受ける者が料金を支払わないとき、正当な理由なしに給水装置の検査を拒んだとき、その他正当な理由があるときは、前項本文の規定にかかわらず、その理由が継続する間、供給規定の定めるところにより、その者に対する給水を停止することができる。」と定めている。そして、水道法第１５条第３項や条例に基づく「給水停止規定」では、概ね①督促状発送、②催告状発送、③給水停止予告通知書の送達を経て、④給水停止の手続きを定めている。

本作を評論するについては、まず、そんな水道事業と停水執行の法的根拠を明確にすることが不可欠だが、それに触れた評論はほとんどないため、弁護士兼映画評論家である私はまず最初にそれを明確にしておきたい。

■□■停水執行の担い手は市の水道局職員。その心の渇きは？■□■

私は弁護士登録１０年目頃から、破産法が定める破産管財人の事件をたくさん受任した。破産管財人に就任した後の最初の仕事は、破産者の自宅や会社に赴いての"破産封印"だが、それを現実に執行するのは執行官だ。それに対して、「給水停止規定」に基づいて給水停止を現実に執行するのは誰？

それは、多分映画史上はじめて登場したと思われる、水道事業者である市の水道局の職員、岩切俊作（生田斗真）やその同僚の木田拓次（磯村勇斗）たちだ。２人は今日も佐々木課長（池田成志）に今日の停水執行予定件数を報告した後、車に乗って停水執行に出発したが、停水執行の担い手たる彼らの仕事への熱意は？

破産法に根拠を持つ破産管財人は大きな権限を持ち、後見的立場にある裁判所の許可を得ながら粛々と破産事件を処理していくが、私は常にその仕事に誇りを持って取り組んで

きた。それに対して、本作に見る岩切や木田の仕事ぶりには熱意や意欲が感じられない上、伏見（宮藤官九郎）のように、最終的に停水執行まで行き着く水道料金滞納者に対する督促、催告、料金徴収の仕事を嫌悪する職員も多いらしいが、それは一体なぜ？佐々木課長は"紋切り型"の励まし文句を並べ、岩切も表面上はそれに同調しているが、その本心は？『渇水』とは水の渇きだが、伏見はもとより岩切や木田の心の中の"渇き"とは？

■□■滞納者の生態あれこれ。この母親はひどすぎ！■□■

弁護士業務を５０年近くやってきた中で私がつくづく思うのは、第１に人間の生態には色々あること、第２にどんなけしからんと思う奴（どんな悪い奴）でも必ず何らかの言い分があるということだ。したがって、弁護士の最大の任務は、そんなギリギリの人間の言い分を聞き取り、理解した上で、それをどんな形で主張していくのがベストかを選択することになる、と私は考えている。

本作には前述した伏見の他、今西（宮世琉弥）、坂上（吉澤健）という２人の水道料金滞納者が登場し、岩切に対してそれぞれの言い分を展開するが、彼らのそれは想定の範囲内。しかし、私の大好きな美人女優、門脇麦扮する小出有希の水道料金滞納についての態度、対応は到底納得できるものではない。しっかり者の姉・小出恵子（山﨑七海）と天真爛漫な妹の小出久美子（柚保）は、母親が毎日家を空けているため２人で過ごす時間が多いようだが、彼女らの父親は一体どうしているの？有希との離婚は？養育費は？この母娘が住んでいるのは平家ながら一軒家だから固定資産税等もかかるはずだが、それらの支払いはどうなっているの？電気代は水道代より優先して支払っているの？そして、何よりきれいに化粧をし、きれいな服を着て出かけている有希は一体何の仕事をしているの？

たまたま有希の在宅中に滞納料金の督促に訪れた岩切は、怒りを我慢しながら有希に対して、「今回は待つが、次回には必ず停水執行をする」と宣言。その上で再度訪れてみると。

■□■岩切の妻子は？水の匂いとは？岩切と姉妹との交流は？■□■

去る５月２７日に観た、荻上直子監督の『波紋』（２３年）は、義父の介護や夫の蒸発をはじめとする、さまざま苦悩の中で"緑命会"なる新興宗教にハマってしまった一人の主婦の姿が思う存分に描かれていたが、そこでは緑命水のみならず、ありとあらゆるところで水がふんだんに使われていた。それに対して、本作は冒頭から日照りが続く中、停水執行業務を担当している岩切が節水意識の中、バスタブの中に溜め込んだ水を少しずつ庭の花にかけてやる程度しか水は登場しない。そんな岩切は毎日十数件の停水執行業務に励んでおり、遂にある日、あの恵子、久美子姉妹についても母親が戻ってこない中、停水執行を。もっともそこでは、木田に対してバスタブ、バケツ、ペットボトルなどに停水執行前にできるだけ多くの水を溜め込んでおくよう指示し、その作業に協力していたから、彼の人情味はなかなかのものだ。停水執行の基準は数値や形式で決められないから、どこで、誰に対して停水執行すべきかの判断は難しい。したがって、AI が進歩し、チャット GPTまで登場している昨今、停水執行のような業務は岩切のような市役所水道局の職員が担う

のではなく、AIやチャットGPTに任せた方がいいだろう。

　それはともかく、本作は一方で日々停水執行業務に従事する岩切の姿を描きつつ、他方で時々彼の私生活も登場させるので、それにも注目！それによると、岩切の妻の和美（尾野真千子）は一人息子と共に別居しているらしいが、それは一体なぜ？

　一度、停水執行をしてしまえば、料金が支払われるまではそれが継続するから、途中で経過観察する必要はない。しかし、岩切の心中には、どこかで母親がいないまま、あの家で暮らしている恵子、久美子姉妹が気になっていたようだ。そのため、本作中盤では、自分自身の夫婦問題、子供問題に大きな悩みを抱えている岩切が、さまざまな形で恵子、久美子姉妹と接点を持つストーリーが大きなポイントになってくるので、それに注目！ちなみに、「夫がスエズ運河に行っている」と語る有希は、岩切に対して、「水の匂いがする」と語っていたが、それって本当？また、水の匂いって一体どんなもの？雨の気配や雨の匂いなら私にもわかるが、人間の身体に水の匂いってするものなの？

■□■本作 VS『怪物』VS『波紋』。その評価に注目■□■

　キネマ旬報6月下旬号の「REVIEW 日本映画＆外国映画」は、たまたま同じような問題提起作となった（？）荻上直子監督の『波紋』、是枝裕和監督の『怪物』（23年）、そして『渇水』の3作について、井上淳一氏、古賀重樹氏、服部香穂里氏の3氏がレビューしている。そこで私が注目したのは、古賀氏はすべて星4つ、服部氏はすべて星3つとしているのに対し、井上氏の評価が『波紋』と『怪物』については星1つで酷評しているのに対し、『渇水』は星5つで絶賛していることだ。それは一体なぜ？映画は見る人によって、また映画評論家の主観（感性）によって、これほど評価が違うということを思い知らされたが、さてあなたのこの3作への評価は？

　日照りが続く中、雨への渇望が強まるのは当然だが、それ以上の問題は、人間の心の中の"渇き"もどんどん膨らんでいることだ。本作では、導入部から終盤にかけて次第に岩切の停水執行業務に対する疑問（怒り？）が大きくなっていく姿、すなわち、彼の心の中の"渇き"が拡大していく姿が描かれる。AIならそんな事態になることはないが、これこそ人間なればこその実態なのだ。

　しかして、本作後半では、心の渇きが頂点に達した岩切による"ある反乱"が描かれるので、それに注目！私が中学時代に観た『スパルタカス』（60年）では、スパルタカスが大規模な奴隷の反乱のリーダーとして活躍する姿が描かれていたが、その末路は期待とは正反対の敗北だった。スパルタカスですらそうだったのだから、法治国家のシステムががんじがらめに張り巡らされている今の日本において、水道局の一職員にすぎない岩切がある日突発的に"反乱"を起こし、水道管からの水道水をまき散らしたとしても、それに一体何の意味があるの？誰でもそう思うはずだが、本作ではそれは意外にも人間の渇きを癒す上で大きな効果を発揮するので、それに注目！なるほど、なるほど。しかして、あなたの本作への評価は如何に？　　　　　2023（令和5）年6月8日記

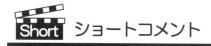

Data 2023−85
監督・脚本：工藤将亮
出演：花瀬琴音／石田夢実／
佐久間祥朗／長谷川
月起／松岡依都美／
小倉綾乃／NENE／奥
平紫乃／髙橋雄祐／
カトウシンスケ／中
島歩／岩谷健司／岩
永洋昭／米本学仁

遠いところ

2022 年／日本映画
配給：ラビットハウス／128 分

2023（令和5）年7月20日鑑賞 ｜ シネ・リーブル梅田

みどころ

　沖縄は県民所得が全国で最下位なのに、若年層（19歳以下）の出産率は全国一位！アオイは17歳にして、幼い健吾と夫マサヤの3人暮らしだ。

　昼間のバイトは時給792円だが、キャバクラなら2500円だから、マサヤさえまともに働けば、「健康で文化的な最低限度の生活」は可能なはず。それなのに、なぜアオイはヒモみたいなスカタン男マサヤと一緒に？それでも"ヤル"ことだけはしっかり"ヤッテ"いるから、アレレ、アレレ・・・。

　今の日本では、こんな"貧困にあえぐ日本の性差別を、痛烈に告発する溝口健二的な現代悲劇"を描く映画に寄り添うのがトレンドらしいが、私はそれに大反対！キャバクラがダメなら、風俗があるさ！さらに"売り"があるさ！そんなストーリー展開と、市の福祉課からの援助を拒絶するアオイの姿にもアレレ、アレレ・・・？

　こんな映画がもてはやされる今の日本はどこかおかしいのでは！マサヤはどうしようもないバカ者だが、せめてアオイだけでもしっかりしろよ！

——＊——＊——＊——＊——＊——＊——＊——＊——＊——

◆沖縄は、1人当たりの県民所得が全国で最下位。また、非正規労働者の割合や、ひとり親世帯（母子・父子世帯）の比率でも全国1位（2022年5月公表記「沖縄子ども調査」）。さらに、若年層（19歳以下）の出産率でも全国1位になっているそうだ。

◆本作冒頭、私も旅行したことがある、いかにも沖縄らしい風景が映し出された後、キャバクラで働いているアオイ（花瀬琴音）やその友人・海音（石田夢実）の姿が映し出される。私もバブル時代に生まれた"キャバクラ"なるところに数回行ったことがあるが、普通のクラブやラウンジ、スナックと比べてキャバクラがより好きかどうかは、人によって違うはずだ。

　その理由はいろいろ複雑だが、私の感覚ではキャバクラは若くて可愛い女の子（いわゆ

るピチピチギャル）が多いものの、会話の深みや連続性、継続性がなく、私がいつも求めていた、"ホステスと客の仲"とは別の、人間的な理解や繋がりを作ることが難しいことが最大の理由だ。料金だってシステム上は一見安そうだが、チェンジ、チェンジを繰り返すと、結局高くつくことに・・・。

◆それはともかく、本作で注目すべきは、第１に未成年のアオイや海音が年齢を偽って深夜のキャバクラで働いていること、第２に彼女らの時給が２５００円と安いことだ。夫のマサヤ（佐久間祥朗）、幼い息子の健吾と３人暮らしのアオイは、健吾をおばあに預けて働いていたが、建築現場で働いているマサヤの働きぶりは？

　マサヤはいかにも"沖縄男児"というハンサムな顔立ちの男（？）だが、昼間の職場で雇い主からお説教されている姿や、わずかの貯金をタンスから持ち出し飲み屋にしけ込んでいるマサヤの姿を見ると、こりゃハッキリ言ってダメ男！アオイはなぜこんな男と一緒になり、子供まで産んだの？もっとも、カネと働き口を巡って夫婦ゲンカを繰り返しながらも"ヤル時"はせっせと"ヤっている"２人の姿を見ると、こりゃどちらも最悪！沖縄の若者よ、しっかりしろ！男も女も甘えるな！思わず私はそう叫びたくなってしまったが・・・。

◆キャバクラ嬢の時給が２５００円の沖縄では、お昼の仕事の時給は７９２円らしい。岸田文雄総理の下で唱えられた、「新しい資本主義」の下では、正規雇用者の基本給アップのほか、非正規雇用者の時給についても「最低１０００円にしよう」との動きが強まっているが、本作の設定はあくまで７９２円だ。

　キャバクラでの未成年者の深夜勤務が問題視されているゴザ市では、近時、警察の取り締まりが厳しいらしい。そのため、アオイは別のキャバクラ店でも雇ってもらえず、止むなく昼間の仕事の面接に行くと、「雇ってもいいが、時給は７９２円」と言われ、尻込みしているらしい。「小さい子供がいるから」とアオイは弁解していたが、若くして健吾を生んだアオイには、健吾の世話をしてくれる、まだ若いおばあが近くに住んでいるのでは？さらに、昼間に８時間働けば必然的に遊び時間も減るから、その分出費も減るはず。さらに、自宅の水道光熱費等も減るから、若夫婦と健吾だけならマサヤの収入と合わせ、憲法２５条が保障する「健康で文化的な最低限度の生活」を営めるはずだ。マサヤの給料がいくらかは知らないが、どんな肉体労働でも嫌がらずに昼間８時間働き、多少は残業もやれば一家３人、貧しいながらも楽しい家庭を築けるはずだ。ああ、それなのに、スクリーン上に見るアオイは・・・？そしてマサヤは・・・？

◆ネット情報では、本作は第５６回カルロヴィ・ヴァリ国際映画祭クリスタル・グローブ・コンペティション部門に出品され、Variety誌が「貧困にあえぐ日本の性差別を、痛烈に告

271

発する。溝口健二的な現代悲劇。」と激賞したそうだが、私はそんな評価に大反対！マサヤはどうしようもないが、せめてアオイだけでもしっかりしろよ！

　"風俗"を通り越して、今や"売り"で生計を立てているアオイだが、このままでは本人はもとより、健吾も共倒れ・・・！そんな状況下、遂に市の福祉課が援助の手を差し伸べ、健吾を施設に連れて行くことになったが、アオイはこれにも猛反発！おいおい、それに反対なら、お前一人でどうするの？声を大にしてそう言いたい私だが、本作ラストに向けて、そんなアオイは更に常軌を逸する行動を・・・。
　こんな映画の一体どこに共感しろというの？いくら沖縄でも、いくら時給７９２円でも、私は本作に見るようなアオイの生き方には全く同感できないし、"寄り添う"こともできない。さて、あなたは・・・？
２０２３（令和５）年７月２４日記

Data 2023-105

監督：婁燁（ロウ・イエ）
原作：虹影『上海之死』／横光利一
『上海』
出演：鞏俐（コン・リー）／趙又廷
（マーク・チャオ）／パスカ
ル・グレゴリー／トム・ヴラ
シア／黄湘麗（ホアン・シャ
ンリー）／中島歩／王传君
（ワン・チュアンジュン）／
張頌文（チャン・ソンウェン）
／オダギリジョー

★★★★★

サタデー・フィクション
（兰心大剧院／SATURDAY FICTION）

2019 年／中国映画
配給：アップリンク／126 分

2023（令和5）年9月14日鑑賞　　オンライン試写

👀 みどころ

　私は張芸謀（チャン・イーモウ）監督が大好きだが、それ以上に婁燁（ロウ・イエ）監督が大好き！初期の『ふたりの人魚』（00 年）も良かったし、『シネマ 34』収録の『スプリング・フィーバー』（09 年）、『パリ、ただよう花』（11年）、『天安門、恋人たち』（06 年）も、『シネマ 44』収録の『二重生活』（12年）、『ブラインド・マッサージ』（14 年）も良かった。さらに、『シネマ 17』収録のスパイもの『パープル・バタフライ』（07 年）は最高だった。そんな婁燁監督の最新作が、来たる 11 月に日本公開！

　『パープル・バタフライ』と同じように、同作は"魔都上海"を舞台にした「太平洋戦争開戦前の七日間に繰り広げられる　日本海軍少佐と女スパイの偽りの愛と策略の物語・・・」だから、こりゃ必見！

　主演はイーモウガール第 1 期生の鞏俐（コン・リー）。彼女の表の顔は人気女優だが、裏の顔は女スパイだ。『パープル・バタフライ』では章子怡（チャン・ツィイー）と中村トオルが共演したが、本作で鞏俐と共演するのはオダギリジョー。鞏俐は、暗号解読を専門とする海軍少佐の妻・美代子ともウリふたつだそうだから、ひょっとして 1 人 3 役？しかして、新たに更新された日本海軍の"隠語"「山桜（ヤマザクラ）」とは一体ナニ？

　日本軍の占領を免れた上海の"英仏租界"を舞台に、中日欧のスパイたちが繰り広げるスパイ合戦の展開とその行きつく先は？

————＊————＊————＊————＊————＊————＊————＊————＊————

■□■婁燁監督の最新作が 11 月に日本公開！そのテーマは？■□■

　中国では 20 代、30 代の第 8 世代監督の躍進が顕著だが、他方で、近時次々と『SHADOW影武者』（18 年）（『シネマ 45』265 頁）、『ワン・セカンド　永遠の 24 フレーム』（20 年）

『シネマ51』186頁)、『崖上のスパイ』(21年)(『シネマ52』226頁)を発表している第5世代を代表する、張芸謀(チャン・イーモウ)監督の活躍は素晴らしい。

また、私が『シネマ34』に「3つの婁燁(ロウ・イエ)監督作品」として収録した、『スプリング・フィーバー』(09年)(288頁)、『パリ、ただよう花』(11年)(294頁)、『天安門、恋人たち』(06年)(300頁)は、いずれも素晴らしい作品で、私は一気に婁燁(ロウ・イエ)監督の大ファンになってしまった。もっとも、私が婁燁監督をはじめて知ったのは、『ふたりの人魚』(00年)(『シネマ5』253頁)を観た時。水中人魚ショーを演ずる美人女優の周迅(ジョウ・シュン)が美美(メイメイ)と牡丹(ムーダン)の1人2役を演じた同作は、上海の蘇州河を舞台に、美しい人魚をキーワードとして、男は愛する女をどこまで探し求めていけるのかというテーマを面白く展開させていく物語だった。それに対して『シネマ34』に収録した、前記3作はいずれも鋭い社会問題提起作ばかりだった。さらに、『シネマ44』に収録した『二重生活』(12年)(251頁)、『ブラインド・マッサージ』(14年)(258頁)も、すごい作品だった。

しかして、8月末に私の手元に届いた情報によると、そんな婁燁監督の最新作が来たる11月3日から日本で公開されるとのことだった。しかし、「サタデー・フィクション」とは一体ナニ?案内文によると、本作は「第76回ベネチア国際映画祭コンペティション部門正式出品　コン・リー×オダギリジョー共演」で、「舞台は日中欧の諜報部員が暗躍する魔都・上海！太平洋戦争開戦前の七日間に繰り広げられる　日本海軍少佐と女スパイの偽りの愛と策略の物語・・・」だそうだ。それを読むと、こりゃ必見！

■□■原題と邦題は大違い！12月1日からの一週間に注目！■□■

本作の邦題『サタデー・フィクション』は、英題の『SATURDAY FICTION』をそのまま使ったものだが、本作の原題は『兰心大剧院(蘭心大劇院)』だから原題と英題は大違い。ちなみに、「サタデー・・・」と聞くと、条件反射的に『サタデー・ナイト・フィーバー』(77年)を思い出すが、「サタデー・フィクション」って一体ナニ?蘭心大劇院は、当時、魔都と呼ばれていた上海にあった劇場の名前だが、1941年12月1日(月)に人気女優・于菫(ユー・ジン)(鞏俐/コン・リー)が突然上海に現れたのは、その蘭心大劇院で上演される、ユー・ジンの恋人の演出家・譚吶(タン・ナー)(趙又廷/マーク・チャオ)演出による舞台『サタデー・フィクション』の主役を務めるためだ。なるほど、なるほど。上海は1937年11月に日本軍に占領されたものの、占領を免れた上海の"英仏祖界"は当時「孤島」と呼ばれていた。そして、そこでは日中欧の諜報部員が暗躍し、機密情報の行き交う緊迫したスパイ合戦が繰り広げられていた。なるほど、なるほど、それなら本作の原題にも、英題にも納得！しかし、邦題はなぜ原題を採用せず、英題を採用したの?

日本がアメリカと戦争したことすら知らない今ドキの10代の女の子は、日本時間の1941(昭和16)年12月8日未明に、日本海軍の総力を挙げた機動部隊が真珠湾を奇襲攻撃したことを知らないはず。真珠湾攻撃をテーマにした映画は『ハワイ・マレー沖海戦』(42

年)、『トラ・トラ・トラ！』(70 年)、『パール・ハーバー』(01 年)(『シネマ 1』10 頁)等、多くの名作がある。

　しかして、本作は「太平洋戦争開戦前の七日間に繰り広げられる　日本海軍少佐と女スパイの偽りの愛と策略の物語・・・」と宣伝されているとおり、1941 年 12 月 1 日以降、日付が表示されながら、日々のストーリーが展開していくから、それに注目！

■□■12 月 1 日。上海に到着したユー・ジンの行動は？■□■

　1941 年 12 月 1 日、上海に到着したユー・ジンは常宿にしているキャセイホテルのスイートルームに入ったが、彼女の動きは何やら怪しそう。本作導入部では、ユー・ジンの夫である倪則仁（ニイ・ザーレン）（張頌文／チャン・ソンウェン）が日本の特務機関に逮捕されていることが観客に知らされるから、ユー・ジンが上海にやってきた真の目的は『サタデー・フィクション』に出演するためではなく、あるいは、それと共に、夫のニイ・ザーレンを救出すること？

　また、キャセイホテルの支配人として親しげにユー・ジンを迎えたソール・シュパイヤー（トム・ヴラシア）は、表面上はにこやかに「後ほどヒューバート氏もいらっしゃいます」と言いながら、裏ではユー・ジンがタン・ナーに架けた「私は上海にいると伝えて」という電話を盗聴していたから、アレレ。この男も何やら怪しそうだ。この男は、きっと英仏の諜報部員・・・？

　他方、本作導入部では、女優であるユー・ジンが、劇中劇の中で秋蘭という女性を演じていることが観客に知らされる。秋蘭は工場労働者としてストライキを主導していたようだが、それは極めて危険な行動だ。ユー・ジンと秋蘭がリンクしていくように見せる本作導入部は、いかにも婁燁監督らしい、そんな謎めいた演出が続くからわかりにくいが、婁燁監督特有の暗いトーンのスクリーン上から、ただならぬ緊張感が伝わってくるから、期待感は高まってくるばかりだ。

■□■ユー・ジンの裏の顔は？英仏の諜報部員たちの動きは？■□■

　私は何度も上海旅行をしたが、1980 年代の鄧小平による改革開放政策によって飛躍的な発展を遂げた上海は、今や東京を遥かに凌ぐ大都会になっている。そんな上海は、1941 年当時も“魔都”と呼ばれる大都会だったから、当時“孤島”と呼ばれていた英仏の租界に本拠を構える諜報部員ソール・シュパイヤーや、彼の親友である諜報部員フレデリック・ヒューバート（パスカル・グレゴリー）の 12 月 1 日以降に見る活躍（暗躍）は、かなり組織的かつ大規模なものらしい。そこでビックリさせられるのは、大女優ユー・ジンはフレデリックに孤児院から救われ、諜報部員として訓練を受けた過去があり、銃器の扱いに長けた「女スパイ」という裏の顔を持っているということだ。すると、今ユー・ジンは誰から、どんな命令を受けて上海にやってきたの？

　シュパイヤーとフレデリックとの関係にも大いに興味がかき立てられてくるが、今、シュパイヤーとの情報交換を終えたフレデリックは、「A49 使者が砦に入った、暗号 375・・・」

と打電し、さらに「マジックミラー計画の開始」を打電したが、A49 使者とは？砦とは？マジックミラー計画とは？

　シュパイヤーやフレデリックたち、「英仏租界」に拠点を構えた諜報員たちの動きを見ていると、まさに 1941 年当時の上海が"魔都"と呼ばれるにふさわしい大都会だったことがよくわかる。その意味はいろいろあるが、少なくともその 1 つは、当時の上海は今でいう"IT の集積地"だということだ。本作には、暗号文を打電する風景が何度も登場するので、諜報部員たちが命懸けで繰り広げるその行為の意味と、重大性をしっかり確認したい。

■□■日本の海軍少佐の任務は？その護衛役は？彼の妻は？■□■

　国際的に活躍する日本の俳優・オダギリジョーは、本作では暗号通信の専門家である海軍少佐・古谷三郎役を演じている。司馬遼太郎の小説『坂の上の雲』(68〜72 年) の 3 人の主人公の 1 人である秋山兄弟の弟・秋山真之は海軍兵学校卒業だから、同小説の中では海軍兵学校時代の真之の活躍 (やんちゃぶり) が興味深く描かれていて面白かった。また、私が中学生の時に読んだ、獅子文六の小説『海軍』(43 年) では、広島県の江田島にある海軍兵学校の様子が詳しく書かれていて、興味深かった。

　古谷は海軍少佐だから、当然この海軍兵学校を卒業しているはずだが、軍令部の通信課に属する、暗号解読の専門家だという彼は、軍人というよりは、むしろ今風の IT の専門家のように見える。それに対して、古谷の護衛役として常に同行している狙撃の名手・梶原 (中島歩) は、いかにも軍人かつ特務機関らしい風貌の男だから、本作ではこの 2 人の組み合わせに注目！上海に到着した古谷は早速、12 月 3 日、日本海軍特務部の上海事務所に関係者を集めて"講義"をしていたが、アレレ、アレレ、なぜかその最中に死んだはずの妻・美代子の顔を思い出すことに・・・。古谷は今、暗号担当の海軍少佐として、すべての海軍の暗号表が更新されたことを述べ、「南はアメリカ」「東南は国民政府」「小柳はイギリス」「泉はシンガポール」「加賀はグアム」、そして「鎌倉は危機的状況が迫っていること」等、次々と更新された"隠語"の解説をしたが、さて「山桜 (ヤマザクラ)」とは・・・？

　他方、古谷の上海入りの情報をすぐにキャッチしたフレデリックは、ユー・ジンに対して「古谷の日本で亡くなった妻は君にそっくりだ」と告げたから、ビックリ！コン・リー演じる大女優ユー・ジンは、一方で秋蘭役を見事に演じていたが、他方でホントに古谷の妻・美代子とそっくりなの？そんなバカな、と思いつつ古谷が背広の内ポケットから取り出した美代子の写真を見ると、なるほど、こりゃユー・ジンにそっくり！

■□■2 人の脇役にも注目！重慶側とは？南京側とは？■□■

　本作のメイン・キャストは何といっても、1 人 3 役を務める鞏俐だが、ユー・ジンに憧れて女優を目指したという、今は雑誌社で働いている若い女性・白雲裳 (バイ・ユンシャン) (黄湘麗／ホァン・シャンリー) と、『サタデー・フィクション』の制作者で、タン・ナーと共にその上演のための努力をし続けている男・莫之因 (モー・ジーイン) (王传君／

ワン・チュアンジュン）という2人の脇役にも注目したい。

　なぜなら、スクリーン上には、バイ・ユンシャンが「蘭心大劇院での舞台稽古の様子を見学したい」と言いながら、ユー・ジンに近づくが、それはどうも、女スパイのバイ・ユンシャンとして、女スパイのユー・ジンに接触している感じがプンプンとするからだ。そして、案の定、バイ・ユンシャンがモー・ジーインと車の中で交わす会話を聞いていると、モー・ジーインは「今後は、俺が重慶側の情報を、君が南京側の情報を出すから・・・」と、キナ臭い話を切り出した上、「日本は、間もなくニイ・ザーレンを釈放する。」「近いうちに、ユー・ジンをニイ・ザーレンと面会させる。」との取引を成立させたようだから、アレレ・・・。しかして、重慶側とは？南京側とは？『サタデー・フィクション』の制作者である、このモー・ジーインはひょっとして、日本軍にいいように使われている、日本側のスパイ・・・？

　この時点ではまだ、そんな"疑惑"しか見えてこないが、本作ラストのクライマックスにおける「蘭心大劇院」での『サタデー・フィクション』の上演では、ユー・ジンの代わりに主役を務めるというバイ・ユンシャンと、『サタデー・フィクション』の制作者のモー・ジーインとの間に、あっと驚く"セックスシーン"が登場すると共に、全く想像もつかない婁燁監督流の"怒涛の展開"になっていくので、それにも注目！

■□■倪則仁の救出は？なぜ古谷に接触？租界内で銃撃戦が！■□■

　「007シリーズ」のような"楽しいスパイもの"（？）もあるが、『パープル・バタフライ』（07年）（『シネマ17』220頁）に代表される、婁燁監督のシリアスなスパイモノは難しい。婁燁監督は中国人だから、当然、彼が描くスパイものは抗日活動に励むスパイが中心だが、『パープル・バタフライ』では、章子怡（チャン・ツィイー）が演じる可憐な女スパイ（？）と、中村トオル演じる日本のベテランの諜報部員が、予想もできない怒涛の展開を見せていた。さらに、『ラスト、コーション』（07年）（『シネマ17』226頁）は李安（アン・リー）監督の最高のスパイものの1つだが、同作も"東洋の魔都"と呼ばれた1940年代の上海を舞台としたスパイたちの人間ドラマだった。

　それらと同じように、本作ではクライマックスになる蘭心大劇院での『サタデー・フィクション』の上演に向けて、①ユー・ジンによる夫ニイ・ザーレンとの接触とその救出劇、②ユー・ジンの古谷への接触と、ある薬の注射で幻覚状態に陥れた古谷の口から、美代子に扮したユー・ジンがある情報を聞き出す、これぞスパイ！と感心させられる物語、が描かれるので、それに注目！もちろんそこでは、傷ついた古谷を救出するべく、同じく傷を負った梶原が兵士を率いて大奮闘するのだが、ユー・ジンは常にその一歩先を進んでいくから、すごい。幻覚状態に陥った古谷の口から、美代子に扮したユー・ジンがある情報を聞き出す舞台は、キャセイホテル内のある秘密の部屋だが、大規模な捜索の結果、その部屋のありかが露見すると、ソール・シュパイヤーたちの命は風前の灯だ。他方、ユー・ジンはあくまでニイ・ザーレンの国外脱出にこだわり、彼に同行するの？それとも、『サタデ

ー・フィクション』の上演にこだわり、タン・ナーが待つ蘭心大劇院に戻っていくの？もっとも、『サタデー・フィクション』の主役は既にバイ・ユンシャンがユー・ジンの代役を務めることになっていたが、そこでモー・ジーインに絡まれた（？）バイ・ユンシャンのあっと驚く行動とは？

妻燁監督作品のハイライトには、雨がつきもの。私がその印象を強くしたのは『パープル・バタフライ』を観た時だ。そこで私は、「今日も雨、明日も雨。そしてこの日もあの日も」の小見出しで、「この映画で目につくのはやたら雨のシーンが多いこと。」と書いたが、それは本作の銃撃シーン等も同じだから、それにも注目！暗い画面には雨の演出がお似合い！そんな味わい方もしっかりと。

■□■山桜（ヤマザクラ）はハワイ！その情報の取り扱いは？■■□■

スパイものでは"盗聴"がつきものだが、1941年12月の上海の英仏租界を舞台とした本作では、そのシーンが特に多い。英仏側でその任に当たっているのは、一方でキャセイホテルの支配人の顔を持ちながら、他方で諜報活動をしているソール・シュパイヤーだが、英仏租界を除く上海全域を支配している日本軍がスパイ達を取り締まるため、あらゆるところで盗聴作戦を展開していたのは当然だ。

ユー・ジンが12月1日に上海にやってきた目的が『サタデー・フィクション』の主役を務めるためではなく、日本の暗号担当者たる古谷少佐と接触し、古谷から"ある機密情報"を聞き出すことだったことは、本作がスリリングかつ難解な展開を見せていくにつれて少しずつ明らかになってくる。そんなユー・ジンを恋人として励ますのが演出家のタン・ナーだが、ユー・ジンにとっては、タン・ナーを愛する気持ちと、養父として自分を育ててくれたフレデリック・ヒューバートに報いたいという気持ちのどちらが強かったの・・・？そして、ソール・シュパイヤーに別れを告げたユー・ジンはフレデリック・ヒューバートに対する1通の私信を彼に託したが、そこには一体何が書かれていたの？

古谷による、更新された"隠語"の解説では「鎌倉」が「危機的状況が迫っていること」とされていたが、これは誰でも少し想像がつくものだからまずいのでは？私はそう思ったが、山桜（ヤマザクラ）が何を意味するのかはサッパリわからなかった。「山桜」は山田洋次監督の時代劇3部作のタイトルにもされているくらいだから、日本にゆかりのある隠語？それぐらいの想像はついたが、それがハワイを意味する隠語だったとは！

しかして、何人もの命の犠牲の上に得られたその情報を手にしたフレデリック・ヒューバートは、それをどのように取り扱うの？それはあなた自身の目でしっかり確認してもらいたい。それにしても『パープル・バタフライ』に続いて、こんな素晴らしいスパイ映画を作ってくれた妻燁監督に感謝。

2023（令和5）年9月22日記

Data 2023-95

監督・脚本：申瑜（シェン・ユー）
プロデューサー：李玉（リー・ユー）
　　　／方励（ファン・リー）
脚本：邱玉潔（チウ・ユージエ）／
　　　方励（ファン・リー）
出演：万茜（ワン・チェン）／李庚
　　　希（リー・ゲンシー）／是安
　　　（シー・アン）／柴燁（チャ
　　　イ・イエ）／周子越（チォウ・
　　　ズーユエ）／黄覚（ホァン・
　　　ジュエ）／潘斌龍（パン・ビ
　　　ンロン）

SHOW-HEY シネマルーム

★★★★★

兎たちの暴走
（兎子暴力／The Old Town Girls）

2020年／中国映画
配給：アップリンク／105分

2023（令和5）年8月15日鑑賞　｜　オンライン試写

👀 みどころ

　近時、中国の第8世代監督や若手女性監督の活躍は華々しい。『兎たちの暴走』という何とも奇妙な邦題（？）の本作は、第33回東京国際映画祭でプレミア上映されて話題を呼んだ、中国で最も注目される新進気鋭の女性監督、申瑜（シェン・ユー）の長編デビュー一作だ。

　婁燁（ロウ・イエ）監督の『シャドウプレイ【完全版】』（18年）は2013年に広州市の"都会の村"で起きた再開発を巡る"騒乱"を題材として、1980年代から30年間に及ぶ中国の経済成長の中で起きた人間の歪みを、時代に翻弄された7人の男女の姿から暴き出していった名作だった。それと同じように、婁燁監督の制作陣に支えられた本作も、2011年に現実に起きた"ある誘拐事件"にインスパイアされた申瑜監督が紡ぎ出した"母と娘の悲劇"だ。

　ベートーヴェンの交響曲第5番『運命』が冒頭に力強い主題を提示するように、また、多くの婁燁監督作品と同じように、本作冒頭に提示される主題は驚くべきもの。2人の娘の誘拐事件に右往左往する3人の父母たちの狼狽ぶりと、黄色い車のトランクの中で発見された女子高生の死体（？）に注目！

　1歳の娘・水青を故郷、攀枝花市に捨てて都会に出た曲婷が、15年後の今、故郷に戻ってきたのは一体なぜ？母娘の情愛が少しずつ復活し、クラスメイトとの良好な関係も構築していきながら、ヤクザの悪玉・老杜の登場に曲婷が恐れおののくのは一体なぜ？そして、そこで水青が提案した"あっと驚く提案"とは？

　こりゃ面白い！またまた登場した、北京電影学院卒業の才媛に注目！日本での公開に感謝し、本作のヒットを期待したい。

―― * ―― * ―― * ―― * ―― * ―― * ―― * ―― * ――

■□■中国の若手女性監督が実話を元に鋭い問題提起を！■□■

本作の邦題は『兎たちの暴走』。そう聞くと、何となく言葉の響きが似ているのが、若きFBI訓練生クラリス役のジョディ・フォスターが、元精神科医の囚人ハンニバル・レクター役のアンソニー・ホプキンスと対峙した『羊たちの沈黙』(91年)。同作は想像を絶するサイコサスペンスだったから、その内容は本作とは全然違うが、羊も兎も弱い者の象徴だから、両者のタイトルには、何らかの意味が！！！また、原題は『兎子暴力』だから、ほぼ邦題と同じ。ところが、英題の『The Old Town Girls』は全然イメージが違うものになっている。それは一体なぜ？

本作は第33回東京国際映画祭でワールドプレミア上映されて話題を呼んだそうだが、そんな本作が、9月1日からシネ・リーブル梅田で公開されると知ってビックリ！宮崎駿の『君たちはどう生きるか』は事前宣伝がゼロでも、いや、それがないことが逆に大きな宣伝効果を生んで大ヒット上映中だが、いくらチラシやイントロで「中国で最も注目される新進気鋭の女性監督、申瑜（シェン・ユー）監督の長編」と宣伝しても、本作のような（小さな）中国映画が日本でヒットすることはまずないだろう。しかし、本作のチラシには「臆病な白いウサギでさえ、追い詰められたとき、あなたの手を噛むことができる。なぜならウサギは剃刀のような鋭い切歯を持っているのだから。」と書かれているから、こりゃ面白そう！中国映画ファンの私としては、こりゃ必見！

■□■テーマはナニ？なぜ舞台を重工業都市攀枝花市に？■□■

「誘拐事件」といえば、日本ではかつての「吉展ちゃん事件」(63年) が有名。また、横山秀夫の原作を映画化した、瀬々敬久監督の『64―ロクヨン―前編』(16年)（『シネマ38』10頁）、『64―ロクヨン―後編』(16年)（『シネマ38』17頁）も有名だ。しかし、申瑜監督が脚本を書こうとした時期に、中国の某工業都市で起きた某誘拐事件を知っている日本人は皆無だろう。そんな2011年に実際に起きた誘拐事件にインスパイアされた申瑜監督は、「中国では弱者の立場にある人々が暴力を振るう事件が急増していること」をモチーフとして、ある誘拐事件から生まれた「母と娘の悲劇」というテーマを描くことに。

興味深いのは、本作の舞台が、重工業が盛んな四川省攀枝花市と"特定"されていること。ちなみに、攀枝花市は中国南西部の四川省の最南端にある県級市で、北の成都から614キロの距離だ。申瑜監督は、なぜそんな都市を本作の舞台にしたの？

申瑜監督は本作のインタビューで、「四川省攀枝花市の高低差のある風土、重工業とマンゴーの街という土地柄が、独特の空気感をもたらしています。」との"質問"に対して、次の通り答えている。すなわち、

大きな山と川に囲まれた丘陵にある工業都市という風土を求めて、攀枝花へロケハンに出かけましたが、あの市の空港は機体が下降しないで着陸するような断崖絶壁の上にあり、凄い土地だなと期待が膨らみました。

> 街へ行く道すがら煙突が沢山あり、住宅街にも地底のような場所が広がっている。食べ物も柔らかいものと硬いもの、甘いものと苦いものがあって、すべてにおいて落差が激しい。これは間違いなく映画の舞台になると確信しました。

　私は2000年8月に、はじめて遼寧省大連への中国旅行に出かけたが、飛行機が下降していく時に見た、異国の地・中国の"大地"を今でもハッキリ覚えている。その後、私は約20回の中国旅行を重ねたが、その時々に見た中国の都市の姿も私の目に焼き付いている。そんな私には、攀枝花市は未だ見ぬ成都近くの工業都市だが、申瑜監督が攀枝花市を本作の舞台にした狙いをハッキリ感じ取ることができた。さて、あなたは・・・？

■□■人物相関図をしっかりと。3人の"経済格差"も！■□■

　中国人の名前は毛さん、王さん、李さんなど、覚えやすいものも多いが、日本人に馴染みの少ないものも多い。本作では、監督の申瑜をはじめ、母親役の曲婷（チュー・ティン）（万茜／ワン・チェン）、娘役の水青（シュイ・チン）（李庚希／リー・ゲンシー）という、2人の主人公の名前や、水青の同級生の女の子たちの名前も日本人には馴染みの少ないものが多い。そのため、本作の"スリルとサスペンスに富んだストーリー"をわかりやすく理解するためには、まず人物相関図をしっかり頭に入れる必要がある。

©Beijing Laurel Films Co.,Ltd.

　他方、本作の舞台となる工業都市、攀枝花市の高校に通っている"仲良し3人組"の女の子は、前述の①水青、②金熙（ジン・シー）（柴燁／チャイ・イェ）、③馬悦悦（マー・ユエユエ）（周子越／ヂォゥ・ズーユェ）だが、この3人の経済格差はひどい。申瑜監督のインタビューによると、「3人の少女たちは、それぞれ困難な家庭環境に悩んでいます。少女たちの家族設定にはどのような意図がありますか。」との質問に対し、「3人の少女たち

は富裕層、一般層、貧困層の3種類の経済格差に属しています。金熙は一番裕福な家庭で、橋の上に住んでいます。しかし、事業に失敗した両親が、海外に逃亡してしまい、金熙が街に残されている、という設定です。水青は一般家庭で、両親はごく普通の仕事をしている。馬悦悦は最下層に育っていて、父親と一緒に橋の下で暮らしている。しかし、裕福な友達がいて、経済的援助を受けているという設定です。」と答えている。

■□■誘拐事件勃発！トランクの中は？3人の男女の行動は？■□■

優れた芸術作品は、冒頭にインパクトのあるテーマが提示されるケースが多い。その典型は、音楽ならベートーヴェンの交響曲第5番「運命」だが、中国映画なら、第5世代監督の張芸謀（チャン・イーモウ）や陳凱歌（チェン・カイコー）、そして第6世代監督の賈樟柯（ジャ・ジャンクー）や婁燁（ロウ・イエ）監督たちの作品だ。中国では第7世代、第8世代と順調に若手監督は育っているが、彼らもそれぞれの作品で、冒頭のテーマの提示に頭を悩ませているはずだ。

しかして、本作冒頭に登場するのは、もくもくと煙が立ちのぼる夜の街の姿。これを見ていると私は、1950〜60年代に日本で一大社会問題になった"四日市公害問題"を思い出すが、本作のテーマはそれではなく、そんな重工業都市、攀枝花市を舞台に発生した、ある誘拐事件への対処だ。すなわち、そこでは、3人の男女が誘拐事件に巻き込まれた2人の娘の身代金200万元（＝4000万円）をどうするかについて話し合う風景が映し出されるので、それに注目！

その前に映し出されたド派手な黄色い車は新車のようだし、そこから携帯を持ち、煙草を吹かしながら出てきた女性、曲婷もド派手な超美人だ。もちろん、その時点では、誰が誰やらさっぱりわからないが、後に判明するところでは、この3人の男女は、①水青の母親・曲婷、②水青の父親・水浩（シュイ・ハウ）（是安／シー・アン）、③馬悦悦の父親・老馬（ラウマー）（潘斌龍／パン・ビンロン）だ。この3人の男女（父母）は、2人の娘の誘拐事件を聞いて右往左往するばかりだが、その後の行動は・・・？

■□■警察への通報は？あっと驚く派出所での行動に注目！■□■

到底金の準備などできない老馬も水浩も警察への通報を主張したが、曲婷だけは一人「通報したら水青が殺される」と断固反対。しかし、水浩がそれを無視して派出所に向けて車を走らせようとすると、曲婷もやむなく車の中へ。しかし、派出所から出てきた警察官に3人が事情を説明していると、そこに「成都に遊びに行っていた」と水青から連絡が入ってきたから、3人は一安心！？

そこでの、「イタズラだったとわかったら、警察への届出もいらない」という警察官の処置はいささか問題だが、一安心した3人の男女に警察官は「マンゴーでも食べろ」と勧めたばかりか、「少し持って行け」と、攀枝花市でメチャ美味しいマンゴーを2箱も持ってきて、車のトランクの中に入れようとしたから、その親切ぶりには感心。ところが、そこでいきなり曲婷は、狼狽しながらそれを阻止しようとしたから、アレレ・・・。ひょっとし

て、トランクの中に何かヤバいものが入っているの？

　以上のシークエンスを見ていると、「誘拐された」という2人の女の子が水浩と曲婷の娘である水青と、老馬の娘である馬悦悦であることは明らかだが、3人の話を聞いていると、この誘拐劇には、どこかに何らかのウラがありそうだ。

　そして、マンゴーを巡って、車のトランクの中が焦点になってくる中、にわかに曲婷は狼狽しながら、「この件は私しか知らないこと！水青は全く関わりのないこと！」と喚き始めたが、これは一体なぜ？そして、ついに曲婷が黄色い車のトランクを開けると、その中には何と・・・？

　私は婁燁監督作品が大好きだが、彼の直近作『シャドウプレイ【完全版】』（18年）（『シネマ52』231頁）は、サスペンス色いっぱいのメチャ面白い作品だった。しかして、本作冒頭はそんな婁燁監督作品と雰囲気が全く同じだが、それは一体なぜ？それについては、あなた自身の目で本作のプロダクションノート等をしっかり勉強してもらいたい。

■□■曲婷はなぜ故郷に戻ってきたの？水青の母への想いは？■□■

　冒頭に見た黄色い車は水浩のものではなく、曲婷のもの。それを明確にするべく（？）、申瑜監督は本作の冒頭でスリリングな主題を提示した後、スタイリッシュな服装で黄色い車を颯爽と運転して、1歳の時に故郷に捨てた娘・水青の元に戻ってきた曲婷の姿を映し出すので、それに注目！曲婷役の万茜は、台湾映画『軍中楽園』（14年）（『シネマ42』237頁）で“軍中楽園”なる娼館で働く“侍応生”役を演じて、第51回金馬奨最優秀助演女優賞を受賞した美人女優。同作で、彼女は別名「特約茶室」「831部隊」と呼ばれた、軍専属の慰安所で働かざるを得なかった“悲しい娼婦役”を見事に演じていたが、本作に見る、都会的な美女・曲婷役はそれとは全くの別人だ。これなら、1歳の時に自分と故郷を捨てて都会に出て行ってしまった女（母親）とはいえ、今は高校生になった水青が思慕の気持ちを持って憧れるのも、なるほどと頷ける。

　夫の水浩は再婚し、現在、水青は継母との間に生まれた弟と4人暮らしだが、今もなお美しい母親曲婷の姿を眩しそうに見ている水青の顔を見ると、自分を捨てた母親であるにもかかわらず、曲婷への思慕の念や、その美しさへの憧れが断ち切れないようだ。そのため、2人だけになると、「自分が1番綺麗に写っている写真」を曲婷に渡した上、曲婷に「何か記念になるものが欲しい」とおねだりしていたほどだ。

　他方、学校に行くと、クラスメイトの金熙から、「昨日の女は誰？」「こんなダサい携帯ケースをもらって喜んでいるの？」と馬鹿にされたが、水青は十数年ぶりに故郷に戻ってきた母親・曲婷と再会できた嬉しさでいっぱいのようだ。しかし、私と同じように（？）、水青が気になるのは、曲婷の左手の小指の傷。1967年に伊東ゆかりが歌って大ヒットした『小指の想い出』は“恋人の男に噛まれた愛おしいキズ”だが、白い包帯が巻かれた曲婷のそれは、ひょっとして、日本のヤクザ社会でヘマをした時に見られる掟のように、指を詰めたもの・・・？

285

そんな風に、故郷に戻ってきた曲婷は当初、水青のクラスメイトたちに受け入れられることはなかったが、かつてダンサーをしていた曲婷が、高校の体育祭で行われるダンス大会の講師役として水青や金熙、馬悦悦たちのクラスが曲婷を招くことになると、徐々にその溝も埋まっていくことに。もちろん、そんな動きの中、再会当初はぎこちなかった曲婷と水青の仲も次第に打ち解けていき、曲婷も水青に対して母親らしい気持ちを見せ始めることに。

■□■謎の男"老杜"登場！サスペンス色が俄然濃厚に！■□■

本作は、冒頭のインパクトある主題の提示後、しばらくの間、曲婷と水青との"母娘の情愛"の復活ぶりが描かれる。そのため、冒頭に見た、あの黄色い車のトランクの中にあった女の子の死体（？）は誰のもの？その死体と200万元を要求する誘拐事件は如何なる関係に？という、2011年に発生した実話に基づく"誘拐事件"への興味が少しずつ薄れてくる。しかし、母娘の交流の進展に伴う、曲婷と水青との関係の良好化や、曲婷がダンス大会の講師役をしっかり務めたことによる曲婷と水青のクラスメイトたちとの関係の良好化というストーリーがしばらく続いた後、「これぞ、ヤクザの最悪玉！」とも言うべき男、老杜（ラウトゥー）（黄覚／ホァン・ジュエ）が登場してくるので、それに注目！

50年近く弁護士業をやっていると、巨額の借金を背負った時に、日本では例えば、加山雄三やさだまさしのように、責任を持って長期的にその返済をするのか、それとも姿をくらまして逃げてしまうのか、という点に人間の"分岐点"を見ることが多い。しかして、本作の曲婷はメチャ美人だけれども、どうやら借金に関しては"だらしのない女"だったらしい。つまり、曲婷が約15年ぶりに故郷の攀枝花市に戻ってきたのは、多額の借金の返済を迫ってくるヤクザの悪玉・老杜から指を詰められた（？）上、ある時期までの借金の返済を確約させられたためらしい。もっとも、そんな危機的状況に陥った曲婷だが、表面上はキレイな服を着て、ド派手な黄色い新車に乗って故郷に戻ってきたものの、結局借金返済のメドが立たないまま、無駄に時間だけが経過していたらしい。他方、曲婷との母娘の情愛が少しずつ復活していく中、そんな曲婷の苦境を知った水青は、あっと驚く"ある提案"を！それは一体ナニ？

■□■申瑜監督を支えたスタッフは？婁燁監督チームに注目！■□■

前述のように、婁燁監督の最新作『シャドウプレイ【完全版】』は、2013年4月14日に広州市の"都会の村"で起きた再開発を巡る「開発業者」VS「住民」の立ち退きを巡る騒乱を題材として、1980年代から30年間に及ぶ中国の経済成長の中で起きた人間の歪みを、時代に翻弄された7人の男女の姿から暴き出していった名作だった。同作の冒頭における主題の提示も、野外セックスに励む若い男女が突然、白骨死体を発見し驚くシーンから始まった。その上で、男女7人の過去と現在を交錯させながら、不動産開発を巡って"村のトップ"の役人がビルの上から突き落とされる、というサスペンス色濃厚な展開に進んでいった。本作は、それと同じように、終盤における老杜の登場後、俄然サスペンス色が濃

厚になるので、それに注目！

　申瑜監督は北京電影学院の監督科を卒業した後、美術の仕事で映画界に入り、NHK のドキュメンタリー撮影や監督、CM ディレクターなどの経験を経た上で、本作で監督デビューを果たした才媛だ。そんな若手女性監督が、2011 年に起きた“ある誘拐事件”にインスパイアされて本作を作ったわけだが、申瑜監督を本作で支えた制作スタッフは、①エグゼクティブ・プロデューサーに、婁燁監督の『天安門、恋人たち』(06 年)(『シネマ21』259頁) を制作したローレル・フィルムの代表、方励 (ファン・リー)、②脚本に婁燁監督の『シャドウプレイ』で共同脚本を務めた邱玉潔 (チウ・ユージエ) が担当している等、婁燁監督チームのスタッフが多い。本作冒頭に見る強烈な主題の提示や、老杜の登場以降、急速に強まるサスペンス色など、私が本作を見て「こりゃ、ひょっとして婁燁監督作品！？」と思ったのは、そのためだ。婁燁監督作品の大ファンである私としては、そんな意味でも本作は日本でのヒットを期待したい。

■□■女子高生でもモデルに？実父は貧乏だが、支援者は？■□■

　一種妖艶な美しさを誇る曲婷に対し、女子高生の水青は可憐な少女。1960 年に『17 才』を歌ってデビューした時の歌手・南沙織は、沖縄出身だから顔も肌も浅黒かったが、水青は色白の美人。そして、髪の長さはデビュー当時の南沙織と同じくらいのロングヘアだ。

　物語の中では、あまり相性の良くない継母から、美容院に誘われて無理やり長い髪を切られるシークエンスが登場するが、そんな暮らしをしている水青は、攀枝花市では中流家庭らしい。他方、そんな水青に比べると、かつては工場労働者として働き、今は出稼ぎ労働をしている老馬を父親に持つ馬悦悦は貧困家庭だ。しかし、ある日、その馬悦悦は学校内でコマーシャル撮影のモデルになっていたから、その美女度はクラスメイトの中では群を抜いている。本作には、そんな美人で性格も良い馬悦悦を我が子のように可愛がり、貧しい父親に対して経済的援助を申し出る工場主夫婦が登場する。本作には、水青、金熙、馬悦悦という 3 人の女子高生が、教室の中やダンス大会の準備の風景が描かれ、さらに金熙が属している放送部の活動ぶり等も描かれるが、ハッキリ言って、これは曲婷と水青との母娘の情愛を描く上での付録的なストーリー！私はそう思っていたが、実はそんなストーリー展開の中で浮かび上がる 3 人の“経済格差”が後に大きな意味を持つことになるので、それに注目！すなわち、それは、その後に登場する 200 万元を要求する身代金目的の誘拐事件の下敷きになるわけだ。しかし、考えてみれば、それは当然。身代金目的の誘拐では、大金持ちの大切な人 (例えばその娘) をターゲットに誘拐しなければ、意味がないのだから。

　しかして、本作後半、借金の返済を厳しく迫る老杜からのプレッシャーを解消すべく登場してくる、水青の“ある提案”とは？そして、その (架空の) 誘拐事件のターゲットになる人物とは？さらに、それを実行するのは、一体ダレ？

2023 (令和 5) 年 8 月 18 日記

熱血弁護士 坂和章平
中国映画を語る(80)

（さかわ・しょうへい）
1949年愛媛県松山市生まれ。大阪大学法学部卒。同年司法試験合格。71年、弁護士登録（大阪弁護士会）。現在、同会所属。映画を斬る！「中国映画論」シリーズをはじめ、NPO法人大阪府日中友好協会理事。「坂和流中国映画を語るベストテン」を公表。著書多数。「実務書作家」を受賞。2004年。

このタイトルは一体ナニ？身代金目的の誘拐は凶悪犯罪だが・・・

北京電影学院卒の若き才媛、申瑜監督渾身の強烈な問題提起に唖然！

凶悪犯罪には殺人も強盗も凶悪だが、身代金目的の誘拐も凶悪犯罪だ。前身の凶悪犯罪は金目当ての誘拐だ！『天国と地獄』（63年）や『ロッコ』前編・後編（16・64年）を・・・。

第8世代の中国監督の旗手が、11年ぶりに誕生！実際の誘拐事件が起きた中国で、母と娘が誘拐を・・・。主題曲と同じく交響曲第5番を・・・。

兎たちの暴走
全国順次公開中

©Beijing Laurel Films Co.,Ltd.

監督：シェン・ユー（申瑜）
脚本：シェン・ユー（申瑜）、チン・ユージエ（邱玉潔）、ファン・リー（方励）
プロデューサー：ファン・リー（方励）、ヤン・フェイフェイ（楊菲菲）
出演：ワン・チェン（万茜）、リー・ゲンシー（李庚希）、ホアン・ジュエ（黄覚）ほか
2020年／中国／105分／中国語／日本語字幕：鈴木真理子／原題：兎子暴力
The Old Town Girls
配給・宣伝：アップリンク

QR・リンク

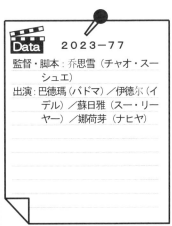

Data 2023-77

監督・脚本：喬思雪（チャオ・スーシュエ）

出演：巴德瑪（バドマ）／伊徳尓（イデル）／蘇日雅（スー・リーヤー）／娜荷芽（ナヒヤ）

★★★★

草原に抱かれて
(Qi dai（脐帯）／The Cord of Life)

2022 年／中国映画
配給：パンドラ／96 分

2023（令和5）年6月24日鑑賞 ｜ オンライン試写

みどころ

　邦題はわかりやすいが、それだけでは何の映画かわからない。それに対して、原題の『脐帯』（＝へその緒）はインパクトのある言葉。認知症が進み、徘徊の危険が深まる母親を、ロープで自分の身体に結びつける息子の姿を見ていると、なるほど、なるほど・・・。

　本作前半では、潔い主人公の選択ぶりに注目！後半からは、内モンゴルの大草原をサイドカーに母親を乗せて駆け抜けるロードムービーに注目！

　母親が探す"思い出の木"はどこにあるの？そして、人間の幸せはどこに？そんな人生観と哲学を、内モンゴル出身の若手女性監督、喬思雪（チャオ・スーシュエ）のデビュー作たる本作からしっかり考えたい。

――＊―＊―＊―＊――＊―＊―＊―＊――＊―＊―＊―＊――＊―＊―＊―

■□■原題は？邦題の変更はなぜ？その賛否は？■□■

　本作の原題は『Qi dai（脐帯）』。これは、日本語で言う"へその緒"のことだ。しかして、２０２２年１１月、第３５回東京国際映画祭のアジアの未来部門に選出され、ワールドプレミア上映された時の邦題は、原題をそのまま日本語訳した『へその緒』だった。そんな本作は、フランスに留学して映画を学んだ、１９９０年生まれの内モンゴル出身の才女、喬思雪（チャオ・スーシュエ）監督の長編デビュー作だ。日本中国友好協会が発行する『日本と中国』の紙面で「熱血弁護士坂和章平　中国映画を語る」の欄を毎月書いている私は、縁あってそんな本作の視聴リンクを入手することができた。本作は、６～８月に３回にわたって東京での試写会が予定されているが、そこでの公開にあたっては、邦題が『草原に抱かれて』に改められた。それは一体なぜ？

　認知症が進む母親・娜仁左格（ナランズグ）（巴德瑪／バドマ）を、都会で電子音楽をや

っているミュージシャンの息子（次男）阿鲁斯（アルス）（伊徳尔／イデル）が引き取り、２人だけで母親が希望する故郷＝草原の中で過ごす本作は、『草原に抱かれて』の方がスマートかつスタンダード。しかし、認知症のため、ややもすれば野外を徘徊し行方不明になってしまう母親の身体を、息子は自らの身体とロープで繋ぎとめて生活していたから、そんな"実態"をきちんと見れば、邦題も原題と同じ『へその緒』で良かったのでは？さて、あなたの賛否は？

■□■内モンゴルに、こんなカッコ良いミュージシャンが！■□■

中国には漢民族の他に少数民族が合計５５もあり、それぞれ自分たちの伝統を守りながら生活している。そのため、数は少ないながら、映画だってそれぞれの民族の映画がある。例えば、『羊飼いと風船』（１９年）はチベット族の興味深い映画だった（『シネマ48』２０７頁）し、『大地と白い雲』（１９年）は内モンゴル自治区の興味深い映画だった（『シネマ49』３０８頁）。モンゴル族と聞けば、私たち日本人はすぐに蒙古帝国やジンギスカン伝説に結びつき、屈強な騎馬民族を思い浮かべるが、『大地と白い雲』の主人公は内モンゴル版の"フーテンの寅さん"だった。つまり、本来なら、大草原の中で羊を飼い、ゲルで愛妻と仲良く暮らすべき主人公が、馬に代わってバイクや車が移動手段となり、草原の向こうでは急速な都市化が進む現代の内モンゴルに生きる若者（フーテンの寅さん？）として、羊の群れとトラックを交換し、いずこかに旅立っていく姿は、いかにも"時代の変化"を感じさせる興味深いものだった。

ところが、同じ内モンゴル自治区を舞台にした本作の冒頭は、演奏会の舞台で電子音楽の演奏をするカッコ良いミュージシャン、アルスの現代的な姿なので、それに注目！今は経済的にも軍事的にもアメリカと肩を並べるほどになっている中国は、内モンゴル自治区だってアメリカのロックに負けちゃいない！最新の電子音楽を演奏しているアルスの姿を見ると、そんな自負心も・・・？

■□■これは軟禁？虐待？ならば俺が・・・■□■

老人の介護問題、とりわけ認知症が進行する父親や母親の介護問題は、日本だけでなく先進国共通の問題。その問題は『ファーザー』（２０年）（『シネマ49』２６頁）でも、『すべてうまくいきますように』（２１年）（『シネマ52』１４６頁）でも、さらに『波紋』（２３年）でも取り上げられていたが、内モンゴル自治区でも同じ問題があるらしい。

公演を終えたアルスが携帯で話しているのは、兄夫婦と同居している母親ナランズグらしいが、どうも話がトンチンカン。「これは心配だ！」と思ってアルスが兄夫婦の家を訪れると、認知症が進行中の母親の介護には兄夫婦もかなり苦労しているらしい。今まさにその"現場"を見たアルスの目に、それは介護ではなく軟禁もしくは虐待とさえ思えたが、「それなら、お前がやってみろ！」と言われると・・・。「俺には仕事がある」さらに、「俺には大勢のファンがついている」と言いたいところだが、そんなことを兄夫婦に言えるはずはない。

ちなみに、私は２人兄弟の弟だから本作のアルスと同じ立場だが、幸いなことに両親は夫婦２人でふるさとの松山にずっと住み、兄も私もふるさとを離れた仕事場にいた。そのため、帰郷もままならないまま、母親が死亡し、続いて父親も死亡したが、兄弟２人とも母親、父親を介護した経験はない。したがって、本作に見る兄夫婦の介護の苦労はわからないから、兄夫婦が母親に対して見せる介護姿勢を批判することはできないが、それはアルスも同じだ。アルスがそれに文句をつけて、「よりましな、より人道的な介護をしろ！」と主張するのであれば、認知症進行中の母親を自分が引き取るしかないが、さあ、アルスはどうするの？ NHK 大河ドラマ『どうする家康』では、毎回家康が選択を迫られているが、アルスに今、ミュージシャンを辞めて、認知症進行中の母親、ナランズグを引き取り介護するという選択肢はあるの・・・？さあ、どうするアルス・・・？

■□■内モンゴルを舞台とした名作の系譜をいかに継承？■□■

　あなたはモンゴル（国）と内モンゴル（自治区）の違いを知ってる？日本の大相撲では白鵬や鶴竜、照ノ富士をはじめ、モンゴル出身で横綱まで上りつめた「強い力士」が有名だが、この"モンゴル"は、かつて"モンゴル人民共和国"と呼ばれ、今は"モンゴル国"と呼ばれている国のこと。それに対して、内モンゴルは中国の北部に位置し、中国政府の管理下に置かれている自治区のことだ。中国人はモンゴル自治区のことを内モンゴル、モンゴル国のことを外モンゴルと呼び、モンゴル国ではモンゴル国のことを北モンゴル、内モンゴル自治区のことを南モンゴルと呼んでいるそうだ。かつて巨大な領土を誇ったジンギスカーン率いる"モンゴル帝国"は日本にも"蒙古襲来"という形で歴史上に２度も登場してきたが、現在日本で取り上げられるモンゴル国の話題は大相撲のことばかり。つい最近では、宮城野親方（元横綱白鵬）の弟子である落合改め伯桜鵬が、幕下付け出し初土俵からわずか３場所で新入幕したことが大きな話題となった。そんなモンゴル国に対して、内モンゴル自治区のことは、チベット自治区や新疆ウイグル自治区等と共に日本人にはほとんど知られていない。

　そんな状況下、内モンゴル自治区を舞台として有名になった映画が、①『白い馬の季節』（０５年）（『シネマ１７』３７５頁）、②『トゥヤーの結婚』（０６年）（『シネマ１７』３７９頁）、そして③『大地と白い雲』（１９年）だ。私は『大地と白い雲』の評論で、草原での羊飼いの生活に満足できず、都会に憧れてバイクを乗り回している主人公を念頭に「この男は内モンゴル版"フーテンの寅さん"？」の小見出しで書いたが、それは大地と白い雲、そして草原と羊がよく似合う内モンゴルでも急速に都会化が進み、ビルの林立する都会に憧れる若者が増えていることを示すものだった。しかして、本作の主人公アルスも都会に住み、電子音楽で人気を呼んでいるカッコ良いミュージシャンだから、もはやモンゴルの大草原より大都会のビルの方がよく似合う男のはずだ。そんな男が認知症の母親と２人きりで大草原の旅に出るとは！すごい決断！本作は中盤からそんなストーリーになっていくが、内モンゴルを舞台とした名作の系譜をいかに継承？

■□■母親の思い出の木はどこに?大草原をサイドカーで!■□■

　大草原と聞けば、日本ではせいぜい北海道を思い浮かべるしかないが、内モンゴルのそれは規模が全然違うらしい。モンゴルの大草原を駆け抜けるには馬が最もふさわしいが、都市化が進む今の時代、アルスが愛する乗り物は『大地と白い雲』の主人公と同じく、馬ではなくバイクだ。もっとも、『大地と白い雲』の主人公が乗っていたのは普通のバイクだが、本作の主人公が乗るのは母親を乗せるもう一輪の車台を取り付けた、いわゆるサイドカー（側車付二輪車）だ。ヒトラー映画ではナチスの将校が側面の車台に座っているが、本作でそこに座るのは母親だから、そのコントラストは面白い。アルスが運転し母親が同乗する、そんなサイドカー姿は『大脱走』（６３年）で見た、スティーブ・マックイーンのバイク姿ほどのカッコ良さはないが、内モンゴル特有の移動式テントであるゲルなど生活装備一式を乗せて以降展開していく、内モンゴル自治区での母親の"思い出の木"を探すロードムービーに注目!

　川の近くに設営したゲルを抜け出した母親が見せるモンゴル式の踊りは、おばあちゃんながらなかなか魅力的。そのまま水の中に入っていかないように（?）、アルスはしっかり２人の身体をロープで結んだから、これで母親の安全はキープ!特別に何が面白いわけではないが、本作後半の主役はそんな２人の"臍帯"ぶりと、アルスが運転するサイドカーになるから、そんなロードムービーをタップリ味わいたい。

■□■アルスを助ける若い女性はひょっとして監督の分身?■□■

　中国では近時、第８世代監督の抬頭が顕著だが、本作で監督デビューし、第３５回東京国際映画祭アジアの未来部門に選出されワールドプレミア上映されたのは、１９９０年に内モンゴルに生まれ、フランスで映画を学んだ女性、喬思雪（チャオ・スーシュエ）。私は全然知らなかったが、母親役のバドマはプロの女優だが、アルス役のイデルは本物のミュージシャンで、モンゴル伝統の馬頭琴に現代的な要素を融合させて電子音楽をやっているらしい。

　私が本作でこの２人以上に注目したのが、ロードムービーになった後にアルスの前に登場し、何かとアルスを手助けする若い女性、塔娜（タナ）（娜荷芽／ナヒヤ）。監督も美人だが、このナヒヤもかなり美人だから、私の目につくのは当然。しかし、ストーリー構成の上ではあくまで補助役に徹しているところは好ましい。そんな演出を考えると、このタナはひょっとしてチャオ・スーシュエ監督の分身かも・・・。母子のロードムービーの中に若い女性が加われば、恋愛問題が発生してきても不思議ではないが、さて本作は?そして何よりも、テーマである母子のサイドカーによる内モンゴルの大草原を駆け抜けるロードムービーの結末は?

　認知症の怖さを強調すれば、怖さはいくらでも広がっていくが、他方、内モンゴルの大草原があれば・・・。本作を見れば、そんな新たな"人生観"が少しは芽生えるかも・・・。

２０２３（令和５）年７月５日記

熱血弁護士 坂和章平 中国映画を語る（77）

（さかわ・しょうへい）
１９４９年１月愛媛県松山市生まれ。大阪大学法学部卒。都市問題を中心に活動する弁護士。日本都市計画学会会員。大阪大学大学院国際公共政策博士課程（後期）修了。映画評論を多数執筆。『日本と中国』に「熱血弁護士坂和章平の中国映画を語る」を連載中。著書多数。「日本弁護士連合会公害対策・環境保全委員会委員。二〇〇四年に『坂和的中国電影大観』（二〇〇四年）、中国版『賃貸住宅の法律と実務』、日本都市計画学会「石川賞」受賞。

本作は、日本でも活躍する女性監督ジン・ツァイジアシュー監督の思春期の少女を描いた若々しい感性とみずみずしいタッチが魅力の瑞々しいデビュー作だ。

主人公の少女は、移り住む天地に全く無知な、ただ一人の弟との絆を頼りに旅立つのだが……。

故郷での母親の介護を終え、母親が自然死（＝軟葬？）した後、おおいなるモンゴルの大草原に抱かれた母の子宮（自然死という風景＝新しい日本人の心という）でしばしの安らぎを得ながらも……。

内モンゴルでは今なお、母親の介護にも大草原がお似合い！——

「臍帯」（へその緒）の邦題が、なぜ「草原に抱かれて」に？

誕生時の臍の緒は赤子と母親の体を安全に結びつけ、母親の母乳を赤子に届ける生命線だが、成長した赤子にとってはそれは無用のものとなり、邪魔になるだけだ。他方、「おおいなるもの（＝大自然）」には、赤子が母親の胎内にいるときの安全安心を感じさせる魅力があるらしい。

『臍帯』（へその緒）というタイトルが『草原に抱かれて』になったのは、そんなメッセージを込めたものと考えられる。

誰だ！と言い放つ母親の認知症は半ば本人を面白がらせながら……。

「おおいなるもの（＝大自然）」の中に……。

草原に抱かれて

9/23（土）〜
新宿 K's cinema にて
ロードショー

監督・脚本：チャオ・スー
プロデューサー：リウ・プーフェン、ジン・ジン
撮影：ツァオ・ユー
編集：チャン・イーファン
美術：ジャオ・スーラン
音楽：フー・カン
キャスト：ウルナ（Chahar Tugchi）、イデル
2022年中国／96分
モンゴル語／Qidai辞帯
原題：Qi dai
配給：バンドラ

Data 2023-65

監督：樓一安(ロウ・イーアン)
脚本：樓一安(ロウ・イーアン)／陳芯宜(チェン・シンイー)
出演：黄聖球(ホァン・シェンチョウ)／莫子儀(モー・ズーイー)／黄姵嘉(ホァン・ペイジァ)／潘綱大(パン・ガンダー)／王渝萱(ワン・ユーシュエン)／賴皓哲(ライ・ハオジャ)

★★★★★

ガッデム 阿修羅
(該死的阿修羅／GODDAMNED ASURA)

2022年／台湾映画
配給：ライツキューブ／114分

| 2023（令和5）年5月29日鑑賞 | オンライン試写 |

👀 みどころ

　台湾の夜市は日本人に大人気の観光名所だが、あんなに人が集まったところで無差別銃乱射事件が勃発したら？銃乱射事件はアメリカの専売特許ではなく、１８歳の少年の手によって台湾の夜市でも起きたが、それは一体なぜ？

　再開発を巡る立ち退き問題は台湾でも日本以上に深刻だが、１人のジャーナリストがそれを取材している中で無差別銃乱射事件に巻き込まれたから、さあ大変！彼は九死に一生を得たが、あの死者は一体なぜ？

　もし「クレオパトラの鼻がもう少し低かったら・・・？」と同じような"歴史上のif"に基づく「３話構成」の本作は興味深い。そのため、第５８回金馬奨をはじめ多くの賞を受賞したが、無差別銃乱射事件の動機となった少年の心の中に潜む闇を、あなたはどう読み解く？

───＊───＊───＊───＊───＊───＊───＊───＊───

■□■台湾の夜市で無差別銃乱射事件が勃発！■□■

　アメリカでは痛ましい無差別銃乱射事件が多発しているが、その根本原因はアメリカでは自衛のための銃の保有が認められていること。その点は日本と大違いだが、日本と同じように銃の保有が禁じられているはずの台湾でも、１８歳の誕生日を迎えたばかりのジャン・ウェン（ホァン・シェンチョウ）による無差別銃乱射事件が勃発！

　アメリカではその舞台（？）は学校内が多いが、本作に見る銃乱射事件の舞台は、日本人観光客に大人気の夜市。台湾の夜市は狭い通路をたくさんの人が行き交っているから、そこで「あいつ、銃を持ってるぞ！」と騒がれる中で無差別銃乱射事件が起きれば大変だ。ジャン・ウェンの使用した銃がアメリカで販売されているような本格的なものでなく、改造した空気銃だったため、死者がシャオセン（ライ・ハオジャ）１人だけだったが、発生した怪我人は多数に上ったらしい。

294

本作は冒頭、店頭の檻の中に入っている一匹の犬をジャン・ウェンと親友のアーシン（パン・ガンダー）の2人が逃がすシーンから始まる。せっかくの2人の好意（？）にもかかわらず、この犬が再び檻に戻ってくるのがこの冒頭シーンのミソ（オチ？）だが、これって一体何を象徴しているの？

■□■TVゲーム「王者の世界」に注目！このタイトルは？■□□

私は（無料の）TVゲームは一切やらないし、ネットで（有料で）配信されているTVゲームも一切やらないから、本作冒頭のシーンに続いて登場する、「王者の世界」なるTVゲームのことも全くわからない。スクリーン上を見ていると、これは、私が昔流の"劇画"として知っている面白そうなTVゲームだが、スクリーン上でそれを楽しんでいる（演じている）のは、公務員の中年男シャオセンと高3の女の子、リンリン（ワン・ユーシュエン）の2人だ。

ジャン・ウェンは両親が離婚したため、今は財力のある父親の下で厳格に育てられているらしい。しかし、そんな状況下でもゲームに影響を受けた彼は、大学への入学を当然のように言っている父親の目を盗んで物語を書き、アーシンがそれを漫画化した上でネットに投稿していた。

しかして、本作の原題は『該死的阿修羅』、邦題は『ガッデム　阿修羅』だが、これって一体ナニ？

■□■再開発を巡る記者の取材レポートが本作の基に！■□□

私は約40年間、都市問題、再開発問題を弁護士としてのライフワークにしているが、リンリンが住んでいる黎明アパートの再開発問題を取材しているジャーナリスト、メイ・ジュンズ（モー・ズーイー）も、台湾の再開発を巡る立ち退き問題に大きな興味と関心を持っていたらしい。リンリンは授業中、密かにTVゲームを楽しみながらも、数学を教えている先生の質問への答えをすぐに引き出すことができるほど頭のいい高3の女の子だが、劣悪な黎明アパートの中で酒びたりの母親と2人で生活していたから、小遣い稼ぎのために援助交際も・・・？そんなリンリンがメイ・ジュンズの再開発問題の取材対象として適しているかどうかは疑問だが、何でもあけすけに本音を語ってくれるという意味ではメイ・ジュンズは目の付けどころがシャープ！

他方、そんなリンリンがTVゲーム「王者の世界」で一緒に楽しんでいた中年男シャオセンには、広告会社で働いている美人の恋人ビータ（ホァン・ペイジァ）がいた。しかし、何事にも優柔不断でTVゲームにハマっているシャオセンと、第一線でバリバリ仕事をこなしているキャリアウーマンのビータとの間には今、隙間風が吹いているらしい。

ジャーナリストのフー・ムーチンによる無差別銃乱射事件に関する取材レポートが基になっている本作は、以上に紹介した男4人と女2人が、夜市でのジャン・ウェンによる無差別銃乱射事件を巡って織りなす社会派サスペンスドラマだから、まずはこの6人の主人公のキャラをしっかり確認しておきたい。

■□■全3話構成だがその意味は？歴史上のifってあり？■□■

　私は中学時代から物理や化学は苦手だが、日本史、世界史は大好きだった。「歴史は年代を丸暗記しなければならないから嫌い」という人もいたが、私はそうは思わない。「もし、クレオパトラの鼻がもう少し低かったら・・・？」という"歴史上のif"を考えながら、歴史上の事実についての"物語"を考えていけば、歴史は面白い科目だった。しかして、全3話構成とされている本作の第1部では、厳格な父親の下で大学進学、アメリカへの留学等が至上命題とされ、「俺は（冒頭に見た）檻の中の犬と同じ"囚われの身"だ」と思い込んでいるジャン・ウェンが、鬱積した気持ちから抜け出せないまま、ある日、夜市で銃乱射事件に至るストーリーが描かれる。

　夜市は日本人観光客には観光名所だが、台湾に住んでいる人々には日常だから、そこには、ある偶然からメイ・ジュンズがいたし、シャオセンもいた。メイ・ジュンズはうまく身を隠しながら、ジャン・ウェンが銃を乱射する姿の一部始終を目撃していたが、シャオセンの方は間が悪く、ジャン・ウェンが発射した弾に当たってしまい、唯一の死者になってしまったから、アレレ。もちろん、ジャン・ウェンはすぐに逮捕されたが、アーシンが言うように、18歳の誕生日を迎えた直後だったから「少年法」は適用されないことになる。そこでアーシンは、第1に犯罪に至った動機、すなわちジャン・ウェンの心の中に巣食っている社会や家庭に対する不平不満をぶちまけて弁明し、第2に被害者に謝罪し、第3に父親の金で被害者に被害弁償し、第4に弁護士を通じて被害者と示談をするよう説得したが、さて、ジャン・ウェンは？

　フー・ムーチンの3つのレポートを基に映画化された本作が面白いのは、そんな「第1話」をベースとした上で、「もし・・・だったら？」という"歴史上のif"の視点から「第2話」、「第3話」を構築したこと。夜市で銃乱射事件が勃発したことや、そこでシャオセンが死亡したこと自体は動かしようのない事実だが、「もし○○がいたら・・・？」、あるいは「もし○○がいなかったら・・・？」、そんな"歴史上のif"はいくらでもあり得るはずだ。しかして、本作の「第2話」、「第3話」が描く"歴史上のif"とは？

■□■第58回金馬奨等々を受賞！その問題提起に注目！■□■

　本作のホームページには「6人の運命は、あの夜一変した。」、「善になるも、悪になるもタイミング次第なのかもしれない。」との"見出し"で、本作のポイントが紹介されている。2022年3月に台湾で公開され話題を呼んだ本作は、2021年の台湾のアカデミー賞とされる金馬奨でワン・ユーシュエンが最優秀助演女優賞に選出された他、2022年には台北映画祭の台北電影奨で、脚本賞、音楽賞、最優秀助演女優賞を受賞した。また、2023年米国アカデミー賞では、国際長編映画賞部門で台湾代表作としてエントリーされた。

１８歳の誕生日を迎えたばかりのジャン・ウェンと同級生のアーシンはもともと親友だし、シャオセンとビータはその仲に波風こそ立っているものの恋人同士だが、この両者にはもともと何の接点もない。他方、黎明アパートに住む高３のリンリンは母子家庭の孤独な身だが、持ち前の美貌と勝気な性格、そして頭の良さを生かして、一方ではゲーム「王者の世界」を通じてシャオセンとの接点を深めていたし、他方では再開発の取材を通じてジャーナリスト、メイ・ジュンズとの接点を深めていた。

　そんな本作の主人公たる６人の男女の運命が交錯したのは、あの日の夜市だ。無差別銃乱射事件はアメリカの専売特許ではなく、台湾でも起きたわけだが、それは一体なぜ？ジャン・ウェンはなぜあの日、あの夜市であんな行動をとったの？ジャン・ウェンはなぜTVゲーム「王者の世界」の物語を書いていたの？ジャン・ウェンの心の中に潜む闇は一体何だったの？ジャーナリスト、メイ・ジュンズの黎明アパートを巡る再開発の取材は一体何だったの？もしあの時、○○が、そして△△が、あの行動ではなく別の行動をとっていたら・・・？無差別銃乱射事件の動機となったジャン・ウェンの心の中に潜む闇を、あなたはどう読み解く？

　クレオパトラは紀元前４４年にシーザーが暗殺された後、アントニウスと愛し合い、ロ

©Content Digital Film Co., Ltd

ーマ＝エジプト連合を夢見たが、紀元前３１年のアクティウムの海戦によって、シーザーの正当な継承者を自称するオクタヴィアヌスによって滅ぼされてしまった。しかし、もしクレオパトラの鼻がもう少し低かったら、シーザーとクレオパトラとの恋はなかったし、シーザーの死後、アントニウスとクレオパトラの恋もなかったのかも・・・？

　そんな“歴史上のif”も興味深いが、もしビータがあの夜市でシャオセンと待ち合わせの約束をしていなかったら・・・？その他いろいろな歴史上のifを考えると、前述した本作のホームページの見出しはなおさら興味深い。本作の問題提起とそんな歴史上のifは、「第２話」、「第３話」でしっかりと！

　　　２０２３（令和５）年５月３０日記

熱血弁護士 坂和章平 中国映画を語る (76)

（さ・かずひこ）１９４９年愛媛県松山市生まれ。７２年大阪大学卒業、７４年弁護士登録（大阪弁護士会）。都市問題に関心を持ち、都市・まちづくり、景観、環境問題等に関する著書多数。2004年に「まちづくり行政訴訟」を出版。ＮＰＯ法人大阪府日中友好協会参与。日中友好、中国映画に関するエッセイも多数。「熱血弁護士坂和章平中国映画を語る」シリーズを映画雑誌「日本と中国」に連載中。

台湾の夜市で無差別銃乱射事件が勃発！18歳の少年の心の中の闇は？

ー3つの物語に見る6人の男女の運命は？もし歴史上のifがあったなら？ー

銃乱射事件は統一保守を尊ぶ米国の固執する権利特許等を金馬奨等を受賞した本作は、トBと共に逃げ場のない少年Aが大いに親しむ

店頭で店員がまた高3の少女と楽しむゲームの「王者の世界」は、ゲームに中心だった親友Bは漫画を投稿し婚約者を取材して遭遇させるが、中将が来る？

女は絶望し、記者は多数の死傷者が生まれた本作を描き、ネットに公開する。仲間の成績優秀な助手アシスタント、母子家庭で中心だった親友Bは婚約者を取材して？

台湾の夜市で無差別銃乱射事件が勃発！18歳の男女6人の運命は？もし歴史上のifがあったなら？ー3つの物語を交錯させてデモが阿修羅のごとく

Aは大学進学の圧力の中で少年共通の親友がいる。少年の親友Bとは「弁明しよう」と勧める若者に対し、謝罪を拒否し死刑を望む台湾各々が

「クレイジー」と歴史上のifは？歴史上の有名な選択を各々が台湾の少年法に対し大

修羅の心やら留学の圧力だ更に大学へ進むA

通じて夜市で起こる少年が謝罪を拒否し死刑を望むもし歴史上の選択が低い台湾各々が

もし自乱射事件前に戻れる？もしあの時公務員が待たなら？味深い。

18歳に執行猶予は？少年法は如何に？歴史興を第1話、第2話、第3話と

かれるとエンドマークが描かれ終わる6人

ガッデム 阿修羅
全国順次公開中

Data 2023-99

監督・脚本：楊徳昌（エドワード・ヤン）

出演：倪淑君（ニー・シューチン）／陳湘琪（チェン・シャンチー）／王維明（ワン・ウェイミン）／王柏森（ワン・ポーセン）／李芹（リチー・リー）／鄧安寧（ダニー・ドン）／王也民（ワン・イエミン）／陳以文（チェン・イーウェン）／閻鴻亜（イエン・ホンヤー）／陳立美（チェン・リーメイ）

★★★★★

エドワード・ヤンの恋愛時代　4Kレストア版
（獨立時代／A Confucian Confusion）

1994年／台湾映画
配給：ビターズ・エンド／129分

2023（令和5）年8月24日鑑賞　｜　シネ・リーブル梅田

👀 みどころ

　中国ニューウェーブの代表がチャン・イーモウ（張芸謀）とチェン・カイコー（陳凱歌）なら、台湾ニューウェーブの代表はホウ・シャオシェン（侯孝賢）とエドワード・ヤン（楊徳昌）。エドワード・ヤン監督の代表作は『牯嶺街（クーリンチェ）少年殺人事件』（91年）だが、その3年後に、前作とは全く異なるアプローチで現代の台北で生きている男女を描いた本作は、"エドワード・ヤン監督のフィルモグラフィの中でも最大の野心作"だ。

　そのことを濱口竜介監督は彼特有の造語で「重厚な歴史青春群像劇」から「軽佻浮薄な都市的恋愛模様」に変わっていったと表現しているが、さすが、カンヌ国際映画祭で脚本賞を受賞した映画監督だけあって、これは言い得て妙だ。

　戦後復興を急速に成し遂げた日本は、1960年代の「所得倍増計画」と「高度経済成長政策」でひた走りに走ったが、1996年に総統の直接選挙を実現させた台湾では、それまでの戒厳令や白色テロの悪夢を乗り越えて、急速な経済成長を進めていった。とりわけ、首都台北の経済成長が東京以上にすごいことは、本作のスクリーンを見れば、よくわかる。

　他方、60〜70年代の日本は『青い山脈』（63年）に代表される、夢と希望に満ちた真っ直ぐな経済成長への道だったが、①国共内戦、②本省人と外省人の対立、③戒厳令と白色テロ、④「反攻大陸」という状況下で苦悩してきた台湾の若者たちには、各人各様の"屈折"があるので、その屈折ぶりや屈折度に注目！60年代の『青い山脈』とも90年代の『東京ラブストーリー』とも異質な、10人の男女が濃密な会話劇で織りなすエドワード・ヤン（楊徳昌）監督の青春群像劇をしっかり鑑賞し、タップリ楽しみたい。

――＊――＊――＊――＊――＊――＊――＊――＊――

■□■『牯嶺街少年殺人事件』と並ぶ台湾の名作を鑑賞！■□■

　"中国ニューウェーブ"を代表する（第5世代）監督がチャン・イーモウ（張芸謀）とチェン・カイコー（陳凱歌）なら、"台湾ニューウェーブ"を代表する監督がホウ・シャオシェン（侯孝賢）とエドワード・ヤン（楊徳昌）。そして、1947年生まれのホウ・シャオシェン（侯孝賢）監督の代表作が『悲情城市』（89年）（『シネマ17』350頁）なら、1947年生まれのエドワード・ヤン（楊徳昌）監督の代表作は映画史上に屹立する『牯嶺街（クーリンチェ）少年殺人事件』（91年）（『シネマ40』58頁）だ。

　『牯嶺街少年殺人事件』直後の1994年に、前作とは全く異なるアプローチで、現代の台北で生きている男女を描いた本作は、"エドワード・ヤンのフィルモグラフィの中でも最大の野心作"と言われている。2022年のヴェネチア国際映画祭で、そんな映画の4Kレストア版がワールドプレミアされるやいなや、トロント、NY、東京と世界中の映画祭が相次いで上映し、「90年代の台北で描かれるすべてのことは、21世紀の大都市でも起こることだ」と絶賛されたらしい。しかして、本作のチラシには「早すぎた傑作が4Kで蘇る」と謳われているが、それは一体なぜ？

　なお、本作のチラシには、財閥の娘・モーリー（倪淑君／ニー・シューチン）と並んで本作のヒロインとして登場する、モーリーの親友・チチ（琪琪）（陳湘琪／チェン・シャンチー）と、その大学時代からの恋人ミン（明）（王維明／ワン・ウェイミン）が映っているが、そこでのチチの圧倒的な美人度にも注目！

■□■重厚な歴史青春群像劇から軽佻浮薄な都市的恋愛模様に■□■

　本作のパンフレットには濱口竜介氏（映画監督）の「エドワード・ヤン　希望は反復する」があるが、これは全6ページにわたる超力作だから必読！そこでの最初の問題提起は、次の通り実に鋭いものだ。すなわち、

> 加速度的な経済発展に浮かれる社会における、生身のからだの疲弊と消尽こそを不可避の問題と看破しつつ、それをギリギリでも「恋愛コメディ」と見えるような枠組みへと落とし込んだエドワード・ヤンの洞察と手腕に、遅まきながら深く驚いたのだった。

　その上で、濱口監督は次の通り指摘している。すなわち、

> 1990年代半ば、待望の新作として『エドワード・ヤンの恋愛時代』を見た観客たちは深く驚いたろう。動揺したかもしれない。ひとまずは「重厚な歴史青春群像劇」とでも言えそうな傑作『牯嶺街少年殺人事件』から3年を隔てて発表された『恋愛時代』は一見したところ「軽佻浮薄な都市的恋愛模様」といった印象で、テーマは様変わりして見える。それだけでなく、後述するように形式の面でも相当に異なっており、両作の間には「亀裂」とも言いたくなるようなギャップがある。

　ここでの「重厚な歴史青春群像劇」VS「軽佻浮薄な都市的恋愛模様」は濱口監督の特有の造語だが、さすがカンヌ国際映画祭で脚本賞を受賞した映画監督だけあって、その言葉

（表現）は、言い得て妙だ。私の感覚では、『牯嶺街少年殺人事件』はエドワード・ヤン監督の本質的な部分を知った上で、深く切り込まなければ容易に理解できない映画であるのに対し、本作は軽佻浮薄な気分で十分楽しめる映画なのかもしれない。

日本では1990年代のバブル時代に『東京ラブストーリー』（91年）というトレンディドラマが大ヒットしたが、私に言わせれば、これこそ、日本型バブルの時代に生まれた「軽佻浮薄な都市的恋愛模様」ドラマだった。しかし1994年に台北を舞台として公開された本作は、「軽佻浮薄な都市的恋愛模様」でありながらも、90年代の日本のトレンディドラマとは全く異質なものだ。そのことは、本作の原題が『獨立時代』、そして、英題が『A Confucian Confusion』（儒者の困惑）とされていることをよくよく考えれば明らかだ。

■□■60年代の日本の経済成長はなぜ？その特徴は？■□■

1945年8月15日に終戦（敗戦）を迎えた日本は、『リンゴの唄』（46年）が流れる中、サンフランシスコ講和条約（51年）、朝鮮特需（50〜52年）等の中で"戦後復興"を進めた。そして、1956年の『経済白書』の中で、「もはや戦後ではない」と宣言し、池田勇人首相が所得倍増計画を打ち出した後の日本は、高度経済成長の軌道に乗った。とりわけ、1964年10月に開催された東京オリンピックは、そんな日本の復興と豊かさを世界に知らしめた画期的なイベントだった。1960年の日米安保条約（改定）によって、軽武装、経済重視路線を確立させる中、まさに60年代の日本の高度経済成長ぶりは驚くばかり。1970年の大阪万博がそれに輪をかけたのはもちろんだ。

そんな中、小説では源氏鶏太の『三等重役』（51〜52年）がヒットし、これは東宝が『新・三等重役シリーズ』（59〜60年）として映画化した。歌では1962年に植木等が歌った『スーダラ節』が大ヒットし、『無責任シリーズ』（62〜71年）等のクレイジー映画が大ヒットした。私が3本立て55円の日活映画を見始めたのは1961年に愛光中学に入学した後だが、その当時の邦画の隆盛ぶりはすごかった。吉永小百合と浜田光夫の純愛コンビをはじめ、人気俳優はほぼ"年間12本"も撮っていたほどだ。これからの日本は前向き、そして、そこでは若者たちが主役。そんな思いを込めた日活の代表作が、石坂洋次郎の原作を映画化した青春群像劇『青い山脈』（49年）だった。また、世界的大都市に復活しようとする東京の銀座を舞台にした、石原裕次郎、浅丘ルリ子コンビによる"珠玉の大人のラブストーリー"たる『銀座の恋の物語』（62年）もあった。おっと、それとは逆に、深窓の令嬢とチンピラヤクザとの純愛と悲哀を描いた藤原審爾の原作を映画化した、吉永小百合×浜田光夫コンビによる『泥だらけの純情』（63年）は、今なお私の目に焼き付いている。

■□■90年代の台湾の経済成長はなぜ？日本とは全く異質！■□■

このように、日米安保条約の恩恵を受けて高度経済成長路線をひた走った60〜70年代の日本に対して、台湾は1945年の日本統治終了後も後記の通り、①国共内戦での敗北、②本

省人と外省人の対立、③1949年から1987年まで38年間も続いた戒厳令と白色テロ、④「反攻大陸」のスローガン、という大問題点を抱えていたから大変だ。しかし、中華民国（台湾）の初代総統、蒋介石の後を継いだ2代目の蒋経国が1988年に死去すると、その後継者として李登輝が急浮上！彼の尽力によって、1996年には台湾初の総統直接選挙が実施され、李登輝が台湾初の民選総統として第9期総統に就任した。日本は1886年の明治維新によって近代化と民主主義が急速に進んだが、台湾では、この1996年の総統直接選挙以降、急速に民主化が進んだわけだ。ちなみに、1996年の直接選挙に先立つ1994年には、①第9期総統選から直接選挙を実施することを決定すると共に②総統の「1期4年・連続2期」の制限をつけて、独裁政権の発生を防止する規定も定められた。

1994年に公開された本作は、まさにそんな台湾の激変期を生きる男女10人の青春群像劇なのだ。

■□■出演者の多くは『牯嶺街少年殺人事件』と共通！■□■

「小公園」と「217」という2つのグループに分かれて抗争を繰り広げる若者たちの姿を描いた236分の超大作、『牯嶺街少年殺人事件』を観て、私はミュージカルの傑作『ウエストサイド物語』（61年）を思い出したが、その共通点はあくまで表面上のものだった。なぜなら、『牯嶺街少年殺人事件』は、①国共内戦の敗北、②本省人と外省人、③長く続いた戒厳令と白色テロ、④「反攻大陸」というスローガンと、プレスリーをはじめとした洋楽への憧れという歴史的背景の中での、若者たちの抗争を描くものだったからだ。つまり『牯嶺街少年殺人事件』は、あくまであの時代の台湾特有の映画だった。

同作はエドワード・ヤン（楊徳昌）監督の代表作になったが、それから3年後の本作には、豊かになった台北市内を舞台として、抗争グループの中心人物として活躍した若者たちが少し成長し、男はカッコ良い背広姿で、女はキレイなドレスやスーツ姿で登場するので、その"対比"に注目！

『牯嶺街少年殺人事件』の舞台になったあの台北市が、わずか3年後に本作に見るような近代的な大都市に成長し、『牯嶺街少年殺人事件』でチンピラだった男女が、わずか3年後に本作のような自由奔放な（？）恋愛模様を繰り広げる男女に成長したとは！

■□■本作に登場する10人の男女たちの"屈折度"に注目！■□■

60年代に日本を席巻した『青い山脈』は「若くあかるい 歌声に 雪崩は消える 花も咲く・・・」という主題曲を聴いても、とにかく前向きで明るいものだった。それに対して、本作に登場する10人の男女たちは豊かさを求めてそれぞれの努力をしながらも、各人の"屈折度"が強いのでそれに注目！もちろん、その内容とレベルは各人各様だから、本作では、"濃密な会話劇"の中で浮かび上がるそれをしっかり鑑賞し、分析したい。

■□■2人のヒロインのキャラは？その対比に注目！■□■

本作全編を通じた2人の主人公はモーリーとチチ。財閥の娘で出版や映像を手広く扱う

カルチャー・ビジネス会社の社長であるモーリーの経営者としての能力はイマイチらしい。本作冒頭、気に食わないスタッフの一員である社員のフォン（小鳳）（李芹／リチー・リー）の"クビ切り"を一方的に宣言している風景を見ていると、「この女社長ではダメ」ということがよくわかる。

他方、モーリーの大学時代からの同級生で、今はモーリーの会社でモーリーの右腕として働いているチチは、愛嬌ある性格でコミュニケーション能力も高く、リストラから再就職の世話までそつなくこなす優等生だ。ところが、そんなチチも、「いい子のフリをしている」と周りから思われていることに悩んでいるようだから、アレレ・・・。

本作の鑑賞については何をおいても、この2人のヒロインのキャラの対比をしっかりと。

■□■2人の婚約者のキャラは？その役割分担は？■□■

モーリーの婚約者は、同じ大財閥の御曹司であるアキン（阿欽）（王柏森／ワン・ポーセン）だが、こちらも"経営能力はゼロ"で、会社のことはすべてお抱えコンサルタントのラリー（Larry）（鄧安寧／ダニー・ドン）に任せっぱなしだ。もっとも、この単純でお人よしの2代目は、両家の親同士が決めた結婚ながら、いつかはモーリーと愛を育みたいと願うロマンチストでもあるところが面白い。また、ラリーはフォンと不倫関係にあったから、後述のように、「モーリーが同級生のバーディ（Birdy）（王也民／ワン・イエミン）と浮気している」というニセ情報を流す他、フォンの救済のためにひと肌脱ぐことになるので、その役割に注目！

他方、チチの恋人のミンは、大学時代からの同級生で、役所に勤める公務員だ。彼はチチとの結婚を考えているが、チチの意思や感情を無視した言動が仇となり、最近うまくいっていないから、悩みは多いらしい。また、ミンは公務員の仕事は「どこまで公平性に徹し、どこまで私情を捨てるか」が難しいことを、汚職のために捕まり、退職した父親から学んでいたらしい。そのため、同僚のリーレン（立人）（陳以文／チェン・イーウェン）に、工期が遅れて違約金を請求されている業者に対して「助けてあげたら？」というアドバイスをしたところ、そのアドバイスに従って書類を書き換えたリーレンが、文書偽造と収賄を理由に解雇されてしまうという大変な結果になってしまったから、アレレ・・・。

本作の鑑賞については、あまりにも対照的なモーリーとチチの婚約者のキャラもしっかり深掘りしたい。

■□■ホンモノVSニセモノに拘泥する2人の男のキャラは？■□■

他方、モーリーの姉（陳立美／チェン・リーメイ）と今は別居中の夫である小説家（閻鴻亜／ヤン・ホンヤー）と、モーリーとチチの大学時代の同級生で、今は人気の舞台演出家のバーディの2人は、モンモノVSニセモノという問題を内包させている当時の台湾人特有のキャラの代表として（？）本作に登場しているので、それに注目！

60年代の日本の若者たちは、安全保障や平和問題は横において（無視して）、ひたすら経済成長だけを目指せばよかったのに対し、本作に登場する10人の男女には、急速な経済

成長を遂げる都市、台北で生きていく中で、ややもすればそのインチキ性に気づき、目的を失ってしまうという不安がつきまとっていることがよくわかる。本作では、台湾の青春群像劇特有のそんな"屈折ぶり"をしっかり理解したい。

■□■大事件が勃発！その解決に会話劇は機能するの？■□■

本作は「都市に生きる男女の姿を二日半の時間で描き切り、時代を先取りした青春群像劇」。しかして、それぞれの"屈折ぶり"を抱えた 10 人の男女たちによる本作の青春群像劇は、濃密な会話劇の中で次々と大事件が勃発していくので、それに注目！

その第 1 は、女グセが悪く、自分の利益のためなら平気で嘘をつく男、ラリーが、アキンとモーリーの仲を攪乱させるべく「モーリーが同級生のバーディと浮気している」というニセの情報を流したこと。それでなくとも、ワガママで経営者としての能力はイマイチのモーリーは、フォンがラリーの愛人であることを知ると、即"解雇宣言"を下したから、問題がさらに広がっていくことに。

他方、モーリーは何か問題が起こるたびにその処理をチチに委ねていたから、フォンへの解雇通告も当然チチの役目だ。ところが、チチには

もう 1 つ、今はモーリーの姉と別居中の小説家との間で"著作権を巡る交渉"をまとめ上げるという重要な任務が与えられていたところ、その任務の遂行を巡って次第にモーリーとチチの間に意見の対立が生まれてきたから、大変だ。

さあ、そんな風に次々と起こる大事件の解決に、エドワード・ヤン（楊德昌）監督の脚本による濃密な会話劇はどこまで機能するの？

2023（令和5）年 8 月 29 日記

Data	2023-50

監督：王家衛（ウォン・カーウァイ）
出演：鞏俐（コン・リー）／張震（チャン・チェン）

★★★★★

若き仕立屋の恋 Long version （愛神 手／The Hand）

2004年／香港映画
配給：アンプラグド／56分

2023（令和5）年4月24日鑑賞	シネ・リーブル梅田

👁👁 みどころ

エロス。そう聞くだけで、若者が興奮し、ときめくのは当たり前。したがって、いかにも日活ロマンポルノ風のタイトルだったオムニバス映画『愛の神、エロス（eros）』（04年）が大ヒットしたのは当然だ。その中の1つである、王家衛監督の『エロスの純愛「若き仕立屋の恋」』が44分から56分になったLong versionで公開。こりゃ、必見！

マギー・チャンの美しい脚を強調したチャイナドレスが魅力的だった『花様年華』（00年）と同じ、1960年代の香港が舞台だが、女優がマギー・チャンVSコン・リーだし、恋のお相手（？）も不倫相手のトニー・レオンVS若き仕立屋のチャン・チェンだから、その異同に注目！

さらに、コロナ禍に襲われた今、本作撮影時の2003年の香港はSARS禍にあったことを再確認の上、『愛神 手』の原題、『The Hand』の英題に注目！感染防止のためには"接触しないこと"が最も大切だが、"愛の交換"のためには、手は不可欠・・・？

———＊———＊———＊———＊———＊———＊———＊———

■□■王家衛監督の名作がLong versionで一週間の限定上映■□■

いかにも"日活ロマンポルノ風"のタイトルだった『愛の神、エロス（eros）』（04年）は、カンヌ国際映画祭を制した中国・アメリカ・イタリアの3人の名監督の視点による、純愛、悪戯、誘惑をテーマとした、3つの別々の物語の総タイトルだった。

アメリカからはスティーヴン・ソダーバーグ監督の『エロスの悪戯「ペンローズの悩み」』、イタリアからはミケランジェロ・アントニオーニ監督の『エロスの誘惑「危険な道筋」』、そして、中国からは王家衛（ウォン・カーウァイ）監督の『エロスの純愛「若き仕立屋の恋」』だから、そのラインナップはすごい。監督名とタイトル、そして中国の名女優、鞏俐

（コン・リー）の名前を見ただけで、「これは絶対！」と思うもので、２００４年のヴェネ
ツィア国際映画祭の話題をさらったのも当然だ。私は、その評論（『シネマ１７』３２５頁）
の中で『若き仕立屋の恋』について、「『若き仕立屋の恋』にみる純愛と性愛─その１」、「『若
き仕立屋の恋』にみる純愛と性愛─その２」の小見出しで、その素晴らしさを評論したが、
同作は４４分の短編だった。

　同作は２００４年のヴェネツィア国際映画祭で非公開のプレミア上映作品として発表さ
れたが、その後、尺が１２分伸びた５６分のロングバージョンとして２０１８年の北京映
画祭で上映されたそうだ。４４分から５６分のロングバージョンになったことで、どこが
どう変わった（補強された？）の？私はそんな興味をもって座席に座ったが、タイトルも
原題が『愛神 手』、英題が『The Hand』だということが、今回はじめてわかった。『エロ
スの純愛「若き仕立屋の恋」』も日活ロマンポルノ風のタイトルだが、この原題にも英題に
も、映画が始まってすぐに始まる、若き仕立屋のチャン（チャン・チェン）が、高級パト
ロンに囲まれている高級娼婦ホア（コン・リー）の手で“性の手ほどき”を受けるシーク
エンスを見ていると、納得！さすが、王家衛監督はすごい！

■□■同じ王家衛作品だが、『花様年華』と本作の異同は？■□■

　王家衛監督は香港を代表する名監督で、初期の代表作は第２作目の『欲望の翼』（９０年）
（『シネマ５』２２７頁）だ。同作は、１９６０年の香港を舞台に、頽廃的で自由奔放な主
人公役のレスリー・チャンと、これに惹かれる２人の女性、マギー・チャンとカリーナ・
ラウ、そこにアンディ・ラウとトニー・レオンら香港の６大スターを共演させた青春群像
劇だった。それに続く『楽園の瑕』（９４年）は『欲望の翼』の第２部として構想されたも
のだが、同作はイマイチだった（『シネマ５』２３１頁）。

　しかし、王家衛監督には珍しい“不倫もの”で、トニー・レオンとマギー・チャンを共
演させた『花様年華』（００年）（『シネマ５』２５０頁）は、素晴らしい作品だった。『宋
家の三姉妹』（９７年）（『シネマ５』１７０頁）で、次女慶齢役を演じたマギー・チャンは、
前半は孫文の秘書としてテキパキと尋問をこなす優秀な女子の姿を、後半は共産党を支援
して蒋介石と対決する革命の闘士の役を見事に演じていたが、『花様年華』では一転して、
１９６０年代の香港を舞台に、同じアパートの隣同士に住む夫婦が、お互いの夫と妻の不
倫を知って“急接近”していく“不倫モノ”を豊満な肉体と美しいチャイナドレス姿を見
せながら、圧巻の演技（艶技）を魅せていた。

　そんな『花様年華』と同じように、『若き仕立屋の恋』と題された本作も、舞台は１９６
０年代の香港。しかし、違うのは、「夫や妻が浮気するのなら、俺たちだって！」とばかり
に（？）互いに変な言い訳をしながら対等の関係で不倫を楽しんでいた『花様年華』に対
して、『若き仕立屋の恋』は男女の年齢と力関係が圧倒的に離れていることだ。コン・リー
とチャン・チェンとの年齢差を考えればその設定は妥当だが、最初から最後までその男女
の力関係の差を強調した『若き仕立屋の恋』も見応えいっぱい！男女間に大きな力関係の

差があればこそ、『愛神 手』という原題も『The Hand』という英題も、いかにもぴったりだった。本作の楽しみを倍増させるためには、本作と『花様年華』との異同比べが不可欠だ。

■□■あなたはどちら派？コン・リーVS マギー・チャン■□■

　１９６０年生まれのマギー・チャンが『花様年華』に出演した時の年齢は３６歳。チャイナドレスを着ると、たとえ１００ｇでも体重の増減があればわかってしまうため、撮影中はよく「太ったね、痩せたね」と言われ、その度にドレスを微調整したとのことだ。それに対してチャン・イーモウガールとしてデビューし、『紅いコーリャン』（８７年）（『シネマ５』７２頁）、『菊豆』（９０年）（『シネマ５』７６頁）、『活きる』（９４年）（『シネマ５』１１１頁）を筆頭とし、チェン・カイコー監督の『さらば、わが愛／覇王別姫』（９８年）（『シネマ５』１０７頁）への出演等でも中国を代表する女優 No. １となったコン・リーは１９６５年生まれだから、『若き仕立屋の恋』の時は３９歳。美しい脚を強調するチャ

イナドレス姿を次々と披露した『花様年華』のマギー・チャンに対して、『若き仕立屋の恋』で高級娼婦を演じたコン・リーは奔放さと気の強さが目立っている。「若き仕立屋」の男を待たせていることを知りながら、平気で喘ぎ声を出しているかと思えば、パトロンとの電話では金切り声で怒鳴ったり、逆に甘えた声でおねだりをしたり・・・。他方、『若き仕立屋の恋』と題されているにもかかわらず、本作でコン・リーの美しい脚を魅せたチャイナドレス姿を拝む

ことは全くできず、チャンがアイロンをかけたり大切そうに畳んだりと、チャイナドレスそのものがスクリーン上で大切な素材になっているだけだ。

　したがって、チャイナドレスに包まれたコン・リーの美しい脚を見たい人には少し欲求不満かもしれないが、その分、高級娼婦として、若き仕立屋の男チャンに"いろいろなサービス"をしてくれるから、それに注目！しかして、あなたはマギー・チャン派？それともコン・リー派？

■□■コロナ禍の洗礼を受けた今、SARS禍を再確認！■□■

　『活きる』では、１９４０～６０年代の中国の歴史が激動する中、コン・リーが演じる家珍が、夫の福貴と共にしたたかに生き抜く姿が感動的に描かれていた。しかし、本作の冒頭とラストは、病魔に襲われ死期が迫ったコン・リーの姿だから、実に残念！本作の舞台は１９６０年代の香港だが、撮影されたのはSARSが香港で猛威を振るった２００３年。奇しくも２０２０年から始まったコロナ禍はたちまち世界的パンデミックとなり、約３年間、世界中が大きな影響（被害）を受けたが、２０年前の香港がまさにそうだったことを、本作を観てあらためて再確認！ちなみに、王家衛監督はそのことについて、かつて発表したステートメントの中で、「人々が常に互いに意識したのは『何にも触れてはならない』ということでした。私たちは、いつも手を洗わなければなりませんでした。常に触れるだけで感染する恐れがつきまとう。私は"触ることについての映画を作る時が来たのかもしれない。それが、どのように伝染するかについて"と考えました。それはSARSについてではなく、"エロス"の話になったのです」とつづっている。なるほど、なるほど・・・。

　本作の劇中に見るコン・リー演じるホアは、高級娼婦としてパトロンを怒鳴り散らしていたが、所詮、娼婦は娼婦。美しさに衰えを見せてくると、さらにSARSのような病魔に襲われたとなると、伝染を恐れるパトロンたちが彼女に寄りつかなくなるのは当然だ。そうすると、ホアがパトロンに多額の代金を払わせながら、若き仕立屋のチャンに作らせていた美しい洋服の数々は・・・？あれほど高慢だったホアが、お金のために、ほとんど袖を通していない洋服を処分してくれとチャンに依頼する姿は実に痛々しい。もちろん、その依頼を聞いてあげてもいいのだが、チャンは自分がホアのために作った数々の洋服を処分することなど到底できず、大切に保管していたらしい。

　本作の冒頭とラストは、全く同じシーンから始まるのでそれに注目だが、ラストのシーンでは「感染するから近づいてはダメ」とチャンの接近と接触を拒否するホアに対して、チャンは・・・？原題を『愛神　手』、英題を『The Hand』とする、王家衛監督独特の美しい映像を見ながら、そんなホアの最期の姿を見守りたい。合掌・・・。

２０２３（令和５）年４月２６日記

第7章　韓国

Data 2023-81
監督・脚本：イ・ジョンジェ
出演：イ・ジョンジェ／チョン・ウ
ソン／チョン・ヘジン／ホ・
ソンテ／コ・ユンジョン／キ
ム・ギョンス／チョン・マン
シク

★★★★★

ハント

2022年／韓国映画
配給：クロックワークス／125分

2023（令和5）年7月7日鑑賞　｜　オンライン試写

👀 みどころ

　近時の日本は"純愛もの"や"お涙頂戴モノ"、そしてお手軽な"娯楽作品"ばかりだが、韓国では『イカゲーム』で大人気になった若手俳優イ・ジョンジェが初監督作品として、軍事独裁政権下にあった１９８０年代の韓国を舞台に、南北分断の悲劇と（南北の）二重スパイ問題に焦点を当てた超シリアスな問題提起作を発表！

　米国のCIAやFBIは、ロシアのKGBと共に誰もが知っているが、韓国のKCIA（大韓民国中央情報部）も有名。その一因は、１９７３年８月８日に発生した金大中拉致事件だが、あなたは１９８０年５月の光州事件を知ってる？その弾圧ぶりと、その後の軍事独裁政権の横暴ぶりを知ってる？イ・ジョンジェ自身と、『私の頭の中の消しゴム』（０４年）等で有名なチョン・ウソンが、KCIAの海外班と国内班の責任者としてW主演した本作は、しっかり勉強しなければ理解できないほどシリアスな二重スパイ合戦になっている。

　暗号名"トンニム"は誰だ？それを巡って２人の主役は大統領暗殺を狙う北朝鮮のスパイと対峙するが、その展開と結末は？舞台はワシントン、東京を経て、ラストはタイのバンコク。そこでの大統領の警護は２人の任務だが、さて大統領の安否は？そしてまた、本作ラストに見る男の美学とは？若手俳優イ・ジョンジェの問題意識の卓越さと本作の出来に拍手！

—— * —— * —— * —— * —— * —— * —— * —— * ——

■□■韓国人俳優が韓国特有のチョー深刻な問題提起作を！■□■

　韓国では、近時 Netflix でシリーズ配信されている韓国のサバイバルドラマ『イカゲーム』が大ヒットしているそうだ。そのおかげで、主演のイ・ジョンジェも大人気らしいが、その勢いの中、俳優イ・ジョンジェの監督初作品として登場したのが本作。彼が『私の頭の

中の消しゴム』（０４年）（『シネマ９』１３７頁）等で有名なチョン・ウソンと W 主演した本作は、娯楽作に徹したドラマ『イカゲーム』とは全く異質の、韓国特有の超深刻な問題提起作だ。

　１９４５年の終戦から今日まで７８年間の平和を享受してきた日本と異なり、朝鮮戦争によって北と南に分断された朝鮮半島は大変。貧困に喘ぐ北はもとより、民主化された韓国だって順調に民主化と近代化が進み、豊かになってきたわけではなく、台湾と同じように大変な"暗黒時代"も体験した。その代表が『光州５・１８』（０７年）（『シネマ１９』７８頁）等で有名な、１９８０年５月１８日〜２７日の"光州事件"だが、その後軍事独裁政治色を強めていった韓国では、南北スパイ問題（統一問題）や韓国内に設置されたKCIA（大韓民国中央情報部）のあり方、さらに KCIA 内部での、あるいは KCIA と例えば統一戦線部など他の部署との権限、縄張り争い等がチョー深刻な問題となった。１９８０年代の日本では株高が進み、バブル経済が進行した。１９７９年に独立して弁護士事務所を持った私は、仕事はもちろん毎晩深夜までの北新地通いとカラオケの熱唱に明け暮れていたが、さて韓国では・・・？

　本作は韓国政治特有の南北（スパイ）問題と KCIA の暗躍に焦点を当てた深刻な問題提起作だから、本作を鑑賞するには最初からその覚悟と勉強の意欲を持つことが不可欠だ。

■□■訪米中の韓国大統領暗殺計画が！導入部の迫力に驚愕！■□■

　米国の CIA や FBI は世界的に有名だし、旧ソ連やロシアの KGB（国家保安委員会）もプーチン大統領の出身母体として世界的に有名。しかし、KCIA も、米ロに比べれば弱小国に過ぎない韓国の情報組織ながら、世界的に有名だ。その理由の１つは、『KT』（０２年）（『シネマ２』２１１頁）で明らかなように、１９７３年８月８日に日本で発生した、当時は野党の党首で、後に大統領となる金大中氏の拉致軟禁事件のためだが、本作冒頭では、光州事件後しばらくして米国を訪問した韓国大統領に対して、盛り上がる在米韓国人による抗議デモだけでなく、何と大統領暗殺計画が登場し、韓国映画特有のド派手な銃撃事件が登場するので、その迫力にビックリ！

　本作からは KCIA の組織全貌はわからないが、本作では、KCIA は架空の名前である"国家安全企画部"とされている。そして、大きな部屋の中でふんぞり返っている、アジア局長を兼ねた部長の下で、実務の責任を担っている、①海外部の責任者であるパク・ピョンホ次長（イ・ジョンジェ）と②国内部の責任者であるキム・ジョンド次長（チョン・ウソン）の２人が W 主演で登場するので、それに注目！大統領が襲われ、一大銃撃事件に至ったのは、海外部のパク次長の責任だと厳しく追及されたのは当然だが、そもそもなぜ韓国大統領の訪米計画の日程詳細がテロリストたちにバレていたの？また、このテロリストたちは北朝鮮のスパイ（実力部隊）らしいが、それは KCIA の内部に内通者（二重スパイ＝もぐら）がいたためでは？

　なるほど、なるほど、これが１９８０年代の民主化の動きを抑圧し、軍事独裁政権色を

強めていった韓国の"政情不安"に乗じた、韓国（映画）特有の南北スパイ問題なの。こりゃ面白そう。しかして、あなたの１９８０年代の韓国政治についてのお勉強は大丈夫・・・？

■□■学生運動の盛り上がりは？韓国の樺美智子（？）に注目■□■

　日本では１９６０年代後半に、私も参加した学生運動が盛り上がったが、１９８０年代の韓国に見る、軍事独裁政権に反対し、民主化を求める学生運動の盛り上がりもすごい。光州事件への弾圧と収束にもかかわらず、大統領退陣を求める学生運動が盛り上がってくるのが鬱陶しい軍事独裁政権は、大学内に機動隊を導入するなどしてこれを弾圧したが、本作には、そこで日本の１９６０年の旧安保条約反対闘争の国会突入学生デモで死亡し、国民的英雄に祀り上げられた東大生の樺美智子さんのような、可憐な１人の女子学生チョ・ユジョン（コ・ユンジョン）が登場してくるので、それに注目！

　ユジョンはデモ隊に参加していたわけではなく、閉じ込められていたデモ隊を解放するべく門の鍵を開けただけだが、それって一体どれほどの意味が？

■□■トンニムは誰だ！KCIA内部の疑心暗鬼の広がりは？■□■

　"閣下"の訪米計画が事前に北に漏れ、また、"４１７特殊部隊"や"亡命作戦"が失敗したのは、KCIAのアジア局長で部長でもあった前任者が、私腹を肥やし任務を怠っていたためらしい。パク次長の告発によって辞任を余儀なくされたそんな前部長に対して、"閣下"が新たに部長に任命した前秘書室長だった男は、前任者とは正反対の任務に忠実、そして、北のスパイ摘発にやる気満々だ。そのため、学生運動の活動家たちは次々と逮捕され、次々と「お前が北のスパイだろう！自白しろ！」と拷問にかけられた上、ユジョンもその中に入ってしまったから、さあ大変だ。

　ユジョンは後の回想シーンの中で、パク次長と共に東京で活動していたヤン課長の娘で、ヤン課長が死亡した責任を取ったパク次長が、その後ずっと面倒を見ていたことが判明するが、コトはそう簡単ではない。パク次長自身が"二重スパイ（＝もぐら）炙り出し作戦"の当事者として大変な目に遭っていく中、このユジョンも逮捕され、拷問され、ハラダ・ヒトミなる日本名で活動していた北のスパイで、彼女こそが暗号名"トンニム"なるスパイだったという汚名まで着せられていくことになるから、この後に展開していく複雑なストーリーをしっかり読み解きたい。

　何としても暗号名"トンニム"と呼ばれている二重スパイ（＝もぐら）を炙り出さなければならない新部長は、一方ではパク次長に、キム次長率いる国内部チーム全体の調査を、他方ではキム次長に、パク次長率いる海外部全体の調査を命じたから、互いにチームの存続と名誉を懸けて、もぐらを探り出そうとするKCIA内部の疑心暗鬼状態がどんどん拡大していくことに。さあ"トンニム"は誰だ！

■□■北朝鮮の工作員（スパイ）の暗躍は？■□■

　韓国映画には『ブラザーフッド』（０４年）（『シネマ４』２０７頁）等の朝鮮戦争をテー

マにした名作と、『シュリ』（９９年）、『ＪＳＡ』（００年）（『シネマ１』６２頁）、『二重スパイ』（０３年）（『シネマ３』７４頁）等の南北分断の悲劇をテーマにした名作があるが、本作はそれらの系譜を承継するものだ。

　もっとも、本作ではＫＣＩＡの海外と国内の責任者という２人の男をＷ主演としているため、北朝鮮の工作員（スパイ）が表舞台で暗躍するシーンは少ない。しかし、それでも、クリーニング店をアジトとして、怪しげな行動をとる怪しげな男は、これぞ北朝鮮の工作員！？ＫＣＩＡの調査では、そんな北の工作員は暗号名"トンニム"と呼ばれており、その男の解明が目下最大の任務だが、その追及は・・・？とりあえず、怪しげな男を連行し拷問して自白させるのも１つの手だが、それで本当に韓国の大統領暗殺という北の壮大な企みを阻止できるの？

　近時の子供騙しのような邦画では絶対見ることのできない、ホンモノの情報戦とホンモノの（二重）スパイ合戦の迫力と醍醐味をしっかり確認すると共に、いつ韓国の大統領暗殺や韓国への軍事侵犯が起きてもおかしくないリアル感を、本作中盤でしっかり味わいたい。

■□■舞台は東京へも！その回想シーンでは一体ナニが？■□■

　中国で大ヒットした若者向けの人気シリーズが、『唐人街探偵』シリーズ。同作はタイトル通り、探偵モノ、推理モノだが、そのシリーズ第３作たる『唐人街探偵　東京ＭＩＳＳＩＯＮ』（２１年）（『シネマ４９』２５５頁）の舞台は、タイトル通り東京だった。同作では、ランキングナンバー３の日本人探偵の野田（妻夫木聡）とヤクザの親分・渡辺（三浦友和）が大活躍していたが、本作も中盤の舞台は東京になるので、それに注目！

　もっとも、それはパク次長の回想シーンとして登場し、そこではパク次長の部下であるヤン課長がパク次長の指示ではなく本部の指示に従ったために、大きな混乱が生じるストーリーが描かれる。そこでキーワードになるのが"４１７特殊部隊"や"亡命作戦"等々、北朝鮮が仕掛けてくるさまざまなミッションと、これらの北の暗躍に対するＫＣＩＡの対抗策だが、その知能戦はどちらが勝っているの？スパイ合戦は、日本の戦国時代における"忍びの者"の活躍や『００７』シリーズにおけるジェームズ・ボンドの活躍と同じように、最終的に情報の優劣によって決まるが、北朝鮮ｖｓＫＣＩＡの情報戦は大変。そして、"二重スパイ"はその熾烈な情報合戦の中で更なる不確定要素を作り出すから、更に大変だ。

　本作中盤では、東京を舞台として展開する、そんな北朝鮮工作員（スパイ）たちの暗躍と、それに対するＫＣＩＡの対抗ぶりの中で、パク次長とキム次長が見せるそれぞれの活躍をしっかり確認したい。

■□■最後の舞台はタイのバンコク。ここで大統領が暗殺？■□■

　韓国の現在の大統領は、２０２２年５月の選挙で文在寅（ムン・ジェイン）を破って当選した保守党の尹錫悦（ユン・ソンニョル）。今は野党になってしまったムン・ジェイン大統領時代の日韓関係は最悪だったが、ユン・ソンニョル大統領が対日関係の改善方針を明

確にした後の日韓関係は良好になっている。また、米韓関係も良好となり、大規模な軍事演習も実施している。しかし、軍事独裁政権下にあった１９８０年代の韓国では、私の記憶では、韓国大統領の世界訪問はそんなに多くなかったはずだ。

ところが、本作では冒頭の訪米、中盤の訪日があり、さらにラストではタイのバンコクを訪問する設定になっているので、それに注目！しかし、冒頭から大統領暗殺計画が決行され、大統領の命が危うくなっているのに、北のスパイ＝トンニムの全貌が未解明のままでのタイ訪問は大丈夫なの？そんな心配の中、ピョンホとジョンドたちが警備する会談場に大統領を乗せた車が入ってくることに・・・。

そんなラストシーンを迎えるにあたっての最大のポイントは、ストーリー展開の中で、この時点では概ね観客に“トンニム”（＝北のスパイ）は誰だ！の解明ができていることだ。もちろん、それは意外な人物なのだが、なるほど、さもありなん！なるほど、なるほど・・・。人気俳優イ・ジョンジェが初監督を務めた本作は、実によくできた脚本になっている。

本作中盤では“トンニム”が完全にでっち上げられていたが、ラストに向けては“トンニム”の真相がおぼろげながら明らかにされてくるため、会談場近くにライフルを持って隠れている北朝鮮の狙撃兵らの配置にも十分納得できる。もとより、韓国大統領（側）だってバカではないから、それなりの厳重かつ万全の警備体制を敷いているはずだが、さて車が到着し大統領が降り立つと・・・？ハリウッド映画『エンド・オブ・ホワイトハウス』（１３年）（『シネマ３１』１５６頁）では、シークレットサービスの男が主役として八面六臂の大活躍をしていたが、本作ラストの、タイのバンコクを舞台とした韓国大統領の運命はあなた自身の目でしっかりと！

■□■韓国の二重スパイ映画に見る、“男の美学”とは■□■

『００７』シリーズはシリアスなスパイものというよりは娯楽アクション大作の面が強くなっているが、本来のスパイ映画はシリアスなもの。かつて市川雷蔵が主演した『陸軍中野学校』シリーズはシリアスだったが、それと同じように韓国の二重スパイものはシリアスなものだ。しかして、ド派手な銃撃戦を至るところに散りばめている本作最後の、タイのバンコクにおける韓国大統領襲撃を巡る銃撃戦も、ハリウッド映画に負けないほどのド迫力と面白さがある。その結果、大統領が死亡したのか否かは私の口からは言えないが、本作ラストで味わいたいのは、韓国の二重スパイものに見る男の美学だ。高倉健や鶴田浩二が主演する日本のヤクザ映画では、堪忍袋の緒が切れて１人敵地に乗り込み、復讐を果たした主人公が、静かに刑務所に自主する形で男の美学を貫くのが定番だが、さて KCIA の海外部の責任者と国内部の責任者としてライバル関係にあったパク次長とキム次長に見る“男の美学”とは？KCIA の男にとって、仕事は命。それは本作冒頭からひしひしと伝わってくるが、その命よりも更に大切なものが、男の美学だ。しかして、本作ラストに見る“男の美学”についてはあなた自身の目でしっかりと。

２０２３（令和５）年７月１０日記

Data 2023−110
監督：イ・ソクフン
出演：ヒョンビン／ユ・ヘジン／イ
ム・ユナ／ダニエル・ヘニー
／チン・ソンギュ

★★★★

コンフィデンシャル　国際共助捜査

2022 年／韓国映画
配給：ギャガ／129 分

2023（令和5）年9月23日鑑賞　　TOHO シネマズ西宮 OS

👀👀みどころ

　2022 年 3 月の大統領選挙で、"親北政権"から"親日・親米政権"に 180 度転換した韓国は今、韓日米の同盟を強化中。対する北朝鮮は、ロシア、中国との連携を強化しているから、本作（本シリーズ）がテーマにしている"北と南の共助捜査"は到底ムリ。米国の FBI が加わることなど、夢のまた夢だ。

　しかし、映画はフィクションだから、何でもあり！北朝鮮の麻薬密売組織のリーダーにして、米ドルの偽札作りにも関与した男が韓国に入ったという情報に接すると・・・。そこで見せる北×南×FBI という三者の共助捜査とは？

　北と南の共助というテーマは面白い！その着眼点も良し！また、凹凸コンビのキャラもそれなりに面白い。ところが、北の特務捜査員のイケメン度が過ぎるためか、"色目使い"のコメディ色が強すぎるのが本作（本シリーズ）の難点だ。ここは何とか改めなければ・・・。

――＊――＊――＊――＊――＊――＊――＊――＊――＊――＊――＊

■□■北と南の"共助"捜査がテーマ！その着眼点や良し！■□■

　2017 年に作られた『コンフィデンシャル　共助』（シリーズ第 1 作）は、北朝鮮の特殊部隊員リム・チョルリョン（ヒョンビン）と、韓国の庶民派熱血刑事カン・ジンテ（ユ・ヘジン）が、米ドル偽造の要となる「銅板」を巡って"共助"するという面白い企画だった。そのテーマや良し！しかも、2018 年 2 月に開催された平昌（ピョンチャン）冬季五輪の話題で盛り上がり、「南北首脳会談」開催の可能性が語られる中での同作の公開はタイムリーで、その着眼点も良し！また、同作で初めて見せた北朝鮮の特殊部隊員チョルリョンと韓国の庶民派刑事ジンテとの凹凸コンビの組み合わせも絶妙だった。

　同作について、2018 年 2 月 9 日付読売新聞夕刊では、著名な映画評論家の山根貞男氏がかなり好意的な評論を書いていたから、私は大きな期待を持って同作を鑑賞した。ところ

が、残念ながら結果はイマイチ。「共助という観点から見ても、同時期に公開されたジョン・ウー監督の『マンハント』(17年)(『シネマ41』117頁)の方が圧倒的に面白い」と書いた(『シネマ41』未掲載)。それは、同作のストーリー構成の核であるはずの米ドル偽造のための銅板が意外にチャチなものだったうえ、ジンテの妻パク・ソヨン(チャン・ヨンナム)やその妹のパク・ミニョン(イム・ユナ)を巡るコメディ色満載の恋模様の展開(ドタバタ劇)があまりにくだらなかったためだ。すると、シリーズ第2作となる本作は?

■□■舞台はニューヨークから!FBIと北朝鮮との絡みは?■□■

文在寅(ムン・ジェイン)前大統領の任期満了により2022年3月9日に実施された大統領選挙で李在明(イ・ジェミョン)候補に勝利した尹錫悦(ユン・ソンニョル)大統領は、2023年9月現在「親北」一辺倒だった文在寅とは正反対の、保守党らしい「親日」「親米」色を強め、今や反北路線をひた走っている。したがって、第1作と本作は南北関係を巡る政治状況は大きく異なっているが、犯罪捜査においては北も南もなく、北朝鮮と韓国の共助が不可欠であることは言うまでもない。

ところが、本作冒頭の舞台は意外にもニューヨーク。そこでは、FBI捜査官のジャック(ダニエル・ヘニー)が、国境を越えて暗躍する北朝鮮の麻薬密売組織のリーダー、チャン・ミョンジュン(チン・ソンギュ)をやっと逮捕したのに、北の特殊捜査員リム・チョルリョン(ヒョンビン)が現れ、ミョンジュンは北朝鮮に送還されることになってしまうストーリーが描かれる。これを見ていると、本作後半は、ひょっとしてFBIも北朝鮮のチョルリョンと韓国のカン・ジンテ(ユ・ヘジン)と共助捜査体制に・・・?

■□■前作と同じ、凸凹コンビによる共助捜査体制の構築は?■□■

本作ではそんな予想ができるが、本作の本格的ストーリーは、FBIの護送車から無事北朝鮮へ脱出したミョンジュンが、偽造パスポートを使って韓国に渡ったという情報を聞いたチョルリョンが、上層部からの命令を受け、ミョンジュンを追って韓国に入るところから始まる。北の軍人だったミョンジュンは偽造米ドル紙幣作りにも外貨稼ぎのための麻薬売買にも関与していたが、麻薬売買の事実が国内外に知られて党が禁止したため、ミョンジュンは10億ドルと共に姿を消してしまったらしい。しかし、なぜミョンジュンは、韓国に渡ったの?チョルリョンはそれを調べるために韓国に入り、ミョンジュンを逮捕しなければならないが、韓国での捜査には韓国警察との共助が不可欠だ。

そこで北朝鮮からは韓国に対して共助捜査を依頼してきたが、前回にチョルリョンと共助し、相棒となったジンテやその家族が命の危険にさらされたことを知っている韓国警察は、誰もそれを志望しなかった。そこで名乗り出たのが、再びジンテ。捜査中のミスから今はサイバー捜査隊へ異動させられている彼は、何とか手柄を立てて元の広域捜査隊へ復帰しようと考えたわけだ。その志願通り、ジンテはチョルリョンの相棒になったが、北の言うことを信じていない南の上層部は、ジンテに対して、麻薬売買の逮捕以外にあるはずのチョルリョンの"本当の目的"を探れと命じられたから大変だ。韓国警察はこの凹凸コ

ンビによる共助捜査自体を監視するため、2人の若手刑事を起用して盗聴等の任務に当たらせることに。"そんな相互不信"の中で本当に北と南の共助捜査ができるの？そんな心配をよそに、この凹凸コンビはミョンジュンと取引している組織のアジトに乗り込み、ミョンジュンの腹心の1人を追い詰め逮捕したから、お手柄、お手柄！

■□■再びコメディ色満載に！この"色目使い"は何？■□■

『コンフィデンシャル』シリーズに見る、韓国の庶民派刑事カン・ジンテのキャラは、いかにも韓国色満載で面白い。また、前作と同じく本作でも、夫がチョルリョンと共に危険な任務に就くことにトコトン拒否反応を示す鬼嫁と、その妹でチョルリョンに恋心を抱いているパク・ミニョンが再三登場する。さらに、後半からミニョンはチョルリョンとジンテの共助捜査への協力もすることになる。

ミニョンを演じる「少女時代」のイム・ユナは、それなりの美人だし、演技もそれなりのものだが、"色目使い"の局面になると、物語が俄然コメディ色を強めてくるので、本来シリアスな共助捜査であるはずの本作の本筋が失われてしまうのが前作、本作共通の欠点だ。本作のようなシリアスなネタを、なぜこんなコメディ色満載にするの？しかも、後半から、FBI捜査官ジャックが韓国に駆けつけてくると、コメディ色がさらに強まってくるので、アレレ。つまり、それまでは直球でぐいぐい迫ってくるミニョンに対し、チョルリョンはクールに「北と南を統一してください。それなら問題ありません。」とかわしていたのに、自分以上の色男（？）であるジャックがミニョンに対して色目を使っていると、俄然、対抗心を燃やしたチョルリョンは、ミニョンに対して新たな目を向けるという、少女漫画のようなサブストーリーがコメディ色満載で続いていくわけだ。

本作のストーリーの"肝"は間違いなく、チョルリョンとジンテ、そしてジャックという北朝鮮、韓国、そして米国の共助によって、北の裏切り者ミョンジュンの策謀を阻止するという点にあるはずだが、これではちょっと・・・。

■□■北×南×FBI 三者共助の成否は？■□■

本作では、北の特務捜査員のチョルリョンもFBI捜査官のジャックも、ニヤけた2枚目の雰囲気をプンプンさせているから、逆に目立つのが、麻薬密売組織を牛耳るだけでなく、10億ドルの偽造米ドルまで我が物にしてしまおうとしているミョンジュンの悪ぶり。悪役にはサングラスがよく似合うし、ニヒルな顔立ちもよくお似合いだ。そんなミョンジュンは、ジャック率いるFBIとチョルリョンとジンテチームがほぼ同時にアジトに踏み込んでくると、腹心が何のためらいもなく爆発装置のスイッチを押したから、さあ大変だ。北×南×FBI、そんな劇的状況下の三者共助はホントにうまくいくの？

本作ラストのそんなハイライトシーンには、もちろんそれまでニヤけていたチョルリョンもジャックも大奮闘するので、それに注目！2023年9月現在の政治状況では、北×南×米国FBIの共助は夢のまた夢だが、さて本作では？

2023（令和5）年9月27日記

317

Data 2023−83

監督・脚本・製作・撮影・編集・音楽：ホン・サンス

出演：イ・ヘヨン／キム・ミニ／ソ・ヨンファ／パク・ミソ／クォン・ヘヒョ／チョ・ユニ／ハ・ソングク／キ・ジュボン／イ・ユンミ／キム・シハ

★★★★★

小説家の映画

2022 年／韓国映画

配給：ミモザフィルムズ／92 分

2023（令和5）年 7 月 12 日鑑賞　　シネ・リーブル梅田

◉◉みどころ

　私の『SHOW-HEY シネマルーム』の出版は５２冊になったが、ホン・サンス監督作品はキム・ギドク監督の合計２２作、計２５作となった山田洋次監督の『男はつらいよ』シリーズを抜き、本作が第２７作目だ。

　本作では、第２６作目の『あなたの顔の前に』（２１年）（『シネマ５１』２２６頁）ではじめて主役に起用したベテラン女優イ・ヘヨンと、ホン・サンス監督のミューズたるキム・ミニの共演が実現！すると、『小説家の映画』とは、きっと・・・？

　劇中劇は面白い！それが私の“持論”だから、長らく執筆が遠ざかっている著名作家が、このところ出演作が途絶えている女優を起用した映画作りの物語を会話劇で構成した本作では、ラストに上映されるはずの“劇中劇”に注目！そう思っていたが、アレレ、アレレ・・・。

　早く、安く、おいしくの“吉野家”路線を徹底させているホン・サンス監督は、既に第２８、２９、３０作目を発表しているから、本作を含め、今後もその快進撃に注目！

――＊――＊――＊――＊――＊――＊――＊――＊――＊――＊――

■□■ホン・サンス監督第２７作目を鑑賞！主役は？共演は？■□■

　韓国には注目すべき監督がたくさんいる。近々シネ・リーブル梅田で４Ｋで上映されるイ・チャンドンもその１人だが、私が最も注目していた韓国の監督はキム・ギドク。しかし、キム・ギドクが２０２０年に亡くなった後は、断然ホン・サンス監督だ。

　私は、同監督作品については『正しい日　間違えた日』（１５年）（『シネマ４２』２９４頁）、『夜の浜辺でひとり』（１７年）（『シネマ４２』２９９頁）、『それから』（１７年）（『シネマ４２』２８５頁）、『クレアのカメラ』（１７年）（『シネマ４２』２９０頁）、『逃げた女』

（20年）（『シネマ49』341頁）、『カンウォンドのチカラ』（98年）（『シネマ49』346頁）、『オー！スジョン』（00年）（『シネマ49』350頁）、『イントロダクション』（20年）（『シネマ51』222頁）、『貴方の顔の前に』（21年）（『シネマ51』226頁）を見てきた。

しかして、彼の第27作目となる本作の主演は、『あなたの顔の前に』ではじめてホン・サンス監督作品に出演した韓国のベテラン女優イ・ヘヨン。そして、共演するのは『あなたの顔の前に』ではプロデューサーの立場で、出演はしなかった、ホン・サンス監督のミューズであるキム・ミニ。したがって、ホン・サンス監督作品でイ・ヘヨンとキム・ミニが共演するのは本作がはじめてだ。

■□■冒頭の舞台は書店。先輩と後輩の会話劇からスタート！■□■

本作はイ・ヘヨンとキム・ミニの共演だが、『小説家の映画』とタイトルされているように、イ・ヘヨン演ずる小説家のジュニが主役で、キム・ミニ演ずる女優のギルスはその支え役に徹している。

1982年生まれのキム・ミニに対して、イ・ヘヨンは1962年生まれだが、本作はジュニは長らく執筆から遠ざかり、ギルスは近年出演作が途絶えているという設定だから、ハッキリ言って“落ち目のおばさん”同士の共演というスタイルになっている。冒頭の設定も、そんなジュニが、ソウルから少し離れた閑静な街で小さな書店を営んでいる、かつての創作仲間だった後輩（ソ・ヨンファ）を訪れるところから始まる。そして、ホン・サンス監督作品の“定番”通り、突然の先輩の来訪に驚きながらジュニを店内に招き入れた後輩と先輩・ジュニとの“会話劇”から物語がスタートしていく。

しかし、ジュニはなぜ突然後輩の書店を訪れてきたの？それ自体が冒頭からハッキリしないので、少しモヤモヤ感を持ちながら、その後の、この街の名所であるユニオンタワーでの顔見知りの映画監督ヒョジン（クォン・ヘヒョ）とその妻ヤンジュ（チョ・ユニ）夫妻との出会いと会話を迎えることになる。そして、その会話の流れの中から、公園を散歩中のギルスとの出会いが実現することに。これらはすべて偶然の産物（流れ）という設定だが、私が観ている限り、これはすべてホン・サンス監督にとって必然の流れ・・・？

■□■ “カリスマ性”とは？会話のぎこちなさにも注目！ ■□■

日本人は昔から漢字をはじめ、あらゆる文化を大陸（中国）から器用に取り入れてきた。しかし、幕末から明治維新にかけては一転して、一方では、「尊王攘夷」を唱えつつ、他方では、欧米の近代文明をいち早く取り入れた。さらに、1945年の敗戦後は、それまでの“鬼畜米英”から一転して、アメリカ一辺倒（追随）となり、ヤンキー、パンパン、ブルース、ジャズ、ティールーム等々の和製英語が溢れ返った。1960年に起きた日米安保条約を巡る一大国民運動では、社共を中心とする反米思想も強かったが、60年安保に続く70年安保闘争が収まり、戦後日本の高度経済成長政策が軌道に乗り始めると“日米の絆”が強まり、今や“日米同盟”は“アジア太平洋の基軸”という位置づけになってい

319

る。

　それと共に、"外来語"はますます豊富になったが、"カリスマ"もその1つだ。中国語では外来語を日本のようにそのままカタカナで書く習慣はなく、すべて漢字を当てているが、韓国語では"カリスマ"という外来語は、"コーヒー"と同じように（?）ほぼそのまま使われているようだ。ここでなぜそんなことを書くのかというと、本作導入部の①書店、②ユニオンセンター、③公園を舞台とした"会話劇"では、ジュニについてさかんに"カリスマ"という外来語が登場するからだ。「あなたにはカリスマ性がある」と言われて悪い気がしないのは当然だが、さて、何度もそう持ち上げられるとジュニの反応は?

　本作導入部に見る、さまざまな会話劇はすべて偶然の出会いによるものだから、「久しぶり!」という形で話しやすい反面、どんな話題にどう触れたらいいのかの"距離感"がつかみにくいから、何かしらのぎこちなさ、気まずさが生じるのも止むを得ない。私は随所にそれを感じながら、導入部の会話劇を聞いていた（見ていた）が、ぎこちなさがあわや"論争（ケンカ）"になりかけたのが、ヒョジンによるギルスへの「もったいない発言」だ。つまり、このところ出演作が途絶えているギルスに対して、「もったいない。なぜ映画に出ないのか?」としつこく問い詰めた（?）ことに対し、ジュニが「何がもったいないの?自分のしたいことを楽しんで生きている人を尊重すべきよ!」と反発したわけだ。「和を以て貴しとなす」日本人は、コトなかれ主義の会話が多いが、何事も本音で語りたがる（?）韓国人はそうはいかないらしい。本作導入部に見る会話劇では、そんな日韓の違いについてもしっかり考えたい。

■□■いちご食堂から再び元の書店へ!議論の盛り上がりは?■□■

　長らく執筆から遠ざかっている小説家のジュニと、近時出演作が途絶えている女優ギルスは、お互いの名前と顔は知っていても、会って話をするのは今日の公園での出会いがはじめてだ。しかるに、この最初の出会いですぐに2人が打ち解け、ジュニがギルスを起用した映画作りの話が一気に進んだのは一体なぜ?その一因は、前述したヒョジンによる「もったいない発言」に対するジュニの猛反発をギルスがしっかり見ていたためだが、この時点では映画作りが本当に進むのか否かはギルスの夫の出演 OK が条件だった。しかし、公園での出会いの後、昼食を取るため2人がいちご食堂に入って話し込み、さらに、ギルスにかかってきた電話を受けて、ギルスの先輩が主催する"ある会合"にギルスと共に出向くことにしたジュニが到着したのは、何とジュニがこの日最初に訪れた後輩の書店だったからビックリ。"ギルスの先輩"とは、つまり"ジュニの後輩"のことだったのだ。しかも、その会合はジュニが昔からよく知っている詩人（キ・ジュボン）を囲むものだったから、今日の会合は書店で働く従業員ヒョヌ（パク・ミソ）を含めて、意外な参加者総計5人の下でマッコリをたらふく飲みながら盛り上がっていくことに。

　そこでは、酔っ払って眠ってしまう直前のギルスが「私たちの映画はどんな物語ですか?」と質問したことに対し、ジュニが「物語はさほど大事ではない」と前置きしつつ、

その場で思いついたアイデアを話し、それを聞いた詩人が、「物語には力がないと駄目だ。物語は物語らしくないと」と異を唱えたから、さあ、その会話劇（議論）の盛り上がりは？

■□■劇中劇は面白い！しかして、「小説家の映画」は？■□■

「潜水艦モノは面白い」と同じように、私の持論は「劇中劇は面白い」。その代表例は、『恋に落ちたシェイクスピア』（９８年）だ。

しかして、"小説家の映画"とタイトルされた本作も、ジュニとギルスの出会い、そして２人の会話劇の中で小説家による映画作りがテーマとなり、周りの人間を含めて「どんな物語になるの？」というテーマが少しずつ膨らんでいくから、本作ラストはきっとその劇中劇に！

誰もがそう思うはずだが、果たしてその予想通り、本作ラストの舞台は映画館となる。そこではギルスの夫の甥で、ジュニが製作する映画作りを手伝うことになったギョンウ（ハ・ソングク）に続いて、映画館のプログラマーをしているギョンウの友達の女性ジェウォン（イ・ユンミ）が登場し、試写上映のために大きな映画館の中にギルスを案内するシーンが描かれるので、それに注目！「小説家の映画」というタイトルはナニ？それはどんな物語？それが全く明かされないまま、４７分の短編だとされる同作を観るのはギルス１人だけだ。その間、ジュニは屋上でタバコを吸いながら"時間つぶし"をすることになったが、彼女がこの映画作りにどれほどの情熱を注いでいたかは、製作を手伝ったギョンウの口から語られることに。もっとも、『恋に落ちたシェイクスピア』における"劇中劇"は素晴らしい内容だったが、本作のそれはハッキリ言って、かなり手抜き・・・？

■□■製作費は？製作日数は？次回、次次回作は？■□■

ホン・サンス監督作品は本作で第２７作目だから、キム・ギドク監督の合計２２作や、合計２５作も続いた山田洋次監督の『男はつらいよ』シリーズを抜く本数になった。その理由は何よりもホン・サンス監督の才能だが、より現実的な理由は、"吉野家の法則"、すなわち①早く、②安く、③おいしく路線の徹底が挙げられる。

時代劇は衣装代やセット代がかかるし戦争モノやアクションものは膨大な消耗品代がかかるが、２人ないし数名の会話劇をカメラで撮影して編集するだけの映画なら製作費は安上がりだし、製作日数もかからない。私の『SHOW－HEY シネマルーム』は年間２冊出版のペースが定着し、既に『シネマ５２』まで出版した上、次回作『シネマ５３』も既に準備できている。さらに、中国映画特集５となる『シネマ５４』の製作もほぼ完了している。それと同じように、パンフレットによると、ホン・サンス監督も既に２８作目の『WALK UP』、２９作目の『IN WATER』、３０作目の『IN OUR DAY』も発表し続けているそうだからすごい。まずは第２７作目たる本作をしっかり楽しんだ後、今後ますます続くホン・サンス監督の快進撃をしっかり見守りたい。

２０２３（令和５）年７月１８日記

Data 2023−79

監督・脚本：ユン・ジョンソク
原作：スペイン映画『インビジブル・ゲスト　悪魔の証明』（17年）オリオ・パウロ監督
出演：ソ・ジソブ／キム・ユンジン／ナナ（AFTERSCHOOL）／チェ・グァンイル

SHOW-HEY シネマルーム

★★★★★

告白、あるいは完璧な弁護

2022年／韓国映画
配給：シンカ／105分

2023（令和5）年6月29日鑑賞　　シネ・リーブル梅田

👀 みどころ

　"密室殺人事件"（の解明）は推理小説最高の醍醐味だ。他方、黒澤明監督が『羅生門』（50年）で見せた、"羅生門方式"が、是枝監督の最新作『怪物』（23年）で再評価されているから、その両者を組み合わせると・・・？

　そんな発想（？）で、不倫密室殺人容疑の男と無罪率100％を誇る美人女性弁護士2人だけの事情聴取から始まる"舞台劇（密室劇）"のような"推理あれこれ"はメチャ面白い。ストーリーのポイントは不倫当事者の別件交通事故への遭遇と、その事故処理を絡めた手法にあるが、羅生門方式による状況提示手法は抜群だ。アラン・ドロンの『太陽がいっぱい』（60年）では「死人に口なし」の思惑はうまくいかなかったが、さて本作では？

　トランクに死体が詰まった車が湖の中から引き揚げられてくるエンディングを含め、二転、三転、四転、五転、そして六転、七転するストーリーを、多少の演出上の無理は我慢しながら、タップリと楽しみたい。

―――＊―――＊―――＊―――＊―――＊―――＊―――＊―――＊―――＊―――＊―――

■□■密室殺人はミステリーの原点！その醍醐味は？■□■

　推理小説の大家はコナン・ドイルやエドガー・アラン・ポー、そしてアガサ・クリスティ等々、世界中に多いが"密室殺人事件"はミステリーの原点！そして密室殺人事件の醍醐味は、なぜ不可能を可能にしたのか？ということにある。

　本作冒頭に提示されるのは、IT企業社長ユ・ミンホ（ソ・ジソブ）の不倫相手であるキム・セヒ（ナナ）がホテルの"密室"内で殺されたという事実。もっとも、本来の"密室殺人事件"は死体だけが密室内に残されていたというものだが、本作では警察が鍵を壊して部屋の中に押し入ると、頭を打たれて血を流したミンホが倒れていた、というものだから本来の密室殺人ではない。しかし、"100％無罪を勝ち取る"敏腕女性弁護士ヤン・シ

322

ネ（キム・ユンジン）の手にかかれば、事件の第一容疑者になっているミンホの無罪も可能らしい。しかし、そのためには弁護士である自分にミンホがすべて正直に話すことが大前提。弁護士を５０年近くやっている私には「１００％無罪を勝ち取る弁護士」は疑わしいが、「依頼者がすべてを話すことが不可欠」という考えには同感。

一時釈放されたミンホは今、１人で別荘に入っていたが、車でそこを１人で訪れたヤンはミンホからどんな事情聴取を？

■□■弁護士が別件交通事故との関連を追及！なぜそこまで？■□■

依頼者が弁護士に対して最初に口にするのは自己弁護。すなわち、自分の正当性だ。本件についても「不倫をバラされたくなければ金を用意しろと強迫され、やむなく大金を準備してホテルの部屋に入ったところ」「・・・で」、「結果的にセヒの死体があり、お金が散らばっていた」という、ミンホに都合のいいものだった。しかし、それを聞いて納得するような弁護士はどこにもいない。ミンホの説明は、逆に「犯人はミンホに間違いなし」と思わせるものだった。

そんな状況下、本作最初のポイントは、ヤンの携帯に「事件の目撃者が発見されたため、再度ミンホの逮捕が執行されるかもしれない」という“検察側の情報”が入ったこと。そんなことがホントにあり得るのかどうかは怪しいが、そこは映画上の演出のこと。そんな情報にひるんだミンホ（？）に対して、ヤンは「息子を探しています」と書かれた１枚のポスターを示し、それに目をそらしたミンホに対して、「知らない人のポスターならじっくり見るはずだが、あなたは目をそらした。だから、この人について知っているはずだ」と追及し始めたからすごい。なぜヤン弁護士が事前にそんなポスターを入手し、持参していたのかも不自然だが、それも映画なればOK！そこで「こんな弁護士なら何を話してもOK」と考えたミンホ（？）が「実は・・・」と話し始めたのが、別荘での密会を終えた２人の帰り道で起こした“とある交通事故”についての供述だ。

ミンホが助手席に乗りセヒが運転していた車が、急に飛び出してきた鹿を避けようとして反対車線から来た車とあわや正面衝突しそうになり、相手車は木に激突して運転手は死亡！さあ、そこでミンホとセヒはどうしたの？ミンホの説明はヤンの主導による、なんとも冷酷なものだったが・・・。

■□■本作に見る“羅生門方式”に注目！別件の真犯人は誰！■□■

是枝監督の『怪物』（２３年）が第７６回カンヌ国際映画祭で注目を浴び、坂元裕二が脚本賞を受賞した。これによって、同作の“羅生門方式”が黒澤明監督の『羅生門』（５０年）以来、久しぶりに注目された。羅生門方式とは、「目に見える事実は必ずしも１つではなく、見る人間や視点によっていろいろあるものだ」ということをスクリーン上に提示するもので、「同じ出来事を複数の登場人物の視点から描く手法」。しかして、本作導入部にみる“弁護士vs依頼者”間の別件交通事故を巡る、ハラハラドキドキ、手に汗握る“事情聴取”は、“羅生門方式”によるヤン弁護士の視点によると、その運転手はセヒではなくミンホ、死

体を処分したのもセヒではなくミンホだということだ。そして、「息子を探しています」の
ポスターに写る女性は死亡した息子の母親で、彼女はセヒが殺されたホテルの従業員だと
説明し、ヤンの考え方を提示すると、ミンホはそれに微妙な反応を示したから、アレレ・・・。

　別件交通事故についてのヤン弁護士に対するミンホの説明は真っ赤な嘘で、「死人に口な
し」とばかりに、ミンホはその責任をすべてセヒに押し付けていたの？現場で困っていた
セヒを車に乗った通りがかりの近所の男がたまたま車の整備工だったため、セヒの車を点
検し修理してくれたというミンホが説明するストーリーも不自然この上ないが、映画とし
てはこりゃメチャ面白い。また、"羅生門方式"の応用としてもメチャ面白い。しかし、な
ぜヤン弁護士はさまざまな視点からこんな疑問を示し、ミンホに対して問題提起すること
ができるの？ヤン弁護士の知性的な顔や鋭い論法を見ていると、こりゃかなり優秀な弁護
士だと思っていたが、ストーリーが進むにつれて、アレレ、アレレ・・・、それすら、ビ
ックリ仰天の展開に・・・。そんな、"羅生門方式"にビックリ！この、二転、三転、四転、
五転、そして六転、七転する脚本はまさに絶品！

■□■受任の可否は？弁護士の"守秘義務"がポイント！■□■

　本作は弁護士業界の実務のあり方を知らなければ分かりにくい点があるかもしれない。
その点を弁護士歴４９年の私から説明しておくと、医師は患者から診療を依頼された場合
に拒否できないが、弁護士は依頼を断るのは自由、その理由は問われない。そのため、本
作冒頭、ヤン弁護士はまずミンホの依頼を受任するか否かはこれからのミンホの事情聴取
の結果によると宣言している。さらに、ヤン弁護士は別件交通事故事件についてのミンホ
の説明を聞いて、羅生門方式の視点から（？）"真っ赤な嘘"だと決めつけたうえ、ミンホ
が正直に事情説明をしたと判断できた時点で、やっとミンホの弁護人になることを承諾し
ている。

　そこで大きなポイントになるのが、弁護士の"守秘義務"。これは、弁護士が職務上依頼
者から知り得た情報については他に漏らしてはならない義務があるというものだが、他方
でこれは警察権力から「しゃべれ！」と要求されても拒否することができる大切な弁護士
の武器（権利）だ。

　本作は殺人容疑者のミンホと弁護人（候補）のヤンの事情聴取を巡る舞台劇のようなス
タイルで、二転、三転、四転、五転、六転、七転していくストーリーを描いていくが、そ
のキーワードになるのが"弁護士の守秘義務"なので、それをしっかり学習してもらいた
い。

■□■定番（？）の、車と死体の引き揚げシーンに注目！■□■

　ルネ・クレマン監督がアラン・ドロンを主役に起用した『太陽がいっぱい』（６０年）は
大ヒット。あのハンサムな顔立ちで、お世話になった富豪の親友を裏切るとは！そんな意
外感いっぱいのストーリーが、美しい女性と海そしてヨットの風景の中で展開され、最後
には死体の詰められた袋が海の中から地上に露呈してくると・・・。

海の中に突っ込んだ車が死体と共に引き揚げられるシーンでエンディングを迎える物語は、松本清張の名作にも登場していたが、本作のラストにも、別荘近くの湖の中からトランクに死体が入った車が引き揚げられるシーンが登場するので、それに注目！

　本作のパンフレットには、小林真里氏（映画評論家／映画監督）の『『告白、あるいは完全な弁護』完全ネタバレ解析！』があり、そこでは①ヤン・シネ弁護士の正体、②運命の分かれ道（右折）、③キム・セヒ殺人事件の真相、④ハン・ソンジェの死の真相、⑤エンディング、に分けて、本作のエッセンス（＝ネタバレ）が解析されている。事前にこれを読んでしまうと本作の面白味は半減してしまうが、逆に鑑賞後にこれを読めば、ややこしすぎて理解不十分だった点や理解不能だった点の理解ができるはずだ。本作は途中で観る"騙しのテクニック"が抜群なら、エンディングのカッコ良さも際立っているので、「ちょっと無理あり！」の演出があることは否定できないが、やっぱりこりゃ面白い。

■□■『ワイルドシングス』を彷彿！騙されて本望！■□■

　私が『SHOW-HEY シネマルームＩ』をはじめて出版したのは、２１年前の２００２年６月。その、「１）ワクワク・ドキドキ・ラブラブ、これが映画の醍醐味です。」の２番目に取り上げた映画が『ワイルドシングス』（９８年）だった。「あるレイプ事件が変な弁護士の尽力で無罪になったところで、『なんだ、えらい早い結末だな』と思ったら、そこから二転、三転、四転ではなく、五転、六転・・・。『ええ！』『ええ！』という連続。そしてラストにタネ明かしの映像が流れてきて、事実の流れを再確認して納得。」と評論した、メチャ面白い映画だった（『シネマ１』３頁）。そんな映画について、ネタバレを含むストーリー解説をしていくのは映画評論家としては厳禁。しかして、二転、三転、四転、五転、六転、七転する本作についても、それは同じだ。

　本作のパンフレットを読んでも、ストーリー紹介は、殺人容疑者のミンホとヤン弁護士との事情聴取を解説するだけ。したがって、この評論で私が「実はヤン弁護士は○○だった！」というネタバレ解説をすることはできない。

　そんな欲求不満のため（？）か、本作についてはさまざまな視点によってさまざまなネタバレ情報を提供しているサイトがたくさんある。殺人容疑者と弁護人、２人だけの舞台劇のような密室劇におけるヤン弁護士は知性と度胸が際立っていたが、ホテル密室殺人事件の真相解明（？）や別件交通事故の真相解明（？）が、羅生門方式によって、次々とスクリーン上に提示される中、死亡した息子の母親（＝ホテルの従業員？）の顔、かたちは・・・？撮影上のテクニックを含めて、羅生門方式を徹底させたストーリー構成とさまざまな"ごまかしテクニック"に見事に騙された観客の１人として私は本作に大きな拍手を送りたい。

２０２３（令和５）年７月５日記

おわりに

1）2023年10月初旬の今、日本のマスコミは、ジャニーズ事務所の元社長、ジャニー喜多川氏の性加害問題に集中し、コメンテーターたちも言いたい放題だが、私が注目した驚くべきニュースは、10月3日にアメリカ下院（定数435、欠員2）のケビン・マッカーシー議長の解任動議が可決されたこと。これは米国憲政史上はじめてのことだ。マッカーシー氏は投票後の記者会見で、「私はもう立候補しない」と語っているが、共和党内の指導部と保守強硬派の対立がこのような議会の混乱を招き、ウクライナ支援や予算審議への影響が懸念されているのは由々しき事態だ。

　かつて、自民党の幹事長として辣腕を振るった政治家・小沢一郎氏の持論であった「二大政党制」は、日本では1度は実現したものの機能しなかった。しかし、アメリカは一貫して民主党VS共和党の二大政党制の国だ。2016年11月の大統領選挙で民主党ヒラリー・クリントン候補を破った、共和党ドナルド・トランプの登場が近年の米国政治を大きく変質させたことは間違いないが、その功罪の判断は難しい。そしてまた、マッカーシー氏が9月30日、政府機関の一部閉鎖を回避するため、暫定予算（つなぎ予算）の成立で民主党に協力したことの是非の判断も難しい。近々、新議長が選出されることは確実だが、これが米国流民主主義の崩壊のはじまりとならないことを切に祈りたい。

2）日本では、9月13日に実施した2度目の内閣改造で、せっかく5人の女性閣僚を起用したにも関わらず、意外に人気が出なかったことに焦った（？）岸田首相は、10月初旬の今、盛んに"減税"発言をしながら、衆議院の解散風を吹かせている感がある。

　岸田政権の発足は2021年10月4日。安倍晋三長期政権を引き継いだ菅義偉政権が意外にも1年の短命で終わった後の総裁選挙を経てのことだが、残念ながら私は彼の能力を全然評価していない。私の期待は断然、高市早苗総理・総裁の実現だったが、意外にも岸田政権による2022年12月の防衛関連3文書の閣議決定はお見事だった。2023年5月に広島で開催されたG7サミットで、議長国としてのそれなりの役割を果たしたことも評価できる。しかし、所詮彼の持ち味はバランス感覚のみ！？来年9月までと、総裁の任期が1年を切った今、総裁選での再選を至上命題として衆議院解散のタイミングを図るのではなく、「今、成すべきことは何か」を集中的に考えてもらいたいものだ。弁護士の世界でも、そういう能力に長けた人は多く、彼らは弁護士会という組織の中で、それを頼りに委員長→副会長→会長と出世街道を歩んでいくが、その任期はわずか1年だから、実にくだらないものだ。

　政治の世界の任期はそれよりは長いが、大切なことはその長さではなく、任期中に何をやるかということだ。それは、37歳の若さで暗殺された坂本龍馬が死ぬ直前の数年間で果たした、ものすごい役割を考えれば一目瞭然だ。すると、解散と人事で縛り、己の政権維持のみを図っている（？）今の岸田政権はこれでいいの・・・？

3）10月初旬の今、私が最も注目しているのは、米軍普天間飛行場（沖縄県宜野湾市）の名護市辺野古への移設計画を巡る、国と沖縄県の玉城デニー知事との攻防戦（せめぎ合い）だ。①移設反対を重点公約に掲げた玉城氏が2022年の知事選で再選されたこと、②埋め立ての是非を問う2019年の県民投票で、7割強が反対の意思を示したこと、は事実だ。しかし、他方で、新たな区域の埋め立て工事に必要な防衛省の設計変更申請を承認するよう求めた訴訟で、2023年9月4日に最高裁での敗訴が確定した玉城知事は、その設計変更申請を承認すべき立場にあることも明らかだ。法的には、①承認を勧告、②承認に従わない場合は承認の指示、③知事が承認しない場合は代執行訴訟を提起、というステップになるが、玉城知事は10月4日までに承認せず、最終的な判断を保留する方針を示した。そのため、斉藤鉄夫国土交通相は5日に、国が県に代わって承認する「代執行」のための訴訟を起こしたが、その成り行きは？国が地方自治体の事務を代執行するのは前代未聞のことだが、沖縄県知事としての玉城氏は一体どんな責任を取るつもりなの？

4）おっと、そんな難しい問題はさておき、プロ野球の全日程が終了した今、私の期待は当然、クライマックスシリーズ（CS）と日本シリーズ。共にぶっちぎりのリーグ優勝を果たした阪神タイガースとオリックス・バファローズが、万一CSで2位、3位のチームに敗れ、"下剋上"が実現すれば、一大ブーイングが巻き起こること必至だ。そんな事態にならないよう、すんなりCSを終えたうえで、阪神タイガースは御堂筋パレードを、オリックス・バファローズは神戸パレードを楽しみたい。そのうえで迎える日本シリーズでの"頂上決戦"を、関西人が興奮と感激のるつぼの中で迎えること間違いなしだ。巨人軍は原辰徳監督が無念の退任を表明し、阿部慎之助ヘッド兼バッテリーコーチがその後を引き継ぐことになったが、阪神タイガースは岡田彰布監督の天下がしばらく続くはず。その後は、藤川球児もしくは鳥谷敬へのスムーズな政権引き継ぎが進むように、「阪神タイガース10年の大計」を今のうちに確立してもらいたい。私はそう願っているが、さて・・・。

5）10月8日、イスラム原理主義組織ハマスがイスラエルに大規模な攻撃をかけ、大きな被害を与えたとのニュースが全世界に流れた。イスラエルのネタニヤフ政権は対パレスチナ強硬派として知られているが、近時、米国が"アラブ諸国の雄"であるサウジアラビアとイスラエルの国交正常化の仲介を進めてきたことに反発するイランやイランが支援するハマスやヒズボラ等のイスラム武装勢力は強い不満を示してきた。したがって、今回のハマスによるイスラエルへの大規模攻撃や、ハマスとヒズボラとの連携等の動きは当然予測されていたものだが、これほど大規模な攻撃になるとは！こうなると、その責任を追及されるネタニヤフ政権が大規模な反転攻勢に出ることは確実で、下手すると"第5次"中東戦争に発展するかも・・・。ここ2年余りは、全世界の注目がロシアVSウクライナの戦いに注がれてきたが、中東情勢がここまで悪化すると・・・？ジャニーズ事務所問題以上に、日本人も今後、この問題の展開に注目しなければ！

2023（令和5）年10月10日

弁護士・映画評論家　坂　和　章　平

弁護士兼映画評論家　坂和章平の著書の紹介

＜都市問題に関する著書＞

『苦悩する都市再開発〜大阪駅前ビルから〜』（都市文化社・８５年）（共著）

『岐路に立つ都市再開発』（都市文化社・８７年）（共著）

『都市づくり・弁護士奮闘記』（都市文化社・９０年）

『震災復興まちづくりへの模索』（都市文化社・９５年）（共著）

『まちづくり法実務体系』（新日本法規・９６年）（編著）

『実況中継　まちづくりの法と政策』（日本評論社・００年）

『Ｑ＆Ａ　改正都市計画法のポイント』（新日本法規・０１年）（編著）

『実況中継　まちづくりの法と政策　ＰＡＲＴⅡ─都市再生とまちづくり』（日本評論社・０２年）

『わかりやすい都市計画法の手引』（新日本法規・０３年）（執筆代表）

『注解　マンション建替え円滑化法』（青林書院・０３年）（編著）

『改正区分所有法＆建替事業法の解説』（民事法研究会・０４年）（共著）

『実況中継　まちづくりの法と政策　ＰＡＲＴⅢ─都市再生とまちづくり』（日本評論社・０４年）

『Ｑ＆Ａ　わかりやすい景観法の解説』（新日本法規・０４年）

『実務不動産法講義』（民事法研究会・０５年）

『実況中継　まちづくりの法と政策　ＰＡＲＴ４─「戦後６０年」の視点から─』（文芸社・０６年）

『建築紛争に強くなる！建築基準法の読み解き方─実践する弁護士の視点から─』（民事法研究会・０７年）

『津山再開発奮闘記　実践する弁護士の視点から』（文芸社・０８年）

『眺望・景観をめぐる法と政策』（民事法研究会・１２年）

『早わかり！大災害対策・復興をめぐる法と政策
　　─復興法・国土強靱化法・首都直下法・南海トラフ法の読み解き方─』（民事法研究会・１５年）

『まちづくりの法律がわかる本』（学芸出版社・１７年）

『新旧対照・逐条解説　宅地造成及び特定盛土等規制法』（民事法研究会・２３年）　　ほか

＜映画評論に関する著書＞

『ＳＨＯＷ─ＨＥＹシネマルームⅠ〜二足のわらじをはきたくて〜』（０２年）

『社会派熱血弁護士、映画を語る　ＳＨＯＷ─ＨＥＹシネマルームⅡ』（オール関西・０３年）

『社会派熱血弁護士、映画を語る　ＳＨＯＷ─ＨＥＹシネマルームⅢ』（オール関西・０４年）

『ナニワのオッチャン弁護士、映画を斬る！ＳＨＯＷ─ＨＥＹシネマルーム４』（文芸社・０４年）

『坂和的中国電影大観　ＳＨＯＷ─ＨＥＹシネマルーム５』（オール関西・０４年）

『ＳＨＯＷ─ＨＥＹシネマルーム６』〜『ＳＨＯＷ─ＨＥＹシネマルーム２１』（文芸社・０５年〜０９年）

『ＳＨＯＷ─ＨＥＹシネマルーム２２』〜『ＳＨＯＷ─ＨＥＹシネマルーム３９』（自費出版・０９年〜１６年）

『ＳＨＯＷ─ＨＥＹシネマルーム４０』〜『ＳＨＯＷ─ＨＥＹシネマルーム５２』
　　　　　　　　　　　　　　　　　　　　（ブイツーソリューション・１７年〜２３年）

　※『シネマルーム５』『シネマルーム１７』『シネマルーム３４』『シネマルーム４４』は中国映画特集「坂和的中国電影大観」１〜４

『名作映画から学ぶ裁判員制度』（河出書房新社・１０年）

『名作映画には「生きるヒント」がいっぱい！』（河出書房新社・１０年）

『"法廷モノ"名作映画から学ぶ生きた法律と裁判』（ブイツーソリューション・１９年）

『ヒトラーもの、ホロコーストもの、ナチス映画大全集』（ブイツーソリューション・２０年）

＜その他の著書＞

『Ｑ＆Ａ　生命保険・損害保険をめぐる法律と税務』（新日本法規・９７年）（共著）

『いま、法曹界がおもしろい！』（民事法研究会・０４年）（共著）

『がんばったで！３１年　ナニワのオッチャン弁護士　評論・コラム集』（文芸社・０５年）

『がんばったで！４０年　ナニワのオッチャン弁護士　評論・コラム集』（１３年）

『がんばったで！４５年　ナニワのオッチャン弁護士　評論・コラム集』
　　　　　　　　　　　　　　　　　　　　（ブイツーソリューション・１９年）

『いまさら人に聞けない「交通事故示談」かしこいやり方』（セルバ出版・０５年）

＜中国語の著書＞

『取景中国：跟着电影去旅行（Shots of China）』（上海文芸出版社・０９年）

『电影如歌　一个人的银幕笔记』（上海文芸出版社・１２年）

＜都市問題に関する著書＞

（１９８５年８月）

（１９８７年７月）

（１９９０年３月）

（１９９５年８月）

（１９９６年５月）

（２０００年７月）

（２００１年６月）

（２００２年９月）

（２００３年７月）

（２００３年９月）

（２００４年６月）

（２００４年１１月）

（２００５年４月）

（２００６年９月）

（２００７年７月）

（２００８年４月）

（２０１２年４月）

（２０１５年１１月）

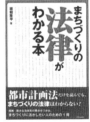
（２０１７年６月）

（２０２３年１月）

＜コ ラ ム 集＞

（２００５年８月）

（２０１３年１２月）

（２０１９年４月）

＜名作映画から学ぶ＞

（２０１０年３月）

（２０１０年１２月）

（２０１９年３月）

（２０２０年５月）

＜その他の著書＞

（２００４年５月）

（２００５年１０月）

＜中国語の著書＞

『取景中国：跟着电影去旅行』
（２００９年８月）

『电影如歌
一个人的银幕笔记』
（２０１２年８月）

＜シネマルームは１巻から５０巻まで！＞

（２００２年６月）

（２００３年８月）

（２００４年４月）

（２００４年１１月）

（２００４年１２月）

（２００５年５月）

（２００５年１０月）

（２００６年２月）

（２００６年７月）

（２００６年１１月）

（２００７年２月）

（２００７年６月）

（２００７年１０月）

（２００７年１０月）

（２００８年２月）

（２００８年５月）

（２００８年６月）

（２００８年９月）

（２００８年１０月）

（２００９年２月）

（２００９年５月）

（２００９年８月）

（２００９年１２月）

（２０１０年７月）

（２０１０年１２月）

（２０１１年７月）

（２０１１年１２月）

（２０１２年７月）

（２０１２年１２月）

（２０１３年７月）

（２０１３年１２月）

（２０１４年７月）

（２０１４年１２月）

（２０１４年１２月）

（２０１５年７月）

（２０１５年１２月）

（２０１６年７月）

（２０１６年１２月）

（２０１７年７月）

発行：ブイツーソリューション
（２０１７年１２月）

発行：ブイツーソリューション
（２０１８年７月）

発行：ブイツーソリューション
（２０１８年１２月）

発行：ブイツーソリューション
（２０１９年７月）

発行：ブイツーソリューション
（２０１９年１０月）

発行：ブイツーソリューション
（２０１９年１２月）

発行：ブイツーソリューション
（２０２０年６月）

発行：ブイツーソリューション
（２０２０年１２月）

発行：ブイツーソリューション
（２０２１年７月）

発行:ブイツーソリューション
（２０２１年１１月）

発行：ブイツーソリューション
（２０２２年7月）

発行：ブイツーソリューション
（２０２３年1月）

発行：ブイツーソリューション
（２０２３年7月）

＊著者プロフィール＊

坂和 章平（さかわ しょうへい）
1949（昭和24）年1月　愛媛県松山市に生まれる
1971（昭和46）年3月　大阪大学法学部卒業
1972（昭和47）年4月　司法修習生（26期）
1974（昭和49）年4月　弁護士登録（大阪弁護士会）
1979（昭和54）年7月　坂和章平法律事務所開設
　　　　　　　（後　坂和総合法律事務所に改称）
　　　　　　　　　　　　　　　　現在に至る

2023年6月20日
七夕の笹飾りでいっぱいの
昭和レトロ商店街

＜受賞＞
01（平成13）年5月　　日本都市計画学会「石川賞」
同年同月　　日本不動産学会「実務著作賞」
＜検定＞
06（平成18）年　7月　映画検定4級合格
07（平成19）年　1月　同　3級合格
11（平成23）年12月　中国語検定4級・3級合格
20（令和2）年　7月　HSK（汉语水平考试）3級合格
21（令和3）年　6月　HSK（汉语水平考试）4級合格
22（令和4）年　3月　HSK（汉语水平考试）5級合格

＜映画評論家ＳＨＯＷ－ＨＥＹの近況＞
07（平成19）年10月　　北京電影学院にて特別講義
07（平成19）年11月9日～　大阪日日新聞にて「弁護士坂和章平のLAW DE SHOW」を毎
09（平成21）年12月26日　週金曜日（08年4月より土曜日に変更）に連載
08（平成20）年10月16日　「スカパー！」「e2byスカパー！」の『祭りTV！　吉永小百合
　　　　　　　　　　　　　祭り』にゲスト出演（放送期間は10月31日～11月27日）
09（平成21）年　8月　　中国で『取景中国：跟着电影去旅行（Shots of China）』を出版
　　　　同月18日　　「09上海書展」（ブックフェア）に参加　説明会＆サイン会
09（平成21）年　9月18日　上海の華東理工大学外国語学院で毛丹青氏と対談＆サイン会
11（平成23）年11月　　毛丹青先生とともに上海旅行。中国語版『名作映画には「生き
　　　　　3～6日　　るヒント」がいっぱい！』の出版打合せ
12（平成24）年　8月17日　『电影如歌　一个人的银幕笔记』を上海ブックフェアで出版
13（平成25）年　2月9日　関西テレビ『ウエル エイジング～良齢のすすめ～』に浜村淳さん
　　　　　　　　　　　　　と共に出演
14（平成26）年　9月　　劉茜懿の初監督作品『鑑真に尋ねよ』への出資決定
14（平成26）年10月　　日本とミャンマーの共同制作、藤元明緒監督作品『僕の帰る場所
　　　　　　　　　　　　／Passage of Life』への出資決定
15（平成27）年　6月29日　北京電影学院“実験電影”学院賞授賞式に主席スポンサーとして
　　　　　　　　　　　　　出席
17（平成29）年10～11月　『僕の帰る場所／Passage of Life』が第30回東京国際映画祭「ア
　　　　　　　　　　　　　ジアの未来」部門で作品賞と国際交流基金特別賞をW受賞
18（平成30）年　3月　　『僕の帰る場所／Passage of Life』が第13回大阪アジアン映画
　　　　　　　　　　　　　祭・特別招待作品部門で上映
20（令和2）年2月　　『海辺の彼女たち』への出資決定
20（令和2）年9月　　『海辺の彼女たち』が第68回サン・セバスチャン国際映画祭・
　　　　　　　　　　　　　新人監督部門にてワールドプレミア上映
20（令和2）年11月　　『海辺の彼女たち』が第33回東京国際映画祭ワールド・フォー
　　　　　　　　　　　　　カス部門で選出、上映
22（令和4）年3月　　若手中国人アーティストによるコンテンポラリーアート展「在地，
　　　　　　　　　　　　　園宇宙」をエグゼクティブプロデューサーとしてプロデュース
22（令和4）年8月16日　中華人民共和国駐大阪総領事館主催の「私の好きな中国映画」作文
　　　　　　　　　　　　　コンクールで「「タイムスリップもの」は面白い！賈玲監督の『こ
　　　　　　　　　　　　　んにちは、私のお母さん（你好，李煥英）』に涙、涙、また涙！」
　　　　　　　　　　　　　が三等賞に入賞

SHOW－HEYシネマルーム５３
２０２３年下半期お薦め７０作

2023 年 12 月 30 日　初版　第一刷発行

著　者　　坂和　章平

〒530-0047 大阪市北区西天満 3 丁目 4 番 6 号
西天満コートビル 3 階　坂和総合法律事務所
電話　　06-6364-5871
ＦＡＸ　06-6364-5820
Ｅメール office@sakawa-lawoffice.gr.jp
ホームページ https://www.sakawa-lawoffice.gr.jp/

発行所　　ブイツーソリューション
〒466-0848 名古屋市昭和区長戸町 4-40
電話　　052-799-7391
ＦＡＸ　052-799-7984

発売元　　星雲社（共同出版社・流通責任出版社）
〒112-0005 東京都文京区水道 1-3-30
電話　　03-3868-3275
ＦＡＸ　03-3868-6588

印刷所　　藤原印刷

万一、落丁乱丁のある場合は送料当社負担でお取替えいたします。
小社宛にお送りください。
定価はカバーに表示してあります。